Report on the Development
of New Urbanization
in Shaanxi Province

陕西省新型城镇化和人居环境研究院年度报告项目
陕西省新型城镇化和人居环境软科学研究基地年度成果
陕西省高校新型智库（A类）年度成果

陕西省新型城镇化发展报告
（2021）

陕西省新型城镇化和人居环境研究院 / 著

陕西新华出版传媒集团
陕西人民出版社

图书在版编目（CIP）数据

陕西省新型城镇化发展报告 . 2021 ／ 陕西省新型城镇化和人居环境研究院著 . —西安：陕西人民出版社，2022.3

ISBN 978-7-224-14385-0

Ⅰ．①陕… Ⅱ．①陕… Ⅲ．①城市化—研究报告—陕西—2021 Ⅳ．① F299.274.1

中国版本图书馆 CIP 数据核字（2022）第 027678 号

陕西省新型城镇化发展报告（2021）

作　　者	陕西省新型城镇化和人居环境研究院
单　　位	西安建筑科技大学
	（地址：西安市雁塔路中段 13 号　邮编：710055　电话：029-82202437）
出版发行	陕西新华出版传媒集团　陕西人民出版社
	（西安北大街 147 号　邮编：710003）
印　　刷	陕西金和印务有限公司
开　　本	787 毫米 ×1092 毫米　1/16
印　　张	28.75
插　　页	2
字　　数	400 千字
版　　次	2022 年 3 月第 1 版
印　　次	2022 年 3 月第 1 次印刷
书　　号	ISBN 978-7-224-14385-0
定　　价	89.00 元

如有印装质量问题，请与本社联系调换。电话：029-87205094

《陕西省新型城镇化发展报告(2021)》编委会

主　　任：张晓光　陕西省发展和改革委员会党组书记、主任
　　　　　韩一兵　陕西省住房和城乡建设厅党组书记、厅长
　　　　　王树声　西安建筑科技大学党委副书记、校长
副 主 任：李生荣　陕西省发展和改革委员会副主任
　　　　　刘　浩　陕西省住房和城乡建设厅副厅长
　　　　　苏三庆　陕西省新型城镇化和人居环境研究院院长
成　　员：徐田江　陕西省发展和改革委员会发展战略和规划处处长
　　　　　王宏宇　陕西省住房和城乡建设厅住房公积金监管处处长
　　　　　韦宏利　陕西省住房和城乡建设厅城市建设处处长
　　　　　苗少锋　陕西省住房和城乡建设厅村镇建设处处长
　　　　　范晓鹏　中国城乡建设与文化传承研究院常务副院长
　　　　　　　　　陕西省新型城镇化和人居环境研究院副院长
　　　　　张向龙　陕西省发展和改革委员会发展战略和规划处副处长
　　　　　白　昕　陕西省发展和改革委员会发展战略和规划处副处长
　　　　　师帅朋　中国城乡建设与文化传承研究院副院长
　　　　　　　　　陕西省新型城镇化和人居环境研究院副院长
　　　　　李小龙　中国城乡建设与文化传承研究院副院长
　　　　　　　　　陕西省新型城镇化和人居环境研究院副院长

本书著作团队

团队负责

王树声　苏三庆

团队成员

范晓鹏　师帅朋　李小龙　郄海潮　庞鹏飞　王庆军
陈章政　王　凯　邹宜彤　秦鸿飞　张中华　郑晓伟
邢孟林　田达睿　权　炜　李伴伴　靳亦冰　欧亚鹏
李　稷　刘　伟　杨　朔　罗　西　王宏宇　贺敬强

前言

立足学科特色，发挥地缘优势，主动融入经济社会发展主战场，为高质量跨越式发展提供科技、文化和人才支撑，是地方高校义不容辞的责任和担当。作为我国著名的土木、建筑"老八校"之一，西安建筑科技大学因民族救亡而生，因国家建设需要而迁，学校隶属关系几经变更，但始终高举民族复兴的伟大旗帜，扎根西部，办学育人，书写了一部与国家民族同呼吸共命运的辉煌篇章。历史实践告诉我们，只有充分发挥学校的特色学科优势，才能更好地服务国家和社会；只有深度融入经济社会建设进程，才能更好地推动学科专业交叉创新和转型升级。

城镇化是经济社会发展的必然趋势，也是工业化、现代化的重要标志。科学认知城镇化进程和发展规律，分析预测城镇化的前向产业支撑能力，研究识别城镇化对资源环境的后向效应，开展城镇化的综合评估，并从国土空间规划、人居环境建设、城乡建设与历史文化保护传承等多个角度开展系统研究，是西安建筑科技大学发挥自身学科优势服务国家城镇化战略和地方经济社会发展的职责所在。

基于此，陕西省新型城镇化和人居环境研究院在"十四五"开局之年，面向城镇化发展转型期的新环境、新矛盾、新目标和新要求，系统总结了陕西城镇化建设的工作成效和典型经验，查找当前面临的关键症结和发展挑战，并围绕区域协调、城市治理、传统文化保护等重点领域，对陕西新型城镇化高质量发展的路径开展了探索性研究，形成本年度的《发展报告》，这也是《陕西省新型城镇化发展报告》年度系列丛书的第5本。

本书包含两篇总报告和15个专题报告。两个总报告以总结评估为主题，系统回顾梳理我省新型城镇化建设以及关中平原城市区群发展的成效和问题，并有针对性地提出政策建议，15个专题报告则紧扣"十四五"时期新型城镇化的重点任务和前沿问题开展探索性研究。

两个总报告分别是《陕西省"十三五"新型城镇化建设回顾与评析》和《〈关中平原城市群发展规划〉实施情况评估报告》。其中，《陕西省"十三五"新型城镇化建设回顾与评析》系统评估了《陕西省新型城镇化规划（2014—2020年）》提出的五大板块任务和17项主要指标的完成情况，从农业人口市民化、城镇空间布局、城市高质量发展、历史文化保护传承以及城乡融合发展等维度，归纳总结了"十三五"以来陕西城镇化建设的工作成效和典型经验，并分市（区）进行点评，找出目前陕西城镇化存在的问题和产生原因，提出切实可行的政策建议。《〈关中平原城市群发展规划〉实施情况评估报告》则重点对照国务院2018年批复的《关中平原城市群发展规划》，系统总结规划实施以来陕西关中平原城市群的建设情况，并提出目前关中平原城市群面临的核心问题和政策建议。

15个专题报告围绕区域协调发展、智慧城市建设、传统村落保护、农村人居环境以及改革创新探索等五个重点领域，开展专题研究，共分为5个篇章。

第一篇章为区域协调发展篇，共有3个专题报告。其中，《关中平原城市群城乡融合发展模式及规划策略研究》围绕城乡空间格局、产业融合体系、基础设施互联、公共服务共享、要素流动保障等方面，提出关中平原城市群城乡融合发展的优化路径。《网络关联视角下西咸一体化格局特征及推进路径研究》，从职能分工和空间重组两个层面提出了西咸一体化发展的推进路径。《建设榆林高质量发展重要增长极研究——基于生态学视角》比较分析了榆林市产业可持续发展的三类可能机制，为榆林未来建设高质量发展增长极提出政策建议。

第二篇章为智慧城市建设篇，共包含3个专题报告。其中，《西安都市区城市节点体系与公共交通体系匹配协同研究》以多核心高效关联网络为导向，提出西安城市空间结构与公共交通协同优化的策略措施。《面向智慧城市的西安大型公共建筑可持续性评价研究》构建了大型公建不同生命阶段的可持续性评价指标体系以及复合模型，并进行实证研究。《西安老旧小区停车模式研究》以西安市老旧小区内外部临近区域为研究对象，分析不同停车模式的适用范围以及达成效果，探索解决老旧小区停车难问题的理想模式。

第三篇章为传统村落保护篇，共包含3个专题报告。其中，《文化基因视角下陕北沿黄传统村落更新路径研究》，通过对村落格局、街巷格局、节点空间、建筑组团与院落及建筑单体等方面的系统分析，提出陕北沿黄传统村落更新改造路径。《关中地区传统村落整合式更新路径研究》通过对关中地区的16个不同级别的传统村落进行实证研究，探索形成整合式"空间肌理－社会文化肌理"更新实践路径。《陕南山区传统村落的空间形态分析与保护传承研究》对村落空间形态进行类型化分析研究，从保护传承主体、目标、机制等方面提出陕南传统村落的保护传承策略。

第四篇章为农村人居环境篇，共包含3篇专题报告。《陕南移民搬迁集中安置农户社区弹性提升研究》探究不同搬迁特征对农户社区弹性的影响差异，提出针对移民搬迁安置农户社区恢复的政策建议。《农户参与农村人居环境整治研究——基于关中地区的调查》采用 Probit 和 Tobit 模型测度并解析社会资本对农户参与农村人居环境整治的内在影响。《基于需求侧响应的关中农村多能互补系统规划设计研究》探索构建基于需求侧响应的农村分布式多能互补系统，为农村分布式多能互补系统规划设计提供参考依据。

第五篇章为改革创新探索篇，共包含3篇专题报告。其中，《陕西加快住房公积金信息化建设　全面推行"互联网＋公积金"服务模式》，通过对现阶段陕西住房公积金信息化建设的系统分析，从人才团队、数据共享、构筑平台、强化系统防护等方面提出切实可行的政策建议。《聚焦人民美好生活　致力城市规建管系统施治——关于渭南市城市规划建设管理的调研》以 "三覆盖、四清零、五提升"为主线，系统总结梳理了渭南市城市规建管工作的成效亮点和问题症结，并提出相应对策建议。《"区直管社区"的基层治理改革探索》以渭南高新区金城社区为例，分析探讨了"区直管社区"的建设经验，为城市治理现代化提供智力支撑和案例借鉴。

本书是在陕西省发展改革委、省住房和城乡建设厅的关心指导和西安建筑科技大学的支持保障下完成的。在研究编写过程中，也得到了山西省发改委、甘肃省发改委、陕西省教育厅、工信厅、公安厅、民政厅、人社厅、住建厅、农业农村厅以及各市发改委、杨凌示范区发改局等相关部门，在数据资料和典型案例方面的大力支持，同时在实地调研中还得到了渭南市委政研室、渭南高新区管委会的鼎力支持，在此一并表示感谢。希望《发展报告》能够成为陕西新型城镇化发展研究的交流平台，为各界人士开展研究提供基础支撑和思路借鉴，也欢迎各界有识之士积极参与新型城镇化工作，提供各方意见和各地经验，共同推动陕西新型城镇化高质量发展。

《陕西省新型城镇化发展报告（2021）》编委会

2022 年 1 月

目录

01 总报告
General Report

陕西省"十三五"新型城镇化建设回顾与评析 / 003

一、《规划》总体完成情况 / 003

二、"十三五"时期陕西省新型城镇化建设工作成效和典型经验 / 007

三、分市区评价 / 034

四、关键症结及产生原因 / 047

五、政策建议 / 058

《关中平原城市群发展规划》实施情况评估报告 / 066

一、关中平原城市群发展概况 / 066

二、城市群空间格局不断调整优化 / 069

三、创新引领的现代产业体系日趋完善 / 074

四、基础设施互联互通水平持续提升 / 079

五、生态环境共建共治目标初步达成 / 083

六、对外开放水平稳步推进 / 089

七、城市群协同发展机制尚未全面建立 / 092

八、问题与建议 / 096

02 区域协调发展
Regional Coordinated Development

新型城镇化导向下关中平原城市群城乡融合发展模式及规划策略研究　/ 102

一、研究背景　/ 102

二、国内外城乡融合理论研究概况　/ 103

三、关中平原城市群概况　/ 105

四、关中平原城市群城乡融合发展现状及问题　/ 108

五、关中平原城市群城乡融合发展的适宜模式选择　/ 114

六、关中平原城市群城乡融合发展的适宜路径及发展对策　/ 117

结语　/ 123

网络关联视角下西咸一体化格局特征及推进路径研究　/ 125

一、引言：一体化与城市网络关联　/ 125

二、研究区域和研究方法　/ 126

三、西咸一体化发展的现状格局特征　/ 129

四、西咸一体化发展的推进路径　/ 136

五、结语　/ 142

建设榆林高质量发展重要增长极研究

——基于生态学视角　/ 144

一、引言　/ 144

二、理论框架　/ 146

三、研究方法　/ 150

四、结果　/ 155

五、讨论　/ 158

六、政策建议　/ 163

七、结论　/ 165

03 智慧城市建设
Smart City Construction

西安都市区城市节点体系与公共交通体系匹配协同研究 / 172

　一、研究背景与综述 / 172

　二、研究思路、技术框架与研究方法 / 175

　三、西安市城市节点识别与特征分析 / 181

　四、西安市城市单节点与公交水平的匹配性分析 / 186

　五、西安市城市节点群与轨道交通网络的匹配性分析 / 197

　六、西安市城市节点与公共交通匹配优化建议 / 201

　七、结语 / 204

面向智慧城市的西安大型公共建筑可持续性评价研究 / 206

　一、研究背景与意义 / 206

　二、大型公建可持续性评价指标体系构建 / 209

　三、大型公建可持续性评价模型研究 / 219

　四、大型公建可持续性评价评价实例 / 225

西安市老旧小区停车模式研究 / 236

　一、绪论 / 237

　二、解决老旧小区停车难的主要模式的研究 / 242

　三、提高解决措施长效性的方法论研究 / 249

　四、结论与展望 / 255

04 传统村落保护
Traditional Village Protection

文化基因视角下陕北沿黄传统村落更新路径研究　260

　一、绪论　/ 260

　二、研究综述及理论框架　/ 265

　三、陕北沿黄核心文化基因提取　/ 270

　四、文化基因影响下的空间形态特征分析　/ 277

　五、更新路径研究　/ 283

　六、结论与展望　/ 285

关中地区传统村落整合式更新路径研究　/ 287

　一、研究概述　/ 287

　二、传统村落整合式更新的理论框架　/ 291

　三、关中传统村落空间肌理更新　/ 293

　四、关中传统村落社会文化肌理更新　/ 297

　五、结语　/ 300

陕南山区传统村落的空间形态分析与保护传承研究　/ 303

　一、研究背景　/ 303

　二、研究内容与方法　/ 305

　三、陕南山区传统村落的空间形态分析　/ 306

　四、陕南山区传统村落的空间演化机制　/ 314

　五、陕南山区传统村落的保护传承策略　/ 319

　六、结论　/ 323

05 农村人居环境
Rural Human Settlement

陕南移民搬迁集中安置农户社区弹性提升研究 / 328

引言 / 329

一、研究区域概况、数据来源与研究方法 / 332

二、结果及分析 / 338

三、结论与讨论 / 344

四、对策建议 / 346

农户参与农村人居环境整治研究
——基于关中地区的调查 / 349

一、绪论 / 349

二、关中地区农户参与农村人居环境整治现状剖析 / 351

三、社会资本影响机制分析 / 355

四、社会资本权重指标及影响效应分析表征体系构建 / 357

五、研究结论与政策建议 / 365

基于需求侧响应的关中农村多能互补系统规划设计研究 / 371

一、绪论 / 371

二、有关农村居民用能情况的研究 / 373

三、调研设计与实施 / 374

四、调研结果分析 / 376

五、关中农村多能互补系统规划设计 / 384

06 改革创新探索
Reform and Innovation Exploration

陕西加快住房公积金信息化建设　全面推行"互联网＋公积金"服务模式
——陕西省住房公积金信息化建设研究报告　/ 408

一、基本情况及取得成效　/ 409

二、存在问题及原因分析　/ 412

三、工作打算及对策措施　/ 414

聚焦人民美好生活　致力城市规建管系统施治
——关于渭南市城市规划建设管理的调研　/ 416

一、聚焦人民需求，城市规建管工作扎实有序推进　/ 417

二、城市规建管工作亮点纷呈　/ 420

三、城市规建管系统问题深度自查　/ 426

四、提高城市规建管水平的对策建议　/ 428

"区直管社区"的基层治理改革探索
——以渭南高新区金城社区为例　/ 431

一、"区直管社区"改革的背景与探索实践　/ 432

二、金城社区试点改革的历程、举措和成效　/ 434

三、试点改革中存在的问题　/ 439

四、区直管社区改革的优化路径和思考启发　/ 441

01

总报告

General Report

01
总报告
General Report

陕西省"十三五"新型城镇化建设回顾与评析[1]

2014年,陕西省出台了《陕西省新型城镇化规划(2014—2020年)》(以下简称《规划》),《规划》实施以来,陕西省城镇化建设进入快车道,常住人口城镇化率从2015年的53.92%提升至2020年的62.66%。今年是"十四五"的开局之年,陕西城镇化总体上已进入从快速扩张向速度稳定与质量提升并重的关键时期,重点任务由解决"快不快"的问题,转向质量"高不高"、城乡居民"满意不满意"等问题。在城镇化由"上半场"转向"下半场"的关键节点,系统评估《规划》实施情况,总结"十三五"时期陕西城镇化的工作成效和典型经验,找准当前面临的关键症结及产生原因,对于准确把握陕西省"十四五"乃至今后较长一段时期城镇化高质量发展的路径和方向具有重要意义。

一、《规划》总体完成情况

《规划》实施以来,陕西省坚持以人的城镇化为核心,以建设关中平原城市群为重点,以建设西安国家中心城市为牵引,以深化户籍制度等改革为动力,加快农业转移人口市民化进程,健全城乡融合发展体制机制,提升城市现代化治理水平,推动城乡融合发展,全省城镇化发展质量稳步提升,《规划》确定的主要目标基本实现。

(一)《规划》五大版块任务完成情况

农业转移人口市民化进程明显加快。全省(除西安市)已全面取消城镇落户限制,"十三五"时期城镇人口增加432万人,常住人口城镇化率提升了8.74

---

[1] 作者:陕西省新型城镇化和人居环境研究院。

个百分点，高于全国同期平均增幅，户籍人口城镇化率超过 45%。城镇农民工随迁子女平等接受义务教育比例已达到 100%，西安、宝鸡等 11 个城市已将外来务工人员全部纳入住房保障范围，全省参加城镇职工基本养老保险、失业保险、工伤保险的农民工人数分别达到 193.6 万、36 万、145 万，其中工程建设领域农民工工伤保险基本实现全覆盖。

城镇空间格局体系基本形成。《关中平原城市群发展规划》《呼包鄂榆城市群发展规划》由国务院批复并印发实施，沿黄生态城镇带和沿汉江生态城镇带建设稳步推进。西安获批建设国家中心城市，西安市常住人口突破千万大关，西安市代管西咸新区，西安—咸阳、富平—阎良一体化发展进程加快，西安都市圈格局初见雏形。宝鸡、渭南、汉中、榆林"四极"城区人口超过 50 万，安塞、鄠邑、神木、南郑、彬县、凤翔等成功撤县设区（市）。35 个重点示范镇和 31 个文化旅游名镇建设成效显著。"一核两轴两带三走廊四极"为主体的城镇化格局基本形成。

城市可持续发展能力显著提高。城市道路、供水、供气、供热等基础设施水平实现提档升级，城市供水普及率和燃气普及率分别达到 97.88% 和 98.62%，城市污水集中处理率和垃圾无害化处理率分别超过 96% 和 99%。城市家庭宽带接入能力 ≥ 100Mbps，建成 5G 基站 1.9 万个，城市主城区实现全覆盖。城市道路网不断加密，2020 年全省人均城市道路面积达到 15.36 平方米。全省已形成由廉租房、公租房、经适房、限价房和安置房构成的住房保障供应体系，保障性住房已达到城镇常住家庭户数的 24.4%，城镇居民人均住房面积由 2015 年的 31.3 平方米增长至 2020 年的近 40 平方米。

城乡融合发展成效显著。城乡要素双向流动更加顺畅，截至 2020 年底，全省土地流转面积达 1420.1 万亩，土地流转率保持在 26.6% 左右。围绕"增品、扩面、提标"，政策性农业保险财政补贴品种增加至 25 个。探索形成科技特派员、规划师下乡等多种人才助力乡村振兴模式。引领农村发展的小城镇建设持续推进，35 个重点示范镇基本建设成为县域副中心，31 个文化旅游名镇吸引 10 余万在外务工人员返乡创业。脱贫攻坚取得决定性成就，288 万农村贫困人口实现脱贫，56 个贫困县全部摘帽。

积极探索城镇化关键制度改革，出台人地钱挂钩政策举措，西咸新区、韩城市以及延安市、山阳县获批国家新型城镇化综合试点，高陵区建立的农村产权流转市场在全国复制推广。设立陕西省新型城镇化引导基金，首期10亿元全部投放完毕。西咸新区接合片区获批国家城乡融合试验区，杨凌、武功、富平等地围绕建立进城落户农民依法自愿有偿转让退出农村权益制度、农村集体经营性建设用地入市制度、搭建城乡融合产业发展平台等试点任务开展先试先行。

（二）《规划》17项任务指标完成情况

《规划》设定的17项主要发展目标中，按现有统计口径11项指标达到或者超出预期发展目标，4项指标数据失效（表1中标※部分），2项指标未达标（户籍登记城镇化率和城镇人均建设用地面积），整体达标率为88.2%。评价中出现的数据失效、预期目标未达标等情况，表明陕西新型城镇化内在驱动力和发展诉求正在发生转变。

表1 《陕西省新型城镇化（2014—2020年）》主要指标完成情况对照表

序号	指标	2020年目标	2020年实际	2019年实际	2018年实际
1	常住人口城镇化率（%）	62	62.66	59.43	58.13
2	户籍登记城镇化率（%）	52	≥45	48.03	47.14
3	农业转移转化人口落户城镇数（万人）	1000	※	※	858.24
4	农民工随迁子女平等接受义务教育比例(%)	≥99	100	100	100
5	城镇失业人员、农民工、新成长劳动力免费接受基本职业技能培训覆盖率（%）	≥95	※	※	—
6	城镇基本养老保险常住人口覆盖率（%）	≥90	≥90	≥90	≥90
7	城镇基本医疗保险常住人口覆盖率（%）	98	※	※	≥98
8	城镇保障性住房常住人口覆盖率（%）	≥23	※	※	23
9	城镇公共供水普及率（%）	90	97.88	96.84	89.25
10	城镇燃气普及率（%）	88	98.62	97.80	96.74
11	污水集中处理率（%）	90	96.79	95.54	93.22
12	垃圾无害化处理率（%）	95	99.93	99.71	99.07
13	城市家庭宽带接入能力（Mbps）	≥50	≥50	≥50	≥50
14	城镇人均建设用地规模（平方米）	≤100	132	111.6※	138.8

续表

序号	指标	2020年目标	2020年实际	2019年实际	2018年实际
15	绿色建筑占新建建筑比重（%）	50	53	43	38
16	城市建成区绿化覆盖率（%）	40	40.8	39.32	38.79
17	地级以上城市空气质量达到国家标准的比例（%）	60	78.6	66.5	66.5

达标指标彰显城镇化建设的显著成效。2020年，陕西常住人口城镇化率达到62.66%，较《规划》目标高0.66个百分点，说明陕西城镇化发展总体水平实现稳步提升。农民工随迁子女平等接受义务教育比例、城镇公共供水普及率、城镇燃气普及率、污水集中处理率、垃圾无害化处理率、城市家庭宽带接入能力等指标超额提前完成，表明陕西省城镇综合承载能力在过去5年得到大幅提升；绿色建筑占新建建筑比重、城市建成区绿化覆盖率、地级以上城市空气质量达到国家标准的比例等指标超预期完成，表明陕西城镇可持续发展和绿色宜居水平再上新台阶。特别是"绿色建筑占新建建筑比重"这一项，一直是17项指标中的明显短板，自省住建厅联合有关部门制定《陕西省绿色建筑创建行动实施方案》以来，年内比重增幅高达10个百分点，一举超额完成规划目标。

失效指标体现陕西城镇化发展新诉求。随着城乡基本公共服务均等化配置和户籍制度改革的深入推进，农业转移转化人口落户城镇数、城镇失业人员/农民工/新成长劳动力免费接受基本职业技能培训覆盖率、城镇基本医疗保险常住人口覆盖率、城镇保障性住房常住人口覆盖率等4项指标的统计口径已经发生变化，城镇化推进的重点已经从保基本向提供优质服务转变。经与省级公安部门对接，户籍登记城镇化率目标已调整为45%，随着城镇各项基本公共服务更多的附着在居住证而非城镇户口之上，该项指标的意义逐渐减弱。

城镇人均建设用地规模单项指标持续预警。严格意义上讲，"城镇人均建设用地规模"是《规划》目标体系中唯一没有达标且差距较大的指标。自2017年我院开展陕西省新型城镇化动态监测评估以来，该项指标由2017年的145.85平方米下降至2020年的132平方米，取得了一定的成效，但距离≤100平方米的目标仍然差距较大。特别是在当下农村转移人口不断向大中城市和都市圈聚集的情况下，陕西各县城出现不同程度的人口流失，建设用地的综合整理和集约化利用任重道远。

二、"十三五"时期陕西省新型城镇化建设工作成效和典型经验

（一）坚持以人为本，农业转移人口市民化进程明显加快

1. 户籍制度改革成效显著

落户限制基本全面取消。"十三五"时期，陕西省积极推进户籍制度改革，先后出台《关于进一步推进户籍制度改革的意见》《推动非户籍人口在城市落户实施方案》等。截至目前，除西安市以外，陕西其他设区市均已实现流动人口居住地落户"零门槛"。根据可掌握数据，2019年陕西户籍人口城镇化率为48.03%，较全国平均水平高3.65个百分点，较陕西2015年提升3.94个百分点。

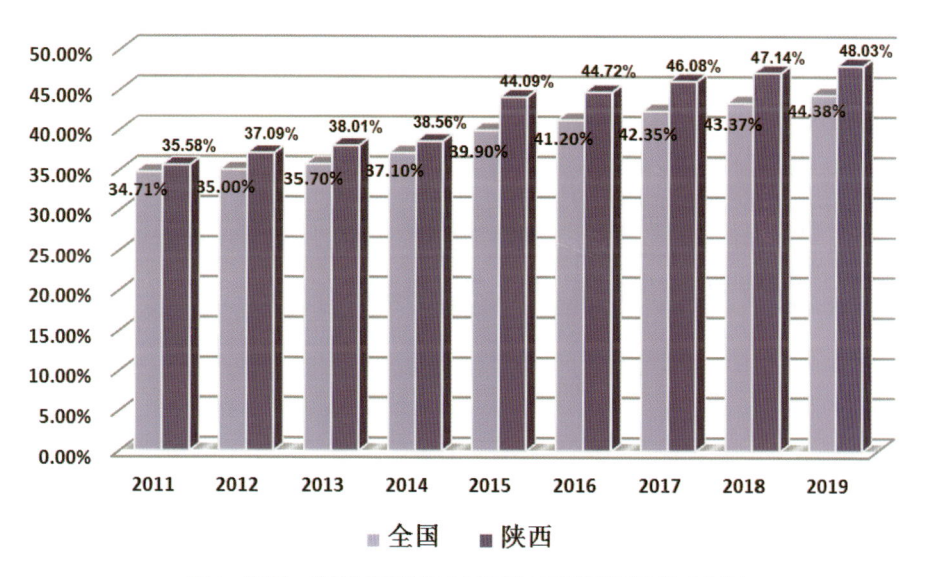

年份	全国	陕西
2011	34.71%	35.58%
2012	35.00%	37.09%
2013	35.70%	38.01%
2014	37.10%	38.56%
2015	39.90%	44.09%
2016	41.20%	44.72%
2017	42.35%	46.08%
2018	43.37%	47.14%
2019	44.38%	48.03%

图1　2011—2019年陕西与全国户籍人口城镇化率对比分析图

落户效率实现大幅提升。"十三五"时期，陕西将户籍制度改革作为"放管服"主攻方向，把户籍服务从"面对面"延伸到"键对键"，积极引导群众通过陕西"互联网+公安政务"等平台"指尖"办理业务。同时全面取消居住证补领、换领工本费，居住证从首次办理、换领补领到延期领证实现了全流程免费，针对户

籍材料暂时不全或短时间无法补充材料的群众，实行"容缺受理"，缩短群众办事等待时间，让"最多跑一次"或"一次都不用跑"成为群众办事首选项。

专栏1　陕西"互联网+公安政务服务"平台

2017年5月，陕西省公安厅建设运营的"互联网+公安政务服务"平台正式上线，推出"361+N"的互联网+公安政务建设模式，截至目前，新生儿报户、居住证签注、身份证办理进度查询、保安员证申领、旅馆业审批备案等业务已实现网上全流程办理。

西安市引人引才成效显著。"十三五"时期，西安市落户门槛不断降低，城镇人口数量大幅攀升，人才集聚效应日益明显。2017年，出台了以"三放四降一兼顾"[1]为特征的"史上最宽松"的户籍新政，抢在了全国城市的前列，强有力地推动了户籍人口结构的年轻化以及人才结构的优化。截至2020年，西安市常住人口破千万，城区人口已达900多万，是西北地区唯一的特大城市，常住人口城镇化率为79.2%，较全国平均水平高15.31个百分点。

专栏2　西安市出台3.0版"户籍新政"

2019年2月，西安市出台了"户籍新政3.0版"。学历落户方面，本科(含)以上学历的无年龄限制，本科(不含)以下学历的，年龄放宽到45岁(含)以下，均可落户；大学生落户方面，全国高等院校在校学生(教育部学信网在册人员)，均可落户；人才引进落户方面，凡符合专业人才和技能人才标准的人员，均可落户；投资创业落户方面，凡在西安依法注册登记并正常经营的市场主体，其法定代表人、员工和个体经营者均可落户；投靠亲属落户方面，凡西安户籍人员，

---

[1] "三放"就是放开普通大中专院校毕业生的落户限制、放宽设立单位集体户口条件、放宽对"用人单位"的概念界定；"四降"就是降低技能人才落户条件、降低投资纳税落户条件、降低买房入户条件、降低长期在西安市区就业并具有合法固定住所人员的社保缴费年限；"一兼顾"就是兼顾了西安市户籍政策的连续性和稳定性。

其配偶、子女、父母均可申请投靠落户；安居落户方面，凡在西安具有合法住所的人员，均可落户。

2. 农业转移人口服务保障能力稳步提升

农民工住房保障水平显著提升。"十三五"时期，陕西以满足新市民住房需求为主要出发点，加快构建由廉租房、公租房、经适房、限价房和安置房构成的住房保障供应体系，规范发展住房租赁市场，积极盘活存量住房资源，深入开展棚改项目三年攻坚行动，建立住房公积金逾期贷款"四清一责任"工作机制，西安、宝鸡等11个城市已将外来务工人员和新就业职工全部纳入保障范围，农业转移人口的住房保障问题基本得到解决。

农民工就业渠道持续拓宽。"十三五"时期，陕西省强化就业优先导向，千方百计拓宽就业渠道，积极开展职业技能提升行动质量年活动，城镇新增就业累计超过225万人，城镇登记失业率每年都控制在4.5%以内。同时加强"秦云就业"等就业咨询平台建设，提供"问政策、找工作、要培训、保权益"等服务，截至2020年底，"秦云就业"小程序个人注册879万人，企业注册7.24万户，发布岗位信息135.7万个，举办线上招聘会609场，促进就业11.9万人。

专栏3 汉中市利用"秦云就业"搭建就业平台

汉中市是陕西省劳务输出大市，目前在省外务工的有57.6万人，当地人社部门将"春风行动"和"就业援助月"等传统的大型现场招聘活动搬到了网上，利用"秦云就业"精准就业服务平台、微信公众号、QQ群和手机短信息等方式积极搭建线上就业服务平台。截至目前，在网上登记注册用人单位1800多家，劳动力需求22.7万人，上线招聘登记企业226家，提供就业岗位1650个，人才需求近8万人。

农民工随迁子女所享教育更加公平。"十三五"时期，陕西进城务工人员随迁子女数量逐年上升，2020年义务教育阶段随迁子女数量已达40.64万人，占陕西全部在校生的10%。陕西坚持以公办学校为主安排随迁子女就学，2020

年首次实现全省公民办义务教育学校招生三同步，即同步报名、同步招生、同步录取，并将民办义务教育学校招生纳入审批地统一管理，构建公民办互不享有特权的义务教育良好生态。落实随迁子女接受义务教育后在流入地参加中考政策，保障随迁子女升学的权益。同时，通过政策、学位、经费和关爱"四保障"，切实保障随迁子女在流入地平等接受义务教育的权利。

专栏 4　西安市确保务工随迁子女享受"同城待遇"

西安市坚持落实国家"以流入地为主、就近入学，以公办学校为主、免试入学"政策要求，对符合条件的随迁子女，统筹安排在公办学校就读。公办中小学校要在容量许可的条件下，无条件接收学区内的随迁子女入学。确因容量限制、接收有困难的学校，由当地教育部门予以协调解决其他公办学校或民办学校。同时简化入学办理程序，把"四证"（子女父母身份证或户口簿、暂住证、务工就业证、外出就学流出证明）简化为"三证"，即子女父母身份证或户口簿、居住证、务工证明。对"三证"不全的外来务工人员随迁子女采取"先登记、后补证"的办法予以登记，全力保障适龄儿童按时入学。

农民工劳动保障权益持续得到维护。"十三五"时期，陕西省不断推进农民工平等享受城镇基本公共服务，全省各级劳动监察机构累计检查用人单位 11 万户，办结案件 1.24 万件，为 23.07 万名劳动者追讨工资等待遇 24.58 亿元，案件数、涉及人数和涉及金额逐年下降，结案率全部保持在 99% 以上。全省参加城镇职工基本养老保险的农民工人数为 193.6 万人；参加失业保险的农民工人数为 36 万人；参加工伤保险的农民工人数为 145 万人，工程建设领域农民工工伤保险基本实现全覆盖。

（二）紧扣国家重大区域发展战略，大中小城市和小城镇协调发展的城镇格局基本形成

1. 城镇群（带）建设成效显著

关中平原城市群发展上升为国家战略。2018 年 2 月，国家发改委和住建部

联合印发了《关中平原城市群发展规划》，为了推动《规划》的尽快落地实施，陕西省出台《关中平原城市群发展规划实施方案》，成立了推动落实《规划》领导小组，促成了关中平原城市群联席会议机制，集合相关地市共同发布了《关中宣言》。截至目前，陕西、山西、甘肃三省围绕黄河流域生态保护和高质量发展、"一带一路"建设、交通设施互联互通、重大水利工程建设、汾渭平原大气污染联防联控等方面，已开展了卓有成效的跨区域合作。

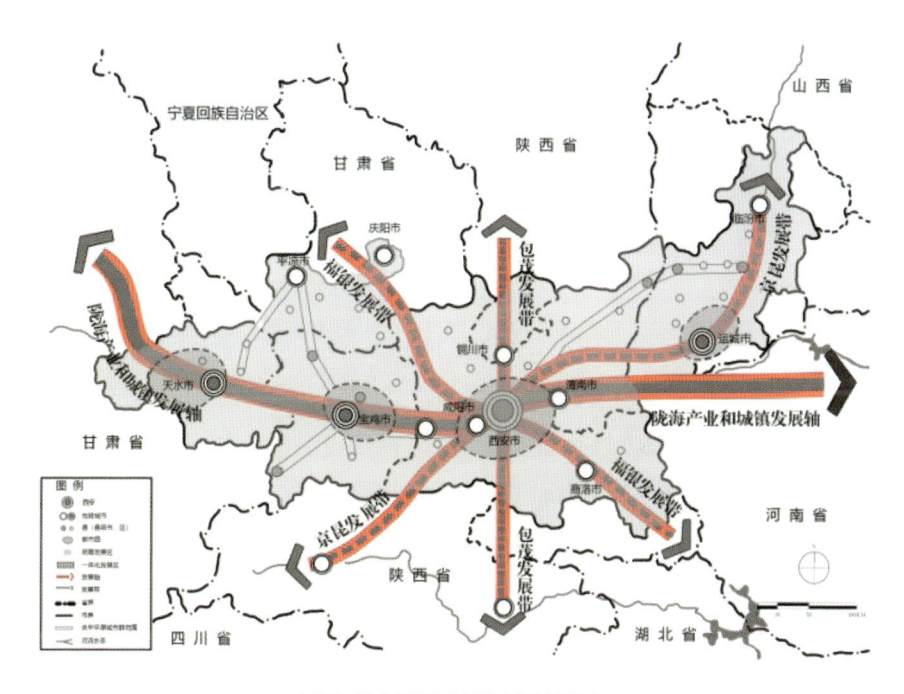

图 2　关中平原城市群空间格局图

榆林市深度融入呼包鄂榆城市群。陕西省出台了《呼包鄂榆城市群发展规划实施方案》，提出支持榆林建设世界一流高端能源化工基地和黄土高原生态文明示范区。榆林市支持大柳塔镇与乌兰木伦镇共建蒙陕合作试验区，试验区（陕西片区）规划编制已经完成，组建大乌城市环线公交及鄂尔多斯机场异地候机楼合资运营公司，实现与鄂尔多斯市"十四五"交通规划有机衔接，共同推动延榆鄂高铁前期工作，浩吉铁路开辟"北煤南运"新通道。确立"北治沙、南治土、全域治水"总体思路，与鄂尔多斯市共同推进红碱淖湿地保护，扎萨克水库每年向红碱淖补水100万立方米，成为区域生态补偿新样板。

图3 呼包鄂榆城市群空间格局图

图4 陕西沿黄生态城镇带空间格局图

陕西沿黄生态城镇带规划建设水平显著提升。2017年4月，陕西正式发布《陕西省沿黄生态城镇带规划》，配套编制了《陕西省沿黄生态城镇带特色小镇建设方案》及《陕西省沿黄生态城镇带近期建设三年行动计划》，省级相关部门持续跟踪指导沿黄"两镇"、市级重点镇以及美丽宜居示范村建设，并围绕沿黄地区总体空间布局，优先安排沿黄县城专项建设资金，加快沿黄县城基础设

图5 陕西沿汉江生态城镇带空间格局图

施建设。2017年被誉为陕西最美"1号公路"的沿黄公路正式通车，有力带动了陕西沿黄三市13县（市）的协调发展。

2018年11月，国家发改委发布了《汉江生态经济带发展规划》。为了促进《规划》的落地生根，陕西省编制出台了《沿汉江生态城镇带发展规划（2019—2025年）》，提出将陕西沿汉江地区打造成为国家战略水资源保障区、生态型城镇建设示范区、长江流域绿色发展先行区、国际山水人文旅游目的地和全省协同发展试验区，陕南地区生态城镇化建设和绿色循环发展进入新的阶段。

2. 西安国家中心城市全面迈入提质增效新阶段

大西安发展空间格局和战略重点持续优化。自2018年西安市正式获批为全国第九个国家中心城市以来，陕西省和西安市先后出台了《关于加快国家中心城市建设推动高质量发展的决定》《西安国家中心城市建设实施方案》《关于建设西安国家中心城市的意见》等文件，明确提出构建"三中心二高地一枢纽"六维支撑体系[1]，实施"北跨、南控、西进、东拓、中优"空间战略，打造大西

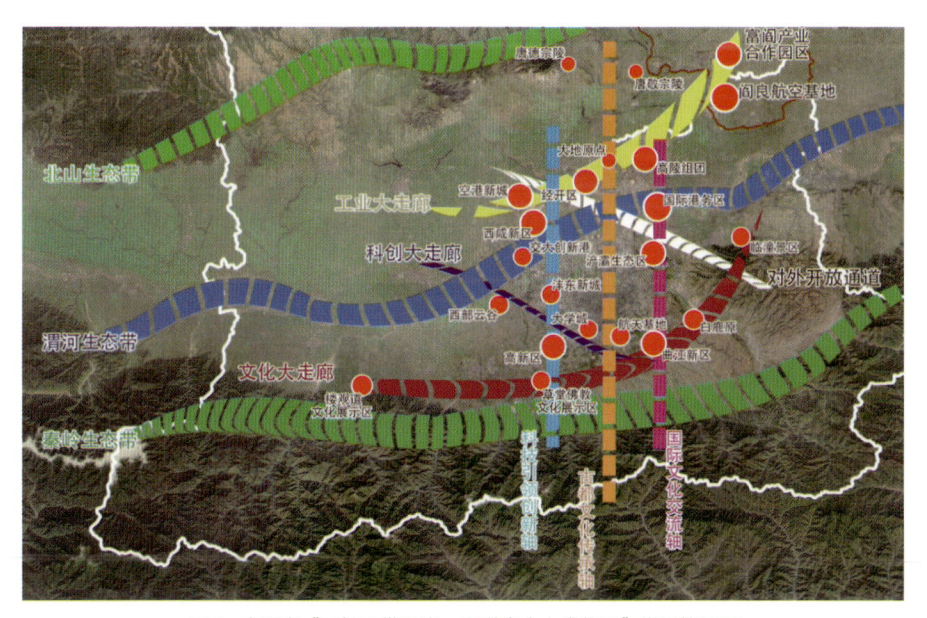

图6 大西安"三轴三带三廊一通道多中心多组团"空间格局图

---

[1] 三中心二高地一枢纽：西部经济中心、对外交往中心、丝路科创中心、丝路文化高地、内陆开放高地、国家综合交通枢纽。

013

安"三轴三带三廊一通道多中心多组团"的空间格局[(1)]。

西安综合经济实力大幅提高。"十三五"时期，西安市经济总量连续跨越五个千亿级台阶，达到10020.39亿元，实现历史性突破，财政总收入超过1500亿元，较2015年增长38.3%。常住人口已达1295万，其中城区人口达900余万，是西北地区唯一的特大城市。先进制造业强市建设全面提速，建成电子信息、汽车、航空航天三大千亿级产业集群，航空产业集群入选全国首批先进制造业集群。参与国际竞争的功能显著提升，自贸试验区发展势头良好，中欧班列（西安）集结中心建设上升为国家战略，进出口总值突破3400亿元，是2015年的1.9倍。

西安都市圈一体化建设稳步推进。"十三五"时期，陕西省积极推动西安都市圈建设，西安与周边城市的联系日趋紧密。西咸之间，15条互联互通道路

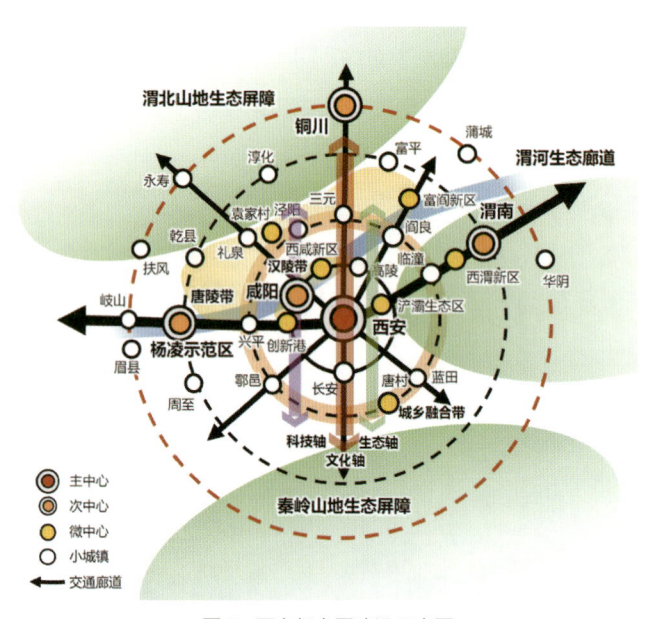

图7 西安都市圈建设示意图

---

(1)三轴三带三廊一通道多中心多组团：三轴，纵贯西安钟楼南北方向的"古都文化传承轴"，以高新区、昆明池、沣镐遗址为轴线的"科技引领创新轴"；以曲江新区、浐灞生态区、国际港务区为轴线的"国际文化交流轴"。三带，秦岭北麓、渭河文化生态旅游带和北山生态带。三廊，"高新区＋航天基地＋沣西新城＋大学城＋科研院所"科创大走廊；"经开区＋渭北高陵组团＋渭北临潼组团＋航空基地＋泾河新城＋富阎板块"工业大走廊；"楼观道文化展示区＋曲江新区＋白鹿原＋临潼景区"文化大走廊。一通道，"国际港务区＋空港新城＋秦汉新城＋浐灞生态区"对外开放通道。多中心，西部西咸新区建设大西安新中心、中间依托中心城区建设大西安核心区、东部建设现代服务新中心。

以及西安北至机场城际轻轨建成通车，纵贯西咸新区新中心新轴线的地铁16号线一期工程已全面开工。2021年7月，陕西省印发《关于西安市全面代管西咸新区的指导意见》，西咸新区已明确由西安市全面代管。西渭之间，积极实施"西安研发、渭南制造"模式，在全省率先建成渭南（西安）创新创业孵化器，渭南医疗机构与省人民医院、西京医院、交大一附院等建立医联体技术协作，实现两市公立医院预约、挂号、就诊异地就医即时结算。富阎产业园区总体规划编制已完成，签约入驻企业近70家。两市共同签订了《关于加快推进西渭融合发展规划建设西渭东区的合作协议》，该区域由曲江主导开发。

3. 中小城市建设能级品质实现"双提升"

区域中心城市发展活力明显增强。"十三五"时期，陕西各设区市充分依托区域优质资源和产业发展基础，紧扣自身发展定位，强化人口和产业承载能力，城市建设取得长足发展。咸阳市区人口破百万，成功晋级为Ⅱ型大城市，宝鸡、渭南、汉中和榆林成为城区人口超过50万的中等城市，宝鸡市紧扣关中平原城市群副中心城市定位，不断加强自身的区域辐射带动能力。铜川、渭南等与西安邻近各市，注重与西安市的一体化建设，不断加强设施的互联互通、产业的错位互补、人口的自由流动。延安市以生态修复、城市修补为主线，城市生态环境得到有效改善，人居环境品质不断提升。榆林市加快推进产业转型，实现矿产资源开发到能化产业的转型。陕南三市以商丹一体化、月河川道集中区、大汉中建设为发展契机，不断促进陕南地区的人口集聚，并实现生态环境的同步保护。

表2 "十三五"时期陕西省地级市核心指标数据一览表

城市	GDP(亿元) 2015	GDP(亿元) 2020	常住人口（万人）2015	常住人口（万人）2020	财政收入（亿元）2015	财政收入（亿元）2020	建成区面积（平方公里）2014	建成区面积（平方公里）2020
宝鸡	1585.02	2276.95	376.33	332	43.43	50.35	87.22	97.94
咸阳	1925.77	2204.81	497.24	396	30.99	38.33	72.06	74.68
铜川	266.41	381.75	84.62	71	9.55	10.96	44.12	48.85
渭南	1364.42	1866.27	535.99	469	14.27	17.92	47.5	68.29
延安	1195.85	1601.48	223.13	228	51.11	58.85	36	41
榆林	2461.2	4089.66	340.11	363	145.85	181.53	63	78.38

续表

城市	GDP(亿元)		常住人口（万人）		财政收入（亿元）		建成区面积（平方公里）	
	2015	2020	2015	2020	2015	2020	2014	2020
汉中	1034.89	1593.4	343.81	321	10.63	14.65	34.3	57.6
商洛	561	739.46	235.74	205	4.26	4.87	26	26
安康	744.04	1088.78	265	249	9.72	13.33	39.5	45

县域城镇化建设步伐加快。"十三五"时期，陕西县域城镇化呈现较快增长、质效提升的良好发展态势，安塞县、鄠邑、南郑县、凤翔县成功撤县设区，神木县、彬县、子长县、旬阳县实现撤县设市，2019年全省启动了县域经济发展和县城建设三年行动计划，政府投资22亿元，拉动社会投资98.8亿元。截至2020年底，全省县城的供水普及率、燃气普及率、污水处理率、绿化覆盖率、生活垃圾处理率等重点指标均有较大幅度提升。合阳、紫阳、乾县等县被列入全省县域经济发展城镇建设试点，连续三年每年陕西省给予专项资金1亿元支持相关项目建设。蓝田县、眉县等10个县被授予为"2018年度全省县城建设先进县"称号，在全省通报表彰，并各奖励500万元。2020年，国家发改委发布《关于加快开展县城城镇化补短板强弱项工作的通知》，要求抓紧补上县城城镇化短板弱项，并公布120个县城先试点，陕西富平、三原、岐山三县入选国家"县城新型城镇化建设示范县"。

	供水普及率（%）	燃气普及率（%）	人均城市道路面积（平方米）	建成区排水管道密度（公里/平方公里）	污水处理率（%）	建成区绿化覆盖率（%）	生活垃圾处理率（%）	建成区面积（平方公里）
2020	95.50	88.45	15.36	7.96	92.80	36.27	98.68	624.87
2014	90.37	73.84	12.54	6.51	85.54	28.42	92.09	816.33

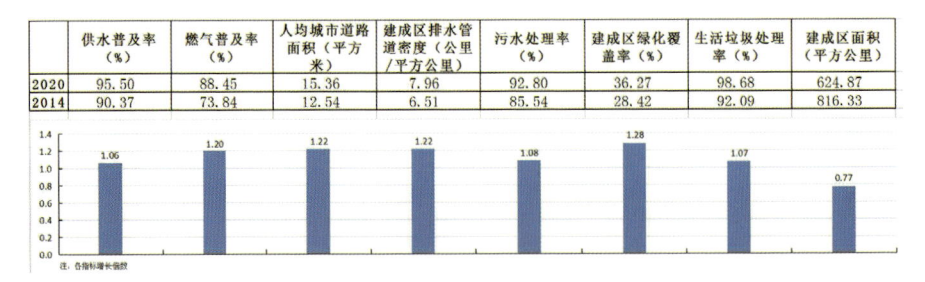

图8 "十三五"时期陕西省县城基础设施建设情况

4. 以西安市为中心的城际交通路网更加高效畅捷

西安综合交通枢纽地位越发凸显。"十三五"时期，西安—兰州、西安—成都、西安—银川等高速铁路陆续投入运营，西安—榆林、西安—安康动车也正式开通，大幅缩减西安市与周边城市的通勤时间，以西安为中心的"米"字形高铁网基本形成。西安咸阳国际机场累计开通全货运航线由5条增至33条，涉及航点通达国内外30多个重要城市，形成国内北上南下、东进西出，国际洲际直达的全货运航线网络，实现了与国际国内航点城市的广泛连接、高频穿梭。西安地铁线网已从西安主城区向咸阳市主城区、西咸新区、临潼区、高陵区等延伸，截至目前，西安地铁1号线一期和二期、2号线、3号线一期、4号线、5号线、6号线一期、9号线一期以及机场城际铁路已经正式通车，通车总里程达到252.6公里。

省域交通大动脉日益畅通。"十三五"时期，陕西省完成综合交通投资约4600亿元，较"十二五"增长15%。公路方面，到2020年底，全省公路总里程突破18万公里，高速公路运营总里程达到6170公里，实现了县县通高速，省际出口达到26个，强化了与周边中心城市的"一日交通圈"；普通国道二级及以上公路比重达到70%，基本实现所有省级重点示范镇通二级公路，为县域经济高质量发展增添动力。铁路方面，全省铁路营业里程达到6030公里，高速铁路营业里程达到1019公里，先后建成投运宝鸡到兰州、西安至成都、西安至银川3条高铁，连通了周边5个省份。民航水运方面，开工建设西安咸阳国际机场三期扩建工程，完成延安、安康机场迁建和榆林机场二期扩建；汉江洋县至安康航运建设工程全面完工。

表3 西安主要对外交通线路表

通道名称	主要线路	方向
西安至郑州方向	郑西高铁，连霍高速等	东—西
西安至兰州方向	西兰高铁，福银高速－青兰高速，连霍高速等	东—西
西安至包头方向	包西铁路，包茂高速等	南—北
西安至重庆方向	襄渝铁路，包茂高速，京昆高速－银昆高速等	南—北
西安至武汉方向	福银高速，陇海铁路－京广铁路等	东南—西北
西安至银川方向	银西高铁，青兰高速－福银高速，包茂高速等	东南—西北
西安至太原方向	大西高铁，京昆高速等	东北—西南
西安至成都方向	西城高铁，京昆高速－成渝环状高速，陇海线－宝成线等	东北—西南

运输服务水平不断提质增效。"十三五"时期，建成交通运输云平台等十余个信息系统，全省交通运输信息化基础资源"五个一"（统一交通云平台、

统一交通行业专网、统一数据资源体系、统一地理信息服务、统一安全认证）架构基本形成。撤销全部省界收费站并实现 ETC 全国联网。动车组发送旅客占铁路发送量比重接近六成，西安咸阳机场客货吞吐量最高分别达 4722 万人次、38.2 万吨。促进物流降本增效，累计减免高速公路通行费超过 250 亿元。运输结构调整成效显著，铁路货物运输周转量占比超过 50%。

（三）坚持人民城市为人民，和谐宜居、富有活力、安全可靠的现代化城市建设水平显著提升

1. 城市生活品质更加舒适宜居

居民居住水平稳步提升。"十三五"时期，陕西省房地产市场总量基本平衡，结构基本合理。截至 2020 年底，全省城镇居民人均住房面积由 2015 年的 31.3 平方米提升至 2020 年的近 40 平方米，商品住房竣工面积由"十二五"的年均 1381 万平方米增至"十三五"的年均 1611 万平方米。住房公积金缴存覆盖范围持续扩大，截至 2020 年底，全省住房公积金实缴职工 418.54 万人，缴存总额 4380.84 亿元，累计发放住房个人贷款 87.43 万笔、2273.84 亿元，约 290 万户缴存职工家庭通过住房公积金改善了居住条件。

专栏5 陕西省积极推行"互联网+公积金"服务模式

在全国率先完成"双贯标"工作，实现省级公积金监管信息平台与各管理中心有效对接。14 个管理中心综合服务平台全部通过住房和城乡建设部验收，着力打造"一站式""最多跑一次"服务品牌；推进"一张网"便捷审核功能，积极推进多部门互联互通；全面开通网上业务大厅、支付宝、手机 APP、住房公积金小程序等业务，让缴存职工随时随地了解个人公积金账户情况、办理相关业务。目前，全系统已实现重要业务"一网通办"，高频事项"跨省通办"，线上高频业务"零资料、零审批、零跑路"，信息化服务水平大幅提升。

基础教育更为优质均衡。"十三五"时期，陕西省新建幼儿园 610 所，普惠性幼儿园占比 84.75%，基本解决"入园难、入园贵"和"有园上、上好园"

的问题。全面深化义务教育学区制管理改革，建立"一长多校"良性机制，实施义务教育"消除大班额计划"，推进"双高双普"达标验收，全省107个县全部通过国家义务教育发展基本均衡县验收。持续加大高中学校整合力度和标准化创建工作，标准化高中从2015年的330所发展到2020年的385所。

专栏6 西安市积极推进义务教育优质均衡发展

坚持以信息化强力推动义务教育均衡发展，印发《关于落实教育信息化2.0行动计划的实施意见》，着力推动信息化校园建设，全市中小学宽带覆盖率达100%，多媒体教室覆盖率达96.23%，教师网络学习空间开通率达70.37%。常态化推出"名师公益优课"，在线学习人数近5700万人次。大力消除"大班额"，全市56人（含）以上大班额占义务教育阶段班级总量比例降至1.92%。2020年下达公办学校质量提升项目资金15.2亿元，着力提升公办义务教育学校教育教学质量。规范和支持民办学校发展，对报名人数超过招生计划的民办中小学一律实行电脑随机录取；建立市级统一招生平台，实现公办民办学校同步报名招生。

医疗卫生水平不断提升。"十三五"时期，陕西省卫生技术人员由28.9万人增长到36.36万人，床位数由22.5万张增加到27.25万张，个人卫生支出占卫生总费用的比重由2016年的31.81%下降到2019年的30.6%，全省城乡居民医保人均筹资标准2021年增加到830元，参保缴费率稳定在95%以上。城市15分钟就医圈基本形成。人均预期寿命从2016年的76.37岁增长到2020年的77.37岁。截至2020年底，建成国家卫生城市10个、卫生县城54个，国家和省级健康促进县区31个，打造了4607个健康示范单位和3万户健康示范家庭，群众健康素养水平得到明显提升。

专栏7 陕西省积极推进公立医院改革

在医疗服务价格改革方面，陕西所有二级以上公立医院自2017年4月起全部取消药品加成，同步开展医疗服务价格调整，共调整3639项、新增34项、取消 35 项、放开 93 项；2018 年再次新增修订 91 项价格和 9 类特殊卫生材料价格；2020 年 1 月 1 日起，全省公立医疗机构取消医用耗材加成，同步调整医疗服务项目 908 项。在薪酬制度改革方面，陕西以宝鸡、延安、汉中为试点向全省推广，推行聘用和岗位管理，建立能进能出、能上能下的用人机制。医务人员绩效工资控制在同级事业单位绩效工资平均水平的 3 倍以内，院长薪酬水平原则上不超过本院医务人员平均薪酬水平的 5 倍。在绩效考核改革方面，陕西确定西安市为公立医院绩效考核试点，定期组织考核，内容涵盖社会效益、服务质量、医疗安全、服务态度、服务流程、可持续发展等内容。

养老服务体系日趋健全。"十三五"时期，陕西省制定出台了《关于推进全省养老服务高质量发展实施方案（2019—2020 年）》等一系列政策措施。推出"15 分钟城市养老圈""时间银行""助老服务""智慧养老"等多项措施。建成城市日间照料中心 1860 个，初步建成居家社区机构相协调、医养康养相结合的养老服务体系。西安市获批全国养老服务综合改革试点市，西安、宝鸡、咸阳、渭南、延安获批全国居家社区养老服务改革试点地市。

2. 城市生态基底更加绿色健康

大气环境质量总体趋好。"十三五"时期，陕西省紧紧围绕优化产业结构、能源结构、运输结构、用地结构等四个结构，扎实实施工业炉窑治理、VOCs 综合整治、钢铁行业超低排放和秋冬季攻坚等 4 个专项行动，累计综合整治"散乱污"企业 2.7 万户，拆改燃煤锅炉 1.9 万台，实施燃气锅炉低氮燃烧改造 0.6 万台，淘汰黄标车、高排放老旧车约 34 万辆，并提前实施机动车国六排放标准，全省 30 万千瓦及以上燃煤机组全部实现超低排放改造。2020 年成为国家实行监测新标准以来的最好年份。全省 13 个市（区）空气质量综合指数为 4.50，优良天数平均 287.8 天，与 2015 年相比增加 11.6 天；重污染天气 7.5 天，与 2015 年相比减少 8.5 天。

专栏 8 关中相关地市治霾典型经验

西安市积极推进和完善全市铁腕治霾网格化管理体系建设，将一级网格平台升级为"智慧环保"综合监控指挥平台，全市三级网格（乡镇、街办）安装建成202个小型空气质量监测站。咸阳市自加压力，实现全市121个镇办空气自动监测网络全覆盖。探索臭氧分级管控，西咸新区连续四年在臭氧防治方面积极探索，借鉴重污染天气应对思路，研究印发臭氧污染分级管控方案，坚持每日会商、精准调度、暗访溯源、督办整改，实现臭氧浓度"三连降"和优良天数"三连升"。

水环境质量持续改善。"十三五"时期，陕西省修正、修订《陕西省渭河流域保护条例》《陕西省汉丹江流域水污染防治条例》等多部法规，强化水生态环境保护法制保障。针对重点河流、重点断面实施"一河一策""一断一案"，分区域开展了渭河、延河、无定河等流域水污染防治。重点保护汉丹江出境水质，针对超标问题组织专家及时分析，采取有效措施，确保南水北调中线水质安全。2020年，水环境质量达到陕西有监测纪录以来的历史最好水平。50个国考断面中，Ⅰ～Ⅲ类比例达到92%，优于国家考核指标20个百分点，全面消除劣Ⅴ类断面。

专栏9 汉中市探索形成管水"五项机制"

汉中市在推进河长制工作中，探索形成排查制、交办制、述职制、点评制和考核制闭合循环的长效推进机制，逐步实现了河长制从"有名"到"有实"的转变。排查制让河长摸清家底，通过拉网式排查和暗访督查，河流"问题清单"全面形成。交办制让河长挑起担子，对涉及河湖管理保护的重大问题、河长巡河发现的突出问题，河长直接向下一级河长或责任单位交办。述职制让河长谨记职责，组织两轮次总河长工作述职，形成了贫困户任河道协管员、选聘民间河长、开展最美河湖建设等一系列独具汉中水利特色的好办法。点评制让河长红脸出汗，汉中把上级河长点评作为推进下级河长履职的重要举措。考核制让河长扑下身子，汉中市将河长制纳入党委、政府综合考核体系，制定了《汉中市河湖长制考核评价办法》，从体系建立、工作机制、河湖治理、专项工作、河湖管护、社会共治6个方面考评县区河长制工作。

城市环境污染得到有效解决。"十三五"时期，陕西省印发《陕西省城镇污水处理提质增效三年行动方案（2019—2021年）》，加快城镇污水处理厂提标改造和管网建设，截至2020年底，陕西城市、县城污水处理率分别达到95.54%和93.48%。积极开展黑臭水体专项整治，印发《陕西省城市黑臭水体整治方案》，目前全省26个黑臭水体全部实现"长制久清"。加快推进城市生活垃圾分类，出台了《陕西省生活垃圾分类制度实施方案》，并选取西安市曲江新区等9个区作为省级垃圾分类示范区，与浙江省宁波市建立垃圾分类"1对1"交流协作机制。截至2021年8月底，全省城市生活垃圾无害化处理率达到99.93%。全面开展市容环境卫生大整治活动，以"三清两提升"为重点，有效治理脏乱差问题，扮靓城市容貌。

专栏10 生活垃圾分类"咸阳模式"

咸阳以探索形成西部欠发达地区生活垃圾分类经验模式为目标，初步形成了生活垃圾分类的"咸阳模式"。通过市场化运作，咸阳厨余垃圾日处理能力已达到120吨，可覆盖3000户居民，建立市区分布式垃圾处置站，餐厨垃圾可就近处理，日处理餐厨垃圾30吨。通过互联网+垃圾分类等平台收集处理可回收垃圾，日处理已达22吨。针对有害垃圾处理，由专业公司实施分拣和暂存，运至陕西再生资源产业园处置，年处理近10吨。已逐步成功打造出分类投放—分类收集—分类运输—分类处置的垃圾分类"全链条"闭环系统。

建筑节能和绿色建筑加速推广。"十三五"时期，陕西省建筑能效大幅提升，绿色建筑规模进一步扩大，装配式建筑发展系统推进。累计建成绿色建筑5885.37万平方米，城镇居住建筑节能改造1977.35万平方米、公共建筑节能改造58.11万平方米、农房节能改造2627户。开展被动式低能建筑试点示范项目3项，实施既有建筑节能改造项目13项，建设农村住房节能示范项目累计363项。与此同时，还修订颁布《陕西省民用建筑节能条例》，印发《陕西省绿色建筑创建行动方案》，推动城镇新建建筑全面执行绿色建筑标准。全面实施《绿色建筑评价标准》（GB/T50378），评价认定绿色建筑设计标识项目1314个、13498.14万平方米，运行标识项目5个、42.15万平方米。

专栏 11　西安市推广装配式建筑典型经验

西安市带动装配式建筑发展的做法主要有以下几点：一是政策牵引，为装配式建筑发展指明方向。相继出台3个重要的装配式建筑政策，结合实际明确发展原则、总体目标、发展时段、重点任务；二是协同发展，初步形成装配式建筑发展产业布局。组织编著装配式建筑标准图集十余种，培育4个产业基地，建成生产线17条，涌现出一大批高装配率示范项目；三是多措并举，带动行业积极主动发展装配式建筑。建立装配式专家库，多次组织宣贯培训和现场观摩，研究积极政策，夯实责任，精准发力，确保政策落到实地。

3. 城市运转决策更加科学智慧

城市数字基础设施建设稳步推进。"十三五"时期，陕西省累计开通5G基站1.9万座，物联网终端用户数达到2766.7万户。全省城市社区、行政村、建档立卡贫困村实现光纤网络和4G网络双覆盖。西安国际互联网数据专用通道建成开通运行，总带宽达到800G。建成北斗地基增强基准站94座，北斗卫星导航系统在41个部门行业得到推广应用。西咸大数据中心、延安华为大数据中心、宝鸡关天大数据中心等多个大数据中心相继投入运营。华为云（西北）联合创新中心、百度云计算（西安）中心、阿里云创新中心、腾讯云（丝路）总部等一批领军企业云中心纷纷落地。天地一体化信息网络西安地面信息港、西部卫星信息港、陕西空天超算中心、沣东人工智能计算创新中心、泛太空国际超算（西安）中心等新型基础设施已陆续建设运营。

城市数据资源平台建设初显成效。"十三五"时期，陕西省18个省级部门初步完成数据资源梳理，14个省级部门完成了数据资源编目。各市（区）市级数据交换共享平台全部建成，并接入省政务数据共享交换平台。10个市（区）建成了市级数据资源管理平台，重点支撑"互联网+政务服务"数据资源管理、清洗和服务，初步形成市级智慧城市"数据中台"。宝鸡、咸阳、延安等7个市（区）基本建成城市（运行）大数据中心，以"互联网+政务服务"数据为主，汇聚少量政务数据和部分社会数据，在智慧城市应用展示、统一指挥调度、市民体验等方面开始发挥作用。除此之外，部分城市已建成人口库、法人库、自然资源和空间地理数据库、宏观经济库、电子证照库、社会信用库等。

智慧城市制度规范逐步健全。"十三五"时期，陕西省相继印发了《陕西省大数据与云计算产业发展五年行动计划》《陕西省大数据与云计算产业发展示范工程实施方案》等文件，形成了我省智慧城市发展的顶层设计体系。并印发了《关于加快推进全省新型智慧城市建设的指导意见》《陕西省新型智慧城市建设评价办法》等系列文件，推进数据资源共享和智慧创新应用。发布《陕西省城市信息融合技术规范》《陕西省社区数据技术规范》等3大类26项技术标准，其中《智慧城市建设指南》《智慧城市体系架构和基本要求》《智慧城市数据交换共享平台技术规范》和《智慧城市信息融合技术规范》等4项标准以智慧城市地方标准发布。

专栏12　咸阳智慧城市建设典型经验

激发数据活力，助力全市脱贫攻坚。汇聚全市贫困户、贫困村地理位置、贫困户全景VR等公共基础设施数据，实现贫困村基础信息全收集；整合市财政、人社、公安、住建等31个部门和企事业单位127项业务572TB的部门数据，为实现数据综合比对、精准分析、科学决策奠定数据基础。

建设四级平台，推进铁腕治污降霾。建成"纵向到底、横向到边"的市、县、镇、村四级环境保护网格化管理信息平台，完成部分县市区空气质量检测、视频监控、洒水车轨迹、秸秆禁烧视频点位数据的协调接入和部署应用，启动微信端环保监督系统、短信模块、随手拍模块功能使用。

打通医疗数据，方便群众看病就医。在全市2700多个村卫生室布设了基层his系统，实现了网上挂号、影像共享、联合会诊，并运用大数据手段，有效解决了大处方、过度医疗等问题，做到医疗卫生体系全过程、动态化、实时监管。

建设时间银行，创新健康养老模式。成立了咸阳市智慧健康养老"时间银行"，目前已正式被国家工信部、国家民政部、国家卫计委联合确定为国家级智慧健康养老试点示范基地。

实时推送信息，实现交通智能疏导。利用交警卡口信息、监控信息、运营商基站统计信息，对全市各道路车流量进行实时监控、智能化调度指挥，实现网上监管、职能调度、拥堵预警。完成智慧出行公交电子站牌建设，在全市所有公交车上安装了GPS，每辆公交车的位置信息实时上传到全市统一的大数据交换共享中心，并推送到公交电子站牌和手机APP上。

着眼防灾减灾，建设智慧气象应用平台。依托智慧咸阳地理信息系统和部门共享信息，以实况监测网格化和精细化格点预报为支撑，围绕"洪涝、冰雹、内涝、雾霾、冻害、雷电、地灾"等灾害，完成民政、应急、水利、防汛、国土、水文、农业、扶贫、气象等部门防灾减灾救灾数据资源横向整合，打造咸阳自然灾害监测预警指挥平台。

4. 城市市政设施更加韧性可靠

城市道路网络规模持续拓展。"十三五"时期，陕西省各城市基本形成快速路、主干路、次干路、支路等多层次、立体化的路网格局，城市道路与高速公路出口、国道、省道的衔接日益强化，城市"断头路"与交通拥堵路段节点改造逐步完成，交通承载力显著提升。五年内新增城市道路2826.32千米，年均增幅5.91%，新增城市道路面积6509万平方米，年均增幅6.56%。截至2020年，城市道路人均面积为16.73平方米/人，城市建成区路网密度为5.18千米/平方千米。

城市能源保障能力显著提高。"十三五"时期，陕西省基本形成"东西南北中"多气源供给格局以及"五纵、两横、一环、两枢纽"的供气网络，实现了县城及县级以上城市燃气全覆盖。城市天然气用气量年平均增长率为13.47%，全省城市平均综合气化率达到97.8%，城市集中供热普及率达到55%，集中供热面积约为3.42亿平方米，近10年平均增幅达到16.6%，高于全国平均水平7.6个百分点，城市热力站自动化水平显著提高，70%的热力站实现无人值守。

专栏13　陕北至关中750千伏第二通道输变电工程

目前该工程已于2019年建成投运，北起榆林横山，南至西安高陵，线路总长1269千米，途经榆林、延安、铜川、渭南、咸阳、西安6市23区县。工程新建750千伏线路11回，新建3座、扩建4座750千伏变电站，新增变电容量

8400兆伏安，配套330千伏线路15回101千米，是陕西电网建设史上投资最高、建设规模最大、输电距离最长的超高压输变电工程。同时，在关中地区完成了宝鸡—西安南—信义750千伏Ⅱ回输变电工程，途经宝鸡、西安、渭南三市，加上之前已经建成的陕北至关中750千伏二通道工程，陕西电网全面建成"750千伏双纵双环骨干电网"大动脉，既能有效缓解陕北煤炭运输压力，推动陕西清洁能源健康发展，又为陕北与陕西东中部地区经济发展提供有力的电力保证。

城市给排水管网建设加快推进。"十三五"时期，陕西省持续扩大公共供水范围，重点降低供水管网漏损，大力提升排水防涝能力。截至2020年底，全省供水总量达到15.35亿立方米，与2015年相比增长了23.89%，服务人口达到1700余万人，城市供水普及率达到97.88%，县城供水普及率达到95.5%，供水管网的漏损率由2015年的12.34%降低至2020年10.91%。与此同时，陕西省严格按照先规划后建设、先地下后地上的要求，不断完善各地排水防涝设施建设，全省县城雨水管道总长度达5933千米。

专栏14 "引汉济渭"工程

陕西"十三五"规划中，提出了实施"引汉济渭"工程，将汉江水穿过秦岭引入渭河，以满足西安、咸阳、宝鸡、渭南4重点城市及沿渭河两岸的11个县城和6个工业园的用水需求，该工程分为一期调水工程和二期输配水工程两大部分，目前调水工程已经建成，输配水工程初步设计报告于2021年4月正式通过水利部批复，标志着引汉济渭二期工程迈入全面建设阶段。

城市绿化亮化水平普遍提升。"十三五"时期，陕西省编制发布了《陕西省绿道规划设计标准》《关中绿道网规划》等，指导全省城市绿道建设，城市绿地面积持续增加。截至2020年，城市人均公园绿地面积达到10.93平方米，建成区绿化覆盖率达到36.27%，公园绿地500米服务半径覆盖率超过65%，城市绿地系统布局和功能进一步完善，园林绿化建设水平和安全管理不断提升。"十三五"时期，陕西省相继打造了一批多层次、立体感强、体现现代文明的精品亮化工程，截至 2020 年，全省已建设道路照明灯 82.5 万盏，亮化道路长度超过 8671.4 千米。西安市打造的具有浓郁地域文化特色的"西安年 最中国"城市夜景亮化体系，提升了大唐不夜城、大唐芙蓉园、西安城墙等诸多文化旅游景点亮化品质。

（四）持续加强"三名"体系建设和历史文化遗产保护，历史文化活化和传承建设加快推进

陕西省是中华民族的重要发祥地之一，周秦汉唐等 14 个王朝建都陕西，拥有深厚的文化底蕴和丰富的历史遗存。截至目前，陕西共拥有国家级历史文化名城 6 个、名镇 7 个、名村 3 个，省级历史文化名城名镇名村以及文化街区共 55 个。

表 4　陕西省历史文化名城、名镇、名村以及历史文化街区一览表

级别	数量	名称
中国历史文化名城	6	西安市、汉中市、延安市、咸阳市、榆林市、韩城市
中国历史文化名镇	7	铜川市印台区陈炉镇、宁强县青木川镇、柞水县凤凰镇、神木市高家堡镇、旬阳县蜀河镇、石泉县熨斗镇、澄城县尧头镇
中国历史文化名村	3	韩城市西庄镇党家村、米脂县杨家沟镇杨家沟村、三原县新兴镇柏社村
省级历史文化名城	11	黄陵、凤翔县、乾县、三原县、蒲城县、华阴市、城固县、勉县、府谷县、神木市、佳县
省级历史文化名镇	19	佳县木头峪镇、延安市宝塔区甘谷驿镇、富县直罗镇、洛川县永乡镇、洛川县旧县镇、子长县安定镇、富平县美原镇、富平县曹村镇、富平县宫里镇、潼关县秦东镇、铜川市耀州区孙塬镇、山阳县高坝店镇、山阳县漫川关镇、旬阳县红军镇、紫阳县焕古镇、榆林市榆阳区大河塔镇、榆林市榆阳区鱼河镇、榆林市榆阳区镇川镇、府谷县黄甫镇
省级历史文化名村	18	延川县文安驿镇梁家河村、洛川县朱牛乡匼家塬村、洛川县永乡镇阿寺村、洛川县土基镇鄜城村、洛川县旧县镇桐堤村、佳县王家砭镇打火店村、府谷县新民镇新民村、潼关县桐峪镇善车口村、铜川市耀州区锦阳路街办水峪村、铜川市耀州区小丘镇移村、铜川市印台区陈炉镇立地坡村、潼关县秦东镇四知村、紫阳县向阳镇营梁村、富县北道德乡东村、府谷县庙沟门镇沙梁村、榆林市横山区响水镇响水村、榆林市横山区石湾镇石湾村、榆林市榆阳区古塔镇罗硷村

续表

级别	数量	名称
省级历史文化街区	27	潼关县古城水坡巷、韩城市古城历史文化街区、铜川市印台区陈炉镇老街、西安三学街历史文化街区、西安北院门历史文化街区、西安七贤庄历史文化街区、咸阳中山街东段历史文化街区、咸阳东明街历史文化街区、榆林南大街历史文化街区、榆林北大街历史文化街区、榆林米粮市顶历史文化街区、汉中东关正街历史文化街区、汉中西汉三遗址历史文化街区、凤翔文昌巷—通文巷—毡匠巷历史文化街区、凤翔新庄巷历史文化街区、安康市汉滨区东关街、紫阳县焕古镇老街、石泉县城关文化街区、旬阳县蜀河镇街区、汉阴县双河口镇老街、山阳县漫川关镇街区、丹凤县棣花镇街区、柞水县凤凰镇街区、蒲城县达仁巷街区、蒲城县槐院巷街区

"三名"体系规划均已完成编制。"十三五"时期,为更加科学严格的保护历史文化资源,陕西启动国家和省级规划期限为2035年的历史文化名城名镇名村、街区保护规划编制和现行规划编修工作。截至2020年底,陕西所有国家级和省级的历史文化名城、名镇、名村、街区均已完成保护规划的编制工作。其中,2020年完成的《西安历史文化名城保护规划(2020—2035年)》是全国首个按照《历史文化名城保护规划标准》等相关规范编制的保护规划。与此同时,陕西积极争取国家财政专项资金,编制完成了429个传统村落保护发展规划。

表5 陕西省各地市保护规划编制情况一览表

地市	相关保护规划编制情况
西安市	《西安历史文化名城保护规划(2020—2035年)》
咸阳市	《咸阳市历史文化名城保护规划(2011—2030年)》《咸阳市历史文化街区保护规划》
宝鸡市	《凤翔县历史文化名城保护规划(2015—2030年)》
渭南市	蒲城县、华阴市、澄城县尧头镇、潼关县秦东镇等名城名镇规划期限至2035年的保护规划。
韩城市	《韩城历史文化名城保护规划》《韩城古城历史文化街区保护规划》《党家村保护规划》《党家村古建筑群保护管理规划》《党家村文物保护工程总体方案》
榆林市	《榆林历史文化名城保护规划》《榆林古城修建性详细规划》《榆林卫城文物保护规划》
延安市	《延安历史文化名城保护规划》《延安市中心城区生态修复、城市修补总体规划》《延安市文化旅游功能提升规划》

续表

地市	相关保护规划编制情况
汉中市	《汉中历史文化名城保护规划(2019-2035)》《西汉三遗址历史文化街区保护规划》《东关正街历史文化街区保护规划》，省级历史文化名城勉县、城固，中国历史文化名镇青木川镇保护规划
安康市	《蜀河镇总体规划》《蜀河古镇保护规划》《蜀河文化旅游古镇发展规划》《旬阳县蜀河镇文化旅游名镇建设规划》《蜀河历史文化名镇保护规划》
商洛市	《柞水凤凰历史文化名镇保护规划》《凤凰古镇旅游发展总体规划》《凤凰街民居文物保护规划》《凤凰镇文化旅游古镇建设规划》《凤凰古镇建设控制性规划》《山阳县漫川关历史文化名镇保护规划》《漫川文化旅游古镇建设规划》

历史文化街区"综合环境提升"工程稳步实施。"十三五"时期，陕西立足历史文化遗产"保留利用"和"更新改造"，从历史建筑墙面的修缮与利用、基础设施改造和综合环境提升三个方面，并结合农村人居环境整治三年行动方案及老旧小区改造等任务，启动历史文化街区"综合环境提升"工程。

专栏15 历史文化名城保护工程典型经验

城固县采用整体保护老城，有序开发新城，形成"老城和新城协调共生"的做法，形成了很好的协调保护与发展融合的关系。旬阳县蜀河镇完整保留历史文化街区格局，深入发掘历史文化价值，对历史建筑、古树名木等进行严格保护、挂牌、登记、建档、展示，有力促进了当地旅游业的发展，走在全省前列。蒲城县将50年代的电影院在保持原貌的前提下开发为电影博物馆，赋予了历史建筑新内涵，增添了历史文化遗产新特色。

以博物馆为代表的文化传承载体建设加快推进。"十三五"时期，陕西充分发挥精神标识引领作用，新建了铜川、渭南等文物类博物馆及梁带村等考古遗址博物馆，西安交通大学西迁博物馆、陕西科技大学中国轻工业博物馆、陕西体育博物馆等行业博物馆先后建成开放。积极推进秦始皇陵内城垣保护展示、西安碑林博物馆改扩建等重大文化标识项目顺利实施。秦始皇陵铜车马博物馆正式对外开放，全方位、多角度展现铜车马修复保护、考古研究的最新成果。全国首座考古专题类博物馆——陕西考古博物馆主体已经竣工。截至2020年底，在陕西登记备案的博物馆共 325 座，"国家考古遗址公园"获批 4 处、立项 8 处，5 处长城点段纳入国家文化公园建设，建成开放 25 家省级文化遗址公园、25 家优秀传统文化传承基地和 44 家社区博物馆。

澄城刘家洼东周遗址

神木石峁遗址

石峁遗址

秦雍城

历史文化遗址考古发掘有序推进。"十三五"时期，陕西深入开展历史遗址考古挖掘，周原、秦雍城、秦咸阳城、汉唐帝陵等大遗址考古持续推进，栎阳城、天井岸遗址、唐华清宫、一带一路等主动性考古取得了一系列丰硕成果。仅"十三五"时期，全省就实施了考古项目691项，发掘出土文物3.7万余件(组)；7项考古成果荣获"全国十大考古新发现"，4项荣获"中国考古新发现六大项目"，两项荣获"田野考古奖"，石峁遗址被评为近十年"世界十大考古发现"。

文旅融合促进历史文化活化作用凸显。"十三五"时期，陕西加大历史文化资源挖掘力度，一批标识度高的文艺作品广受好评，一批标志性强的文旅项目建设落地推进。在文艺精品创作和重大文化活动组织方面，陕西省推出了话剧《平凡的世界》《路遥》，舞剧《青铜》，秦腔《关西夫子》等一批优秀剧目，8部作品入选文旅部"百年百部"优秀剧目，话剧《共产党宣言》《路遥》全国巡演百余场。"陕派话剧"继"长安画派"之后，成为陕西文化新的标志性符号。在狠抓保护利用、力促文化资源深挖潜变优势方面，陕西持续抓好陕北和羌族两个国家级文化生态保护区建设工作，两个国家重点扶持非遗工坊建设稳步推进。同时，陕西在全国首家发布红色文化地图，两部红色旅游广播作品入选首届全国旅游公益广告，全国十大红色旅游目的地延安位居第五，全国最具人气五大红色旅游演出陕西占四席，4项黄河文化重点研究课题获文旅部立项，20多个景区（点）入选黄河主题国家级旅游线路。在文旅配套设施提档升级方面，临潼、蓝田、眉县、华阴等加快外部"快进"与内部"漫游"交通体系建设，西安、宝鸡、杨凌示范区以及华阴等旅游集散中心建成运营，大荔、黄陵、石泉、宁陕、商南等县着力完善了全域旅游标识体系，西安、宝鸡、汉中、韩城等市以及临潼、华阴等14个县（区）建成并运营智慧旅游中心，全省4A级以上景区游客聚集区全部实现WIFI覆盖。

（五）以城乡融合促进乡村振兴，城乡差距不断缩小

1. 推进乡村核心要素改革，持续激活乡村振兴内生动力

农村土地改革不断深化。"十三五"时期，陕西省出台了《陕西省实施〈农村土地经营权流转管理办法〉细则》，截至2020年底，全省土地流转面积达1420.1万亩，土地流转率保持在26.6%左右。宅基地改革稳慎推进，持续推进

高陵、富县等 4 个县（区）农村宅基地制度改革试点及陇县等 12 个闲置宅基地和闲置住宅盘活利用省级试点，持续规范宅基地管理审批，探索宅基地"三权分置"实现路径，因地制宜探索盘活利用，全省 12 个试点县盘活闲置宅基地面积 2.3 万余亩，盘活宗数 3.5 万余宗，带动增收约 3.2 亿元。

专栏 16　高陵区土地改革试点经验

高陵区是陕西省唯一的农村土地制度改革三项试点地区，承担着"农村土地征收""集体经营性建设用地入市""宅基地制度改革"三项试点任务。试点工作开展以来，在宅基地制度改革方面，高陵区立足"西部城郊型"实际，农村宅基地改革试点已在全域深入开展，逐步形成了"老村规范提升型、新村建设转移型、整村退出融合型"三种管理模式，在退出、收回、审批、抵押、新建、进城"六个一批"试点推进和农村土地"两权抵押"实践探索等方面实现了突破和创新，被自然资源部督察组认为"最符合中央精神"。在集体经营性建设用地方面，高陵区试点工作解决了"哪些地入市、谁来入市、怎样入市"的问题，摸清了集体经营性建设用地的底子，制定了土地增值收益调节分配等10 项试点制度。2017 年 5 月，高陵区敲响了集体经营性建设用地入市第一槌。在农村土地征收试点方面，高陵区出台了试点方案，并从社会稳定风险评估、土地收益分配、界定公共利益范围等多个方面进行了积极探索。

农村金融服务成效明显。"十三五"时期，陕西省政策性农业保险发展迅速。围绕"增品、扩面、提标"，政策性农业保险财政补贴品种增加至 25 个，包括小麦、玉米等 15 个中央险种，苹果、设施蔬菜等 3 个中央对地方以奖代补险种，猕猴桃、大枣等 7 个省级险种，全省承保覆盖面积保费规模超过 15 亿元，风险保障达 1200 亿元，覆盖农户 560 万户。金融精准帮扶扎实开展，全省累计为 636.33 万户农户建立了信用档案，累计评定信用户 497.63 万户，创建信用村、镇 3821 个，累计为 98.21 万建档立卡贫困人口提供了超 600 亿元信贷资金支持，金融精准扶贫贷款余额 1535 亿元，较 2015 年末增长 194%，全省 56 个国定贫困县各项贷款余额 3762.8 亿元，较 2015 年末增长 48%。

人才下乡保障不断强化。"十三五"时期，陕西省不断创新人才下乡模式，依托陕西高校和科教资源优势，分别在西北农林科技大学和西安建筑科技大学设立陕西省乡村振兴产业研究院和陕西乡村振兴规划研究院。积极引导大专院校、规划设计单位下乡开展村庄规划编制，全年共选派2万多名"土洋"专家到一线指导工作，为农业农村发展提供政策咨询、发展规划、成果推广、人才培训等多方面服务。出台《陕西省科技特派员管理办法》，完善"互联网+科技特派员"平台，2020年选派278名省级科技特派员组建18个产业技术服务团，与22个贫困县签订39份帮扶协议，开展服务600余次，培训人数超过3000人，实现陕西省贫困村科技特派员科技服务全覆盖，参与挂牌服务科技特派员3826人。

2. 全力推进村镇建设，基础设施和人居环境持续提升

以"双镇"为代表的小城镇建设成效显著。"十三五"时期，陕西省重点示范镇和文化旅游名镇发展迅速，全省35个重点示范镇累计完成投资590.45亿元，吸纳就业人口12余万人，基本建设成为县域副中心。31个文化旅游名镇累计完成投资211.38亿元，实现旅游人数突破1亿人次，旅游收入500余亿元，吸引10余万在外务工人员返乡创业，4A级旅游景区占比达到45%。在重点示范镇和文化旅游名镇建设的示范带动下，全省128个小城镇跻身全国重点镇，14个小城镇进入全国先进小城镇行列，全省小城镇建设基础设施建设水平较"十二五"末大幅提升。

表6 "十三五"时期陕西省建制镇基础设施核心指标数据一览表

项目	2015年	2020年	增幅
人均道路面积（m^2）	9.36	14.38	53.63%
供水普及率（%）	75.15	86.52	15.13%
人均生活用水量（升）	60.46	80.01	32.34%
燃气普及率（%）	16.6	26.3	58.43%
污水处理率（%）	10.3	36.59	255.24%
排水管道密度 km/km²	4.99	6.75	35.27%
人均公园绿地面积（m^2）	0.81	1.07	32.5%

农村基础设施和人居环境持续提升。"十三五"时期，陕西省有序推进农

村人居环境综合整治，深入落实人居环境整治三年行动。在农村危房改造方面，中省投入补助资金累计约为45亿元，改造农村危房24.366万户，组织编制了《陕西省农房设计图集》。在生活垃圾处理方面，销号监测2041个农村生活垃圾非正规堆放点，有效治理行政村占比达93.96%，累计清理农村生活垃圾409万吨。在污水处理方面，累计清理水塘沟渠15.5万公里，生活污水得到有效治理的行政村达到4676个，解决改善1508.3万人的安全饮水问题。在农村改厕方面，2019—2020年底全省新（改）建农村户用卫生厕所155.8万座，累计改建卫生户厕435.8万座，普及率达70.2%。

3. 促进农民持续增收，脱贫攻坚目标任务如期完成

脱贫攻坚取得决定性成就。"十三五"时期，陕西省288万农村贫困人口实现脱贫，56个贫困县全部摘帽，24.93万户贫困群众搬入新居，贫困地区农村居民人均可支配收入由7692元提高到12491元，占全省农村居民收入的比重由88.5%提高到93.8%，绝对贫困和区域性整体贫困得到历史性解决。

新型农业经营体系建设加快推进。"十三五"时期，陕西省加快培育新型农业经营体系，龙头企业总数达到2031家，实现销售收入1559.33亿元，上缴税金21.19亿元，带动农户53.18万户。其中，农民合作社发展到6.38万家，带动入社农户203.85万户，全省从事产加销一体化服务的合作社达到3.2万家，特别是向加工、运销、社会化服务等二、三产转型的合作社突破1万家，实现行政村、主导产业双料全覆盖。纳入名录管理家庭农场82189个，县级以上示范家庭农场达到6621个。农业生产托管蓬勃兴起，先后在60个示范县实施农业生产托管项目，培育社会化服务市场，带动全省年托管服务面积达4568.74万亩次，服务组织2.67万个，服务对象达237.4万个，惠及小农户176.6万户，使得粮食生产成本亩均下降60到100元，收益亩均增加100到200元，亩均增产50到100公斤。

三、分市区评价

（一）西安市

"十三五"时期，西安市以举办"十四运"为契机，城市规划建设管理工

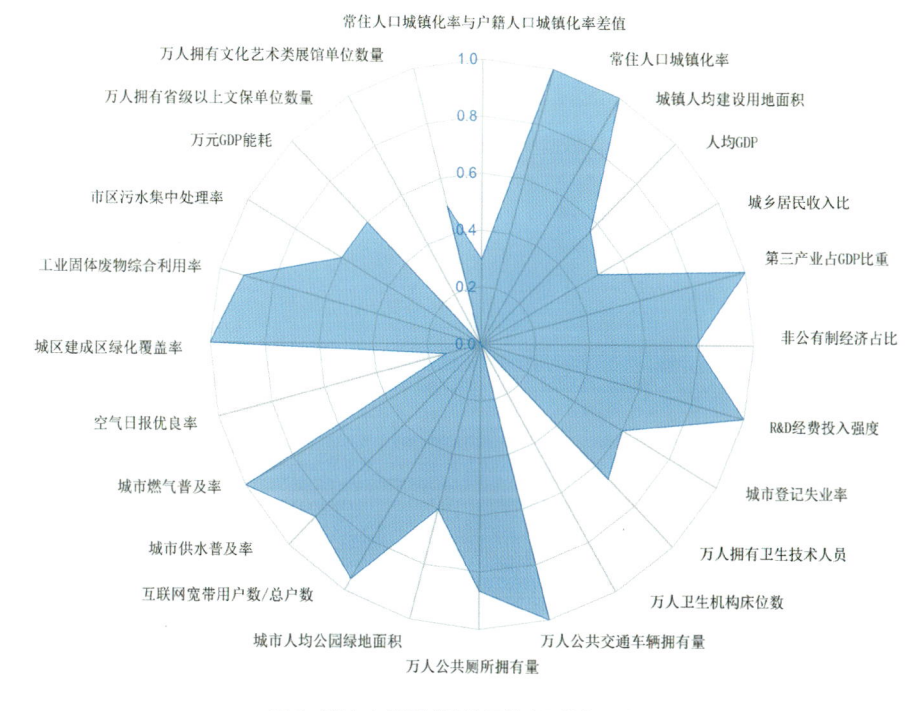

图 9　西安市新型城镇化评估主要指标风频图

作取得重大突破。西安火车站、机场三期、跨浐灞河 5 桥 2 隧等枢纽工程加快推进，地铁呈现"7 线运营、8 线共建"局面，10 条快速路和大型立交建成通车，"三河一山"环线绿道核心段全线贯通。西安奥体中心"一场两馆"、西安国际会展中心一期、西安国际会议中心建成投用，幸福林带工程建成向市民开放，长安云、长安乐、长安书院等一批文化项目初具规模，秦文化博物院、隋唐长安城博物院等周秦汉唐主题博物馆群建设加快推进，小雁塔遗址公园、兴庆宫公园改造提升、易俗社历史文化片区建成开放。城市更新加快推进，完成 1514 个老旧小区改造，36 个城中村（棚户区）征收，590 条背街小巷改造提升，打通 57 条断头路，落地架空线缆 872.22 公里。

在本次评估的 24 项指标中，西安市在常住人口城镇化率、城镇人均建设用地面积、第三产业占 GDP 比重、R&D 经费投入强度等 7 项指标位列第一，说明西安市城镇化发展水平较为充分。但万人拥有卫生技术人员、城市人均公园绿地面积等人均类指标相对较为靠后，说明在人口进一步集聚的情况下，西安市公共设施建设配套跟进不足。

（二）宝鸡市

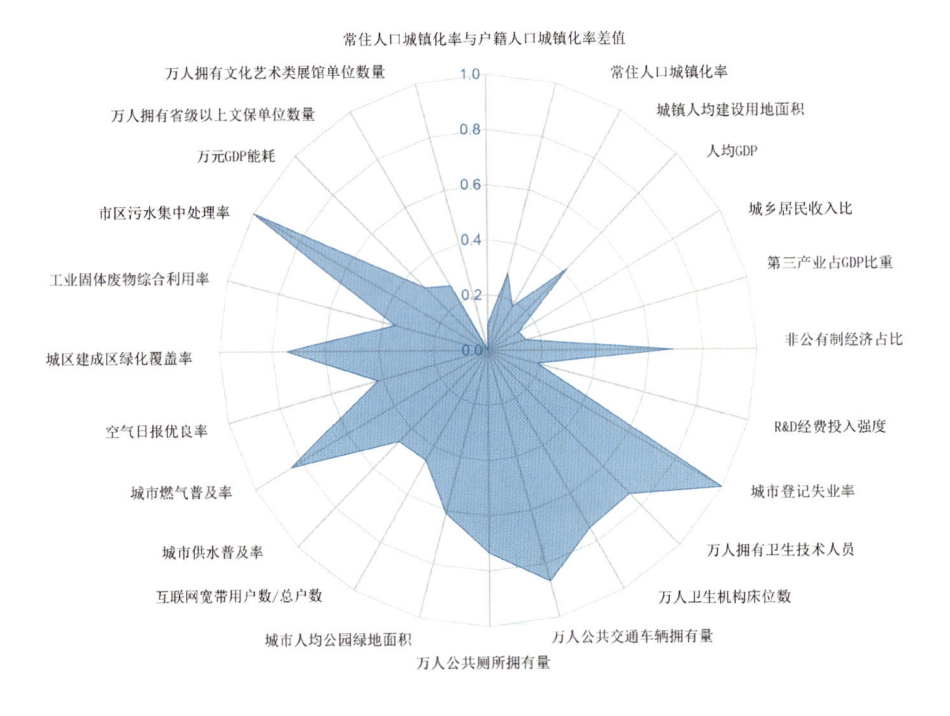

图 10　宝鸡市新型城镇化评估主要指标风频图

"十三五"时期，宝鸡市紧扣关中平原城市群副中心城市定位，大力实施"东扩南移北上"战略，做强高新区、开发蟠龙塬、建设港务区，凤翔撤县设区，主城区面积达到 152 平方公里，市区人口达到 106 万，宝鸡进入全国大城市行列。实施"城市品质提升"十大行动，改造提升城市道路 504 条，建设渭河大桥 13 座，市民出门 500 米有休闲绿地、5 公里有学校，形成了 10 分钟商业圈、15 分钟就医圈，城市的承载力、舒适度、便利性、品质感显著提升。加快推进以县城为主要载体的新型城镇化，实施县城扩容提质、重点镇建设和巩固脱贫攻坚成果与乡村振兴有效衔接，建成全国重点镇和特色小城镇 17 个、省级重点镇和重点示范镇 18 个，全市城镇化率达到 55%，较 2015 年提高 6 个百分点。

在本次评估的 24 项指标中，宝鸡市各类公共设施类指标排名较为靠前，说明城市基础设施建设比较充分。但常住人口城镇化率和户籍人口城镇化率差值、城乡人均可支配收入比等指标排名较为靠后，说明宝鸡市城镇化发展不充分不平衡问题依然较为突出。

（三）咸阳市

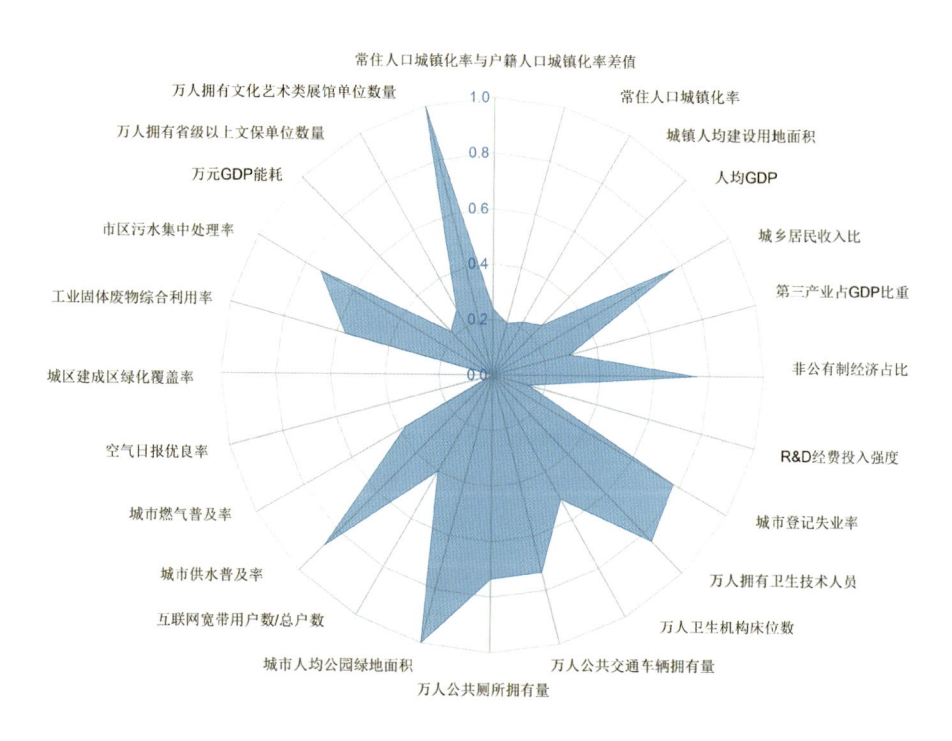

图 11　咸阳市新型城镇化评估主要指标风频图

"十三五"时期，咸阳市积极承接西安市非省会功能疏解，同城化步伐不断加快。两市之间的 15 个互联互通道路项目建成通车，延伸至咸阳的西安地铁 1 号线三期和纵贯西咸新区新中心新轴线的地铁 16 号线获批开工建设，西安北站至西安咸阳机场的城际轻轨建成投用。两市积极推进教育信息融合发展，咸阳教师和学校可通过西安优质教育资源共享平台开展网络备课、课堂教学等教学交流和教研活动。两市建立了传染病、突发事件联防联治合作机制，两地多所医院建立了合作关系，同时选派学科带头人、技术骨干到西安各大医院进修学习。同时咸阳市重点推进与西安市结合片区的建设，文体功能区建成区面积已达 11 平方公里，17 公里的渭河水生态带成为市民会客厅，"三城两带"空间结构基本形成。

在本次评估的 24 项指标中，咸阳市人均设施类指标均比较靠前，说明一方面城市基础设施建设较为充分，另一方面也说明受西安市虹吸效应影响，人口流失较为严重。

（四）铜川市

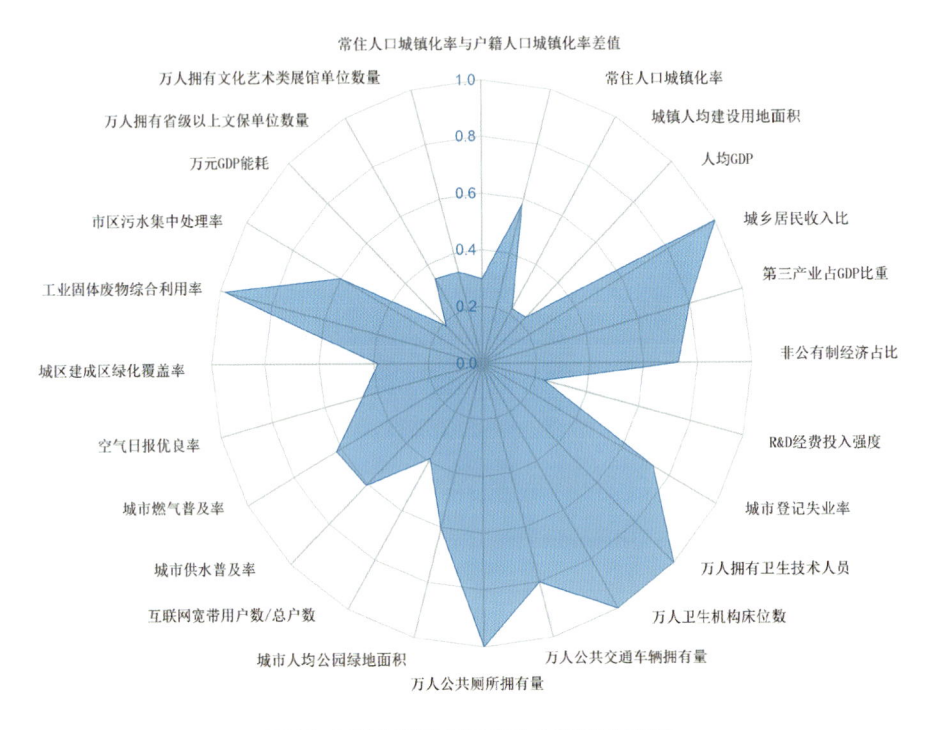

图 12　铜川市新型城镇化评估主要指标风频图

"十三五"时期，铜川市重点推进渭北五大区域中心建设，南市区提质扩容，北市区"双修、三疏"，新耀融合发展，王印一体推进，新区净增 13.5 万人，全市城镇化率提高到 66.1%。公路总里程达 4383 公里，路网密度居全国前列。建成公共文化场馆 10 个，成功创建国家公共文化服务体系示范区。改造提升城市道路 29 万平方米，人均公园绿地面积 12 平方米。持续抓好渭北"旱腰带"治理、崔家沟矿区生态修复，积极创建国家森林城市，森林覆盖率达到 48.5%。铜川成功入选全国海绵城市建设示范城市，先后被评为国家卫生城市、全国绿化模范城市、践行生态文明发展优秀城市。

在本次评估的24项指标中，铜川市城乡居民收入比、万人拥有卫生技术人员、万人卫生机构床位数、万人公共厕所拥有量等4项指标均排名第一，说明铜川市城乡公共设施建设相对充分，城乡差距缩小十分明显。

（五）渭南市

图13　渭南市新型城镇化评估主要指标风频图

"十三五"时期，渭南市坚持把新型城镇化作为协调发展的重要举措，高起点规划、大手笔建设、精细化管理。2020年城镇化率较2015年提高10个百分点，深入实施城市规划建设管理"三覆盖、四清零、五提升"工作，"一城三区三走廊"的城市空间结构初步形成。华县撤县设区，六泉路等一批"断头路"陆续打通，黄河水引入主城区，渭南西站建成投用，渭南火车站完成改造。中心城市"四纵四横"道路框架基本形成，公路总里程达到2.1万公里，蒲白黄高速建成通车，沿黄公路、合铜高速渭南段全线贯通，县县通高速目标全面实现。渭南正逐步成为特色鲜明，宜居宜业的美丽之城、文明之城、绿色之城。

在本次评估的 24 项指标中，渭南市各项指标均较为靠后，其中，常住人口城镇化率与户籍人口城镇化率差值、万人公共交通车辆拥有量、万人公共厕所拥有量、万元 GDP 能耗等 4 项指标排名垫底，说明渭南在推动城镇化高质量发展方面仍有较大提升空间。

（六）延安市

图 14　延安市新型城镇化评估主要指标风频图

"十三五"时期，延安市推进国家新型城镇化试点，新区商业圈、生活圈基本形成，革命旧址景区周边环境明显改善，老城功能有效疏解，圣地特色更加彰显，高新区、南泥湾开发区功能品质更加提升，棚户区改造受到国务院表彰，"城市双修"经验全国推广，延河两岸、城市公园广场成为市民休闲娱乐好去处。成功创建全国文明城市、国家卫生城市、国家森林城市、国家园林城市、国家节水型城市。安塞撤县设区，子长撤县设市，县城建成区面积扩大31.4%，17个镇被列为国家级重点镇，城镇化率提高8.1个百分点、达到64.5%。基础设施网络更加健全，新增高速公路293公里，累计达到943公里，实现县县通高速。浩吉铁路建成通车，铁路运营里程达到1000公里。南泥湾机场建成投运，省会城市通航率达到75%。建成南沟门水库、黄河引水和陕北至关中第二通道750千伏输变电工程，城乡光网实现全覆盖，支撑保障能力明显增强。

在本次评估的24项指标中，延安市各项指标排名相对均衡，但第三产业占GDP比重、非公有制经济占比、城市登记失业率等指标排名较为靠后，说明延安的城市就业承载能力相对较弱，中心城区的辐射引领能力有待加强。

（七）榆林市

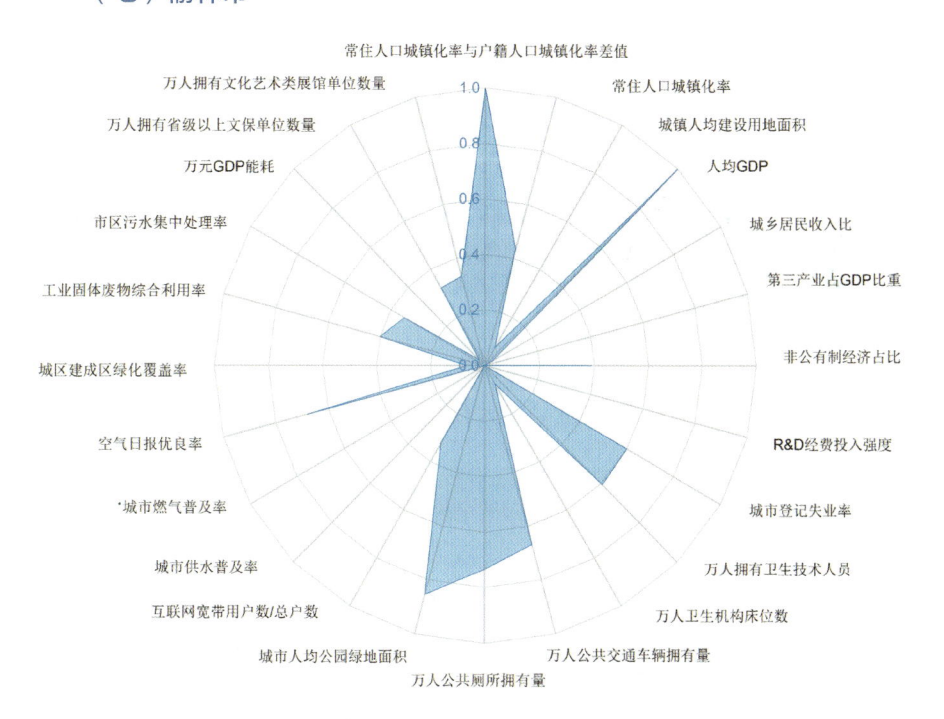

图15 榆林市新型城镇化评估主要指标风频图

"十三五"时期，榆林市中心城市和县城发展能级持续提升，神木撤县设市，横山撤县设区，全市城镇化率从"十二五"末的55%提高到59.5%，完成第三次国土调查。建成"三横五纵"干线铁路网,机场航线直达24个省会城市,实现县县通高速。榆阳机场T2航站楼建成投运,西榆动车开通运行,清子高速建成通车。东线引黄干线工程开工,西线引黄提升改建和"绥米子"三县供水工程主体完工。2020年中心城区实施老旧小区改造、河道治理、管网改造等市政项目71个,完成投资36亿元,榆溪河生态长廊全线贯通。科创新城进入实质性建设阶段,体育中心、会展中心、运动员村和市政一期项目全面推开。公共服务领域短板加快补齐,城乡居民基本医疗保险实现两保合一,城乡低保标准提高到8880元和5000元,建立"三长"责任制消除大班额,启动公共卫生体系建设三年行动,与国内知名医院合作建立12个专科联盟,建成3个紧密型医共体,榆林历史文化名城保护规划编制完成,石峁遗址入选近十年世界十大考古发现。

在本次评估的24项指标中,榆林市各项指标出现明显的两极分化,一方面基于良好的经济发展态势,人均GDP、常住人口城镇化率与户籍人口城镇化率差值等与经济发展关联较为紧密的指标排名较为靠前,但城乡居民收入比、R&D经费投入强度、城市供水普及率、城市燃气普及率等指标相对靠后,说明榆林市的城镇化建设相对粗放,城乡发展不平衡、基础设施配套不足等问题依然较为突出。

(八)汉中市

"十三五"时期,汉中市坚持"绿色循环、汉风古韵"定位,加快建设区域中心城市,中心城区建成区由42平方公里扩展至95.5平方公里,成功创建国家森林城市、国家园林城市、全国双拥模范城市。南郑撤县设区,兴汉新区、滨江新区加速崛起。县城建设各具特色,骨架规模不断拉大,承载功能不断完善,城市品牌日渐成型。9个省级名镇、100个美丽乡村示范村、10条风景线魅力彰显。大力实施乡村建设行动,农村基础设施不断完善,实现行政村通客车、通邮、宽带网络和电力入户全覆盖。坚持绿色循环发展,推动产业转型升级,打造了12条工业循环产业链、6条农业循环产业链,推动装备制造、现代材料、绿色食药等支柱产业向高端化、绿色化、品牌化发展,构建了绿色低碳的产业体系。

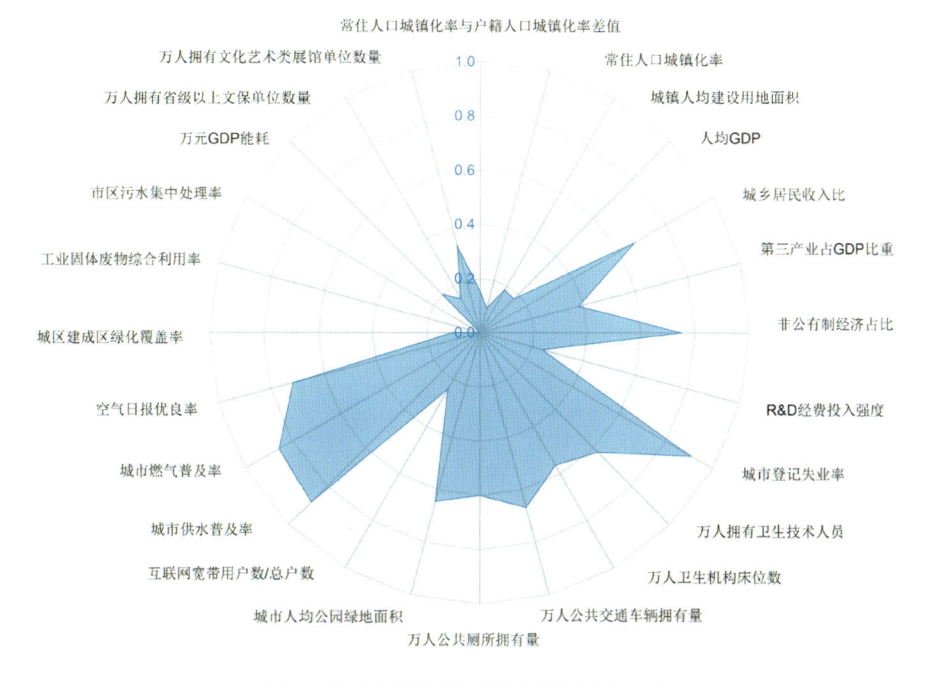

图 16　汉中市新型城镇化评估主要指标风频图

在本次评估的 24 项指标中，汉中市公共服务类和公共基础设施类指标排名相对靠前，但工业固体废物综合利用率、市区污水集中处理率等两项指标排名垫底，一定程度上反映出汉中市环境卫生设施配套不足的问题。

（九）安康市

"十三五"时期，安康市深入实施陕南绿色循环发展战略，加快推进绿色产业与城乡建设的深度融合。毛绒玩具文创产业经营实体达 558 家，在营新社区工厂 691 家。富硒特色农业稳步提升，千亿富硒产业集群加速聚合。商贸流通和市场消费加快发展，国家电子商务进农村综合示范县实现"全覆盖"，农村商贸流通体系更趋完善，"互联网+"行动助推三次产业深度融合。安康高新区在 169 个国家高新区中综合排名跃升到 63 位，瀛湖生态旅游区、恒口示范（试验）区、旬阳省级高新区、石泉省级经开区建设提速增效，1340 个现代农业园区、19 个省级县域工业集中区和"飞地经济"园区活力迸发，新安康门户区、城东新区开发建设步伐加快。旬阳撤县设市获国务院批准。

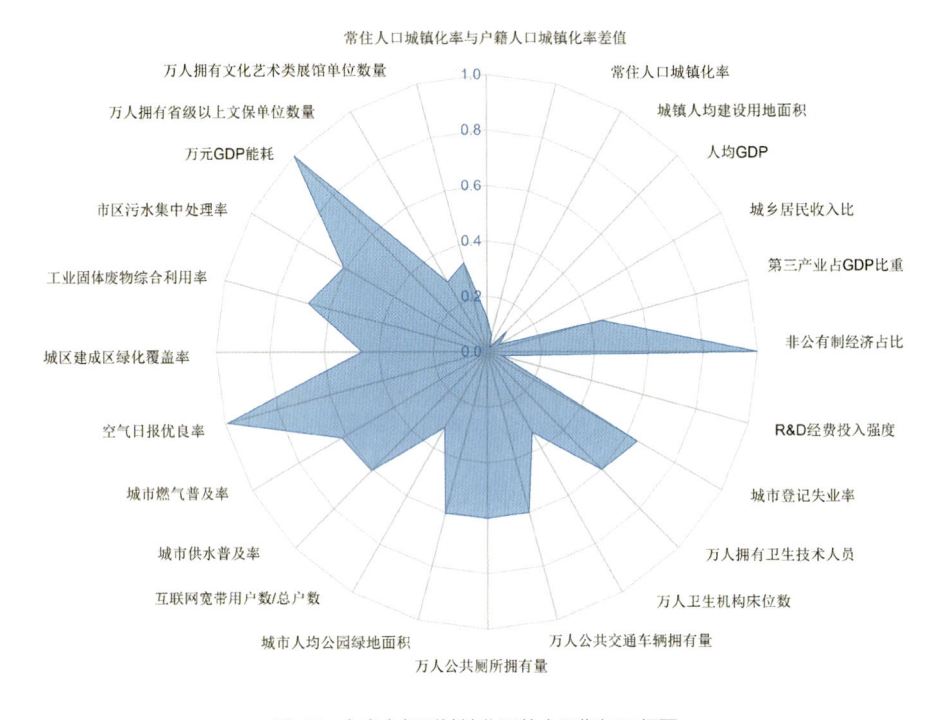

图 17　安康市新型城镇化评估主要指标风频图

在本次评估的24项指标中，安康市各项指标排名均较为均衡，仅有万人拥有卫生技术人员、万人公共交通车辆拥有量、万人公共厕所拥有量等三项指标相对较为靠后，说明安康市在提升公共资源配置方面仍有较大提升空间。

（十）商洛市

"十三五"时期，商洛市坚持生态优先、绿色发展，累计治理水土流失2609平方公里，营造林324.8万亩，实施城周绿化2.63万亩，森林覆盖率达到69.56%，生态环境质量持续全省领先，市区空气质量连续8年全省第一，被授予"中国气候康养之都"。推动城市内涵式发展，中心城区6纵8横道路网络全部贯通，城市公园、公厕凉亭、休闲广场、健身步道等设施日趋完善，成功创建为国家卫生城市、国家森林城市和省级生态园林城市。坚持以城带乡，促进城乡共建，县城扩容提质步伐加快，创建国家重点镇12个、全国最美休闲乡村5个、省级美丽宜居示范村48个，生态宜居优势不断彰显，"秦岭最美是商洛"

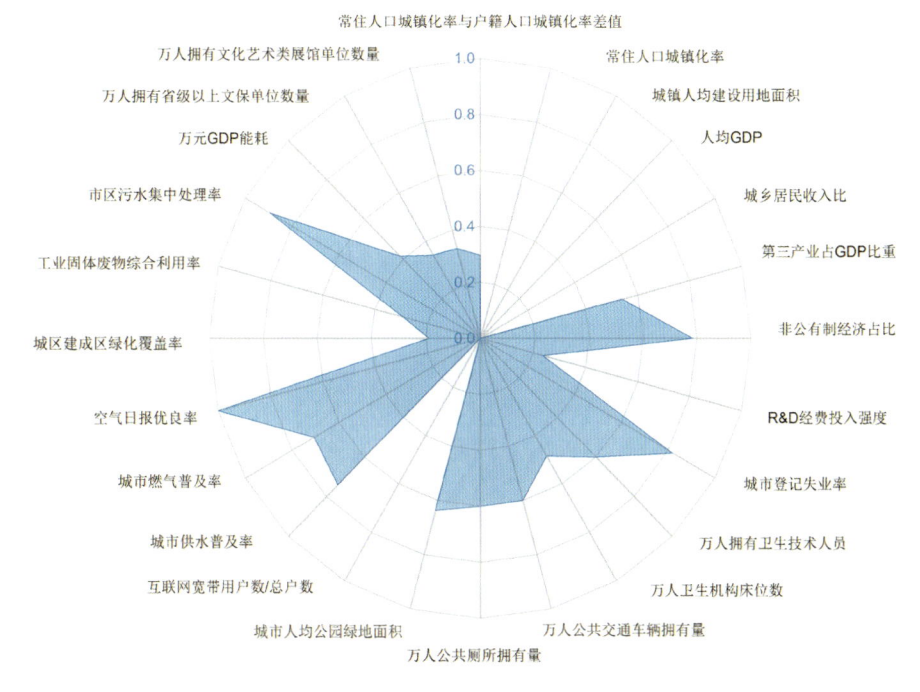

图 18　商洛市新型城镇化评估主要指标风频图

的品牌更加响亮。坚持项目带动战略，全省首条"省市共建"的水阳高速公路建成通车，全国首个采用 PPP 模式建设的丹凤通用机场正式投运，采用国际先进超超临界生产工艺的商洛电厂正式运行，投资 88 亿元的镇安抽水蓄能电站等一批打基础、利长远的重大项目加快推进。

在本次评估的 24 项指标中，商洛市仅有空气日报优良率一项指标排名靠前，但城乡居民收入比、万人公共交通车辆拥有量、万人公共厕所拥有量、城区建成区绿化覆盖率等多项指标排位依然较为靠后，说明商洛市的城镇化建设仍存在公共设施配套不足、城乡发展均衡等核心短板，在推动城镇化高质量发展方面仍存在较大空间。

（十一）杨凌示范区

"十三五"时期，杨凌示范区充分发挥上合组织农业技术交流培训示范基地优势，不断加大科技创新和三产融合力度，大力推进特色现代农业建设，加

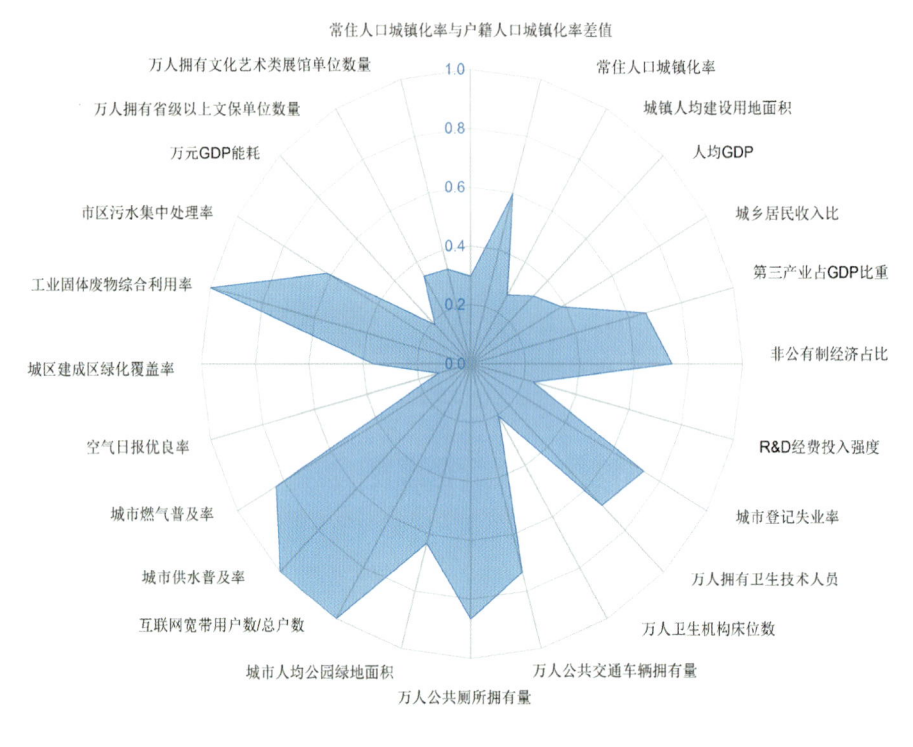

图 19　杨凌示范区新型城镇化评估主要指标风频图

快推动农业强农村美农民富。杨凌示范区现代农业产业体系持续优化，城南路智慧农业、产业路精品苗木、孟杨路设施果蔬、杨扶路高科农业、小漳河休闲农业五大产业带加快建设，"一区五带八大类"产业格局加速形成。农业经营主体不断壮大，国家级示范社达到 7 家，李克强总理对职业农民创业创新园的建设和实训模式给予高度评价。累计投资 4.5 亿元改善农村环境面貌，创建省级美丽宜居示范村 7 个。农村集体产权制度改革在全省率先完成，寨东村服装厂、田西村田园综合体等集体经济产业园蓬勃发展，全区村级集体经济组织实现全覆盖，杨凌工作经验在全省农村集体产权改革暨发展壮大集体经济推进会上交流推广，农村集体产权制度改革试点通过国家评估。

在本次评估的 24 项指标中，杨凌示范区并未出现明显短板，仅有空气日报优良率、万元 GDP 能耗和万人卫生机构床位数等三项指标相对靠后，说明杨凌示范区应加大对高耗能企业的管控力度，进一步强化医疗卫生设施配套。

四、关键症结及产生原因

（一）城镇化总体发展水平和质量依然偏低

常住人口城镇化率低于全国平均水平，且增速有所放缓。"十三五"时期，陕西省通过降低城市落户门槛、推进城镇基本公共服务常住人口全覆盖、搭建流动人口居住证制度等方式，城镇化水平得到较大提升，常住人口城镇化率与全国平均水平的差距在逐渐缩小，但截至 2020 年底，仍低于全国平均水平 1.23 个百分点。从城镇化率增速看，"十二五"期间陕西常住人口城镇化率年均增长为 1.63 个百分点，"十三五"时期降低至 1.56 个百分点，反观全国增速，则由"十二五"的 1.3 增至"十三五"的 1.5 个百分点。

图 20　全国与陕西省常住人口城镇化率发展趋势对比图

"两率"差距逐年拉大，半城镇化现象依然突出。"十三五"时期，陕西的"两率"差距呈现逐年扩大趋势，已由 2015 年的 9.83 扩大至 2019 年的 11.4，这一数据说明，陕西"半城镇化"现象依然较为突出，农民工落户意愿不高。究其原因，主要在于以下几个方面：一是随着城乡二元体制的逐步弱化，城市户口特别是中小城市户口的"含金量"有所下降，异地务工人员凭居住证即可享受到越来越多的城市公共服务，同时在农村产权改革还未完全到位情况下，农村户籍对农民在农村的权益仍然具有很高的保障作用，导致异地务工人员落户城市的积极性不高。二是生活成本过高，影响农民工落户的主动性。随着城市生活成本不断攀升，购房、教育、养老等支出巨大，转移人口更愿意选择在城市挣钱，回家有地有房作为保障的两便生活方式。三是落户供需不匹配，影响农民工落户的接纳性。西安的户籍新政重点群体是各类人才及高校毕业生，对于中专、高职类学历及农民工群体落户仍然有一定门槛，农民工落户城镇的期望与人才需求难以匹配。

图 21 "十三五"时期陕西"两率"差距趋势图

（二）城镇化发展动力有所减弱

老龄化不断加深，人口红利正在逐步衰退。人口年龄结构是影响城镇化发展的重要因素之一，当青壮年人口比重较大时，大量的劳动力能够提升城镇化的动力与活力，且社会中赡养老人和抚养幼儿的压力也相对较小，进而有效推动城镇化快速发展。反之则会迟滞城镇化发展速度和降低发展质量。"十三五"时期，陕西人口老龄化程度不断加深，65 岁及以上人口的比重从 2015 年的 10.11% 提升至 2020 年的 13.32%，已逼近 14% 的"深度老龄化"国际通行标准。同时陕西作为劳务输出型省份，近年来年龄在 15—64 岁间的青壮劳动力流失较为严重，人数已从 2015 年的 2914 万降至 2020 年的 2743 万。人口老龄化、劳动力流失等诸多因素的叠加，致使陕西推动城镇化发展的人口红利正在逐步衰退。

第三产业占比相对较低，城市的就业吸纳能力有限。陕西第三产业发展相对滞后，是制约城镇化发展的核心短板之一。第三产业中大部分行业属于劳动密集型产业，具有高就业弹性，可以吸纳较多的劳动力，能够有效解决农业转

图 22 "十三五"时期陕西人口数量结构变化趋势图

移人口在城市的就业问题，进而促进城镇化发展。"十三五"时期，陕西第三产业占比从 2015 年的 42.7% 提升至 2020 年的 47.9%，但仍低于全国平均水平 6.59 个百分点，与全国其他省市自治区相比，仅高于福建省。与同在我国西部地区的重庆与四川相比，分别低 4.88 和 4.47 个百分点。

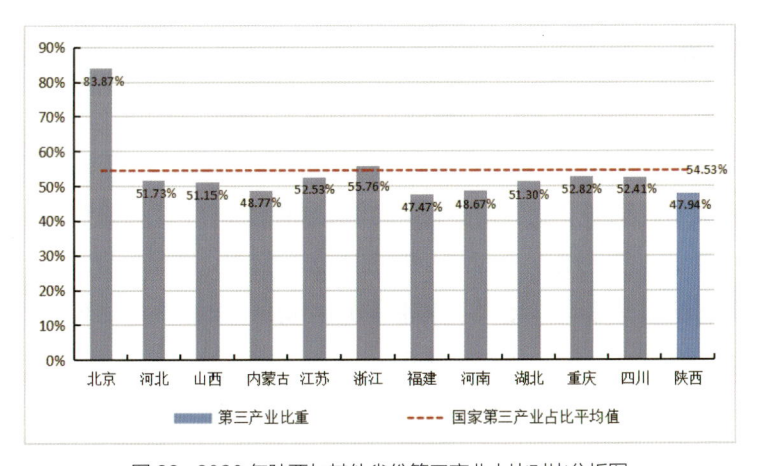

图 23　2020 年陕西与其他省份第三产业占比对比分析图

（三）城镇化区域发展不平衡问题依然突出

陕南人口流失严重，与关中和陕北差距不断拉大。"十三五"时期，人口由经济欠发达地区流向经济活跃地区集中的趋势更加凸显。关中地区人口占比持续上升,"十三五"时期提升 1.87 个百分点,也比"十二五"增幅多近 1 个百分点,说明人口向关中地区集聚的趋势越发明显。陕南地区人口占比持续下降,"十三五"时期降低 1.67 个百分点,也比"十二五"降幅多 1.19 个百分点,说明陕南地区人口流失情况日益严重。陕北地区人口占比变化不明显,"十三五"末人口占比为 14.94%,仅低于初期 0.2 个百分点,但陕北人口体量相对较小,是三大区域中人口最少的区域。

图 24　2010、2015、2020 年陕西三大区域常住人口占比情况

西安市虹吸效应明显,城市发展对比悬殊。"十三五"时期,人口从乡村向城市、从中小城市向中心城市集聚的趋势越发明显。西安市作为省会城市和西北地区唯一的国家中心城市,人口虹吸效应日益明显,"十三五"时期人口从 988 万增加到 1296 万,占全省人口比重足足提升 7 个百分点,较"十二五"期间还要高出 4 个百分点。而西安周边的铜川、宝鸡、咸阳、渭南以及陕南三市的人口占比则在逐年下降,仅有榆林市因为距西安市空间距离较远,且自身

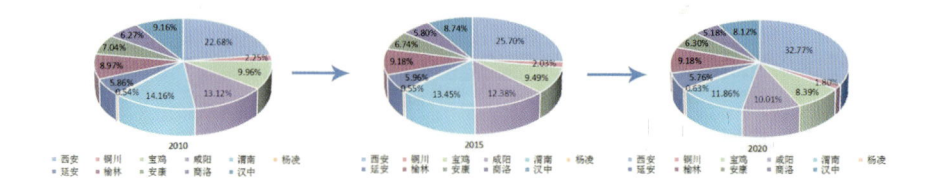

图 25　2010、2015、2020 年各设区市人口占比变化情况

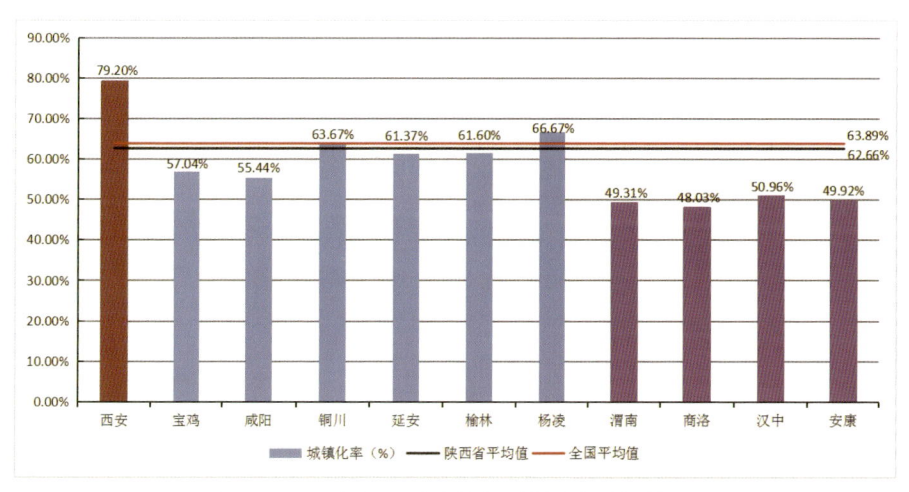

图26 2020年各设区市常住人口城镇化率对比分析图

发展实力较强，近十年来人口一直呈现上升趋势。同时各设区市城镇化发展水平差异也较大，西安市常住人口城镇化率已达79.2%，远高于全国和全省平均水平，宝鸡、咸阳、铜川、杨凌以及陕北二市城镇化率多在60%左右，基本处于全省的平均水平。而作为农业大市的渭南市以及陕南三市城镇化率普遍较低，仅为50%左右，与其他城市差距相对较大。

（四）城镇化主体发挥不充分，辐射带动作用有待提升

城市群（带）跨域合作不足，一体化发展困难重重。随着全球经济一体化的不断深入，城市群（带）已成为区域参与全国乃至全球竞争的主战场，城市群（带）的协同发展能力直接决定了城市群（带）的整体发展水平。而从实际协作效果看，涉及陕西各类城市群（带）的跨区域实质性合作并不理想。从关中平原城市群角度看，山西与陕西在区域条件、资源禀赋、经济基础、人口基数等方面均十分接近，本就存在一定的竞争关系，同陕西的合作意愿并不强烈。甘肃省经济社会发展实力相对较弱，推动跨省合作带动自身发展的意愿十分强烈，但2018年甘肃提出以南向开放为重点，与成渝的合作后来居上。从呼包鄂榆城市群、沿黄生态城镇带、沿汉江生态城镇带等角度看，先后制定了诸多落实规划的实施方案，涉及产业协同、生态共建、交通互联、公共服务共享等各个方面，但截至目前能够落地的重大跨区域合作项目还是很少。究其原因，由

于跨省区合作的市场机制发育不充分，长期存在的地方经济市场分割和产业结构同质化，使相邻区域竞争大于合作。同时，地方政府对于区域合作的"主配角"十分看重，更倾向于谋求在区域合作中的主导地位，"非主导方"在开展跨省域合作中多持观望态度。

西安国家中心城市整体实力偏弱，辐射带动能力有待进一步提升。西安市是国家九大中心城市之一，是西北地区唯一的国家中心城市，肩负着引领西北地区发展的重要使命。但目前西安市的经济体量和人口规模都过于偏小，城市的产业和人口承载能力有限，2020年西安市的GDP、常住人口数量和建成区面积分别为10020.39亿元、1295万人和700.69平方千米，在九大中心城市中基本处于垫底。究其原因，主要是因为西安市的民营经济发展不充分，营商环境仍需提升，产业集聚度不高，战略性新兴产业占比较小，三产融合不足，科教、文化等资源优势尚未充分转化为经济优势等。鉴于西安市自身发展的不充分，对周边区域的辐射引领作用也十分有限，甚至虹吸效应要远大于辐射效应。以人口为例，自西安市"户籍新政"实施以来，吸引了省内其他各市人口向西安聚集，尤其以关中其他市区人口居多，比邻西安的咸阳、铜川和商洛市，近年来城镇人口数量徘徊不前，甚至出现持续小幅下降趋势。

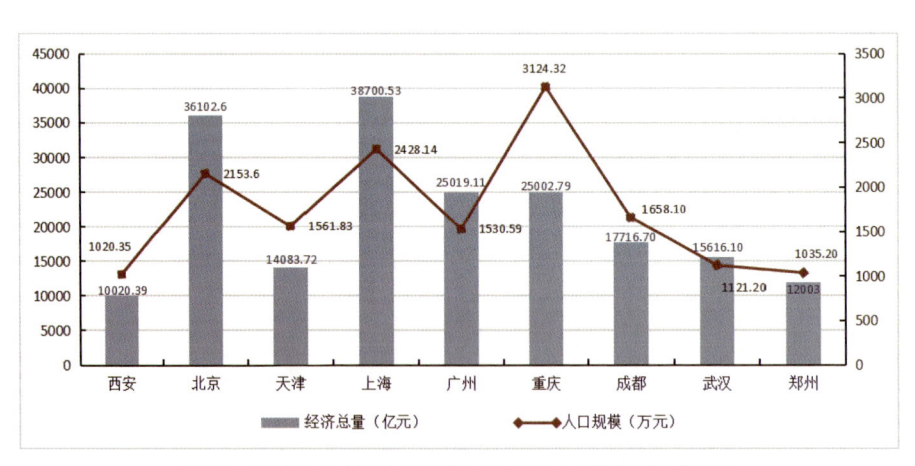

图27 2020年九大国家中心城市GDP和人口数据对比分析图

以县城为代表的中小城市发展不充分，产业和人口承载能力十分有限。县城作为城市之尾、乡村之首，是城乡统筹的关键节点，对推动城镇化高质量发挥着不可替代的作用。而陕西县城建设仍普遍存在规模小、人口少、产业弱、配套差等现象，以及发展特色不明显、发展定位不清晰、产业集中发展能力弱等问题。在规模体量方面，陕西县域总人口、县城城区人口、县城建成区总面积等指标在全国31个省份中居中等水平，77个县（含县级市）县城人口超过10万的只有24个，全省接近80%的县城建成区面积不足10平方公里。在产城融合方面，有的县城追求粗放式发展，过度让位于房地产开发，实体经济生存空间被严重挤压，目前在省内就业的近400万农民工中，250余万在县域外大中城市就业，占60%以上，县域内就业的仅占三分之一。在设施配套方面，陕西县城的基础设施建设相对薄弱，特别是城市供水、排水、路网、绿化、垃圾处理、医疗床位等指标均低于全国平均水平，且绝大多数县域依赖上级财政的转移支付才能维持正常运转，政府财力不充足，严重制约了县城综合承载能力的提高。

（五）城市建设短板弱项依然较为突出

城镇人均建设用地指标居高不下，土地使用效率有待提升。"十三五"时期，陕西城镇建设不断加快，城镇建设面积已提升至2020年的3272平方千米，面积增幅约为14%。同时城镇人口也增至2476.97万人，城镇人均建设用地指标相对有所下降，已从2015年的144平方米／人降至2020年的132平方米／人，

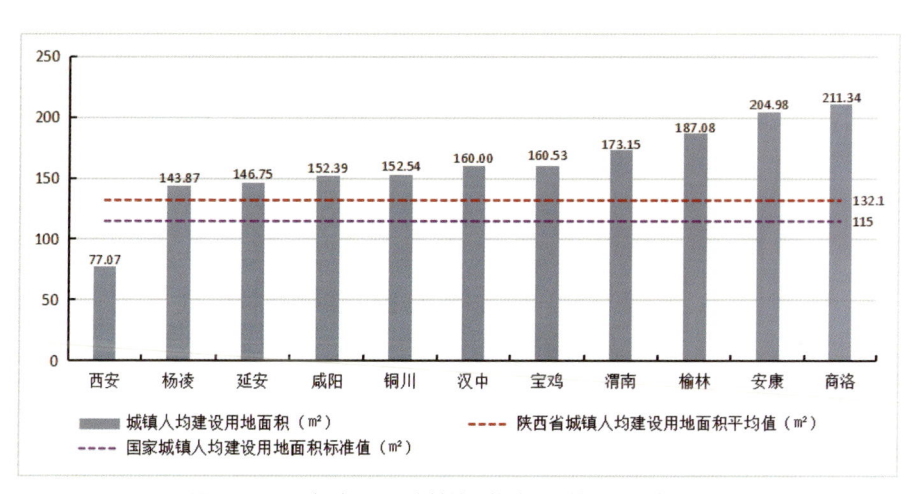

图28 2020年陕西设区市城镇人均建设用地面积对比分析图

但仍然远高于国家城市人均建设用地面积指标 115 平方米/人。说明"十三五"时期陕西城市建设"摊大饼"现象有所缓解，但土地利用效率不高问题仍然没有得到根本性解决。从各主要城市看，随着近年来西安市落户门槛的不断降低以及高品质就业质量和公共服务供给，西安市城镇人口大幅攀升，虽然城镇建成区面积扩大了近 300 平方千米，城镇人均建设用地面积仍然降至 77 平方米/人，成为陕西省唯一达标的城市。西安周边的咸阳、渭南、铜川、商洛，虽然城镇建设面积尚未大幅扩张，但城镇人口受西安虹吸严重，导致该指标居高不下。而宝鸡、榆林、汉中等区域性中心城市，城镇人口虽未出现大幅收缩，但城镇建成区面积均提升了 20% 左右，说明城市的产业配套跟进不足，导致城市的人口吸附能力慢于城区的扩张速度。

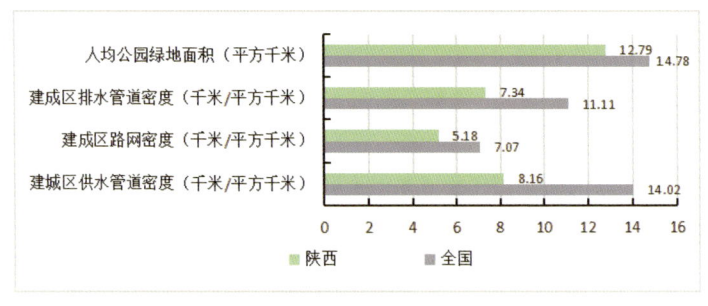

图 29　2020 年陕西城市基础设施核心短板对比分析图

基础设施建设存在核心短板，"城市病"问题依然较为突出。"十三五"时期，陕西省加大城市基础设施的建设力度，城市基础保障能力得到较大提升，但在城市建成区的供排水管道密度、路网密度、绿化覆盖率等指标方面，仍然存在一定差距，由此导致的"城市病"问题也最为突出。在城市排水管网建设方面，"重地上轻地下"的城市建设问题较为突出，2020 年陕西建成区排水管道密度为 7.34 千米/平方千米，较全国平均水平少 3.77 千米，基本每年雨季陕西各城市均会出现不同程度的内涝问题，与此同时，排水管网的更新修复不足，部分管网因老化产生揽水现象，甚至有的管道已经断裂，失去正常的排水功能，进而导致黑臭水体污染和道路坍塌隐患。在交通路网建设方面，2020 年陕西城市建成区路网密度为 5.18 千米/平方千米，较全国平均水平低 1.89 千米，同时近年来陕西各市的汽车保有量不断增长，尤其西安作为全国 8 个汽车保有量超过 300 万级的城市，在道路基础设施建设相对滞后的情况下，城市交通拥堵问题越发明显。在城市绿化建设方面，2020年陕西城市人均公园绿地面积为12.79平方米，低于全国平均水平约2平方米，一定程度上影响了城市的宜居生活品质。

图30 "十三五"时期陕西城乡人均可支配收入变化趋势图

公共资源供给配套不合理，严重影响城市居民幸福值。"十三五"时期，陕西不断提升公共资源的供给数量和质量，但供给配套的不均衡和不充分问题仍然较为突出，严重影响了城市居民的幸福指数。全省最好的教育资源高度集中在西安市，对其他市县的优质师资和生源形成强烈的掠夺效应，与之相关的天价"择校费""学区房""陪读村"普遍存在，各类非法的"补习班"屡禁不止，给人民群众造成极大负担。与优质教育资源高度集中类似，全省医疗卫生资源配置也极不均衡，分级医疗体系还未充分发挥作用，"一号难求"的"看病难"和"天价医疗"的"看病贵"等问题，仍未得到有效解决。

城市文脉整体性保护意识相对欠缺。"十三五"时期，各级历史文化名城名镇已经完成了"历史文化名城保护规划"的编制工作，但部分地区保护观念仍较为落后，只重视单体建筑和重要历史遗存的保护，忽略总体格局、街巷肌理等系统性保护，使文物古迹成为"盆景"。部分县市疏于对古城城址环境、整体风貌和山水格局的保护，在古城的城址周边出现不协调建设，破坏整体山水格局。同时，部分县市建设城市新区时对传承地域文化与历史文脉的意识不足，新城与旧城城市风貌难以协调，城市特色缺失。尤其某些县城，集成了悠久的历史文化、多样的地形地貌和优美的生态环境，但在城市建设中没有充分运用这些城市特色元素，旧城建设中承载地域文脉记忆的文化展示空间不足，新城建设中缺少地域文化元素的融入，现代感强烈，新旧城风貌不够和谐。

（六）城乡融合发展尚不充分，城乡差距依然较大

农业产业化水平相对较低，农民生活宽裕但不富裕。"十三五"时期，陕西乡村居民收入稳步上升，2020年乡村人均可支配收入已达到13316元，较2015年提升了4627元，但与城镇居民人均可支配收入差距依然较大，且呈现不断拉大的趋势，两者差距已从2015年的17731元扩大至2020年的24552元。陕西农村居民收入上升相对缓慢主要因为农业产业运营方式转变得不充分。一是农业生产物质基础条件仍较差，设施功能相对老化，农业抗灾能力薄弱，"靠天吃饭"的局面没有根本性转变。二是农业规模化经营仍有待提高，根据2017年省统计局对陕西农村土地流转情况的抽样调查可知，全省农村土地流转工作已全面铺开，但仍存在流转土地收益较低且保障不足、融资困难导致规模难以扩大，以及缺乏专业土地流转中介机构等问题。三是农业品牌影响力不足，全省只有主要的特色农产品形成了标准生产体系，大多数产品生产的标准化程度仍然较低。经过多年发展，全省"两品一标"产品数量初具规模，发展迅速。

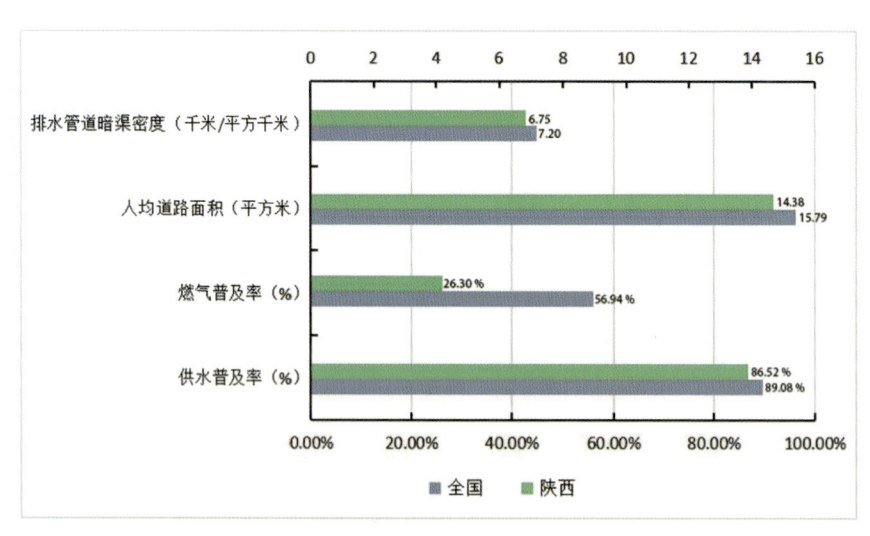

图31 2020年陕西村镇基础设施核心短板对比分析图

但是占全国比例仍然较低,且主要集中在关中地区,以果品类、农产品类为主,畜禽、粮油、蔬菜等类别较少,产品品牌的影响力、竞争力有待提升。

村镇基础设施建设欠账较多,设施水平仍有较大提升空间。"十三五"时期,陕西加大村镇公共基础设施的建设力度,供水、供电、道路交通等最为基础的设施配套得到较大改善。但供气普及率、污水处理率、建成区绿化覆盖率等多项指标与全国平均水平相比,仍然有较大差距,还无法很好满足村镇居民对美好生活的要求。比如2020年陕西建制镇的燃气普及率为26.3%,尚达不到全国平均水平的一半,燃气普及的缺失导致农民取暖仍以煤炉为主,一定程度上影响了空气质量。

村镇环境设施配套不足,农村人居环境仍有待改善。环境设施建设不足是陕西乡村的普遍现状,一定程度上制约了农村人居环境持续改善的效果。在村庄生活垃圾处理方面,陕西建制镇生活垃圾的无害化处理率为23.04%,较全国平均水平低46.51个百分点,说明陕西村镇垃圾处理能力相对较弱,同时部分村镇生活垃圾仍然做不到日产日清,甚至有些农村的垃圾场半个月才能清理一次。在污水处理方面,陕西建制镇污水处理率为36.59%,较全国平均水平低24.39个百分点,而且大部分农村生活污水排放没有统一规划管理,村里没有污水处理设施和管网,村民各自随意排放对环境造成污染,生活污水治理已成为农村人居环境整治的突出短板。在农村厕所革命方面,仍有很多村庄使用旱厕,及时使用水冲式厕所的村庄也经常存在供水不足或冬季结冰等问题。在绿化覆盖率方面,全国的平均水平为16.88%,而陕西建制镇的绿化覆盖率仅为其一半,

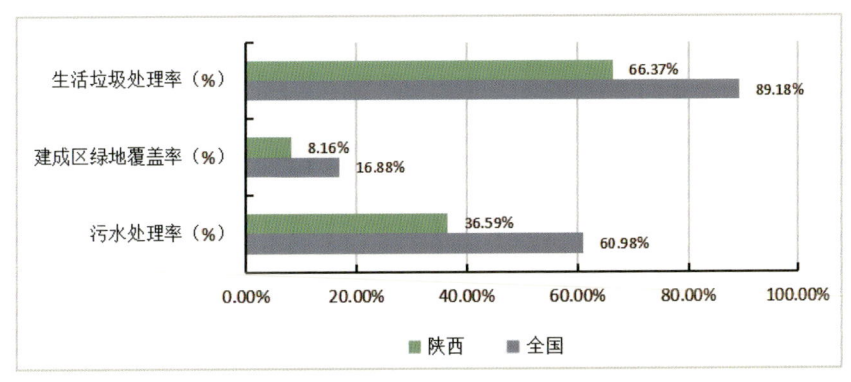

图32 2020年陕西村镇环境设施核心短板对比分析图

村庄绿化美化不足已成为提升村容村貌的明显短板。

乡村治理体系和治理能力还须完善提高。随着农村经济体制深入转轨，农村社会结构深刻转型，影响农村和谐稳定的因素在不断叠加。部分农村的国家观念、集体观念、家庭观念虚化，传统美德弱化，诚信意识、责任意识、公德意识、法治意识淡化，低俗文化、黄赌毒现象蔓延，红白喜事盲目攀比、大操大办等陈规陋习盛行。一些地方宗教宗族势力抬头、小官巨贪、村霸控制等现象还在相当程度上存在。农村基层组织软弱涣散现象比较严重，集中地体现为基层党组织涣散、政府与农民之间的关系疏散、村级组织弱散、社会组织零散、农民行为分散、农村家庭离散等现象。

五、政策建议

（一）以提升常住人口公共服务水平为重点，持续推动农业转移人口市民化

持续加大农民工就业能力培训力度。可依托陕西"秦云就业"平台，探索建立农民工就业需求数据库、企业用工需求清单，全面掌握农村富余劳动力信息和企业用工需求。重点鼓励陕西建工等用工需求量大的企业同相关技工院校、职业院校等合作，通过"引企入校""引校进企""前店后校"等方式，构建"职教—实训（培训）—就业（创业）"的服务体系。

重点促进教育资源的公平共享。可借鉴江苏省南通市海门区集团化办学典型经验，支持西工大附中、高新一中、陕师大附小等全省顶尖附中附小与省域内其他市县镇中小学组建教育集团，教育部门可探索将人事裁量权下放至集团，拨付活动经费，实现集团内的统一管理制度、干部任免、师资配备、教学计划、考核奖惩等，使更多农民工随迁子女享受到高品质教学。

营造包容关爱的社会环境，确保农业转移人口"融得入"。充分发挥企业、社区、工会、共青团、妇联和社会组织作用，帮助解决其居住生活等方面存在的困难，鼓励其积极参与城市的公共安全和社会事务管理。充分利用社区图书馆、文化站、活动中心等公共文化设施，积极组织农业转移人口与城市居民共同开展各种群众性文体娱乐活动，与辖区内外企事业单位开展共建活动。

（二）优化新型城镇化空间载体，构建疏密有序、分工协作、功能完善的城镇空间格局

培育壮大西安都市圈。与我国东南沿海相对发达地区都市圈相比，西安都市圈同城化建设仍存在诸多短板，还应重点依托西咸一体化，围绕产业协作、设施互联、公服共享等方面开展一体化建设。在产业布局方面，以西安主城区和咸阳主城区为代表的都市圈核心区可主要发展总部经济、科技创新、高端制造以及金融商贸、文化旅游等，核心区的近郊可主要瞄准高新技术、战略性新兴产业，远郊可集中发展现代农业、仓储物流产业等。在交通设施方面，应重点完善环状圈层链路网络，加快推进西安绕城高速与西安主城区二环间快速干道的联通建设，推动南绕城向南迁移，加快推进西咸南环线建设。从公共服务角度看，应重点在都市圈核心区域打造公共服务资源相对均衡的半小时生活圈，并识别出生活圈内人口最为密集的职住点，在其周边重点布局商业、医疗、教育、物流、文体等公共服务中心。

深化关中平原城市群协同发展。与长三角、珠三角城市群相比，关中平原城市群经济体量小、发展相对落后，各城市间合作意愿并不十分强烈，需要完善城市群协同发展机制和扭准利益共同点。可重点加强优质科研资源的向外辐射和交通基础设施的对外延伸。比如，以秦创原创新驱动平台为牵引，整合重大科技创新平台和产业发展平台，构建平台共建、资源共享、发展一体的协同创新体系。以产业园区为切入打造产业协作平台，优化要素资源配置，推动金融、技术、人才等市场一体化发展，不断优化城市群产业空间布局。以西安咸阳国际机场、国际港务区为依托，强化西安国际性综合交通枢纽功能，建设宝鸡全国性综合交通枢纽，推进渭南、商洛等一批区域性交通枢纽建设。

推动沿黄生态城镇带高质量发展。陕西沿黄地区发展不协调不充分问题较为突出，具有明显"两头强、中间弱"的区域特点，且沿河流域具有生态环境脆弱、文化资源丰富、设施短板明显等特征。因此陕西应加大统筹力度，同步推进沿黄区域的高质量发展和生态环境保护。在统筹空间布局方面，应突出"抓两头、带中间"，南北两端加快培育榆林—神木—府谷城镇群和关中东部城镇群，带动形成连通南北的经济大走廊和产业大走廊，实现区域整体发展。在强化环

境协同治理方面，可协调流域内上下游、两岸各行政区的防治工作，明确各流域水污染防治重点和方向，形成有效的源头污染防控机制。在补齐设施短板方面，可完善沿黄公路路网建设与沿黄各县城、镇村、重点园区的连接道路建设，加快公路沿线游客服务中心、自驾营地、旅游标识、通信设施等配套服务设施的建设。在推动文化保护传承方面，可深入开发红色革命游、历史人文游、自然生态游、乡村民俗游等特色复合型旅游产品和精品旅游线路，着力打造富有国际影响力的黄河文化传播体系。

促进沿汉江生态城镇带联动发展。坚持生态优先、绿色发展，把大保护、大治理放在首要位置，共同推进上下游、左右岸、干支流的协同发展模式，联合开发沿汉江的历史人文游、自然生态游、乡村民俗游等特色复合型旅游产品和精品旅游线路，合力推动沿汉江公路建设，探索建立汉江上下游生态补偿机制，积极参与沿江产业分工，拓展与沿江城市的产业互嵌，并立足资源禀赋，突出优势和特色，增强自主创新能力，发展壮大循环产业，积极融入汉江生态经济带的产业分工体系。加强沿江省市产业分工协作，推动汉江生态经济带区域产业规模升级，共同构建特色化的产业集群。

（三）紧扣城市功能定位，分类推进大中小城市协调发展

持续推进西安国家中心城市建设。重点抓好"三中心两高地一枢纽"建设，探索"总部＋基地""研发＋生产""飞地经济"等产业发展与布局模式，重点培育发展以电子信息产业为代表的高新技术产业、以汽车和航空设备制造为代表的先进制造业、以现代物流经济为核心的现代服务业和依托丰厚历史文化资源的文化旅游产业等四大产业集群。大力实施创新驱动发展战略，高水平建设秦创原创新驱动平台，集聚创新要素，坚定走"科创＋产业"道路，围绕核心产业推进强链、围绕新兴产业加快补链，促进创新链与产业链深度融合，打造全国重要科研和文教中心、高新技术产业和制造业基地。

重点建设区域性节点城市。以宝鸡、渭南、榆林、汉中为四极，分别在关中、陕北、陕南地区形成带动区域发展的核心。宝鸡市可立足制造业发展基础，大力发展智能制造、高端制造，建设全省先进制造业示范基地和国家产业转型升级示范区。渭南市应做优做强中心城区，高起点规划建设西渭东区，加速临渭区、

高新区、华州区、经开区产城融合。榆林市应坚持以水定城、以水定地、以水定人、以水定产，有序高效绿色开发能源资源，大力发展接续产业，做大城市经济体量。汉中市应完善以中心城区——城固为中心，以西乡和勉县为两翼的城镇化空间布局，引导生产要素相对集聚、人口分布相对集中，走出整体保护与局部开发平衡的新路径。

积极推进县城分类发展。根据县城的资源禀赋、交通条件、产业基础、文化特色等因素，可将县城分为重点培育、鼓励发展、控制疏解等三类。其中，重点培育县城要按照市域副中心目标，拉大城市发展骨架，重点充实产业区和新就业人口用地，完善交通、物流及市政工程系统，突出发展定位。鼓励发展县城要以提质扩容为目标，重点对城中村、城边村、棚户区进行改造，完善产业园区和县城统筹规划，突出品质要求。控制疏解县城要推广安康紫阳的"飞地"模式，对县城原址划定禁建区，划定山体、河岸红线保护规划，明确制定退建增绿修复方案，疏导人口合理转移，在市域有条件的地域内划定产业园区。同时要重点补齐县城短板弱项，促进公共服务设施提标扩面、环境卫生设施提级扩能、市政公用设施提档升级、产业培育设施提质增效。探索通过盘活存量资产、挖掘土地潜在价值等方式，推动公益性、准公益性与其他有经济效益的建设内容合理搭配，谋划建设一批现金流健康的经营性项目。

（四）转变城市发展方式，全面提升城市建设品质和品位

以产城深度融合为路径，打造创新活力城市。关中地区要充分整合分布在各市区的企业、高校、院所等创新资源，逐步推广西安高新区"双创"工作典型经验，通过存量空间的更新改造，在城市内部地区植入双创功能和空间，实现城市功能与新兴产业的高效融合。陕北地区可依托丰富的煤、油、气等矿产资源，重点发展绿色化、规模化能源化工产业以及相关配套装备制造业，注重产业园区和城镇建设的融合建设，统筹城镇与产业园区基础设施和公共服务设施规划建设，完善生活功能和创新创业服务配套。陕南地区充分发挥绿水青山、人文荟萃的比较优势和独特力量，依托丰富的生物资源，重点发展绿色食品、生物制药等产业，同时积极承接东中部劳动密集型产业，大力推广"社区工厂"模式，在居住社区注入产业功能，完善社区各种配套设施，吸引居住人口聚集

就业。

以补齐短板弱项为重点，打造和谐宜居城市。一是持续推进老旧小区改造，针对老旧小区资金短缺这一关键症结，可积极组织陕西水务、陕西燃气、陕西电力、西安秦华燃气等专营单位进行协商洽谈，鼓励各单位出资参与老旧小区改造，探索形成"中央财政补一点、地方财政配一点、税收减一点、产权单位投一点、市场运作筹一点、居民拿一点"的老旧小区改造筹资方式。同时要努力做到"一次开挖、一次施工"，尽可能减少群众生活影响。二是要提升公共服务能力，有效推动优质教育资源在城市内均衡配置，完善城市综合医院、街道卫生服务中心、社区卫生服务站三级医疗卫生网络和急诊急救网络，建立健全居家和社区机构相补充的养老服务体系，因地制宜布局集卫生、就业、社保、文体等服务为一体的社区综合服务设施，打造15分钟便捷生活圈。

以确保城市安全为底线，打造安全韧性城市。一是重点增强公共卫生防控救治能力，深刻总结2021年末西安市新冠疫情防控中暴露出来的短板弱项，持续加强对"一码通"等软硬件系统的改造升级，制定周密的疫情发生后人员管控、物资供给、核酸检测等方面的应急预案，加大城市急救医疗体系、县级医院升级改造、乡镇卫生院和村卫生站标准化的建设力度。二是强化城市内涝排洪应对能力，重点在陕南沿汉江及支流区域城市，按照"上蓄、中防、侧分、长疏"思路，统筹实施筑堤、拓卡、清障、疏浚等工程，同时在全省范围内推动地下综合管廊适度超前建设，对易涝风险点现有管渠，实施雨污分流改造。三是合理规划布局应急避难场所，着力强化学校、医院、体育场馆等关键设施的应急避险功能。

以人与自然和谐共生为前提，打造绿色健康城市。一是要加快生态城市建设。以保护城市自然山水、河流湿地、生态廊道、文化历史风貌等为基础，加快城市公园、广场、道路、园林式单位、园林式居住区建设，推广实施"拆墙透绿、还绿于民"工程，建设开放街区，打造花园式城市。二是要狠抓城市环境治理。在关中地区持续深入推进"铁腕治霾"联防联控行动，切实减少空气污染。集中力量打好消除城市黑臭水体歼灭战，推动城市建成区污水管网全覆盖、全收集、全处理以及老旧污水管网改造和破损修复。全面开展生活垃圾分类，加快垃圾处理场等硬件设施的扩容升级改造，缓解"垃圾围城"的窘境。三是构建绿色生产体系。全面推动工业、服务业、农业等领域的清洁生产，减少污染物排放，降低环境承载压力。积极培育壮大能耗少、效益高的绿色产业，坚决淘汰落后产能，实现产业结构"调高、调轻、调优"。

以提升管理效能为目标，打造高效智慧城市。一是构建数字基础设施支撑体系。推动 5G 网络规模化部署，加快实现主要公共区域 5G 免费 WiFi 全覆盖。充分依托西咸大数据中心、延安华为大数据中心、宝鸡关天大数据中心等，加快建设自主安全可控、智能泛在、万物互联、融合高效、数据互通的数字基础设施体系。大力推广"智慧灯杆"应用，整合公安监控、交通信号、通信等功能，安装 LED 照明、5G 基站、充电桩、视频监控等设施。二是加强城市管理数字化应用。充分推广咸阳市智慧城市数据应用经验，加快构建覆盖城市管理、安全生产、应急处理、社会综治、社区服务等事务为一体的城市治理体系。深入实施数字生活新服务行动，发展数字商贸、数字学习、数字出行、数字文旅和数字健康，推进商业网点、文化体育场馆、旅游景点等数字化转型升级。

以文化保护传承为灵魂，打造魅力人文城市。一是以文化内涵塑造城市特色风貌。关中要加强沿渭城镇风貌控制，塑造渭河百里生态景观长廊；陕北要突出红色文化和大漠文化等，建好革命圣地和"塞上绿洲"；陕南要突出山水文化，建设千里绿色走廊和千里绿色江河。二是建设和复兴历史文化空间。集中修复一批具有重要文化价值的历史建筑与人文景观，加大历史文化街区、村镇和传统村落保护力度，深入挖掘餐饮、旅游、文化、休闲娱乐等特色产业，打造一批个性鲜明、富有人文底蕴、具有活力魅力的精品历史文化街区。三是加快文旅结合创新发展。充分发挥名城古镇、历史街区的文化价值和旅游价值，加强提升文化形象和旅游品位，深入开发红色革命游、历史人文游、自然生态游、乡村民俗游等特色复合型旅游产品和精品旅游线路。

（五）推进城乡深度融合发展，形成工农互促、城乡互补、全面融合、共同繁荣的新型工农城乡关系

促进城乡产业协同发展。一是积极培育农村产业新业态，依托"互联网+"和"双创"推动农业生产经营模式转变，深化金融、财税、用地、用电等扶持政策，深入挖掘顺应城乡居民消费需求，探索发展休闲体验、餐饮民宿、文化创意、乡村研学、健康养生、养老服务等新业态。二是大力培育新型农业经营主体，促进新型农业经营主体、加工流通企业与电商企业全面对接融合，支持农产品电商平台和乡村电商服务站点建设，鼓励依托工商资本和新型经营（服务）主体，打造以绿色食品、农特产品加工等为重点的涉农企业集群，带动农业农村延伸产业链、完善供应链、提升价值链，促进农民增收。三是搭建城乡产业发展协同平台，推动县域工业园区集约化、集群化、智慧化发展，加强园区协作，支持县域园区与国家级或省级开发区共同探索"飞地经济"、托管代管等新发展模式。

促进城乡要素双向自由流动。一是创新城市人才入乡激励机制。在持续完善大学生村官、选调生、农村第一书记等人才入乡长效工作机制的同时，可借鉴重庆市"三师一家"入乡服务典型经验，推动规划师、建筑师、工程师和艺术家全面参与乡村建设，由市和区县两级深入问需、因岗择人，共同选派专业人才，并在资金支持、职称评审等方面对入乡人才给予一定倾斜。二是推动农村土地制度改革。适度推广西安市高陵区农村土地改革经验，完善农村承包地"三权分置"制度，健全土地流转规范管理制度，进一步放活土地经营权。鼓励农村集体经济组织及其成员盘活利用闲置宅基地和闲置房屋，加快建立城乡统一的建设用地市场。三是完善乡村金融服务体系。完善农业保险制度，推动政策性保险扩面提标增品。支持全省政策性农业信贷担保体系建设，加强与国家融资担保基金的合作，推动农业信贷担保网络向市县延伸。

推动城乡基础设施一体规划建设。一是坚持县域一盘棋，推动各类规划在村域层面"多规合一"，按照乡村产业发展、基础设施建设、村庄治理、村集体组织建设、生态保护等实际，因村制宜、一村一策，编制村庄发展规划。二是优先推进城乡垃圾处理和物流配送等方面的一体化建设。可借鉴福建漳州市长泰区推进城乡生活垃圾统一处理的典型经验，实行农户对垃圾进行分类、保洁人员上门收集、镇区集中转运、市区集中处理的处理模式。借鉴四川达州市城乡物流配送网络建设典型经验，搭建城乡物流配送信息平台，加大覆盖县、镇、乡三级配送网（站）点，构筑 12 小时"即日达"城乡配送专线网络。

促进城乡公共资源均衡配置。一是推进城乡教育均等化，全面加强乡村小规模学校和乡镇寄宿制学校建设，提高农村幼儿园建设管理水平，推动教育机构集团化，建立教师在城乡学校间的交流和轮岗制度。二是推进优质医疗卫生资源向基层延伸，可借鉴浙江省嘉善县县域医共体建设典型经验，以县中心医院为龙头，建设集影像诊断中心、临床检验中心、心电会诊中心、病理诊断中心、消毒供应中心于一体的县域医疗诊断共享平台，同时建设基层"云诊室"平台，实时实现县中心医院专家远程会诊。三是提高农村养老文化水平，积极发展农村地区医养结合，打造农村区域性养老服务中心，组织开展互助服务和居家关爱服务，加快农村幸福院、社区日间照料中心建设。

《关中平原城市群发展规划》实施情况评估报告[1]

2018年1月,国务院批复《关中平原城市群发展规划》(以下简称《规划》),标志着关中平原城市群的发展建设正式上升为国家战略。按照2017—2035年的规划期,开展建设实施情况评估对于摸清城市群"十三五"期间发展成绩、找准"十四五"发展重点、明晰2035年发展图景具有重要意义。受陕西省发展和改革委员会委托,陕西省新型城镇化和人居环境研究院对照《规划》提出的发展目标和主要任务,对"十三五"以来特别是《规划》实施三年多来,关中平原城市群的发展情况进行了系统评估,形成此评估报告。

一、关中平原城市群发展概况

(一)城市群经济和社会发展再上新台阶

《规划》实施以来,以陕西、山西、甘肃三省人民政府为总负责,城市群11市1区人民政府(管委会)为主体的各级主管单位高度重视,围绕"向西开放的战略支点、引领西北地区发展的重要增长极、以军民融合为特色的国家创新高地、传承中华文明的世界级旅游目的地、内陆生态文明建设先行区"五大战略定位,不断细化落实各项任务举措,城市群建设取得了积极进展。截至2020年末,城市群常住人口3886.95万,比2016年末(规划编制基准年)增加23.95万人;地区生产总值2.2万亿元,比2016年末增加0.61万亿元;人均GDP达到5.67万元,比2016年末增加1.55万元,增幅达37.76%,年均增速接近10%。城市群经济总量和高质量发展水平再上新台阶。

---

[1] 作者:陕西省新型城镇化和人居环境研究院。

（二）五大战略定位有序突破

1. 向西开放的战略支点作用持续夯实

中国（陕西）自由贸易试验区等高层次合作开放平台建设成果显著，多项改革创新成果被国务院或国家相关部委发文在全国复制推广。以互联互通的立体交通为依托，积极设立十多家离岸创新中心、海外研发中心和科技服务站，组建各类教育联盟，不断拓展科技教育合作。

2. 引领西北地区发展的重要增长极作用明显增强

区域协同发展成效初显，西安区域与济南、兰州建立"跨省通办"政务服务合作机制，持续创新职业农民培训机制，为国内省区培养了200多名职业农民，近1.5万人获取农民技术证书。在聚焦新产业、培育新业态、打造新模式上持续发力，特色优势产业加快聚集，临空经济规模突破100亿元。

3. 以军民融合为特色的国家创新高地进一步筑牢

城市群内军民科技协同创新步伐加快，成立多个创新转化中心，助力中天火箭等5家企业上市，军民深度融合发展示范区成绩亮眼。西安市全面创新改革试验全面铺开，西咸新区创新城市发展方式和高新区国家自主创新示范区建设取得丰硕成果，启动建设国家新一代人工智能创新发展试验区和国家硬科技创新示范区，国家超算（西安）中心建设进展顺利。

4. 传承中华文化的世界级旅游目的地建设稳步推进

城市群内各文化旅游主体及相关主管部门以科技创新为动力，推动地方戏剧、民歌、民乐的创作性转化、创新性发展，运用国际化的现代时尚元素，打造包装具有国际影响力和市场震撼力的精品文化旅游产品。陕西、甘肃两省发挥文旅资源的互补性，共同开创城市群一体化旅游新局面，不断提升文化旅游品牌的影响力。

5. 内陆生态文明建设先行区建设初见成效

积极开展自然生态资源保护，建立健全生态空间测量体系。持续做好生态空间增绿工作，加强黄河、渭河等流域退化湿地综合治理。稳步推进生态产业富民工作，加快低产园改造和品种改良，打造特色经济林标准化示范园和示范基地，建立完善关中环线苗木花卉集散地和交易市场。开展森林生态标志产品认证，大力发展电子商务，探索生态富民产业发展新模式。

（三）四大发展目标推进情况符合预期

《规划》设定了城市群2035年需要完成的四大发展目标，虽然目前仍处于建设的起步阶段、距离最终目标差距较大，但服务于发展目标的重点任务进度符合预期，为城市群的未来打下了良好的基础。

一是以西安国家中心城市为核心的城镇体系初具规模。2020年，西安市常住人口达到1295万人，地区生产总值突破万亿，现代产业体系逐步壮大，6大支柱产业总产值突破4000亿元，经济社会发展取得历史性突破，国家中心城市优势地位进一步增强。宝鸡市聚焦提升制造业影响力，坚持转型升级，产业体系更加优化；运城市全力夯实发展底盘，抢先布局新兴产业、未来产业，发展后劲蓬勃坚实；天水市实施"工业强市"战略，调结构促转型和特色优势产业提质增效成果明显；渭南、铜川、杨凌等其他重要节点城市的辐射带动能力持续放大。

二是基础设施支撑能力明显增强。以高速铁路为重点的城市群对外运输通道加快拓展延伸，以西安为核心、以宝鸡为次中心、以渭南、商洛、运城、临汾、天水、平凉等为节点的城市群综合交通枢纽体系日趋完善。智慧城市和通信基础设施建设进展明显，陕西省工业互联网标识解析国家二级节点（综合型服务平台）已经建成运营，西安、宝鸡两市工业互联网平台落地实施，西安市成功开通国际互联网数据专用通道。

三是对外开放新格局基本形成。中欧班列（西安）集结中心建设成绩显著，15条干线通道覆盖了欧亚大陆全境，15条集结线路辐射长三角、珠三角、京津冀、晋陕豫黄河三角洲等主要货源地，2020年开行量、重载率、货运量等核心指标稳居全国前列。充分发挥第五航权政策优势，开通"首尔—西安—洛杉矶"等3条客货运航线，累计开通国际航线92条，通达全球36个国家74个主要枢纽和经济旅游城市。

四是一体化发展机制不断深入。《规划》实施以来，陕西、山西、甘肃三省求同存异，积极共建较为完善的立跨省合作机制。2018年，关中平原城市群三省12市2区共同发布了《关中宣言》，2020年初三省协商制定《推动关中平原城市群发展规划实施联席会议制度》和《2020年关中平原城市群跨省合作重点推进事项》，提出了共同推动交通基础设施互联互通等13个方面具体工作。

西安市牵头成立的城市群区域合作办公室正式进入实体化运营阶段。

二、城市群空间格局不断调整优化

（一）有效推动空间功能分区管控

1. 分类开展主体功能区实施指导

强化城市化地区高效集聚发展，支持农产品主产区增强农业生产能力，保障生态功能区人口逐步有序转移，突出历史文化遗产与城市空间有机融合。在推进"西咸一体化"战略基础上，西安临空经济示范区与咸阳临空经济带协同发展，初步形成特色鲜明、优势互补、高效协同的临空经济示范带。"富阎一体化"发展机制不断深化完善，加速形成富平—阎良一体化发展军民融合创新示范区。韩城与河津深化产业合作，实现"韩河一体化"战略迈进。

2. 区域空间管制日益强化

"三级三类"国土空间规划体系全面深化，城镇、农业、生态三类空间配置日益合理。针对城市群范围内国家级城乡融合发展试验区，编制完成西咸接合片区实施方案，指导杨凌示范区、高陵区、富平县、三原县等结合本地实际，稳妥开展永久基本农田以外的农用地转为建设用地，健全新增建设用地指标与吸纳落户数量相挂钩机制，鼓励盘活低效存量建设用地，引导建设用地资源向中心城市和城市群、城镇带倾斜。"三线一单"管控体系不断深入，生态保护红线、永久基本农田保护红线、城镇开发边界和历史文化保护控制线划定严格落实。

3. 秦岭生态环境保护工作成效显著

始终将强化落实秦岭生态环境保护作为重大政治任务，先后制定《秦岭生态环境保护勘界立标办法（送审稿）》《秦岭生态环境保护标志、标牌、界桩设置标准（送审稿）》《秦岭生态环境保护突出问题整改销号办法（送审稿）》等管理条例，重新修订《西安市秦岭生态环境保护条例》并正式实施，严格落实《陕西省秦岭生态环境保护总体规划》。加快推进关中北山（含关山）生态修复工程，划定渭河以北、延安市以南的生态区域为关中北山（含关山）责任区，设立由省委副书记兼任省级林长的林长制，负责组织领导责任区域森林草原等生态资源保护发展工作，协调解决突出问题。

（二）以西安都市圈为核心的空间格局初步形成

一是政策文件不断完善。《陕西省国民经济和社会发展第十四个五年规划和二〇三五年远景目标纲要》对西安都市圈定位、范围与功能划分进行了明晰，对都市圈建设发展格局和重点任务做出了要求。积极推动《西安都市圈发展规划》编制工作，围绕西安都市圈发展思路、功能定位、空间结构、产业布局，以及一体化发展体制机制等方面，提出战略定位和发展目标，对西安都市圈发展建设进行规范。出台《关于西安市全面代管西咸新区的指导意见》，理顺了西咸新区的管理体制，将西咸新区划分为西咸新区直管区和西安(西咸新区)—咸阳共管区，强化了西安国家中心城市带动西安—咸阳一体化发展的作用，有助于关中平原城市群核心区发展形成合力。西安市进一步完善大西安空间规划，制定出台了《西安市大力支持西咸加快发展的实施意见》。咸阳市调整完善了《咸阳市土地利用总体规划》，确保了咸阳与西安在规划建设上的统一互补性；在城市功能定位上，制定出台了《咸阳市推进关中协同创新发展专项行动计划》《进一步加快县域经济发展实现追赶超越的意见》等文件，提出了加快中心城市建设、全域融入大西安的发展方略。

二是空间格局基本形成。核心区聚集性进一步增强，核心西咸一体化进程提速，西安市全面代管西咸新区，西安主城区、咸阳主城区和西咸新区组成的都市圈核心区更加紧密。"两翼三区多点多组团"建设成效初显。铜川市积极融入"秦创原"创新驱动平台建设，建成铜川西北工业大学飞地园区"029CU"和交大创新港铜川创新谷，促进两市科技创新协同发展，产学研用系统深度融合，转化落地加快推进。开通西安—铜川景区直通车，促进了两市旅游融合、资源共享、发展共赢。西渭融合持续加速，2021年6月渭南和西安合作共建西渭东区，目前西渭融合已有富阎产业合作区、渭临经济协作区、西渭东区三个跨区域融合平台，总面积大约150平方公里。杨凌交通旅游枢纽运营使用，实现了公路客运和高铁的立体换乘衔接，杨凌进一步融入西安都市圈核心圈层。西安经开区、临潼区合作共建渭北新城暨重点项目签约仪式举行，两区优势互补、产业互通、协同发展的深度合作模式全面开启。陕西省、西安市分别与航空工业集团签署《深化国产民机产业发展合作协议》《国产民机产业发展合作协议》，国产民机产业发展基地落户富阎新区。

三是经济社会持续发展。2017—2020年，都市圈内大部分区（县）实现了生产总值的进一步增长，总体生产总值年均增长超过7%。西安2020年GDP总量10020.39亿元，成为西北地区首个GDP破万亿城市。都市圈经济结构持续优化，主要城市西安、咸阳、宝鸡、渭南、铜川等第三产业占比均有所提升。同时，更多人口资源融入都市圈。从2017年到2020年，西安都市圈范围内常住人口总量从1706.43万人增加到1918.08万人，主要城市常住人口总量从2419.64万人增加到2598万人，都市圈范围内常住人口总数增加12.4%，主要城市常住人口总数增加量7%，户籍、人才和创新创业"三大新政"显成效，西安都市圈对人口虹吸效应更加明显。

西安都市圈主要城市三次产业结构比

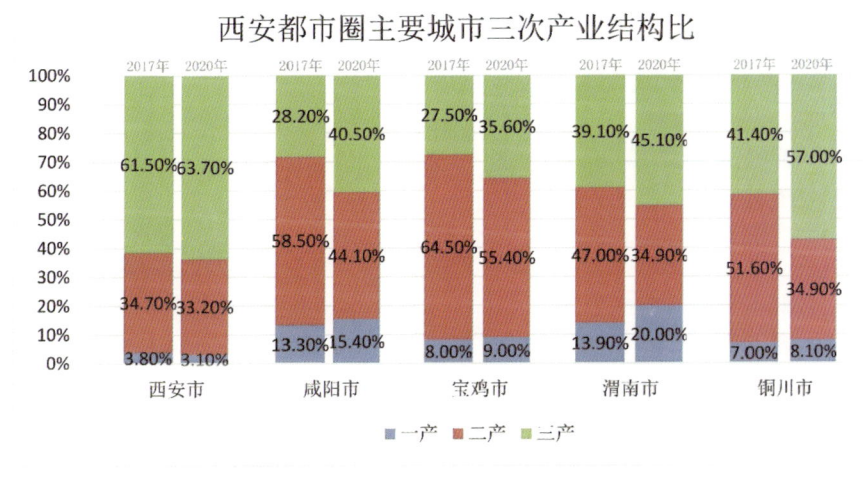

城市	年份	一产	二产	三产
西安市	2017年	3.80%	34.70%	61.50%
西安市	2020年	3.10%	33.20%	63.70%
咸阳市	2017年	13.30%	58.50%	28.20%
咸阳市	2020年	15.40%	44.10%	40.50%
宝鸡市	2017年	8.00%	64.50%	27.50%
宝鸡市	2020年	9.00%	55.40%	35.60%
渭南市	2017年	13.90%	47.00%	39.10%
渭南市	2020年	20.00%	34.90%	45.10%
铜川市	2017年	7.00%	51.60%	41.40%
铜川市	2020年	8.10%	34.90%	57.00%

图1 西安都市圈主要城市三次产业结构比

四是"一轴三带"促使城镇联系更加紧密。依托包茂、京昆、福银等高速通道，陕西三大区域互动协作更加顺畅，产业体系协同融合。铜川积极融入大西安都市圈，西铜、延西两条高速公路将两市时间距离压缩至半小时之内。西延高铁开工在建，咸铜铁路电气化改造加快推进，"绿巨人"动车组开行在即。靖西能源管道、陕北可再生能源电力专线等跨铜川全境，成为能源经济南下的重要通道，西安至安康、西安至十堰等高速铁路前期工作加快推进，延安、榆林、汉中、安康等地加强互通互联。陕西高速公路已实现了陕西三大区域间（关中、陕南、陕北）的当日往返，建立了国内主要城市间的"一日交通圈"，形成了连通西南西北的城镇发展带。合凤高速东接山西、西出甘肃，由东向西连接了京昆线、榆商线、黄渭线、包茂线、咸旬线、福银线及陇汉线等高速公路，将与连霍高速公路一期构成贯通渭北地区的安全快捷东西运输大通道，对组建大西安、整合大关中、带动大西北、扩大关中城市群的辐射带动范围具有重要作用。

（三）城市规模结构分化进一步加剧

1. 西安国家中心城市建设成效显著

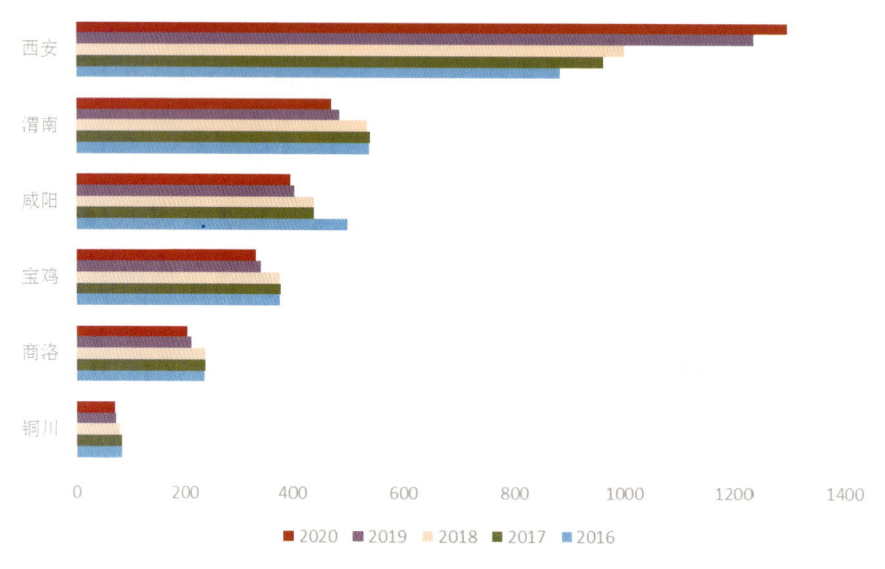

图2 "十三五"期间关中各地市人口变化图

西安国家中心城市建设深入落实《陕西省〈关中平原城市群发展规划〉实施方案》要求，"三中心两高地一枢纽"建设成效显著，西部地区重要的经济中心地位进一步夯实。2020年，经济总量达到10020.39亿元；"6+5+6+1"现代产业体系[1]逐步壮大成势，6大支柱产业总产值突破4000亿元。培育形成百亿级工业企业10家、瞪羚企业221家、独角兽企业2家，建成电子信息、汽

---

(1) 即电子信息、汽车、航空航天、高端装备、新材料新能源和生物医药6大支柱产业集群；人工智能、5G技术、增材制造（3D打印）、机器人、大数据与云计算5大新兴产业；现代金融、现代物流、研发设计、检验检测认证、软件和信息服务、会议会展6大生产性服务业；推进文化旅游产业转型升级。

车、航空航天三大千亿级产业集群，航空产业集群入选全国首批先进制造业集群。境内外上市公司达到80家，国家高新技术企业突破5000家。

与经济总量快速提升相比，西安国家中心城市的辐射带动效应有待进一步强化。当前西安中心城市对周边地区的虹吸效应大于辐射效应，这制约了其发挥引领周边城镇共同发展的作用。比如就常住人口而言，近五年来西安市的人口快速攀升，而紧邻西安市的咸阳、渭南、铜川等市人口逐年下降，尤其人口体量本就较小的铜川市，5年间人口从84.72万减少至71万（见图2），节点城市的综合承载能力提升有限。

2. 跨区域新增长板块（极）培育初见成效

城市群跨区域协调发展方面，着重推动了富平—阎良、杨凌—武功—周至、韩城—河津—万荣以及彬县—旬邑—长武—泾川等四个区域板块一体化发展。其中西安渭南两市政府签署并落实了《富阎产业合作园区突破发展项目合作协议》，2019年以来，园区签约重大项目就达到40个，总投资近700亿元，2020年阎产业合作园区实现工业总产值53.7亿元，富（平）阎（良）基础设施、城乡规划、产业布局、生态建设一体化发展格局基本实现。杨凌进一步融入西安都市圈核心圈层，加速与毗邻县区公共交通一体化进程。武功和周至发挥毗邻杨凌农科城优势，广泛开展产业链招商、以商招商，转化农业高新技术，促进农业创新发展。韩城、河津、万荣三城以跨黄河区域协作为重点，深入推进交通、产业、文旅等方面的全方位合作。韩河协同发展产业园规划加快编制，建立完善河韩沿黄区域协同合作机制，构建韩河侯客运专线等物流集散地，打造了黄河流域区域一体化发展先行示范区，韩河联手打造龙门5A级景区；形成"四向拓展、立体全面"的开放新格局以及黄河金三角重点区域增长极。彬县、旬邑、长武、泾川四县积极融入关中平原城市群建设，彬县着重建设"陕甘宁毗邻区域中心城市"，泾川加快建设西部陆海新通道。

3. 中小城（镇）推进创新发展

陕西"两镇"（重点示范镇、文化旅游名镇）建设成效显著。"十二五""十三五"期间，重点培育了35个重点示范镇、31个文化旅游名镇（街区），"两镇"互为补充，相得益彰，带动引领区域内小城镇建设高质量发展。省级财政每年投入"两镇"建设资金为5.05亿元，"两镇"建设实施十年来，省级财政共安排50.5 亿元专项建设资金。"十三五"期间，35 个重点示范镇累计完成投资590.45亿元，先后引进大中小型企业3101 家，新增进镇人口60.53 万人。31 个文化旅游名镇累计完成投资211.38 亿元，4A 级景区14 个、3A 级景区17 个。2020 年旅游人数2549.46 万人次，旅游收入62.54 亿元。现已认定省级科技示范镇15家、乡村振兴科技示范村9家，已成为域内农业科技成果推广和创新创业的重要基地。

商洛创建国家重点镇 12 个、全国最美休闲乡村 5 个、省级美丽宜居示范村 48 个，洛南四皓跻身省级文化旅游名镇；建成柞水朱家湾、商州江山、洛南音乐小镇、丹凤棣花文创小镇、商镇飞行小镇等一大批特色小镇；漫川关、棣花、金丝峡、法官被省政府授予小城镇建设先进镇；商州、丹凤、柞水获评陕西县域经济争先进位县区。庆阳建成药王洞养生小镇、北石窟驿、义渠百花园等旅游景点 10 处，创建全国、省级乡村旅游重点村、示范村 12 个，游客人数和旅游收入年均增长 20% 以上。韩城龙门镇、芝川镇先后跻身全国综合实力千强镇行列。渭南国家乡村旅游重点村数量居陕西第一。宝鸡建成汤峪、法门、柳林 3 个全国特色小城镇。

三、创新引领的现代产业体系日趋完善

关中平原城市群科教资源丰富、创新实力雄厚，是国家科教资源的战略聚集区，也是我国传统的军工生产基地和重要的国防科技产业基地。《规划》发布以来，关中平原城市群各市深入实施创新驱动和军民融合发展战略，推动创新资源开放共享、强化关键技术协同创新、强化产业链协同配套等方面，全力提升硬科技综合实力，积极构建富有竞争力的现代产业体系，为关中平原城市群追赶超越奠定了坚实的产业基础。

（一）创新链产业链双向互动渐入佳境

1. 以创新链布局带动产业链升级

按照"围绕产业链部署创新链，围绕创新链布局产业链"的思路，陕西省确定了重卡、数控机床、集成电路、新型显示等23条重点产业链提升方案，强化关键领域创新延长优势产业链条，依托优势创新链培育新兴产业链，新能源

汽车、新一代信息技术、现代化工、航空航天与高端装备制造、新材料、生物医药等六大支柱产业培育发展成效明显。汽车产业出台发展实施意见，设立40亿元专项资金，建设培育了陕汽、比亚迪、吉利、法士特等一批在陕产值超过百亿元的龙头企业。新一代信息技术产业坚持大集团引领、大项目建设，三星芯片、中兴智能终端、CEC8.6代线等重大项目先后建成投产，带动一大批配套企业入驻。华为、中软国际等知名软件企业纷纷在陕设立研发机构。航空航天与高端装备产业一批龙头企业和创新型企业积极参与国家"04"专项，突破了145项关键核心技术，研制出一批达到国际或国内领先水平的主机产品，如高档数控机床、复合加工中心等，实现了进口替代。新材料产业，稀有难熔金属材料、高端钛合金材料、超导材料等均处于国内领先地位，高分子聚合材料、有机电致发光材料、聚酰亚胺合成单体材料等在各自的细分领域均走在了国内前列。生物医药产业以"出好药、树品牌，打造千亿产业"为目标，组织对标示范，大力培育骨干企业和优势产品。东科制药杨凌生产基地、强生供应链等重大项目相继建成投产，杨凌步长生产基地、幸福制药集贤工业园等项目建设顺利。山西以中车电机、大运重卡汽车为龙头，初步成为区域内新型装备制造基地；通过光伏发电推进，扩大延伸稀土永磁、纳米材料、电子信息材料等新材料产业链条，培育壮大天臣新能源、中磁科技等一批优势企业，联合打造新能源新材料产业基地。

2. 科技创新平台建设成效显著

为打破科技优势与经济发展转化"堵点"，2021年3月陕西省成立秦创原创新驱动总平台，以西部创新港和西咸新区为总窗口，聚焦人才和机制两个关键，聚焦立体联动"孵化器"、成果转化"加速器"和两链融合"促进器"三大目标，集聚省内创新要素和政策资源，打造集科研、中试、生产为一体的创新高地，和辐射带动西部地区乃至全国和"一带一路"沿线高质量发展的市场化、共享式、开放型、综合性科技创新大平台。截至10月底，秦创原总窗口累计新增科技型企业327家，新增入库科技型中小企业897家、同比增长96%，181家高新技术企业通过省科技厅评审，实现技术合同交易额71亿元。在企业创新平台建设方面，国家增材制造创新中心2019年9月正式揭牌；陕西省级制造业创新中心目前共成功筹建24家、认定11家，国家级企业技术中心达到41家、省级企业技术中心达到405家，建立了175家隐形冠军企业培育库，大力培育科技型制造企业。

3. 区域创新创业生态不断优化

西安国家自主创新示范区建设稳步推进，目前，已形成电子信息、未来汽车、高端装备、生物医药等产业集群雏形，聚集了三星、美光、华为、中兴等一大批国际、国内龙头企业和研发中心，西安泛在网络技术产业获国家试点创新型产业集群；2020年，自创区被评为国家中小企业创新创业特色载体。咸阳市全面推进创建国家创新型试点城市工作，搭建创新平台，3家众创空间被省科技厅认定为"陕西众创空间孵化基地"。渭南积极开展供应链创新应用试点和供应链体系建设试点，西安爱菊集团建设近1000家连锁网点。杨凌现代农业电子商务产业园、武功县电商产业园等一批农村电商聚集区，规模效应明显，辐射带动周边地区农村电商快速发展。宝鸡眉县发展农村电商工作受到国务院督查激励表彰。

（二）军民融合深度发展成绩亮眼

陕西出台了《陕西省军民融合深度发展三年行动计划(2018—2020年)》，全力推动西安创建国家军民融合创新示范区建设，大力发展壮大军民融合产业，带动城市群内军民科技协同创新发展。关中平原城市群各地区通过加强与军工集团公司战略合作、搭建基地园区平台、创新体制机制等措施，着力发展军民结合产业，推动军地经济融合发展，初步形成了以军带民、以民促军、军民融合的多元化集群化发展格局。

1."民参军"发展势头迅猛

关中平原城市群军工配套产品涉及陆、海、空、火箭军等各军兵种，配套单位涉及十大军工集团。宝钛集团、西北有色院、西工大爱生科技公司、西安微电机所、西部超导公司等国有企业已成为军工配套骨干企业，天和防务、保和防务等民营企业成为武器装备研制生产总体单位，新竹防灾设备成为我国航空母舰消防设备配套单位，华通机电成为西飞公司飞机零部件加工的重要供应商，天水星火机床成为大型卧式车床、大型数控机床的主要生产地。

2. 基地园区平台效应凸显

陕西在关中构建了"三基地七园区"的军民结合产业发展平台，即航空、航天、兵器三大产业基地和航空智慧新城、船舶科技、军工电子、通用航空、航空装备制造、航空维修服务、军民用新材料等七园区，设立了100亿元的军民融合产业投资基金，采取投资入股、补助、贷款贴息等方式支持军民融合项目建设，初步形成产业特色鲜明、配套条件完善、集群效应凸显的发展态势。西安航空产业基地形成了以整机制造为主，机载装备、航空大部件、航空新材料为分支，航空改装维修、零部件加工、飞行培训、航空旅游为配套的全产业链体系。西安航天产业基地形成了以航天运载动力、卫星应用和航天特种技术产业为主的国内最大的民用航天产业基地。西安兵器产业基地以装备制造、光电信息、新材料与新能源为主的产业构架初步形成。甘肃华天科技、长城电工、星火机床三大产业园建成，天水天光半导体有限责任公司加盟陕西电子信息集团，中航天水飞机工业公司与西安科研单位共同研制的国家重点型号飞机舱门目前已进入小批量生产，华天集团、天光半导体有限责任公司在西安设立了分公司。山西临汾侯马生态工业园、翼城高端锻造园区等军民结合产业园区(基地)不断壮大，平阳重工高端液压支架、风雷机械小口径石油钻铤等一批"军转民"项目优势凸显。

3. 融合创新企业快速成长

西飞公司、西航公司、航天四院、航天六院、陕西电子信息集团等5家龙头企业营业收入超过百亿元，西船公司等5家单位超过40亿元，西北工业集团等11家单位超过20亿元，航天771所等9家单位超过10亿元，中航飞机、中航动力、航天动力、光电股份、中航电测、烽火电子、天和防务等7家公司上市。西安光机所推行"开放办所、专业孵化、择机退出、创业生态"的发展路径，成功孵化了220多家高新技术企业。天水长城开关厂、风动机械有限责任公司销量多年在同行业排名第一。

4. 体制机制改革探索加快

部分国防科技工业和科研院所，进行了军民融合发展管理体制、运行机制和资源共享方面的改革探索，取得了可喜的进展。如航天科技集团11所，先后成立了混合所有制的远征公司和原动力公司，由所长和副所长分别兼任公司董事长，吸收民营企业参股，以民品开发为主营业务。在财政金融保障能力方面，陕西积极争取中央财政军民融合专项转移支付资金，设立陕西国华融合产业发展基金，助力中天火箭等5家企业上市。

（三）国际国内产业转移有序推进

陕西以苏陕协作、陕西—京津冀产业合作等为重点抓手，加快国际国内产业向本地落户。目前，关中平原城市群苏陕扶贫协作共建"区中园"累计引进项目33个，总投资52.7亿元，到位资金38.7亿元。"陕西—北京外资企业合作恳谈会""陕西省承接京津冀地区产业转移对接会""共谋新合作·共促双循环—陕西与央企对接交流会""陕西航空航天产业合作交流座谈会""陕西文旅产业项目投融资恳谈会""陕西·北京影视产业招商推介会"等活动陆续举行，这些活动聚焦陕西省装备智造、电子信息、汽车制造、新材料、生物制药等新兴产业集群基地建设，突出资源要素配置，承接产业转移，助力打造有陕西特色的现代产业体系，吸引更多外资企业来陕投资兴业。甘肃庆阳市依托关中平原城市群重要节点城市，充分发挥资源优势，加强与区域其他城市间的紧密合作，主动承接转移产业，建立浙江杭州、河南郑州两个驻点招商基地，推动庆阳宏大20万吨双氧水和2万吨吗啉、国电远鹏新基建智能制造产业园等一批重大投资项目落户，产业协作更加顺畅，区域产业经济布局更加优化。

（四）区域产业协作不断深化

1. 文旅合作率先推进

关中平原城市群地区同属黄河流域，相同的历史渊源和文化背景，为文化旅游一体化发展奠定了基础。2019年10月22日，关中平原城市群文化旅游合作联盟正式成立并发布《西安宣言》，关中平原城市群各文旅部门提出将建立文化旅游合作机制，共创区域文旅合作；依托秦岭黄河自然山水、周秦汉唐历史遗存和文化资源多元富集等优势，共造区域文旅品牌；联合开展境内外营销，共享文旅宣传营销资源；推动区域行业协会和旅游企业交流合作，共推合作互利共赢。2020年，三省签订《关中—天水经济区区域旅游城市合作行动计划》《渭河旅游联盟工作计划》，整合旅游资源，对接旅游线路，开展整体宣传。天水与西安文旅局签订《共同开发周边旅游市场的合作协议》，与曲江旅游投资公司签订战略合作协议，天水白鹿仓国际旅游度假区、甘肃公航旅天水房车露营基地等一批旅游基础设施加快建设，平凉市引进陕旅集团、省城投以市场化方式建设运营崆峒山、王母宫·大云寺大景区。陕西、山西、河南联合成立了"晋陕豫黄河金三角旅游协作会"，在区域内建立了资源共享，优势互补，联合营销的无障碍旅游区，启动了"一证游"活动；大力宣传"中华根·黄河魂"旅游品牌形象，共同打造"朝华山、拜关公、观壶口、问道函谷关"精品旅游线路，收到良好效果。运城市大力发展"西安旅游+"，开通华山至运城旅游直通车，把"运城旅游"做成西安东线游增值产品，让西安的旅游存量变成运城的旅游增量，永济市政府与陕西华旅集团签订了战略合作框架协议，合作成立旅游运营平台。

2. 产业协作平台成为区域合作亮点

关中平原城市群各市积极支持园区建设运营管理与招商引资体制机制全面创新，积极推进开发区整合优化发展，支持国家级园区和发展水平高的省级园区代管托管其他开发区，组建产业联盟，完善利益共享机制，实现一体化发展。按照市场化方式推进跨国界、跨地区共建产业园区，打造一批特色鲜明、分工合理、产城融合的专业化园区。其中山陕新型工业集聚区成效初显。以山西同誉、渭南金水河为代表的铝深加工企业，积极开展铝深加工合作，打造成为新型铝工业基地；灵潼一体化新工业区建设进一步加速，有色金属采选冶炼及精深加工产业发展平稳；运城、临汾、三门峡、渭南四市注册成立晋陕豫黄河金三角果业产业发展协会，在果业品种培育、技术推广、市场开拓、标准建立、果汁加工、果业培训等方面开展合作，区域内苹果、果汁产量占全国市场的份额逐年攀升。甘肃天水众兴菌业在陕西杨凌等城市基地项目建成，神舟绿鹏在关中及陇东南城市建立了航天蔬菜示范基地；引进投资1亿元的西安曲江新型建材生产项目在天水开发区开工建设；宝鸡卧龙生态园林科技有限公司投资2亿元的甘泉玉兰湾农业文化产业园项目签约；西安天光存储器及超大规模集成电路生产线投产。

四、基础设施互联互通水平持续提升

（一）综合交通网络加快完善

1. 对外综合运输通道更加多元通畅

以高速铁路和普速铁路建设为重点，城市群对外的快捷高效运输通道加快构建。西安—成都、银川—西安、宝鸡—兰州、大同—西安等高速铁路相继建成通车，城市群对外快速便利的客运通达能力大幅提升。浩勒报吉—吉安、黄陵—韩城—侯马等普速铁路相继投用，城市群与周边区域的交通运力有所增强。西安—榆林、西安—安康"绿巨人"动车正式开通，关中与陕北、陕南的通勤距离相对缩减。西延高铁、天水—陇南等铁路项目开工建设，西安—安康、西安—十堰等高速铁路前期工作加快推进，兰州—天水—汉中—十堰高速铁路正式纳入国家《黄河流域生态保护和高质量发展规划》，为进一步畅通对外运输通道奠定良好基础。

2. 内部快速交通网络体系日趋完善

城市群内城际铁路、省级高速公路、国省干线等建设不断加快，由单中心放射状交通向多节点网络化格局转变趋势越发明显。宝鸡至麟游普速铁路、天平铁路、宝天高速、甜永高速、太凤高速、合林高速、平华一级路等一批城市群内的重大交通基础设施项目先后建成通车，西安外环高速公路（南段）、京昆高速涝峪口至蒲城段改扩建、天平高速、S25静天高速庄浪至天水段、甘肃（天水）国际陆港南北互通立交、天水至陇南铁路等项目建设进展顺利，平庆快速铁路规划由单线时速160公里提升到双线时速200公里，已完成可研审查、用地预审等前期工作，城市群内各城市间的联系越发紧密。风陵渡黄河大桥、侯禹高速黄河大桥、吴王浮桥已建成通车，108国道禹门口黄河公路大桥引道工程实现双幅通车。闻垣高速古城联络线、临猗合阳黄河大桥、运三高速三门峡公铁两用黄河大桥连接线建设进展顺利，韩城至万荣黄河大桥已签订了框架协议，临猗—合阳黄河大桥正在开展前期研究，城市群内晋陕两省跨越黄河的交通难题得到有效解决。西安地铁建设力度不断加大，线路已开始从西安主城区向咸阳、西咸新区、临潼、高陵等周边区域进行延伸，辐射范围和受益人口不断扩大。截至目前，西安地铁1号线一期和二期、2号线、3号线一期、4号线、5号线、6号线一期、9号线一期以及机场城际已经通车，西安城市轨道交通第三期建设规划获批，15号线一期、14号线二期等7条线路正加快建设，通车总里程已达到252.6公里。

3. 各级综合交通枢纽能级全方位跃升

以西安为核心、以宝鸡为次中心、以渭南、商洛、运城、临汾、天水、平凉等为节点的城市群综合交通枢纽体系日趋完善。西安咸阳机场三期工程全面开工建设，首条洲际第五航权货运航线正式开通，2020年，航线通达全球37个国家和地区，客货吞吐量分别居全国第8、第10位。西安火车站改扩建和北广场市政配套工程即将建成投运，将由原有的6站台9股道扩建至9站台18股道，候车面积将达到8万平方米以上，发送旅客数量将提升至年约4800万人次。首条城际铁路西安北至机场项目开通运营，促使铁路和民航衔接更加紧密。西安东站、西安南站、阿房宫站等重点交通枢纽前期工作稳步推进，届时将形成"四主一辅"的西安市铁路枢纽格局。建成咸阳高铁站、杨凌等综合客运枢纽和宝鸡眉县、陕西商山等货运枢纽，所有市拥有一级客运站、县拥有二级客运站。西安港、中铁联集入选国家多式联运示范工程，培育卡车航班等省级多式联运示范。

（二）信息网络建设进展明显

1. 通信基础设施支撑能力大幅提升

西安市骨干直联点网间宽带从2016年底的90G扩容至目前的610G，西安市国际互联网数据专用通道获得工信部批复并已开通，覆盖了西安市高新功能区、中欧产业园等五大园区，为外向型企业提供了高质量国际通信服务。光纤网络覆盖范围不断扩大，网络接入能力持续提升，截至目前，城市群内所有行政村已实现光纤全覆盖。高速、移动、安全、泛在的新一代信息基础设施建设加快推进，5G、IPV6、物联网等领域快速发展，《陕西省加快推进5G创新发展的意见》印发实施，加快推进了5G规模部署和商用步伐。陕西LTE网络端到端、固定宽带网络端到端、骨干网、西安国家互联网骨干直联点及重要数据中心的IPV6改造任务全部完成，具备了向用户和企业提供IPV6互联网接入能力。稳步推进物联网建设应用，NB-IOT（基于蜂窝的窄宽带物联网）网络覆盖不断拓展，基站数和物联网用户数大幅增加。陕西省工业互联网标识解析国家二级节点（综合型服务平台）已经建成运营，西安、宝鸡两市工业互联网平台落地实施。

2. 智慧城市建设稳步推进

陕西省出台了《关于加快推进全省新型智慧城市建设的指导意见》，印发了《陕西省新型智慧城市评价办法》，持续跟踪推进《新型智慧城市建设指南》《新型智慧城市体系架构和总体要求》《新型智慧城市数据交换共享平台技术规范》《新型智慧城市信息融合技术规范》等四项地方标准制定，规范新型智慧城市建设。各地市加快本地区网络互联互通和数据共融共享，部分地市启动建设智慧城市大数据中心和市级统筹公共平台，西安大数据数字中心、庆阳华为云计算大数据中心一期、山西省大数据中心临汾分中心等一批数据集成运用平台建成投运，整合已有的网络资源和数据资源，迁移已有分散的智慧应用，为智慧城市的数据融合、业务融合和持续发展奠定基础。社会治理"一格通"、公共服务"一卡通"、网上办事"一站通"、综合服务"一号通"、掌上城市"一点通"、无线城市"一网通"等"六个一"工程稳步推进。同时，各地市智慧政务、智慧医疗、智慧交通、智慧城管、智慧社保、智慧养老等应用持续推进，部分地市还围绕"三大攻坚战"，建设了智慧扶贫、智慧环保等应用，智慧应用不断创新。各地市智慧城市市级统筹公共平台在运行多项优政惠民智慧应用的同时，支持有关企业共享其网络和部分数据资源，不断为产业和经济发展提供支撑。

（三）水安全保障能力稳步提升

1. 重点水利工程建设加快推进

关系全局、具有较强辐射带动作用的重大水利工程推进顺利，水资源保障能力得到显著提升。引汉济渭调水工程完成秦岭输水隧洞掘进95.8公里，即将贯通，三河口水利枢纽正常蓄水，黄金峡水利枢纽右岸截流，二期工程可研报告于2020年获批。东庄水利枢纽工程导流洞全断面贯通。斗门水库工程北池围坝已形成6.7公里，南池形成工作面约4440亩。天水城区引洮供水工程、泾川朱家涧、崆峒北杨涧、崇信关河、庄浪花崖河、庆城芡子沟、合水莲花寺、宁县小盘河等一批骨干水源工程先后建成投用。把水资源作为最大的刚性约束，大力实施国家节水行动，实施崆峒泾河、庄浪阳川等大中型灌区续建配套与节水改造，实行水资源消耗总量与强度双控制，水资源保障能力得到提升。同时，统筹推动规划前期工作，先后编制了"十四五"水利发展专项规划、黄河流域生态保护和高质量发展水利专项规划，引汉济渭二期、白龙江引水等项目被列入国家后续加快推进的150项重大水利工程名录。秦岭水保持专项规划印发，水资源保护利用规划已通过省政府审查。

2. 水资源管理制度有力落实

把水资源作为最大的刚性约束，大力实施国家节水行动，管住用水、合理分水。渭河、北洛河水量分配方案编制完成，制定了灞河、秃尾河、褒河生态流量保障实施方案，实行水资源消耗总量和强度双控制。河长制、湖长制深入实施，已从"全面建立"转向"全面见效"，与四川省、甘肃省签署合作协议，构建跨界河湖联防联控联治机制。深入推进河湖"清四乱"常态化规范化，加强河道采砂管理，河湖和水利工程管护范围划界进度加快，着力推进河湖长制从"有名"向"有实"转变。

五、生态环境共建共治目标初步达成

（一）区域生态安全格局初步构建

1. 稳步推动生态一体化建设

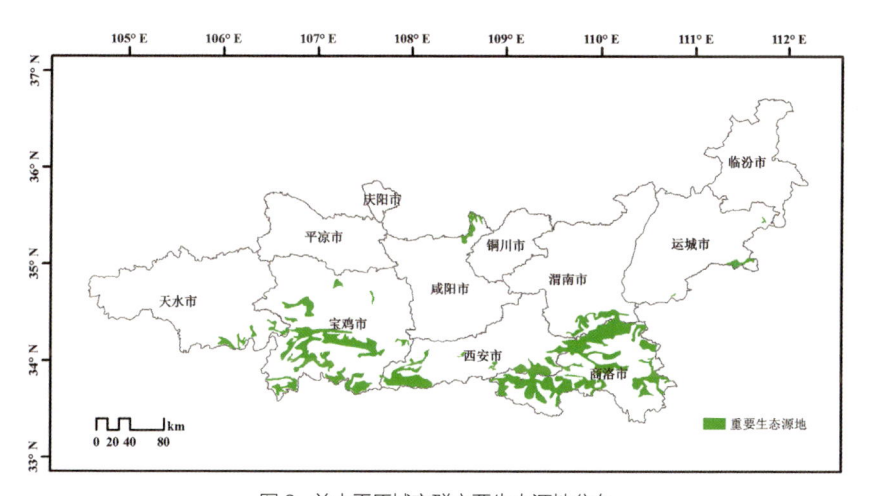

图3 关中平原城市群主要生态源地分布

关中平原城市群坚持区域生态一体化建设，当前城市群内部已经建立起"两屏、一带、多廊、多点"的生态安全格局。当前关中平原城市群范围内生态源地面积为9122平方千米，占城市群面积的8.52%，主要分布于城市群南部秦岭山地区域（见图3）。生态安全格局的初步构建对于识别国土空间生态修复关键区域，统筹推进山水林田湖草系统治理，确保城市群生态安全有着重要意义。

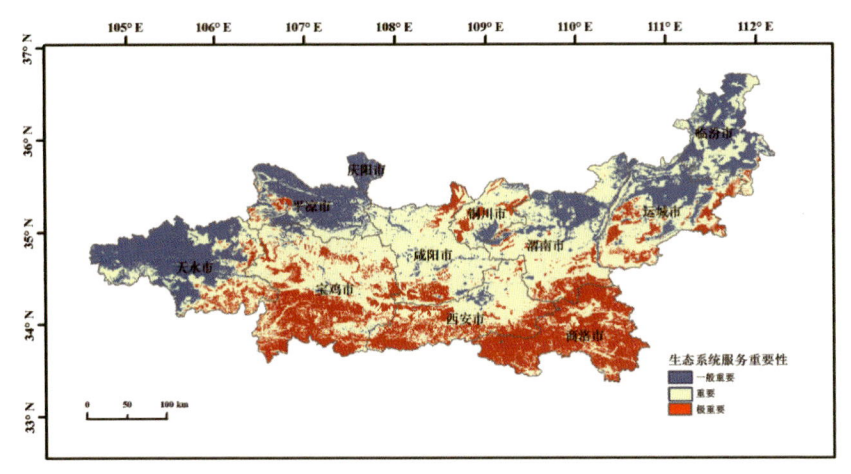

图 4 关中平原生态系统服务重要性

良好的生态环境是保障城市健康、可持续发展的重要基础，应进一步加强渭河、汾河、泾河沿岸生态斑块建设，加快推进秦岭国家公园及中条山国家公园建设，强化生物多样性就地保护，合理开展迁地保护。实施好国家公园保护修复工程，保护濒危物种及其栖息地，建设生态廊道、开展重要栖息地恢复和废弃地修复，完善生物多样保护网络。

2. 划定并严守生态保护红线

参照"十四五"时期我国生态屏障建设的重点范围与任务，关中平原城市群位于"三区四带"黄河重点生态区，自西向东包括陇东黄土高原丘陵沟壑水土保持生态区、秦岭生物多样性保护与水源涵养区、中条山多样性保护与水源涵养区。关中平原城市群依托国家生态环境红线监管平台，严守生态环境保护红线，严格落实生态保护、基本农田、城镇开发等空间管控边界，取得了显著成效。生态系统服务重要性区域及生态高敏感区域需加强落实管控要求，严守关中平原可持续发展底线，重点做好区域（流域）及生态系统不同尺度生态高敏感区域保护工作。

依照生态系统服务重要性分析（见图4），商洛市、西安市、宝鸡市范围内，生态系统服务极重要区域占比较高，分别为79.01%，38.06%和36.92%。商洛市、宝鸡市、西安市、咸阳市、铜川市生态系统服务一般重要区域面积占比较小，分别为0.78%、2.54%、3.03%、6.58%、13.95%（见表1）。

表 1 关中平原城市群生态系统服务重要性

	一般重要		重要		极重要	
	面积 (m^2)	面积比 (%)	面积 (m^2)	面积比 (%)	面积 (m^2)	面积比 (%)
天水	8290.45	58.32%	4764.46	33.51%	1161.44	8.17%
宝鸡	458.21	2.54%	10941.70	60.54%	6673.41	36.92%
铜川	541.48	13.95%	2684.18	69.15%	656.28	16.91%
渭南	3292.87	25.40%	8116.97	62.61%	1554.22	11.99%
西安	305.56	3.03%	5942.40	58.91%	3839.64	38.06%
咸阳	678.52	6.58%	8234.51	79.92%	1390.99	13.50%
临汾	4149.40	56.80%	3074.86	42.09%	80.72	1.11%
平凉	4708.14	63.65%	2421.44	32.74%	266.95	3.61%
庆阳	909.40	93.54%	62.75	6.46%	0.00	0.00%
商洛	6.18	0.06%	2132.71	20.93%	8049.88	79.01%
运城	3379.46	29.67%	6114.80	53.68%	1896.60	16.65%

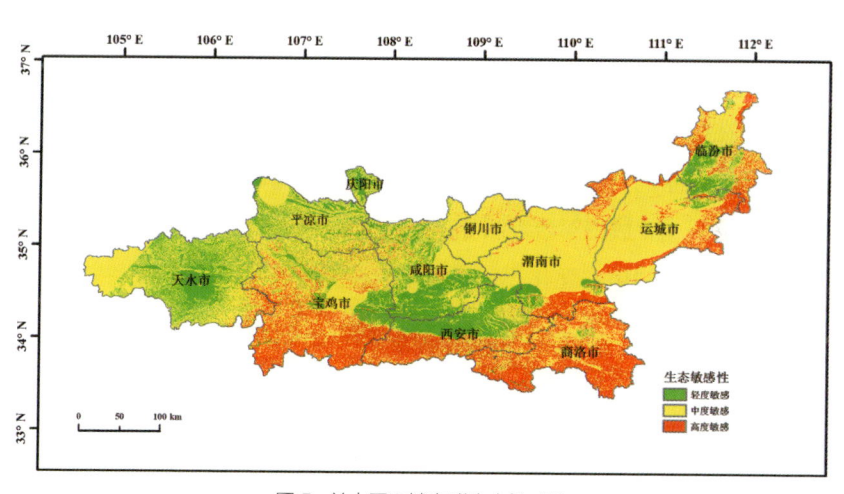

图 5 关中平原城市群生态敏感性

依照生态敏感性分析（见图 5），商洛市、宝鸡市、西安市范围内，生态高敏感性区域占比较高，分别为 55.57%，29.06% 和 27.65%。庆阳市、咸阳市、西安市生态区域占比较大，分别为 44.64%，34.65%，31.95%，铜川市、渭南市、商洛市和运城市生态低敏感区域面积占比均低于 5%（见表 2）。

表2 关中平原城市群生态敏感性

	轻度敏感		中度敏感		高度敏感	
	面积（m²）	面积比（%）	面积（m²）	面积比（%）	面积（m²）	面积比（%）
天水	4208.80	29.64%	9690.37	68.24%	301.77	2.13%
宝鸡	1824.81	10.10%	10987.12	60.83%	5249.36	29.06%
铜川	0.00	0.00%	3793.31	97.64%	91.87	2.36%
渭南	532.30	4.11%	10742.47	82.85%	1690.91	13.04%
西安	3220.65	31.95%	4071.68	40.39%	2787.43	27.65%
咸阳	3572.77	34.65%	6552.89	63.56%	184.63	1.79%
临汾	1369.15	18.74%	4478.59	61.30%	1458.25	19.96%
平凉	1451.22	19.61%	5861.73	79.23%	85.87	1.16%
庆阳	433.67	44.65%	537.53	55.35%	0.00	0.00%
商洛	79.62	0.78%	4443.39	43.64%	5658.21	55.57%
运城	226.86	1.99%	9281.33	81.50%	1880.44	16.51%

陕西省、山西省、甘肃省均已完成"三线一单"（即生态保护红线、环境质量底线、资源利用上线，制定生态环境准入清单）编制工作，当前关中平原城市群内部在推动生态环境质量持续好转，但生态环境保护系统化、精准化、科学化方面，尚需进一步精细化管理与协同配合。需进一步推动三省城市群范围内各市"三线一单"数据平台互联互通，并衔接国家信息共享系统，逐步实现"三线一单"成果共享共用，强化"三线一单"在大气、水、土壤和生态等要素环境管理中的应用。

3.扎实推进生态保护恢复工程

关中平原城市群各地坚持山水林田湖草综合治理、系统治理、源头治理，推动城市群内外生态建设联动，积极构建生态安全绿色屏障，统筹山水林田湖草沙系统治理。关中平原城市群加强渭河平原重点城市周边露天矿山生态修复治理，完成治理面积431公顷。山西省重点实施中条山生态保护修复工程，汾河干流及支流采取拆违建、治污、护岸与滨水公园综合整治方案，生态修复工程取得初步成果，实现生态建设的互利互惠。甘肃省重点实施再造一个子午岭、固沟保塬、资源开发区生态环境治理"三大生态工程"。陕西省深刻汲取秦岭北麓西安境内违建别墅问题教训，开展秦岭北麓渭南段生态恢复治理和"五乱"问题整治专项行动，统筹推进黄河流域生态保护和高质量发展。

（二）生态环境共建共治成效显著

1.大气联防联控取得显著成效

深化大气污染联防联控，持续强化汾渭平原、关中地区大气污染协同治理和重污染天气应急应对，健全空气质量提醒预警机制，公开重点企业重污染天气应急减排清单。着力推进秋冬季治污攻坚和夏季臭氧污染防治。组织召开铁腕治霾工作推进会议、秋冬季铁腕治霾推进视频会、铁腕治霾月度点评会、汾渭平原大气污染防治协作小组联络员会议等，及时推动和解决工作中存在的困难和问题。关中地区完成散煤治理320余万户，"散乱污"工业企业实现动态清零。2020年，关中8市区优良天数平均260.4天，同比增长26.6天；PM2.5平均49微克/立方米，同比下降12.5%；重度及以上污染天数平均11.5天，同比减少13.6天。商洛市中心城区连续4年成为环境空气质量达标城市。天水市、平凉市城市空气质量优良天数比率均达到97%。2020年，天水市PM2.5下降至27微克/立方米。运城市、临汾市空气质量持续改善。2020年，运城市PM10、PM2.5、NO_2、SO_2、CO年均浓度较2015年分别下降4.26%、6.56%、3.7%、74%、42.11%。临汾市空气质量综合指数为5.74，空气质量优良天数比例达到61.5%，PM2.5、PM10两项污染物同比改善。

2.水污染整治效果明显

扎实推进河长湖长制，深入推进渭河、汾河、泾河等重点流域综合治理，强化入河排污口整治，全面实行排污许可证。整治黄河干流105个存在问题的排污口，开展黄河"清河"行动，整治"四乱"问题115个。全面消灭"十三五"国考断面Ⅴ类水体，水环境质量稳步提升，渭河干流水质保持为优。关中地区完成146个"千吨万水"水源地保护区划定，划定率100%。整治23个城市建成区黑臭水体，建城区黑臭水体全部消除。实施城镇污水处理提质增效三年行动，城市、县城污水处理率分别达到95.54%和93.48%。咸阳市旱腰带地区生态修复成效显著，渭河、泾河流域生态环境持续好转。渭南市中心城区、县城的污水处理率分别为95%和85%。饮用水安全状况得到提升，15个集中水源地水量和水质达标率均为100%。铜川市扎实推进漆水河32公里黑臭水体治理，污水处理率达到95.03%；商洛市10条主要河流监测断面水质全部达标。平凉市地表水、地下水和水源地水质均稳定达标，被命名为首批国家生态文明建设示范市，获批创建国家第三批城市黑臭水体治理示范城市。天水市水土流失治理面积累计达到7600平方公里，治理率达到78.83%。运城市水环境质量稳步提升，全市国考断面全部退出劣V类，涑水河污染治理、汾河沿岸退耕还湿、伍姓湖人工湿地建设工作顺利推进，统筹开展盐湖及周边的汤里滩、鸭子池、硝池滩、北门滩治理。临汾市按照"查、测、溯、治"的要求，对全市河流入河排污口进行全面检查，180个入河排污口全部完成整治。实施了以汾河为重点的六河流域生态系统保护修复重大工程，地表水国考断面水质全面退出劣V类。

3. 土壤环境质量持续改善

关中平原城市群各市区认真贯彻落实习近平总书记重要讲话、重要指示精神和党中央决策部署，以改善土壤环境质量为核心，以保障农产品质量和人居环境安全为出发点，坚持底线思维、突出重点、分类管控、综合施策，围绕土壤污染防治行动计划和工作方案重点任务，着力解决土壤污染防治突出问题，净土保卫战取得显著性成效。按照"土十条"要求，农业农村部门有序推进农用地安全利用工作。关中平原城市群全面完成耕地土壤环境质量类别划分，实现受污染耕地安全利用和严格控制。加强农业面源污染治理，化肥施用量比2015年减少9.15%，农药施用量比2015年减少9.82%。畜禽污染综合利用率达89.1%，农膜回收利用率达85.3%以上，秸秆综合利用率达91.3%，农村生活污水治理率为43%。铜川市绿化造林50万亩，治理矿山地质环境1200亩。天水市农药、化肥利用率分别达到40.3%、40.02%，农膜回收率达到83%。平凉市持续开展土地整治，建设高标准农田47.4万亩。运城市土壤污染防治扎实开展，加快推进重点行业企业土壤污染状况调查工作，完成60个地块的初步采样调查工作，大力推动尾矿库清废。临汾市积极开展矿山和煤矸石专项整治，加强生态修复整理，实施危险废物规范化管理。推进城市垃圾分类，城市生活垃圾无害化率达到100%。

4. 环境风险防控建设不断完善

区域环保工作联动机制，环境预警协调和应急响应联动机制逐步建立完善。危险废物环境风险防控不断强化，危险废物规范化管理水平不断提升，超额完成"十三五"重金属总量减排任务。逐步推动行业转型升级，推进重点行业、企业清洁生产和绿色化改造，加强污染物源头管控，全面推行排污许可证，为经济持续发展削减存量、遏制增量、腾出容量和空间。主动帮扶企业治污，加强绿色生产，技术辅导及环保管理提示。2020年，关中地区共审批建设项目环境影响报告书（表）2686个，涉及投资额9亿元，同比增长50%。

六、对外开放水平稳步推进

（一）"一带一路"建设成果显著

1. 构建形成内联外通的立体化开放通道

依托航线联通、铁路贯通、公路畅通的立体化开放通道越发顺畅，对扩宽城市群的对外国际贸易提供了有力支撑。

一是面向"一带一路"的西安国际航空枢纽建设加快推进。2020年，航班正常率超过90%，客货吞吐量最高分别达到4722万人次、38.2万吨，位居全国前列，首家本土货运——西北国际货运航空有限公司完成首航。

二是中欧班列（长安号）国际铁路网络日趋成熟。向西向北常态化开行了西安至亚洲欧洲的15条干线通道，向东拓展了与青岛、宁波、连云港等沿海港口的铁海联运，向南开通了西安—加德满都南亚班列，开辟了以西安为集结中心，以10个内地城市为始发地，经由西安开往欧洲的班列线路，如"襄西欧""徐西欧""蚌西欧""渭西欧""安西欧"等国际班列，辐射长三角、珠三角、京津冀、晋陕豫黄河三角洲等主要货源地，覆盖了欧亚大陆全境。2020年中欧班列长安号开行3720列，是上年的1.7倍，创历史新高。运送货物总重达281.1万吨，是上年的1.6倍，开行量、重载率、货运量3项核心指标稳居全国前列。

2. 人文交流高地作用日益凸显

以西安为核心的关中平原城市群依托自身优质的科教资源和深厚的文化底蕴，围绕教育培训、科技转化、文旅交流、医疗合作、产能合作、农业合作等领域，开展深度的国际交流合作。

文化旅游交流日益增进。着力打造"丝绸之路国际博览会""丝绸之路国际文化艺术节""丝绸之路国际电影节"等人文交流平台，建设文化艺术品保税展示中心、丝绸之路文化交流中心、丝绸之路文物考古中心，发起成立"丝路城市广播电视协作体"，促进共建"一带一路"国家文化沟通、贸易畅通、民心相通。以兵马俑等为代表的"外交使者""文化名片"已成为配合国家外事活动和文化交流的重要平台。

教育医疗合作持续深化。在以色列等国设立 17 家离岸创新中心、海外研发中心和科技服务站，推动全球创新创业资源统筹匹配。由 38 个国家（地区） 151 所大学组成丝绸之路大学联盟以及"一带一路"职教联盟，促进教育国际合作平台作用不断显现。依托国家"17+1"合作平台开展海外办学，为海外中国企业培养本地化专业人才。紧扣抗击新冠肺炎疫情主题，深化与共建"一带一路"国家防疫合作，组织医疗专家开展视频连线等形式，向相关国家提供技术指导，分享中国抗疫模式和经验。西安交通大学与全球 22 个国家和地区的大学、医疗机构达成共建"一带一路"卫生健康共同体的意愿。

3. 经济交流合作持续深化

在现代农业国际合作领域，2020 年，上海合作组织农业技术交流培训示范基地在杨凌揭牌建设，杨凌国际农业科技创新港聚集了 11 家国际合作研究机构和外资企业。在美国、哈萨克斯坦等国建设了 6 个现代农业示范园区，推动农业技术、新品种和农业设备的对外交流。

在跨境金融合作领域，2019 年人行西安分行、外汇局陕西省分局以及陕西省商务厅联合启动了以"扩大全省跨境融资总规模，扩大全省跨境金融业务总量，扩大跨境人民币使用范围，扩大跨境金融普惠性覆盖面，跨境融资成本稳定可控，跨境金融风险总体可控"为主要内容的"四扩大两可控"跨境金融创新专项行动，自专项行动实施以来，陕西省外债项下资金实际流入 66.8 亿美元，跨境资金流动规模达 489.9 亿美元，均创下历史新高。

在招商引资方面，先后引进了三星二期、东航赛峰、霍尼韦尔自动控制、SKP 等外资大项目。其中，三星项目是我国改革开放以来单笔投资最大的外商独资项目，总投资 260 亿美元，已完成投资 213 亿美元。围绕总投资 280 亿元的 CEC·咸阳 8.6 代液晶面板生产线项目，成功引进了美国康宁、台湾冠捷、德国林德等 35 户配套企业，总投资近 400 亿元，初步形成了从石英砂到电视整机的光电显示全产业链，未来 8—10 年将形成千亿级的电子信息产业园，助力形成陕西省电子信息产业新格局。

（二）高标准开放合作平台建设稳步推进

1. 中国（陕西）自由贸易试验区建设成效显著

一是深入开展制度创新。陕西自贸试验区自揭牌运行以来，有效融入和服务国家重大战略，对陕西省深化改革、扩大开放发挥了引领示范作用。《中国（陕西）自由贸易试验区总体方案》明确的165项试点任务已全面实施，形成创新案例511个，其中大型机场运行协调新机制、"全球云端"零工创客共享服务平台等21项改革创新成果被国务院或国家相关部委发文在全国复制推广，83项改革创新成果在陕西省复制推广，《自贸试验区条例》于2020年5月1日起正式实施。截至2021年4月30日，自贸试验区新设市场主体87524家。其中新设企业59559家（含外资企业638家），新增注册资本亿元以上企业901家。

二是营商环境持续优化。将简政放权、放管结合、优化服务改革作为推动政府职能转变的"牛鼻子"，以"放"激发市场活力。中央层面设定的523项、我省设定的10项涉企经营许可"证照分离"改革事项在自贸试验区实行全覆盖清单管理。2020年累计办理"证照分离"改革全覆盖试点事项总量6.8万件。以"管"维护市场秩序。"双随机、一公开"市场监管模式全面推开，自贸试验区西咸新区总结的"三服四化"改革，入选国家发展改革委《中国营商环境报告2020》"一省一案例"并在全国推广。以"服"提升高效便捷，率先开展"省内跨区通办""跨省通办"业务。陕西首张"一照多址"营业执照、"五证合一"行业综合许可证在自贸试验区西安区域颁出。

三是跨区域联动协同创新不断加强。与深圳前海等21个国内自贸片区共同发起成立全国自贸片区创新联盟，与47个国内自贸片区、境外产业园设立特殊经济区域自由贸易创新联盟。落实陕粤两地自贸试验区合作备忘录，建设丝路（西安）前海园，西安国际港务区和广州市南沙区在商事登记等方面协同合作，开展政务服务事项跨省通办。西安区域与济南、兰州建立"跨省通办"政务服务合作机制。连续3年将自贸试验区70余项改革创新成果向西北地区复制推广，报请省政府批准建设首批6个自贸试验区协同创新区，其中4个位于关中平原，实现改革创新经验互利共享。

2. 国际交流平台作用日益凸显

中国杨凌农业高新科技成果博览会（简称"农高会"）、丝绸之路国际博览会暨中国东西部合作与投资贸易洽谈会（简称"丝博会"）、欧亚经济论坛等论坛展会的国际影响力日益凸显，有效促进了关中平原城市群的对外交流合作。农高会推动农业科技示范推广。2020年10月，第27届农高会在杨凌示范区成功举办，国家5个部委、31个省市区以及国外企业驻华机构共2000多家单位参展，集中展示了9000多项国内外最新农业科技成果及先进适用技术，共组织开展了集中签约、专场签约等活动14场，项目签约投资及交易总额1102.9亿元。

丝博会促进投资贸易合作。2021年5月，第五届丝博会在西安市举办，共有来自98个国家和地区的1938名驻华使节和驻华机构、组织、外国留学生代表出席，35个国家和地区商协会、驻华使领馆及企业在国际馆参展，参展企业达300余家。参展参会人数累计达到16万人次，吸引5.5万余名专业观众参观洽谈，共签订利用外资项目合同总投资额76.75亿美元，签订国内联合项目合同总投资额15840.91亿元。

欧亚经济论坛拓宽合作领域。2019年9月，以"共建'一带一路'：高水平合作，高质量发展"为主题的"2019欧亚经济论坛"在陕西西安举办，来自58个国家的政界、商界人士及学者参加，本届论坛设金融、生态、文旅、气象、科技等10场平行分会，以及涵盖会、节、演、赛在内的14场系列配套活动，在推动"一带一路"沿线各国在加强互联互通、开展国际产能合作、搭建投资贸易平台等方面取得丰硕成果。

丝绸之路国际艺术节促进地区文化交流。2019年9月，第六节丝绸之路国际艺术节在西安市举办，坚持"丝路艺术的盛会，民心相连的桥梁，人民群众的节日"办节宗旨，共吸引了116个国家和地区的艺术家参与。在本届艺术节中，首次举办文旅融合高峰论坛，发起并成立"西安旅游演艺联盟"。

七、城市群协同发展机制尚未全面建立

（一）以政府为主体的工作推进机制基本健全

一是省级推动《关中平原城市群发展规划》实施联席会议制度常态化组织

实施。2020年2月,陕西省、山西省、甘肃省人民政府联合印发《关于推动关中平原城市群发展规划实施联席会议的制度的通知》(陕政函〔2020〕14号),明确了联席会议的主要职能、组成单位、运行制度和成员名单。2020年9月,首届推动关中平原城市群高质量发展联席会议在陕西西安顺利召开,会议签署了《跨省合作备忘录》和交通、生态、商务、卫健、文旅、工信等6个重点领域专项合作协议。

二是关中平原城市群市级联系合作机制不断健全。2018年5月,关中平原城市群陕甘晋三省12市2区的相关领导在第三届丝绸之路国际博览会新型城镇化高端论坛上共同发布《关中宣言》,各市区要切实加强在创新产业发展、科教融合、基础设施、生态环境、文化旅游、"一带一路"多个方面合作力度。2020年9月,召开首届关中平原城市群市长联席会议并筹备成立城市群区域合作办公室。今年6月,城市群各市区在2021全球硬科技创新大会关中平原城市群协同创新发展圆桌论坛上签署《关中平原城市群发展共识》并举行"关中平原城市群区域合作办公室"揭牌仪式,位于西安市浐灞商务中心的实体常设机构正式进入运行状态。

(二)城市群跨省区市场一体化建设进展缓慢

一是妨碍统一市场形成和公平竞争的地方性法规尚未得到全面清理和废除。《关中平原城市群发展规划》印发以来,陕西、山西、甘肃三省市场监管部门会同各省相关部门,重点从妨碍各类市场主体依法平等进入和退出市场,限制商品和要素在地区之间自由流动,违法违规实行区别性、歧视性优惠政策和不当干预市场主体生产经营行为等四个方面开展政策措施清理工作。统一开放、竞争有序、充满活力的区域市场体系仍处于起步阶段。

二是区域社会信用体系进一步加强。陕西省先后出台近40多部信用建设领域的法规、规章和规范性文件,为规范市场秩序、完善信用工作闭环等工作提供了制度保障。山西省进一步发挥信用在创新监管机制、提高监管能力和水平方面的基础性作用,积极探索开展经营者准入前诚信教育,拓展信用报告应用,强化信用监管支撑保障,全面建立市场主体信用记录。甘肃省21家省级银行业金融机构已全部入驻"甘肃信易贷"平台,发布金融产品近百款,为守信中小微企业提供了实实在在的融资便利。

三是跨区域市场监管协调机制有待深化。城市群各省区省域范围内市场监管体系不断健全，陕西省构建规制度体系、监管执法、风险防控、信用管理、技术支撑"五大体系"，为强化市场监管提供制度保障；山西省加强部门协作配合，省公安厅、省市场监管局、省药监局建立完善信息互通制度，就行刑衔接工作中案件移送和联勤联动工作建立快速反应机制；甘肃省强化知识产权保护，维护消费者合法权益，打击侵权假冒工作取得阶段性成效。跨省区联合执法仍主要依托原有公安、生态、自然资源等部门，服务于城市群统一市场建设的执法力度有限。

（三）公共服务一体化机制更加完善

一是城市群文化繁荣程度大幅提升。陕、晋、甘三省依托城市群建设建立假日旅游、旅游景区大客流预警等信息联合发布机制和旅游市场执法协作机制，及时互通旅游安全信息，共同加强旅游安全监管和应急救援体系建设。陕、甘建立陕甘边红色旅游联盟，共同打造9条"陕甘边红色研学旅游"精品线路，跨区域文化旅游融合成效明显。同时，城市群各省级财政部门多渠道筹措资金，加大城市群文化遗产保护支持力度。陕西省支持西安碑林博物馆、陕西历史博物馆扩建等中华文明精神标识工程，支持开展周原遗址、西汉帝陵、唐代帝陵等考古发掘和保护。其中澄城刘家洼重大考古发现荣获全国十大考古新发现，雍山血池祭祀遗址、杨官寨遗址分获田野考古奖一等奖和三等奖，大遗址保护走在全国全列。

二是人才培养与科技平台建设力度进一步加强。国际汉唐学院和中国书法学院建设运营良好，先后举办、承办和参与了多项"一带一路"中外人文交流活动。城市群高水平大学积极推进校地融合发展，西安交通大学与甘肃省科学院、西北大学与敦煌研究院、西北农林科技大学与平凉市人民政府分别签署战略合作协议，在科技创新+科技成果转化、人才培养、决策咨询等领域的开展务实合作，助力城市群高质量发展。同时，城市群积极推进面向丝绸之路沿线国家的教育培训基地建设，长安大学、陕西工业职业技术学院等优势特色院校加强国际合作办学，大力推进高水平实质性国际合作交流，提升国际影响力和话语权。

三是医疗资源跨省协作加快推进。2020年9月,宝鸡市中心医院、天水市第一人民医院、甘肃医学院附属医院、陇南市第一人民医院联合成立关天经济区医院联盟,在医院管理、学科建设、技术创新、人才培养、学术交流、双向转诊等方面开展多层面、多方式、多渠道的协作。2020年10月,甘肃省以及陕西宝鸡、安康、渭南、汉中和咸阳地区的50余家单位成立陕西省核工业二一五医院医疗联合体,采取人才培养、技术帮扶、双向转诊、分级诊疗等措施,推动在医院管理、学科建设、临床医疗和技术应用等方面实行资源共享。

四是城市群重点区域公共事务协同能力有效提升。西咸新区将民政、社保、户籍、教育、卫生等社会事务纳入西安市"盘子"统一标准、统筹规划,全面推进公共服务一体化,60.5万原咸阳居民户籍、社保、医保、工伤、生育、失业等民生事项全面享受西安政策。关中平原建成33个县级电子商务公共服务中心,电商服务覆盖全部乡镇和50%以上行政村。建成食品、药品、食用农产品等7大类重要产品省级追溯管理平台,西安、宝鸡、铜川、渭南肉菜追溯平台投入运营并实现与省级平台对接。

(四)利益协调机制逐渐建立

一是城市群各类专项发展基金起步发展。2018年1月,西安市设立40亿西安旅游发展基金,基金投资项目涉及城市群各市区及全国其他七个省市,助力大西安打造旅游和文化万亿级产业集群发展。2019年4月,西安市设立1000亿元产业发展基金,通过市场化运作吸引社会资本和金融机构投资硬科技产业,对国家级科技创新平台和国家级重大科技计划项目,给予最高不超过500万元配套支持。

二是生态环境协同治理力度持续加强。高标准编制《晋陕豫黄河金三角区域生态保护和高质量发展规划》,积极落实汾渭平原(关中平原区域)大气污染防治国家实施方案,加强重污染天气应急联动,加大汾渭平原生态协同治理力度。西安市、咸阳市、西咸新区共同编制《西咸一体化生态环境保护规划》,建立了西咸环境共管、执法联动、污染同治、互通信息和共同会商的工作机制,深化区域联防联控。

三是公共资源交流合作日益密切。2020年5月,西安市公共资源交易中心发起"黄河流域高质量发展公共资源交易跨区域合作座谈会",成立"黄河流域高质量发展公共资源交易跨区域合作联盟",共同开发具有跨区域合作特色的"区块链+公共资源交易"应用系统,并建立合作联盟区块链信息共享标准、信用标准、业务协同标准。同时,不断深化跨省公共资源合作,河津、韩城在公交一体化方面,双方采取PPP模式运营,由韩城市牵头对河津至韩城线路所有运营车辆进行收购。

八、问题与建议

(一)城市群建设实施主要问题

一是国家层面的支持有待增强。地域相邻的行政区域往往竞争与合作并存,甚至竞争大于合作,跨行政区域资源整合难题不易破解,协同发展机制建立协调难度大、进展慢、周期长,更需要国家层面牵头及支持。关中平原城市群自东向西横跨山西、陕西、甘肃三个省级行政区,目前各省及相关地市先后出台了落实规划的实施方案,也在一定程度上形成了不同层级的联席会议等合作机制,但对于推动城市群建设这种国家战略的国家层面的协调机制仍未完成建立,现有的合作机制对城市群支撑作用有限。

二是跨区域合作机制作用有限。去年2月,我省协同山西、甘肃协商制定《推动关中平原城市群发展规划实施联席会议制度》并召集三省联席会议成员单位在西安召开2020年推动关中平原城市群高质量发展联席会议。但从运作实际上看,各省重视程度不一,联席会议对于切实解决区域发展的关键问题作用不大。特别是在确定跨省交通设施、产业协作等重点领域合作项目的实际推进过程,隐形行政壁垒仍然存在,城市群协同发展机制仍存在较大障碍。

三是整体城镇化水平不高且区域差异较大。截至2020年11月,城市群常住人口城镇化率仅为61.2%,低于陕西省1.46个百分点,低于全国平均水平2.79个百分点,城镇集聚效应和区域带动效应尚不明显。城市群内部城镇化水平差异明显,陕西片区作为城市群的主体,常住人口城镇化率达到65.73%,山西、甘肃片区城镇化仅为51.92%和49.67%,远低于全国及所在省份平均水平。

四是城市产业结构相似度较高。关中平原城市群各城市产业结构相似度非常高，特别是除西安外的各地级市（区）之间的相似系数大部分均在0.95以上（同期珠三角、长三角城市群的产业结构相似系数分别为0.867与0.877），并且同一省份内部之间的相似度尤高。这种城市特色不鲜明、产业结构同质化严重的特征，使得各城市在经济发展时不能发挥该地比较优势，较难形成协作联动的专业化产业分工。同时，产业结构同质化加剧了地方保护主义，不利于关中平原城市群整体经济发展以及产业结构优化。

五是基础设施联通水平亟须提升。当前城市群对外运输大通道建设进展良好，但城市群内部单中心放射型公路网格局尚未转变为多节点网络化格局，宝鸡、天水、平凉、华山等民用支线机场项目前期工作尚无明显进展。城市群政务信息共享和业务协同机制建设尚未建立，城市群统一的地理信息公开服务平台尚未起步，高速共享的信息网络建设亟须提速推动。

（二）面向"十四五"规划实施的意见建议

面向新时代，以城市群和都市圈为代表的新型区域一体化正在成为经济增长的"新风口"。关中平原城市群尚处于发展初级期，蕴含着无限的希望和可能。未来城市群建设应重点把握以下几个方向：

一是切实推动区域基础设施一体化。区域基础设施一体化是推动城市群整体高质量发展的前提和基础。我们要抓住国家加大西部地区基建投资的机遇，着力构建区域一体化的交通、电力、信息网络等基础设施体系。积极推进城市群跨省合作年度重点事项，积极谋划推进城市群建设的重大项目、重大工程、重大平台、重大政策、重大改革举措。加快打通省际"断头路"，有效串联区域内各个城市；共同推进对外通道建设，统筹推进城市群内云数据、信息港等通信基础设施建设，实现生产要素自由便捷流动。

二是加强区域协同发展平台建设。推动重大科技基础设施平台、产业发展创新平台等共建共用，共同推动创新驱动发展。支持城市群范围内跨省重大产业化项目建设。支持龙头企业组建产业发展联盟。积极推动陕西自贸试验区、长安号中欧班列、上合组织农业技术交流培训示范基地、西安临空经济试验区等开放发展平台向城市群外溢辐射，提高城市群开发开放水平。推动高新区、经开区等国家级园区建立飞地园区，实现利益共享、协同发展。积极营造市场化、法治化、国际化营商环境，吸引各类高端要素向城市群加速聚集。不断深化与山西、甘肃等省区的务实合作，围绕重点领域和重点区域进行突破，推动城市群建设迈上新的台阶、取得更大成效。

三是积极构建产业协作共同体。关中平原城市群现代产业体系完备，产业集聚度高，是全国重要的装备制造基地、高新技术产业基地、国防科技工业基地。航空、航天、新材料、新一代信息技术等战略性新兴产业发展迅速，城市群各城市应当结合各自优势领域开展分工合作，进一步扩大整体市场版图，提升产业竞争力；同时结合城市群富集的文化旅游资源，共建旅游推广联盟，探索区域旅游"一卡通"，联手推出精品旅游线路，共同做好文化旅游融合发展"大文章"。

四是支持重点合作区域先行发展。认真贯彻落实省委、省政府关于支持西安国家中心城市建设的意见，推动国家中心城市建设迈出坚实步伐，基本建立"三中心二高地一枢纽"六维支撑体系。编制出台《大西安都市圈规划》，积极培育发展大西安都市圈，加快推进西咸一体化、富阎一体化发展，推进西铜、西渭融合发展。以韩城—河津合作试验区为试点，加快推进医疗、教育、社保等区域公共服务一体化，深化公共卫生、应急管理、社会治理等领域合作。

02

区域协调发展

—— Regional Coordinated Development ——

02
区域协调发展
Regional Coordinated Development

篇首语

今年初，省政府正式印发《陕西省国民经济和社会发展第十四个五年规划和二〇三五年远景目标纲要》，提出了"高质量发展迈出更大步伐、城乡区域发展协调性明显增强"的发展目标和"以城市群和都市圈建设为重点"的新型城镇化发展路径。西安都市圈和榆林高质量发展重要增长极分别作为关中平原城市群绝对核心和呼包鄂榆城市群的重要组成部分，是陕西"十四五"期间重点打造的区域高质量发展动力源，也是陕西新型城镇化发展主阵地和重要载体。开局之年看大势，西安国家中心城市与周边城市（镇）同城化发展态势、榆林区域性中心城市产业转型升级趋势以及西安榆林互动合作的走势，直接关乎陕西新时代追赶超越新篇章第一篇的谱写，对于进一步凝聚区域竞争新优势同样具有重要意义。

本章以"区域协同发展"为主题，形成了《新型城镇化导向下关中平原城市群城乡融合发展模式及规划策略研究》《网络关联视角下西咸一体化格局进程及推进路径研究》《建设榆林高质量发展重要增长极研究——基于生态学视角》等三篇研究报告。分别探讨了关中平原城市群城乡融合发展动力机制及适宜模式，提出关中平原城市群城乡融合发展优化路径；从区域空间结构网络化适应性的角度聚焦西咸一体化，提出未来西咸同城化发展在职能分工和空间重组两个方面的应对策略；从生态学视角出发，揭示榆林市产业可持续发展的三类可行的基本机制，为榆林未来建设高质量发展增长极提出政策建议。

新型城镇化导向下关中平原城市群城乡融合发展模式及规划策略研究[1]

○张中华[2] 李旭升[3]

内容提要：我国快速城镇化发展过程中，城乡二元问题逐渐凸显，城乡差距也进一步拉大。在此背景下国家提出新型城镇化发展战略，以此为导向，选取关中平原城市群为研究对象，通过梳理国内外研究内容，总结城乡发展相关理论，分析城乡融合发展现状及存在问题。在探讨城乡融合发展动力机制及适宜模式的基础上，提出了优化城镇发展空间格局、构建城乡产业融合体系、推进城乡基础设施互通、统筹城乡公共服务共享、健全城乡要素流动保障等发展路径和对策。

关键词：新型城镇化；关中平原城市群；二元结构；城乡融合

一、研究背景

（一）政策背景

随着城乡二元问题的突显和国家社会经济的快速发展，城乡发展的理论和实践得到进一步丰富，在此基础上，国家的相关政策也能够精准把脉问题导向。1987年党的十三大报告指出城乡矛盾问题及相关改革意见，1993年十四届三中全会《中共中央关于建立社会主义市场经济体制若干问题的决定》提出"效率优先，兼顾公平"的城乡发展思路，2002年党的十六大指出要统筹城乡经济社会发展，十七大、十八大先后提出城乡统筹、城乡一体化及城乡融合发展的系

---

[1] 本研究报告为西安建筑科技大学2021年度新型城镇化专项研究基金项目研究成果。
[2] 张中华，博士，西安建筑科技大学建筑学院，教授，博士生导师。
[3] 李旭升，西安建筑科技大学建筑学院，城乡规划学博士。

列机制和政策措施。2013年12月，习近平总书记提出走新型城镇化道路战略思想，这也为新型城镇化导向下城乡融合发展提出了新的思路。2014年3月《国家新型城镇化规划（2014—2020）》正式发布，规划提出努力走一条以人为本、四化同步、优化布局、生态文明、文化传承的中国特色新型城镇化道路。在此规划指导下，2018年国家发改委印发了《关中平原城市群发展规划》，形成以西安为单核、大中小城市和小城镇协调发展的城市群体系，确定要建成具有国际影响力的国家级城市群。

（二）现实需要

长期以来，城乡二元结构使城市和乡村形成两个不同的发展单元，城乡问题越来越明显。在空间发展方面，城市粗放的"摊大饼"式向外扩张严重挤压了乡村发展空间，未能构建统一有序的城乡区域发展格局；在人口结构方面，大量乡村人口流入城镇，城市交通拥堵、环境质量降低的同时，乡村空心化、老龄化问题严重，城乡人口发展未能形成良性有序流动；在社会经济方面，因两个单元内经济发展模式不同，城市内或城市之间的要素流动较多，城乡之间要素流动少且单一，造成城乡之间发展不平衡，社会经济差距进一步加大。相关城乡问题也逐步发展成为我国社会主要矛盾，关中平原城市群作为西部地区重要的经济发展区，以西安为核心的大中小城市及小城镇协调发展，促进区域城乡融合发展，既是地区发展的需要，也是国家推进西部大开发战略和深入开展"一带一路"倡议的需要。

二、国内外城乡融合理论研究概况

（一）国内研究概况

国内关于城乡融合的研究起步较晚，主要集中在城乡融合发展机制、城乡融合实践模式和城乡融合评价等方面的内容。关于城乡融合发展机制方面，魏后凯等认为中国城乡关系经历了"城乡分割—城乡协调—城乡统筹—城乡一体化"的过程，在实践和探索中最终实现城乡融合[1]；赵祥等倡导国家主导，以城乡统筹规划和乡村改革为实践，逐步完善城乡融合发展机制[2]；周凯等提出城乡融合发展的四个动力机制分别是生产力促进机制、市场推动机制、政府推进机制和非正规制度的影响机制[3]。对城乡融合的实践和发展模式方面，党国英认为应该破除现有的土地制度、资本运行及劳动要素双向流动的壁垒，以市场为导向实现城乡之间的统一[4]；张沛等提出了"城市综合体""区域新城化""城乡融合式""田园城市观""城乡一体的社会组织形态代替城乡对立的发展状态"等多种模式[5]；张志等指出城乡协调发展应构建城乡动态网络式空间，以连续式、点线面相结合的多层次和多节点区域综合体为发展目标[6]。关于城乡融合的相关实证研究和评价，阮云婷等以31个省市为研究对象，运用主成分分析法分析了城乡协调度，得出西部地区低于东部地区的结论[7]；李盼通过确定指标权重，建构了综合评价模型，分析了长江经济带城乡融合程度，认为其城乡要素还不够协调，各城市经济差距明显，城乡融合度较低[8]。还有一些学者引用回归模型分析、图论与网络算法、引力模型、分形理论等方法，对其他地区的城乡关系进行论证，并对城乡融合发展的相关内容进行了评价。

（二）国外研究概况

国外基于城乡关系视角研究城乡融合的理论较早。亚当·斯密在他的《国民财富的性质及其原因的研究》一书中就城乡演变进行了详细阐述，揭示了制约城乡关系的自然地理、社会经济和文化等因素[9]。荷兰经济学家J.H.伯克（Booke）在研究印度尼西亚的社会经济制度时，提出"城乡二元经济"的概念。刘易斯（W.A.Lewis）随后提出的二元结构模型将城乡二元经济结构推行较为广泛[10]。拉尼斯（Ranis,Gustav）和费景汉（Fei,J.H）丰富了城乡二元经济结构，提出了"刘易斯—拉尼斯—费景汉"模型。弗里德曼的"核心—边缘"理论较为全面的分析了城乡关系演变，其将城乡关系定义为具有优势的核心区和外围区，解释了一个区域由孤立—联系—不均衡—均衡的发展过程[11]。加拿大学者麦基（Terence Gary McGee）以亚洲国家为研究对象，在研究城乡发展时，主张摒弃城乡二元结构思想，提出了亚洲城乡一体化模式，即"desakota"模式[12]。Xu LJ, Economics SO通过分析城乡融合发展理论，认识到城乡融合的过程是实现城乡一体化发展的过程，就是要破除城市与乡村分割状态，缩小城乡差距的过程[13]。在城乡融合实践方面，英国是实现城乡一体化最早的国家，英国城乡发展特点主要有积极推动小城镇建设发展和通过规划和实施城市改造和更新，推动大、中、小城市走精密化发展道路，并带动城乡融合发展。日本和韩国是亚洲城镇化率较高的国家，其城乡发展也经历过由二元走向融合的过程。

通过国内外研究梳理，可以发现国外关于城乡关系的理论和实践均早于我国，其城乡融合的研究也多是基于当时解决城乡二元分割和城乡发展差距大等问题而提出的。国外的城乡关系理论和实践为城乡融合理论提供了较好的理论基础，也对于我国城乡发展有所启示。国内关于城乡融合的理论大多都能够结合中国实际国情或不同区域的实际发展特征进行研究，其内容涉及城乡关系的演变、城乡融合发展的机制、发展模式及采用相关模式构建指标体系进行评价等。国内外的这些理论均能很好的指导未来中国城乡融合发展的相关探索，但基于不同地域所呈现出不同的特征，其城乡融合发展模式也不尽相同，城乡融合相关的研究还需要进一步丰富。

三、关中平原城市群概况

由于本研究内容为城乡问题和城乡发展关系，故城市和其所包含的乡镇及村庄为统一系统，为此，研究对象完善了原《关中平原城市群发展规划》范围中地级市不完整的部分数据内容。

（一）关中平原城市群在全国的战略位置

《中华人民共和国国民经济和社会发展第十三个五年规划纲要》提出优化城镇化布局和形态，加快城市群建设发展，共确定了19个国家级城市群（如图1）。关中平原城市群和成渝城市群是西部地区最大的两个城市群，在国家加快构建"两横三纵"城市化战略格局中处于关键位置。作为古丝绸之路的起点，以西安为中心的关中平原城市群更是承载着中华民族的历史荣耀和厚重记忆，地理位置优越，交通发达，向南有西南经济圈，向东有东北、华北经济圈，向西继续连接现代丝绸之路，发展基础较好、发展潜力较大，在国家现代化建设大局和全方位开放格局中具有独特战略地位。

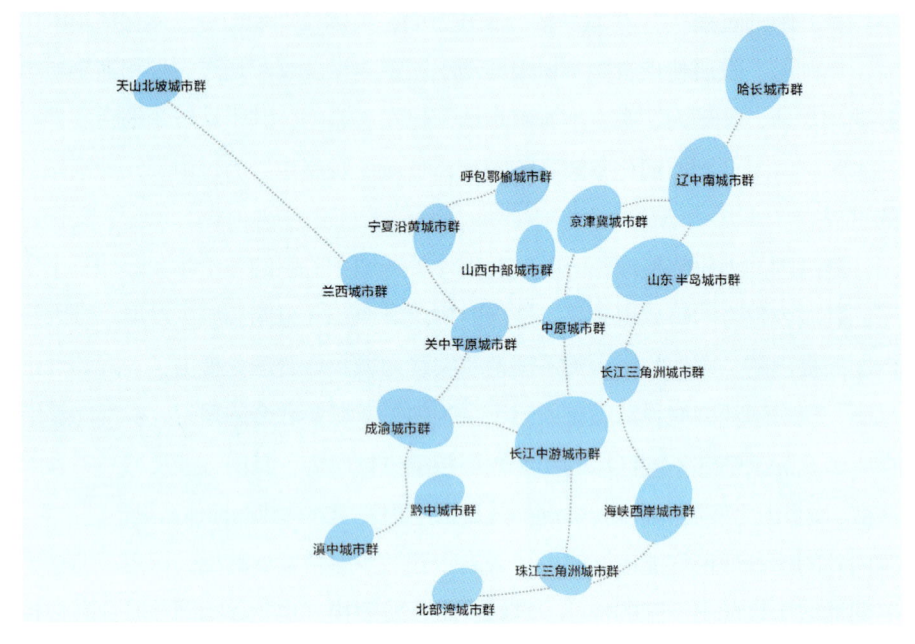

图 1　国家城镇群空间分布示意图

（二）关中城镇群规划概况

《关中平原城市群发展规划》于2018年印发，规划范围包括陕西省西安、宝鸡、咸阳、铜川、渭南、杨凌农业高新技术产业示范区及商洛市的商州区、洛南县、丹凤县、柞水县，山西省运城市（除平陆县、垣曲县）、临汾市尧都区、侯马市、襄汾县、霍州市、曲沃县、翼城县、洪洞县、浮山县，甘肃省天水市及平凉市的崆峒区、华亭县、泾川县、崇信县、灵台县和庆阳市区（如图2）。规划期限为2017年至2035年，定位为建设具有国际影响力的国家级城市群、内陆改革开放新高地。规划确定发展目标为建成经济充满活力、生活品质优良、生态环境优美、彰显中华文化、具有国际影响力的国家级城市群。具体内容包括了建成西安国家中心城市和功能完备的城镇体系，健全创新型产业体系和基础设施支撑体系，构建对内对外开放新格局，不断完善一体化发展体制机制[14]。

（三）关中平原城市群自然环境概况

关中平原城市群位于中国内陆中心区，东经104°35′~112°34′，北

图2 关中平原城市群规划范围图（图片来源：关中平原城市群发展规划）

纬33°35′~36°57′，横跨甘肃省、陕西省、山西省三省。属于半湿润半干旱气候，四季分明，冬季较为寒冷干燥，时间较长，夏季温度高，降水相对较多，春秋季相对较短，光照充足。整体地势西高东低，最高海拔3748米，最低海拔194米。其中，西部为甘肃省三个地级市，地势较高，平凉市横跨六盘山的陇山，庆阳市所处陇东黄土高原，天水市所处陇西黄土高原。东部为山西省两个地级市，整体地势中间低，两边高，临汾市整体地形轮廓呈"凹"字形，四周山脉环绕，中间相对平坦；运城市地处黄河北干流中游以东，黄土高原东沿第一台阶，为华北平原的丘陵区，平原占总面积的58.2%。中部为陕西省关中地区，所谓"天府之国"，是陕西省最富饶地区，境内海拔差异较大，北有黄土高原，南有秦岭山脉，有渭河穿越而过，所辖城市处于盆地或平原地形，地理优势明显。

（四）关中平原城市群城乡发展概况

关中平原城市群下辖1个副省级城市，为西安市，辖10个地级市、1个国家级示范区。其中包含了 7 个县级市、75 个县和 29 个市辖区，共计 279 个街道办、1119 个乡镇及 18526 个行政村（如表 1）。根据第七次人口普查数据，城市群行政范围内共有常住人口 43680741 人，其中城镇常住人口 25822577 人，乡村常住人口 17858164 人，城镇化率为 59.12%，低于全国平均水平。根据 2020 年各地区《国民经济和社会发展统计公报》数据统计，城市群内地区生产总值为 22687.93 亿元，其中西安市总值为 10020.39 亿元，核心地位较为明显。

表 1 关中平原城市群行政区划概况

地区	区划面积（平方千米）	辖市	辖县	辖区	乡镇	街道办	行政村
西安市	10108	0	2	11	43	129	2064
咸阳市	10196	2	9	2	158	13	2152
宝鸡市	18117	0	9	3	99	17	1158
渭南市	13031	0	7	2	108	28	2076
铜川市	3882	0	1	3	21	17	359
商洛市	19292	0	6	1	86	12	1133
杨陵区	133	—	—	—	2	3	54
天水市	14300	0	5	2	113	10	2552
平凉市	11000	1	5	1	102	9	1433
庆阳市	27119	0	7	1	116	6	1261
运城市	14182	2	10	2	134	15	2172
临汾市	20302	2	14	1	137	20	2112
合计	161661	7	75	29	1119	279	18526

（数据来源：根据各政府网站有关资料整理而得）

四、关中平原城市群城乡融合发展现状及问题

（一）关中平原城市群城乡融合发展现状

1. 经济水平不断提高，地区间差异较大

随着西部大开发、丝绸之路等战略实施，中西部地区经济水平正在逐年

提升，2020年关中平原城市群国内生产总值（GDP）达到约22689亿元。其中核心城市西安市地区生产总值约为10020亿元，较2019年增长5.2%，远高于全国2.3%的增长速度。陕西地区的其他城市经济规模和增长速度各不相同，经济总量较大的分别为咸阳市、宝鸡市和渭南市，分别为2204.81亿元、2276.95亿元和1866.27亿元，其他地区均低于1000亿元；经济增长较多的是商洛市，为11.2%。甘肃省三个地级市经济总量均低于1000亿元，经济总量最大的是庆阳市，为754.73亿元，经济增长水平均保持在3.5%～5.2%。山西省运城市和临汾市经济总量分别为1643.6亿元和1505.2亿元，较上一年分别增长5.2%和3.7%（如表2）。尽管经济总量处于不断增长趋势，但不同地区的经济总量和经济增长差异较大。

表2 关中平原城市群经济结构表

地区	地区生产总值（亿元）	比2019年增长（%）	第一产业增加值（亿元）	第二产业增加值（亿元）	第三产业增加值（亿元）	三次产业结构
西安市	10020.39	5.20	312.75	3328.27	6379.37	3∶33∶64
咸阳市	2204.81	0.10	339.51	972	893.31	15∶44∶41
宝鸡市	2276.95	3.30	205.14	1261.18	810.63	9∶55∶36
渭南市	1866.27	0.20	373.69	651.54	841.04	20∶35∶45
铜川市	381.75	5.00	30.76	133.34	217.65	8∶35∶57
商洛市	739.46	11.20	114.49	265.94	359.02	16∶36∶48
杨陵区	151.71	-10.90	9.75	62.11	79.85	6∶41∶53
天水市	666.9	5.20	126.01	161.82	379.06	19∶24∶57
平凉市	476.16	3.50	109.85	116.7	24961	20∶27∶53
庆阳市	754.73	4.30	97.62	356.36	300.75	13∶47∶40
运城市	1643.6	5.20	267.9	561	814.7	16∶34∶50
临汾市	1505.2	3.70	113.4	645.6	746.2	7∶43∶50
合计	161661	7	75	29	1119	279

（数据来源：根据各政府公布的国民经济和社会发展统计公报整理而得）

2. 产业结构差异较大，资源依赖性较强

关中平原城市群产业发展关联度较低，呈现各具特色产业体系。陕西

省西安市已经发展成西部地区国际性旅游城市，中西部地区最重要的科技和高等教育中心，其三次产业结构分别为3∶33∶64；咸阳市随着西咸一体化的进程加快，其第二产业和第三产业比例正在逐年提升，三次产业结构比为15∶44∶41；宝鸡市和渭南市作为陕西地区两个规模较大的中心城市，其经济优势明显，三次产业结构比分别为9∶55∶36和20∶35∶45；杨凌高新农业示范区的建立，能够促进本地区乃至西部地区农业现代化和高效发展，致使杨陵区第二产业和第三产业发展较快，三次产业结构比为6∶41∶53；铜川市和商洛市产业结构趋于合理化，呈现"三、二、一"结构，分别为8∶35∶57和16∶36∶48。甘肃省三个地级市中天水市和平凉市产业结构虽然为"三、二、一"结构，但第一产业占比仍然较大，分析认为其原因并非是因为其为农业大市，而是产业城镇化和经济发展水平不高所致，两个地区三次产业结构分别为19∶24∶57和20∶27∶53；庆阳市第二产业表现较为突出，其主要原因是当地煤炭、石油等矿产资源丰富，在一定程度上带动了第二产业和第三产业的发展，三次产业结构比为13∶47∶40。山西省运城市和临汾市依托资源优势和区位优势，经济发展增速较快，产业结构较为合理，分别为16∶34∶50和7∶43∶50。结合地区内资源禀赋及经济发展水平分析，关中平原城市群在西部地区发展优势明显，但产业结构差异仍然存在，区内各城镇之间协调度不够，资源依赖性较强，粗放型发展方式较为明显。

3. 城镇化水平稳步提高，城乡差距较大

2020年我国常住人口城镇化率达到63.89%，相较2010年全国城镇化率不到50%，城镇人口正在快速增长，关中平原城市群城镇人口也实现快速增长，但出现各城镇差距较大等现象。根据第七次人口普查数据，常住人口呈现向极核集聚现象，其中西安市作为城市群的核心，常住人口为12952907人，较2010年总人口成快速增长趋势，年均增长4.34%；杨陵区因高新农业示范区的建立，也呈现总人口快速增长趋势，较2010年年均增长2.35%；其他地区均呈现减少趋势，较2010年总人口，年均减少0.14% ~ 1.77%。分析城镇化水平，各地区城镇化率主要处于40% ~ 80%之间，其中城镇化水平最高的为西安市，为79.2%，远高于全国平均水平；其次为杨陵区，为66.67%，略高于全国平均水平。其他城市均低于全国平均水平，城镇化水平最低的为甘肃

省庆阳市，城镇化率为41.89%。城市群内各地城镇化水平成陕西省＞山西省＞甘肃省（如表3）。

表3 关中平原城市群人口结构表

地区	常住人口	城镇常住人口	乡村常住人口	城镇化率	总人口较2010年均增长
西安市	12952907	10258464	2694443	79.20%	4.34%
咸阳市	3959842	2195159	1764683	55.44%	−0.80%
宝鸡市	3321853	1894757	1427096	57.04%	−1.12%
渭南市	4688744	2311932	2376812	49.31%	−1.20%
铜川市	698322	444612	253710	63.67%	−1.77%
商洛市	2041231	980505	1060726	48.03%	−1.54%
杨陵区	253871	169254	84617	66.67%	2.35%
天水市	2984659	1360186	1624473	45.57%	−0.89%
平凉市	1848607	827653	1020954	44.77%	−1.12%
庆阳市	2179716	913075	1266641	41.89%	−0.14%
运城市	4774508	2352523	2421985	49.27%	−0.73%
临汾市	3976481	2114457	1862024	53.17%	−0.82%

（数据来源：根据第七次全国人口普查主要数据公报整理而得）

在城镇化水平提升的同时，也能够发现关中平原城市群各城市之间、城乡之间差距较大。首先，各地区人口可支配收入差距明显，西安市城镇居民和农村居民人均可支配收入均为最高，分别是43713元和15749元；商洛市的城镇居民人均可支配收入最低，为26616元；甘肃省天水市的农业居民人均可支配收入最低，为9072元。其次，不论是城镇居民还是农村居民，其可支配收入较上年均有增长，其中城镇居民人均可支配收入增长水平保持在4.3%～5.1%，农村居民人均可支配收入增长水平为7.5%～8.1%，表现为农村增长高于城镇增长。再次，城乡之间差距仍然较大，城镇人均可支配收入远高于农村人均可支配收入，城乡收入差异最大的为天水市，城乡居民收入比为3.31，城乡收入差异最小的为山西省临汾市，城乡居民收入比为2.50（如表4）。最后，综合对比人均可支配收入和城乡居民收入差异，三个省份呈现不同结果，城乡发展水平表现为陕西省＞山西省＞甘肃省。

表 4 关中平原城市群居民收入情况表

地区	地区生产总值(亿元)	城镇居民 人均可支配收入（元）	较上年增长	农村居民 人均可支配收入（元）	较上年增长	城乡居民收入比
西安市	10020.39	43713	4.50%	15749	8.00%	2.78
咸阳市	2204.81	37975	4.90%	12879	8.10%	2.95
宝鸡市	2276.95	36209	5.10%	14189	8.40%	2.55
渭南市	1866.27	35304	4.80%	13741	7.60%	2.57
铜川市	381.75	34143	5.00%	11054	8.10%	3.09
商洛市	739.46	26616	4.40%	10773	7.50%	2.47
杨陵区	151.71	39615	4.30%	14623	7.80%	2.71
天水市	666.9	30057	4.70%	9072	7.50%	3.31
平凉市	476.16	31096	4.90%	9756	7.40%	3.19
庆阳市	754.73	33616	4.70%	10422	7.60%	3.23
运城市	1643.6	32728	4.80%	12947	7.90%	2.53
临汾市	1505.2	34408	4.60%	13782	7.60%	2.50

（数据来源：根据各政府公布的国民经济和社会发展统计公报整理而得）

（二）关中平原城市群城乡融合发展问题分析

1. 产业融合度较弱，城乡二元化发展明显

产业融合是支撑城乡融合的基础，是城乡建设和提升居民生活质量的关键。关中平原城市群由于地处中西部，经济发展水平不高，产业链尚不够健全，在城镇化建设过程中，主要采取政府主导、行政推动方式。长期粗放式的基础建设推进城镇化，使城镇发展的产业支撑不强，城市发展和产业融合不够，也导致城镇创造就业机会和城市活力不够，小城镇城镇化质量不高、产业基础薄弱。另外，市域、县域层面产业园区较少或建设较晚，基础条件差距大，对域内城镇化的推动能力不足。产业结构体系方面，农业产业发展具有土地、光照等资源优势，但规模化效应不明显，现代化水平不够，特色发挥不突出，资源价值没能实现转化，劳动力流失严重；第二产业基础薄弱，园区建设滞后，招商难度大；第三产业极化现象严重，中小城市缺乏发展动力的支撑，有待进一步推动。

2. 土地粗放式发展，人口城镇化质量不高

分析关中平原城市群城镇化发展情况，各城市土地城镇化速度超过当地人口城镇化的速度，常住人口城镇化率远高于户籍人口城镇化率。其主要缘于地方发展方式多依赖于土地财政，大多城市都是房地产经济带动城镇经济的快速发展，城市房价和土地价格的上涨助推当地土地销售市场和财政收入。与此同时，城市建筑业得到快速发展，能够创造部分就业机会，但其他行业产业链上并没有快速提供大量就业机会，造成土地粗放式发展和土地快速城镇化，而人口城镇化速度较慢。另外，城市越来越高的房价抬高了城市居民的生活成本，抬高了人口城镇化的门槛，由乡村转移到城市的就业人口大多是居住和工作在城市，但并未买房和落户于城市。造成的另一问题是农民工难以真正享受到所在城市居民所有的子女教育、社会保障、住房待遇等其他服务和待遇，处于"半市民化"状态的居民多为城市常住居民和乡村户籍居民的双重身份。既降低了人口城镇化的质量，也引起了空心村等乡村问题。

3. 核心极化效应强，城镇辐射带动能力弱

城镇化的过程，也会形成城镇之间的竞争。大城市因为其就业机会更多、城市基础设施和公共服务设施更加完善，在区域竞争中犹如一个巨大的"磁场"，吸引周边人口和生产要素向其聚集。当这种聚集能力过强，就会抑制周边小城镇发展，在城乡融合发展中，小城镇带动乡村发展的能力就会被弱化，进而制约了城乡融合发展。分析各城市等级和服务能力，西安市作为国家中心城市、区域极核城市、唯一超大城市，其他城市均处于Ⅱ型大城市和中小城市，西安的首位度高达4.4，反映出城市群范围内城镇等级规模极不平衡。城市首位度指数过高，也反映出次级城市经济实力薄弱，导致城乡之间能量和资源辐射受到中断，不能连续向外扩散和传递，进而制约了城乡之间的合理互动。关中平原城市群内共有乡镇1119个，这些城镇担当着促进城乡经济联系的枢纽功能。但由于长期以来对小城镇的关注缺位，各地区自然资源禀赋和经济发展水平不同，大多小城镇建设基础设施落后、产业基础薄弱、城镇规模较小，从而难以对周边乡村形成较强的辐射效应。

4. 城乡建设水平低，管理服务设施不健全

受经济发展水平限制，关中平原城市群县区及各乡镇基本投资不足，建设

水平和基础设施落后。区域内经济来源主要依靠财政支付，没有较大规模的产业支撑，经济力量薄弱，难以形成推进城乡融合发展的有效桥梁。近年来国家实施乡村建设规划、脱贫攻坚战略、乡村振兴战略等措施，极大地推动了乡村基础设施建设，有效地提升了乡村居民的收入水平。但全域内共有 18526 个行政村，村庄数量多，且较为分散，乡村的公共服务功能仍不够健全，如配建的教育、医疗等服务设施，因相应人才匮乏而难以普及，或因村域范围过大、空心化严重等导致服务效率不高。

五、关中平原城市群城乡融合发展的适宜模式选择

（一）城乡融合发展动力机制

1. 建立由城及乡的市场推进机制

第一，增强城镇空间上的辐射效应。城镇是市场要素流动的重要节点和交通枢纽，是城镇与乡村、城镇与城镇之间进行物质和商品交换的集散地。随着乡村振兴战略的实施，城乡一体化、城乡融合发展程度进一步得到提升，城镇在区域发展中承担的角色越发重要，对于区域内乡村的辐射能力也应该进一步加强。加之关中平原城市群范围内交通和通信设施网络化建设逐步完善，城乡要素流动将进一步加速，城镇最终将以其人才、技术及资本优势促进周边乡村地区的发展，城乡关系进一步紧密，形成一个有机系统。

第二，提升产业的经济扩散能力。关中平原城市群大多地区经济基础薄弱，城镇是各种要素资源聚集地，具有较为成熟的经济生产技术、组织结构和稳定的市场。在追求技术领先、成本最小与效益最大的过程中，将城镇周边具备良好交通条件、低劳动力成本及广阔空间的农村地区作为城市产业、人口及资金等要素扩散的首选之地。尤其是在乡村振兴战略实施进程中，城市可以充分发挥其优势，以农产品为基础，加快构建相关第二产业和第三产业，形成三次产业融合的产业链，加速城乡劳动力、商品及资本流动，从而促进城乡融合发展。

2. 建立由乡及城的市场推进机制

第一，推进农村城镇化。城镇对乡村社会经济发展的辐射功能主要是通过扩散产业、企业、技术与各种服务功能，乡村是保障城镇持续发展的生产资料、

土地资源、劳动力的重要源泉，也是城镇产品的重要市场空间。农村城镇化的推进有利于城镇扩散的企业、技术、信息等及时得到落地，有利于城乡之间实现快速人流、物流、信息流等，能够影响区域经济发展模式和空间功能布局，积极促进城乡融合发展。

第二，推进农业产业化。农业产业化是通过形成种养加、产供销、农工贸、内外贸与农科教一体化生产经营体系，使农业走上自组织的良性发展轨道，从而推动农业现代化进程。首先，农业产业化一定要确定高标准，要基于产业链的思维，面向经济市场走专业化、商品化道路。其次，农业产业化要走规模化发展道路，要积极探索组织分散的家庭向合作社和代生产企业转变，规模化有利于产业结构调整，能极大地促进现代化作业，实现农业经济效益的最大化。再次，农业产业化要加快机械化耕作方式，应用现代农业科学技术生产，既能够提高生产效率，也能够解放剩余劳动力，推动剩余劳动力在农村从事农产品相关的第二、第三产业，进一步实现产业融合发展。

（二）城乡融合发展模式

针对关中平原城市群各地区城镇发展特点，研究认为其城乡融合发展模式主要有中心城市拉动模式、能源开发带动模式、全域旅游拉动模式及乡村振兴推动模式。

1. 中心城市拉动模式

关中平原城市群为典型的一核带动发展模式，不论经济体量还是人口规模，西安都是区域内唯一极核城市。借助西安国家中心城市及西安大都市圈的辐射，强化对宝鸡、渭南、铜川、商洛、庆阳、平凉、天水、临汾、运城等区域中心城市的经济和服务辐射能力，并重点培育各地区小城镇建设发展，形成核心城市辐射区域中心城市，中心城市带动小城镇、拉动乡村的城乡网络发展格局，加强村—镇—城市之间的纵横联系。另外，城市群的发展有利于城乡之间形成商品、劳动力、资本、信息和科技等要素的双向流动，能够增加小城镇和农村居民第二、第三产业的就业率，也有利于第一产业的现代化发展，助力当地产业与第二、第三产业融合发展，提高城乡居民经济收入的同时，促进城乡融合发展。

2. 资源开发带动模式

关中平原城市群的庆阳市、平凉市、临汾市、咸阳市等地区拥有丰富的煤炭、石油、天然气等矿产资源，在当地产业经济发展中占有重要地位。矿产资源在开发过程中要占用乡村用地，需要部分乡村劳动力，能够帮助乡村进一步加强道路网络建设；矿产加工能够创造新的就业机会，有助于小城镇形成较长的产业链；在产出产品后能以较低的价格销售给当地，有助于服务城乡发展需要。很多矿产资源地区都建立了较大型的工业园区，吸引龙头企业进驻，在推动规模化、产业化经营管理的同时，也注重利用先进技术提高资源转化率和利用率，通过提高回采率等方式延长了产业链，实现了资源开发效益最大化。同时，由于流动人口和就业机会的增加，能够促进地方消费活动，提升了当地的经济水平。

3. 全域旅游拉动模式

全域旅游是近年来较为热门的休闲方式，越来越受地方领导的重视和市民的青睐。关中平原城市群有很多小城镇及乡村都打造了独特的生态旅游产业，对当地经济发展和全域旅游具有较好的助力作用，如咸阳市礼泉县的袁家村、西安周边的特色小镇等。全域旅游的快速发展结合农业也可衍生出更多的商品贸易、饮食、娱乐等产业，为当地创造大量的就业机会，提升了当地经济水平，促进了城乡要素的快速流动，也促进了城乡融合发展。

4. 乡村振兴推动模式

针对"三农"问题，国家先后推行多项政策，以提升农民收入、改善农村居住环境，关中平原城市群内各省市也先后实施了美丽乡村建设行动、脱贫攻坚战略和乡村振兴战略行动，极大地改善了乡村面貌和生产生活方式。美丽乡村建设和村庄整治重点就村庄的道路、饮水、电力电信等基础设施进行了建设，分批次行动，农村人居环境得到极大改善。脱贫攻坚和乡村振兴战略在整治乡村风貌的基础上加大乡村产业投资力度，通过多种政策扶持和专门人员帮扶，以无息贷款、入股分红、建立合作社等多种方式助力乡村经济发展。在此过程中也总结出了"党委+龙头企业+合作社+村民""龙头企业+村民""合作社+村民"等多种乡村产业经营方式。农民收入得到极大提高，农民的生产技术也得到提升，社会人士返乡置业环境越来越好，既缩小了城乡差距，又推动了城乡融合发展。

六、关中平原城市群城乡融合发展的适宜路径及发展对策

（一）优化城镇发展空间格局

确定合理的城镇化地区，科学预测环境承载能力以确定城镇规模，以提高国土空间利用效率和形成高质量发展动力为导向，促进大中小城市和小城镇协调发展，形成"城市群—都市圈—中心城市—大中小城市—小城镇"多级联动与协调发展的城镇化空间格局（如图3）。一是要提高空间承载能力，坚持集约节约利用开发原则，优化城镇空间，以环境容量确定人口、产业和要素等容量。二是充分发挥西安都市圈的核心引领作用，加快推进西咸一体化建设，推进西安渭南、西安铜川等城市间的经济联系、技术交流和要素流动，积极协作空间层面的专业化分工，以提高土地利用效率和资源配置效率，构建包茂融合发展带动轴、陇海融合发展带动轴、京昆融合发展带动轴、福银融合发展带动轴的城乡融合发展辐射网，支撑区域城乡融合的高质量发展。三是以西安国家中心城市，以宝鸡、渭南、天水、庆阳、运城为区域重点发展城市，积极培育地区

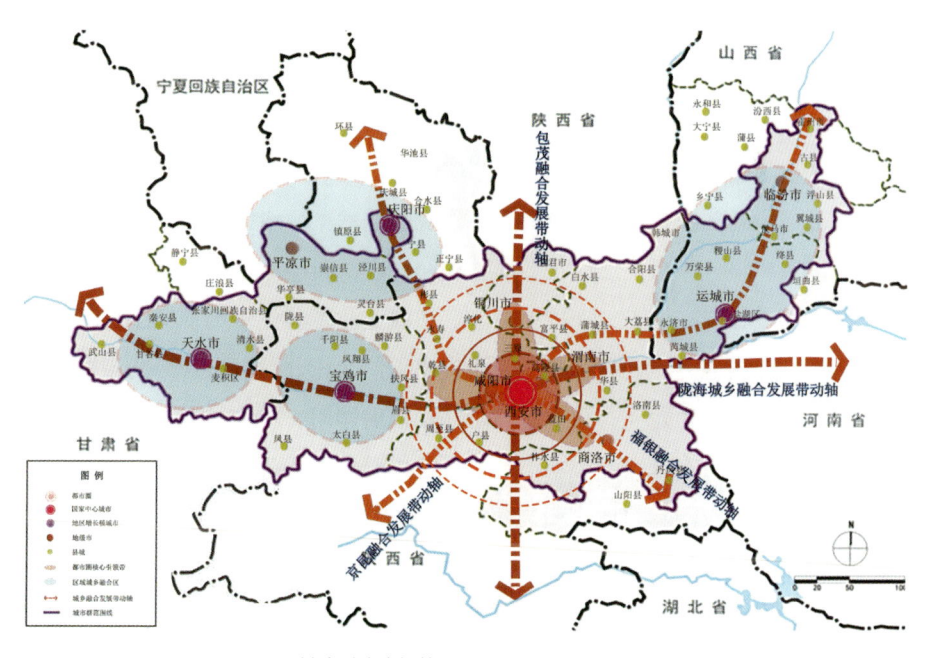

图3 城乡融合空间格局图（图片来源：作者自绘）

重要增长极，统筹划分城市功能区，综合规划产业，形成一个高地、四个城乡融合发展区，带动区域城乡全面协调发展（如图3所示）。四是优化城镇规模体系，充分发挥大城市的集聚经济效应和中小城市的规模借用效应，促进大中小城市合理分工、优势互补与功能协同，实现城镇化的空间效率改善。五是积极承接乡村人口城镇化转移，重视中小城镇在城乡融合发展中的转承作用，加快推进中小城镇产业区发展和乡村产业升级，既要助推乡村剩余劳动力有序转移，又要优化城区环境和服务质量，提升吸引人口能力。

（二）构建城乡产业融合体系

以市场为导向，依托国家主体功能区和现有产业发展基础，推进完善城乡融合体系建设。一要壮大产业规模，促进新型农业经营主体发展设施农业、精深加工、现代营销，带动小农户专业化、标准化、集约化生产，依托陇东苹果产业基地形成西部现代林果业发展区；依托关中、渭北百万亩设施蔬菜优势，打造现代蔬菜发展区；依托关中奶牛、奶山羊规模化养殖基地，推动建成全国一流的养殖发展区；依托西安—商洛一带茶叶、中草药等特色农业，打造关中特色农业发展区；依托汾河谷地、忻定盆地、上党盆地优化发展区的农业发展优势条件，坚持生产优先、种养结合，加大粮食种植规模，建成现代农业种植示范区。二要强化农业科技支撑，发挥杨凌科技示范区支撑作用，开展干旱半干旱地区农业重大科研科技攻关，依托国家农业科技园区和新农村发展研究院，开展跨区域协同创新，加快制定有机旱作农业技术和质量控制标准。完善农业科技示范推广服务体系，加快农业科技进村入户，新建和提升一批农业试验示范基地，建设农产品加工、现代种植业、涉农工业等孵化基地，构建西北地区农业创新创业高地。三要构建产业融合支撑平台，充分发挥城乡带动和辐射作用。以区域中心城为龙头，发挥区域带动和辐射作用，加快推进西咸一体化产业协同发展，以西安国家中心城市现代工业、现代服务业协同提升区域农业产业体系，构建农业国际科技园和国家级现代农业产业园；以渭南市、铜川市、宝鸡市等11个地级市为极点，实施数字赋农行动，加快推进省级现代农业产业园、现代农业智慧园的建设；以各县为主体，在有条件乡镇推进创建全县农业现代示范区，建设一批集种养殖生产、技术研发、农产品加工、冷链仓储、休闲观光、废物处理为一体的现代农业示范区,引进和扶持农业产业发展龙头企业,每个县区至少一个城乡产业融合发展示范样板,共计104个(如图4)。四要加快发展农产品加工业,引导企业向乡村发展,在乡村建立原材料基地和生产加工基地,实施产地初加工和深加工工程,配套建设选果线和冷链运输设施建设,支持建设产地小型农产品储藏库,依托区域农产品集散地建设规模较大的区域农产品储藏库。五要打造区域性以及全国重要的农产品集散地。以西安—咸阳临空经济区为枢纽构建国际农产品集散地;以陇东长庆桥、天水站、山西运城站为区域枢纽构建国内农产品集散地。六要统筹农产品流通规划,大力推进"城城对接",加快推进"农超对接""农社对接",继续加大电商销售,采用订单销售、线下联系和县上销售等多种销售流通方式。七要实施休闲农业和乡村旅游精品工程,打造一批田园观光类、民俗风情类、农业体验类、民俗独家类等乡村旅游胜地。

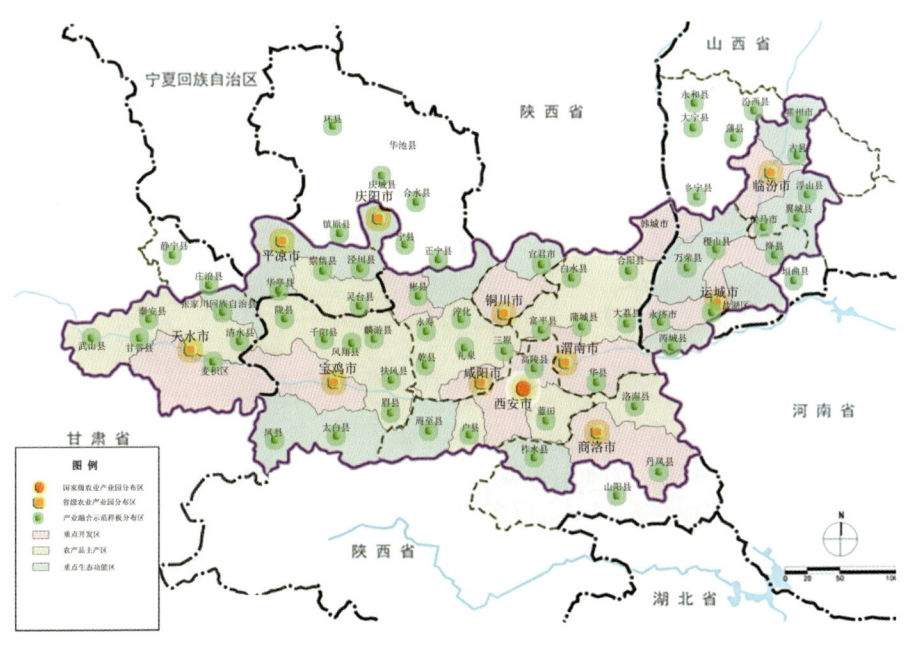

图4 关中城镇群城乡产业融合支撑平台分布图(图片来源:作者自绘)

(三)推进城乡基础设施互通

以构建国家及国际综合交通枢纽为导向,发挥区位优势,加快构建区域内互联互通的基础设施网络。一要构建综合交通运输网络,以高速铁路、高速公路、铁路为骨架,以国道、省道为干路,以县道、乡道为支路,全面建成区域内互联互通的快速通道,建成大城市连接小城市、小城市连接小城镇、城镇连接乡村的多节点网络化路网(如图5)。增强骨干通道、客运枢纽、物流中心的快速衔接和集散,实现客运零距离换乘、货运无缝化衔接。以地区间路网通道、景区园区连接线、县城过境路、乡村道路为重点,加快国省干线公路、县乡公路升级改造,提升公路交通安全设施防护能力,做好城乡要素流动保障和城乡融合发展连接通道。二要建设高速共享信息网络,建设城市群信息服务平台,推进区域无线网络覆盖;建设智慧城市群,积极推进市县数字城市地理空间框架建设和应用;提升信息安全保障水平,完善西安国家重要的数据灾备中心功能,建设联合异地灾备数据基地;建设城乡一体网络销售平台,创新乡村产业类型,拓展农产品销售渠道,缩小城乡收入差距。三要推动城乡市政设施一体化建设,按照因地制宜、分类布置的原则,加大城乡电、气、水、环卫及通信等基础设施的投入力度。

图 5 城乡融合交通流动示意图(图片来源:作者自绘)

（四）统筹城乡公共服务共享

以城乡居民共享公共服务权力为导向，合理确定公共服务等级和规模，推进区域基本公共服务体系，实现城乡公共服务的均等化。一要推进城乡教育均衡发展，重点做好城乡教育资源的均衡配置，核心城市继续推进高质量大学发展，建设国家一流大学和国家科教中心；以各地级市为区域公共服务中心，加快高等教育学校、职业教育学校发展，以就业为导向，以实践技能为抓手，兼顾学生教育和乡村技能人才培训，扩大教育的发展空间，助推乡村振兴发展；以县城为县级公共服务众中心，全面推进职业教育学校、高中学校、九年义务学校等教育资源发展，完善寄宿设施；以乡镇作为乡镇级公共服务中心设立中学、小学、幼儿园，村庄设立教学点，全面提升教师水平，推进义务教育学校标准化建设，鼓励适度撤并农村初中、小学并向组团发展核集中建设。二要推进医疗卫生联动系统发展，规划以西安为核心，以各地级市为区域中心，形成多个现代化大型综合医疗核心，以县级医院为节点，乡镇医院和村卫生室为支点，以大数据、网上会诊、城城联系为措施，加强核心城市对周边城市扶持和带动作用，进而推动区域中心城市和县级医院与乡镇联动发展。医疗设施、人才、资金等的配置方面应该向乡村倾斜，构建乡村医疗设施建设标准，按照适度集中、联片服务的总体要求，每个乡镇设立1所卫生院，每个村庄设立一个标准化卫生室。三要大力发展城乡文体事业，依托丰富的文化资源底蕴，加强地区之间及城乡之间文化、民俗、休闲活动等合作交流，增强区域认同感和提升区域居民健康水平。对城乡辐射重要的中心城市要分等级配置博物馆、科技馆、展览馆、图书阅览设施、文化交流设施等公共服务设施，尤其要推进乡村文化站、文化广场、文化交流设施、农家书屋等文化设施的建设和发展。积极策划城乡活动，加强城乡体育活动、书法、绘画等文体交流，不断提高人民群众身体素质和健康水平。四要推进城乡互惠共享的社会保障体系，基于乡村空心化和老龄化日趋严重的现状，研究建立城乡统一的基本养老保险制度、社会救助制度。有效整合现有资源，逐步建成敬老院、救助福利站等社会福利设施，管理服务水平和集中供养率进一步提高，改善乡村贫困地区社会保障问题，缩小城乡之间差距。

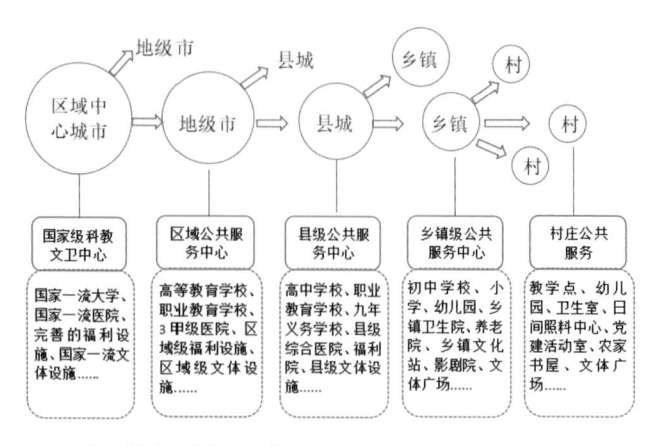

图6 城乡公共服务设施配置示意图（图片来源：作者自绘）

（五）健全城乡要素流动保障

以有利要素流动和充分发挥资源优势为导向，合理构建城乡人才、土地、财政等要素的流动机制。一要建立城乡人才流动鼓励机制，在基于促进城乡人才双向流动的基础上，积极探索鼓励人才入乡创业和就业。通过系列政策支持，鼓励和支持农业技术、市场营销、手工业技术等领域人才进入乡村发展。引导农村的科技人才利用先进的科学技术，参与农村项目的投资，对农技进行大力推广，促进农村产业的发展，用科技引领乡村发展，改善乡村的面貌。二要建立城乡土地及资源管理制度，积极探索并实践乡村土地交换和转让管理制度。在农村土地集体所有权政策基础上，探讨土地使用权和使用方式的灵活转让措施，构建公平合理的农地市场准入机制，顺应市场需求调整完善相关管理制度。合理的农村土地管理制度既能推进农地市场化利用，增加农地生产效率，又能

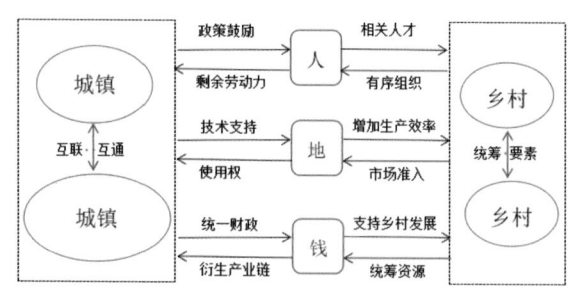

图7 城乡要素流动示意图（图片来源：作者自绘）

保障农民应有的权利，推进农民城镇化转移，助力城乡融合高质量发展。三要建立城乡统一财政管理机制，加大公共财政对乡村振兴的支持，能有效促进农业现代化发展，提高农民经济收入和提升农民生活环境。要加强陕西、甘肃、山西三省综合协调能力，改变传统财政管理制度，研究基于资源合理配置和促进城乡融合发展的财政支持办法，引导政府发挥财政资金在促进城乡融合发展中的作用（如图7）。同时，加大对农村、农业的投入，不仅能快速改变乡村面貌，推进农业现代化步伐，也能吸引人才和社会资本流向乡村，能够实现城乡更合理的要素流动。

结语

城市群在区域发展中的带动效应越来越明显，也是区域城镇协同发展的重要支撑，本研究以关中平原城市群为研究对象，提出了新型城镇化导向下城乡融合发展的适宜模式和发展路径。由于学科关系，报告中关于助推城乡融合发展政策的内容较少，重点关注了城乡空间发展和与空间相关的产业经济、基础设施和公共服务设施等内容，以期对本地区相关规划和社会发展研究提供参考建议。

[参考文献]

[1] 魏后凯. 新中国农业农村发展研究70年 [M]. 北京：中国社会科学出版社，2019：371-372.

[2] 赵祥. 建立健全城乡融合发展的体制机制 [N]. 深圳特区报，2018-12-04（B09）.

[3] 周凯，宋兰旗. 中国城乡融合制度变迁的动力机制研究 [J]. 当代经济研究，2014（12）：74-79.

[4] 党国英. 中国城乡一体化发展前景研究 [J]. 理论探讨，2016(5):79.

[5] 张沛，张中华. 城乡一体化研究的国际进展及典型国家发展经验 [J]. 国际城市规划，2014, (1).

[6] 张志，龚健. 国内外城乡协调发展理论与模式研究综述 [J]. 资源开发与市场，2014, 30(02):198-201.

[7] 阮云婷，徐彬. 城乡区域协调发展度的测度与评价 [J]. 统计与决策，2017(19):136-138.

[8] 李盼. 长江经济带城乡协调发展水平测度与影响因素分析 [D]. 江西财经大学.

[9] 叶超，陈明星. 国外城乡关系理论演变及其启示 [J]. 中国人口·资源与环境，2008(01):34-39.

[10] 薛晴，霍有光. 城乡一体化的理论渊源及其嬗变轨迹考察 [J]. 经济地理，2010, 30(11):1779-

1784+1809.

[11] 安筱鹏，韩增林. 城市区域协调发展的制度变迁与组织创新 [M]，经济科学出版社，2006.

[12] 秦高炜，孙东琪，王仲智，赵雨蒙. 国内外城乡一体化研究进展 [J]. 现代城市研究，2017(08):70−76.

[13]Xu LJ, Economics SO. New strategy of Promoting the Development of Integration of Urban and Rural Areas under the Background of Economic New Normal in China[J].Taxation & Economy, 2016.

[14] 关中平原城市群发展规划 [Z]. 国家发改委，2018.

网络关联视角下西咸一体化格局特征及推进路径研究 [1]

○郑晓伟 [2]

内容提要：采用基于手机信令数据的城市间网络关联强度分析法，对西咸一体化发展的现状特征和空间格局进行研判，具体表现为空间结构呈现扁平化、跨区域人口流动影响下的行政管辖边界模糊化、中心城区边缘出行密度空间分异以及外围地区发展的廊道承载效应明显的趋势。基于以上特征，研究从职能分工和空间重组两个层面提出未来西咸一体化发展的推进路径：在职能分工方面，通过资源整合形成西咸中心城区高等级生产性服务业与外围地区制造业合理分工的产业布局体系，实现区域范围内的产业协同和优势互补；在空间上提出"极核强化、网络嵌入、廊道拓展"的多中心网络化空间发展模式，在西咸市域和中心城区两个层面对空间结构进行重构。

关键词：西咸一体化；格局特征；推进路径；城市网络关联；手机信令数据

一、引言：一体化与城市网络关联

在经济一体化的发展背景下，区域协同和同城化发展已经成为地区间经济发展最重要的趋势，城市间的职能分工和结构重组也发生了相应的变化。2005年《深圳市2030城市发展》首次提出了"同城化"的概念，其核心在于一个城市与另一个或几个相邻的城市，通过城市间经济要素的共同配置打破传统的行政分割，促进市场区域一体化、产业一体化、基础设施一体化，实现资源共享、统筹协作、提高区域综合竞争力[1]。到目前为止国内学者针对同城化和一体化的探讨主要集中在制度模式建构[2-5]和实证案例分析两个方面[6-9]。作为一种新

---

(1) 本研究报告为西安建筑科技大学2021年度新型城镇化专项研究基金项目研究成果。
(2) 郑晓伟，博士，西安建筑科技大学建筑学院副教授。

的区域发展理念，近年来一体化在理论和实践层面日益受到更为广泛的关注。

虽然一体化能够通过府际合作在一定程度上实现城市间的协同发展，但亦有学者指出，一体化不是简单的政府间的合并，而是打破传统的城市之间行政分割和保护主义的限制，让要素和资源在这两个或多个城市（区域）的自由流动以及在更大范围内的优化配置，使城市间经济社会更紧密融合，形成优势互补、共同繁荣发展的整体效应[10]。因此，同城化发展在空间上的一个突出特征就是城市间要素和资源的自由流动，而这种流动性所形成的城市网络空间将为深入挖掘一体化发展的空间格局与组织特征提供重要的研究视角。在互联网和信息化时代，基于流动空间的城市网络和城市间关系研究正在取代城市等级体系等传统研究领域成为研究热点，促使城市地域空间结构从等级体系转向网络关联[11-12]。由于城市网络空间构成了人口流动网络存在的基础，故可以认为人口流动间接反映了城市间的经济联系和资本要素的流动[13]，能够表征一体化背景下城市间的网络关联。随着大数据移动定位技术的发展，手机用户在使用移动网络时记录下的信令数据能够描绘出个体用户在城市之间的出行轨迹，这就为准确测算出城市之间的人口流动数据提供了技术上的可能[14-15]。

综上所述，基于手机信令数据的城市间人口流动时空分布特征以及联系强度分析，不仅为测度城市网络关联水平提供了更为精细化、多层次的数据来源，也为从网络关联视角深入剖析一体化发展的空间格局提供了定量化的技术支撑。基于此，本研究以西咸一体化为研究对象，以手机信令数据为主要的数据源，通过计算跨区域人流联系强度来判定城市间的网络关联水平，测度西咸一体化发展的水平和空间格局，在此基础上提出未来咸阳融入西安发展的动力路径以及空间应对策略，探索实现网络化背景下西咸一体化的可持续健康发展。

二、研究区域和研究方法

（一）西咸一体化发展的背景分析

西安和咸阳同属陕西省以及关中城市群内的中心城市，两市隔渭河相望，空间距离仅为10公里左右，交通联系便利。西安是陕西省省会、副省级城市、

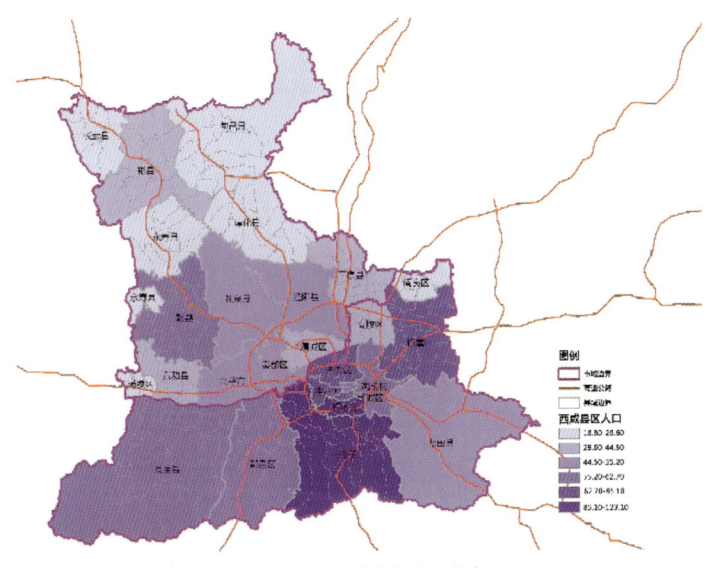

图1 西咸市域常住人口分布

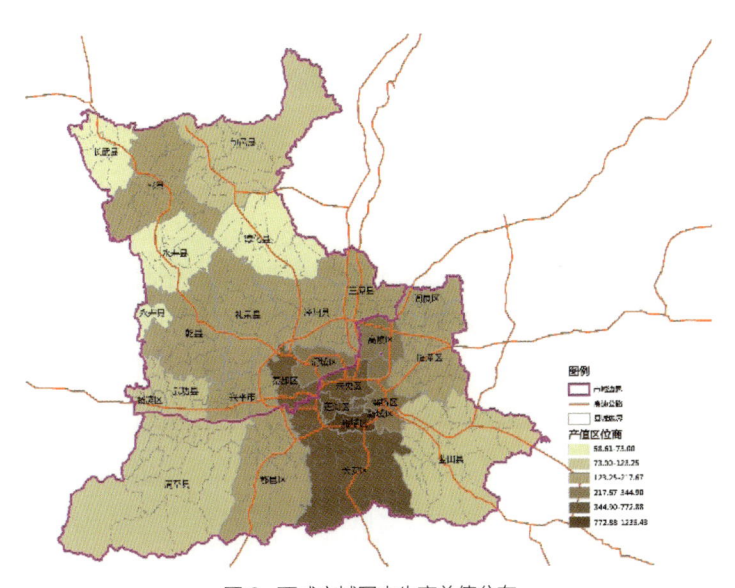

图2 西咸市域国内生产总值分布

国家区域性中心城市，同时作为国家重要的科研、教育和工业基地；咸阳不仅是陕西省重要的经济中心，也是国家级历史文化名城、全国十佳宜居城市以及甲级对外开放城市。截至2016年底，两市的常住人口和国内生产总值分别为1426.3万人（见图1）、8443.6亿元（见图2），占陕西省人口和经济总量的

37.4%、44.1%。

自从2002年西安、咸阳签订《西咸经济发展一体化协议书》实施同城化战略以来，两市在经济、社会、文化、环保等方面的合作与交流不断加强，城市间信息、资本和劳动力等资源要素的流动速度不断加快，空间结构关系逐渐趋向复杂。近年来，不论是已经获批的国家层面《关中—天水经济区发展规划》《关中城市群核心区总体规划》还是正在编制的《大西安2049空间发展战略规划》都明确提出加快推进西咸同城化的建设，通过产业升级与互补提升西咸中心城市的整体实力和综合竞争力，从而不断强化关中城市群在国家级城市群中的地位和作用。从目前看来，西安和咸阳在产业发展方面各具优势，同时又存在较强的互补性和依赖性，具备了一体化的产业集群基础。因此，推进西咸同城化发展，促使两市在更高起点和更大范围内运用市场机制配置各类资源，增强区域经济的规模和集聚效益，引领产业结构的转型和升级，提升区域综合竞争力。这对于从地方层面落实国家"一带一路"发展规划、实现西部大开发的战略目标以及建设西咸国际化都市区中心有着非常重要的实践意义。

（二）研究方法和技术路线

由于手机信令数据可以反映出城市间的人口流动，在西安和咸阳之间的跨区域人口流动就构成了人口出行的联系网络。研究采用的手机信令数据为国内某运营商2017年9月连续30日（21个工作日、9个休息日）的用户出行数据，包含三种精度范围，即西安和咸阳（包含杨凌农业技术开发区）两市行政辖区范围内所有的县（区）域单元（共计27个）、乡镇（街道办事处）单元（共计332个）和1km×1km精度的网格单元。在技术路线上，首先对手机用户的常住地进行识别（连续21个工作日中有15个工作日以上夜间被同一基站定位），其次对手机用户在单日内跨区域（或网格）出行的目的地进行识别（单日内出行的最远空间单元为目的地），最后计算出每个空间单元日均出行的手机用户总数量并根据常住人口和用户比例进行扩样，并以扩样后的城市单日出行总频次和吸引总频次的平均值表征城市联系强度，分别建立三种尺度的跨区域联系强度矩阵。

三、西咸一体化发展的现状格局特征

（一）空间结构呈现扁平化发展趋势

在不断完善的信息技术和交通网络作用下，基于传统"位序—规模"分布的区域内城市空间结构特征正逐渐弱化，特别是大都市区内的空间结构不断呈现出由"等级化、秩序化"向"网络化、扁平化"发展与演化的趋势[16]，城市在网络中对资源的集聚和扩散也不再局限于城市规模、经济实力与交通区位等因素。在这样一种背景下，需要重新认识西咸市域范围内不同等级与规模的城市在区域城市网络中的地位，从而对城市网络体系的现状发育水平进行综合判断。

研究以跨县（区）域空间单元人流联系为基础，建立西咸市域层面城市间的网络关联（见图3），并对各空间单元联系强度进行计算（见图4、表1）。结果表明：联系强度较高的城市主要集中在西咸中心城区[(1)]所在的行政区范围内，联系强度总和为877.8万人次，占市域总和的85.8%，证明了目前西咸中心

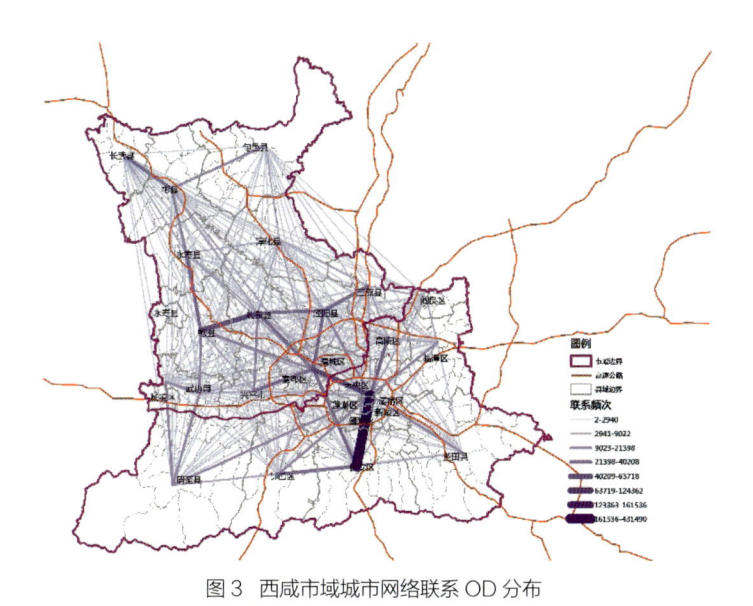

图3 西咸市域城市网络联系OD分布

---

(1) 根据《西安市城市总体规划（2008—2020）》和《咸阳市城市总体规划（2015—2030）》对中心城区范围的界定，西安中心城区的范围涵盖未央、莲湖、灞桥、碑林、雁塔、长安、新城七区，用地面积约490平方公里；咸阳中心城区（主城区）的范围涵盖秦都、渭城二区，用地面积约130平方公里。

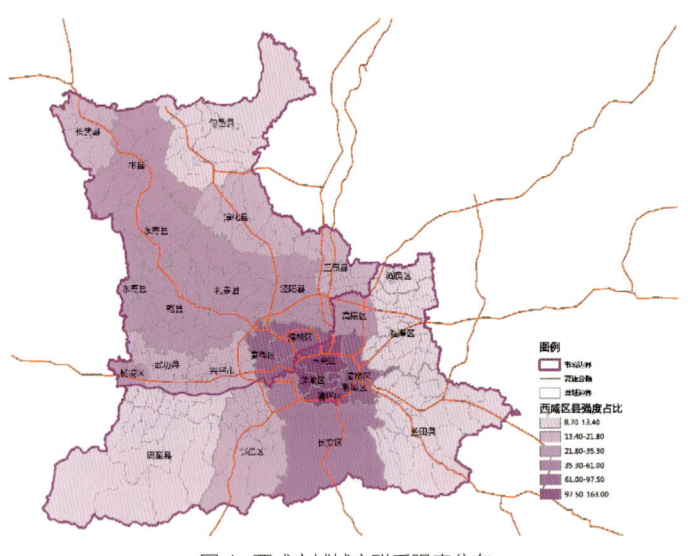

图 4　西咸市域城市联系强度分布

城区仍然是一体化发展的主要动力。与此同时，研究还发现部分县级行政单元的联系强度占常住人口的比重高于市域平均水平，例如咸阳市礼泉县的比重为35.3%、乾县的比重为24.3%、泾阳县的比重为30.5%。这在一定程度上可以反映出这些城市在网络中的地位已经不受城市规模的影响，能够凭借自身的区位优势和产业基础与周边城市发生紧密联系，并作为门户型网络节点城市融入西咸一体化发展的框架中，最终与西咸中心城区共同构成扁平化与网络化的城市空间结构体系。此外，外围地区的彬县和杨陵区同样也具有较高的联系强度，体现出对其腹地的一定影响和控制能力，可以承担未来西咸市域次级增长中心的职能。

表 1　西咸市域城市联系强度

城市		常住人口（万人）	城市联系强度（万人次）	城市联系强度占常住人口比重（%）
西安市	雁塔区	123.1	192.9	156.7
	未央区	85.1	138.7	163.0
	莲湖区	72.2	137.3	190.2
	碑林区	69.4	110.9	159.8

续表

城市		常住人口（万人）	城市联系强度（万人次）	城市联系强度占常住人口比重（%）
西安市	长安区	111.8	68.2	61.0
	新城区	60.9	84.3	138.4
	灞桥区	62.7	52.4	83.6
	周至县	58.5	7.6	13.0
	临潼区	71.6	9.6	13.4
	鄠邑区	57.4	9.4	16.4
	高陵区	35.1	9.4	26.8
	阎良区	29.1	3.3	11.3
	蓝田县	52.9	4.6	8.7
咸阳市	秦都区	51.6	50.3	97.5
	渭城区	44.5	42.8	96.2
	杨陵区	20.5	5.5	26.8
	礼泉县	50.1	17.7	35.3
	泾阳县	49.8	15.2	30.5
	乾县	58.1	14.1	24.3
	彬县	32.9	8.3	25.2
	三原县	42.1	8.1	19.2
	兴平市	55.2	9.7	17.6
	永寿县	20.7	4.7	22.7
	长武县	18.8	4.1	21.8
	淳化县	20.5	3.1	15.1
	旬邑县	29.6	3.2	10.8
	武功县	42.1	7.1	16.9
合计		1426.3	1022.5	71.7

（二）跨区域人口流动影响下的行政区边界模糊化

已有研究表明，信息化背景下的城市影响力开始相互重叠，已经没有明显的实体空间边界，导致原有以领土范围为基础的管治模式受到挑战[17]。区别于传统中心地理论中的"腹地","网络腹地"不受地理和行政边界约束,具有空间上的重叠和嵌套性。在城市网络中,每个城市都有自身的网络腹地,并与腹地中的城市保持着较强的网络关联。因此,打破传统行政边界的限制,依据网络联系强度来界定城市腹地,是跨区域要素流动影响下划分中心城区势力范围的最佳方式之一[18-19]。

基于上述分析,研究将进一步通过城市联系强度来界定一体化背景下西咸各自中心城区的腹地,在此基础上判断两个城市的势力影响范围与行政边界的空间匹配关系。具体的界定方法是:在县(区)与空间单元层面统计、筛选西咸市域内每个城市与西安、咸阳中心城区所在空间单元的总联系强度,选取每个城市与两个中心城区联系强度最高者,若其强度值达到中心城区所在空间单元联系强度值总和的60%以上,则将该城市界定为与之发生联系中心城区的发展腹地;若其联系强度未达到总和的60%,则认为该城市属于西安和咸阳的腹地争夺区,对于争夺区可以进一步通过比较具体的网络联系强度来判断该城市与谁关系更为密切[15]。

通过对西安、咸阳中心城区腹地的识别可以发现,咸阳市的三原县和泾阳

图5 西咸中心城区腹地划分

县进入到了西安中心城区的发展腹地区中，乾县在作为西安和咸阳两个中心城区的腹地争夺区的同时也体现出与西安较强的关联水平，导致咸阳市域的行政边界大于其实际能够"控制和影响"的范围边界，反映出跨区域要素流动影响下西咸行政区边界的模糊化。同时，研究还发现，咸阳市域北部和西部的彬县和杨陵区除了自身联系强度较高从而体现出一定控制力的同时，也进入到西安和咸阳两个中心城区的腹地争夺区当中（见图5）。随着西咸一体化的深入推进，这两个城市未来可以被作为西咸核心区的"飞地型"增长极从而带动外围地区的发展。

表2 基于网络联系强度的西咸中心城区腹地划分

中心城区	腹地城市	增加的单元（行政区外腹地内）	失去的单元（行政区腹地外）	腹地争夺的单元
西安	碑林区、雁塔区、莲湖区、新城区、阎良区、未央区、长安区、灞桥区、临潼区、高陵区、鄠邑区、蓝田县、周至县	三原县、泾阳县	—	—
咸阳	秦都区、渭城区、兴平市、礼泉县、长武县、旬邑县、永寿县、淳化县、武功县	—	三原县、泾阳县	杨陵区、彬县、乾县

（三）中心城区边缘出行密度空间分异

为了进一步分析西咸中心城区对其外围人流吸引的空间分布特征，研究以332个乡镇（街道办事处）为空间单元，对从咸阳市域内出发到达西安中心城区的人流空间分布进行统计，同时对从西安市域内出发到达咸阳中心城区的人流空间分布也进行统计。结果发现，西安中心城区对咸阳市域范围内的人流吸引量占咸阳市域出行总量的67.2%，说明咸阳市人口流动的目的地主要集中在西安中心城区；从空间分布看，人流吸引除咸阳中心城区外，西安中心城区对三原县、泾阳县、乾县、彬县和兴平市等咸阳市域内县域中心城市也存在着较强的吸引力，并呈现出明显的"边缘圈层+外围散点"式空间分布特征。咸阳中心城区对西安市域范围内的人流吸引量占西安市域出行总量的81.5%，但主要集中在未央、

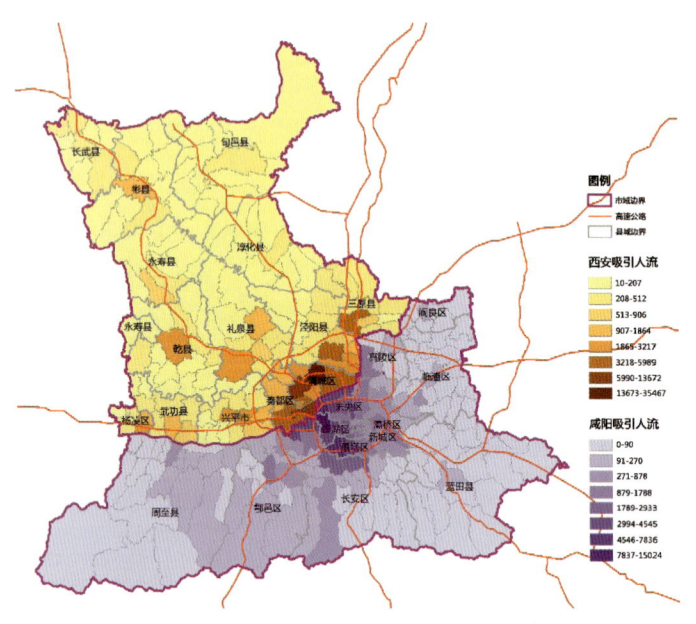

图 6　西咸中心城区跨市域人流吸引空间分布

莲湖和雁塔三个区，在空间上呈现明显的集中式分布特点，与西安中心城区相比空间分异明显（见图6）。其主要原因在于这些地区与咸阳中心城区在空间距离上最为临近，交通联系相对便捷，是目前西安与咸阳中心城区关联最为紧密的区域。

以上特征表明，虽然西咸中心城区之间存在较为紧密的空间联系，同城化发展水平相对较高，但在更大地域范围内城市间的联系水平仍有待提升。一方面，目前咸阳中心城区对西安的吸引能力和吸引范围仍然存在不足，未来应不断通过产业转型与调整进一步与西安实现差异化发展，从而吸引更大范围内的人口流动来提升同城化水平；另一方面，西安中心城区对咸阳市的辐射影响范围更大，已经突破了中心城区的空间范围，对外围地区的控制力在不断加强。因此，应通过交通体系建设，尽快将咸阳中心城区外围地区纳入西咸城市网络核心，并在此基础上培育新的空间增长极是未来西咸一体化深入发展的重要手段。

（四）外围地区发展的廊道承载效应明显

区域发展廊道可以采用网格精度的手机信令数据通过计算人流出行的密度

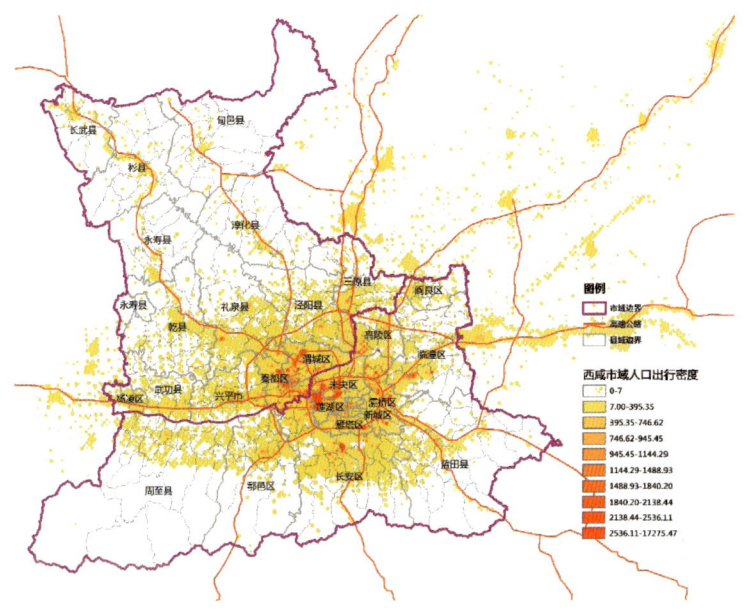

图7 西咸市域跨区域人口出发地密度空间分布

进行识别。研究以 1km×1km 网格精度的手机信令数据为数据源，以单日平均人流频次为权重系数、800米为搜索半径，在 ArcGIS 环境下采用核密度分析法分析西咸市域范围内跨区域出行的人口出发地密度分布（见图7）。结果发现，外围地区出行密度较高地区和与区域内的几条高速公路存在着高度的重叠性，说明通过出发地密度模拟出中心城区外围空间组织的廊道承载效应非常明显。

进一步对各条廊道所经过的乡镇（街道办事处）空间单元的人流出行密度进行统计，计算每条廊道单位长度所能够承载的出行密度（见表3）。从整体上看，西咸外围地区出行密度较高的区域全部集中在沿连霍高速、福银高速、西延高速与京昆高速4条发展廊道上，并以西咸中心城区为中心呈"米"字状轴向延伸。其中单位长度承载出行密度最高的为连霍高速廊道，是西咸未来同城化发展在区域层面所依托的一条最为重要的横向通道；同时，福银高速廊道不仅是衔接西咸市域内最多县（区）域单元的纵向通道，也是承载人流出行总量最高的发展廊道。此外，西咸北环线作为连接西咸中心城区外围城市间的城际环线，目前沿该廊道已经形成一个相对高密度出行圈，未来对的西咸中心城区边缘城市的横向联系作用亦不可忽视。

表3 西咸市域主要发展廊道识别与人流密度对比

廊道级别	廊道名称	廊道长度（千米）	廊道区出行总量（人次）	承载密度（人次/千米）
一级廊道	西延高速（G65W）廊道	54.1	17921	331.3
	西咸北环线（G30N）	98.3	29937	304.5
	京昆高速（G5）廊道	125.9	30343	241.0
	连霍高速（G30）廊道	139.2	33462	240.4
	福银高速（G70）廊道	256.2	60228	235.1
二级廊道	包茂高速（G65）廊道	109.9	13766	125.3
	银百高速（G69）廊道	116.6	10784	92.5
三级廊道	菏宝高速（G3511）廊道	16.7	518	31.0
	沪陕高速（G40）廊道	70.3	1252	17.8

四、西咸一体化发展的推进路径

（一）职能分工：从"区域分治"到"产业协同"

实践证明，产业优势互补、协同发展是一体化发展的经济基础和内生动力，而处在同城化格局中的城市是地方经济和城市化经济的产物，高等级城市以城市化经济为主，适合发展高科技产业和现代商贸服务业；次级城市以地方化经济为主导，适合于发展传统产业。城市主导产业在劳动力、资金、技术方面的效率提高不断形成更高收益的产业类型，原有产业则向中心城市以外的区域发展，依照产业分工和价值链合作，形成区域内统一的地域生产组织[3]。从目前来看，西安、咸阳两市产业同构倾向明显，机械、电子、纺织、建材都有一定的实力和优势，但囿于两市历史的固有格局和区域分治影响，一直处于力量分散的多头发展与各自为政，没有形成一定规模的产业集群[20]。

通过对2016年西安市和咸阳市县（区）域单元的经济总量和产业结构进行统计和分析（见表4），第二产业区位商比较高的城市包括西安市的长安区、阎

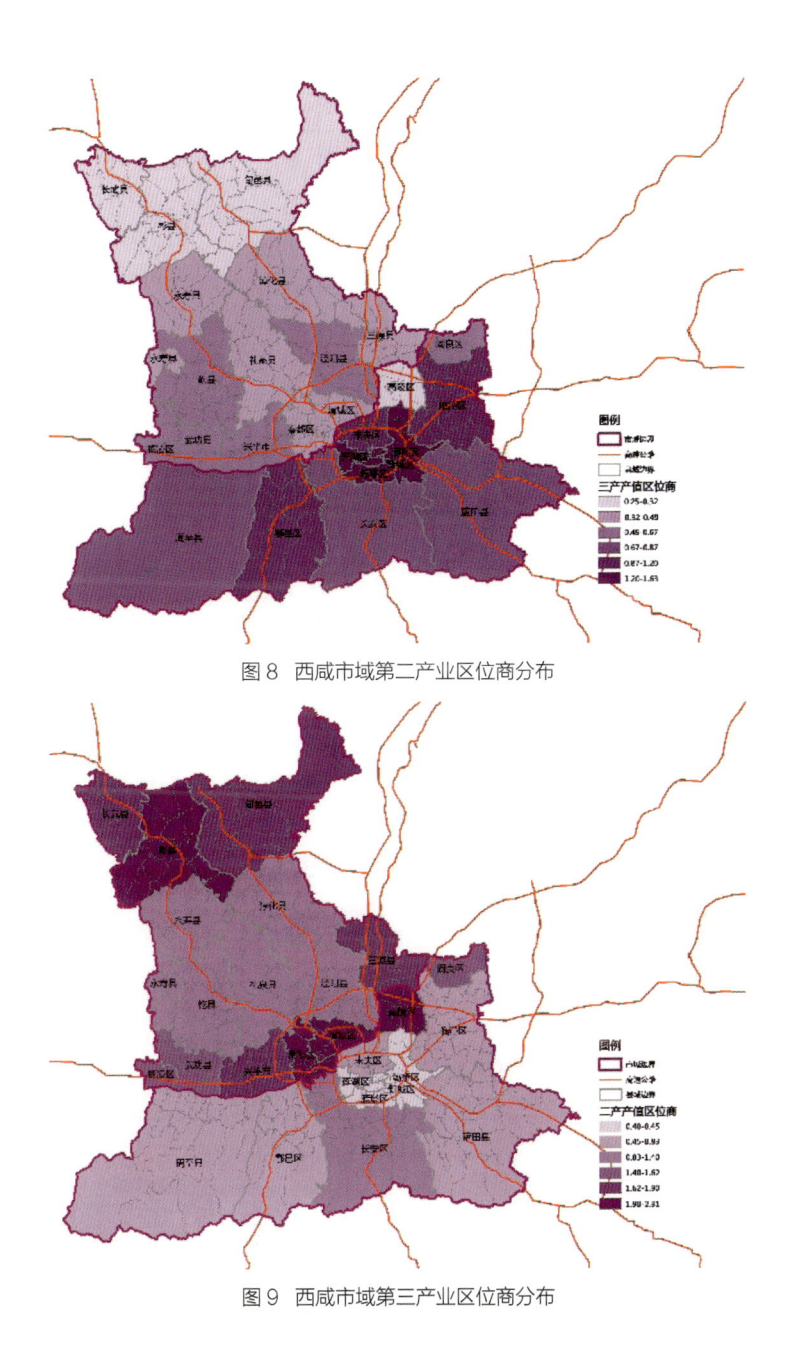

图8 西咸市域第二产业区位商分布

图9 西咸市域第三产业区位商分布

良区和高陵区等中心城区边缘城市，而咸阳市所有县（区）域单元的二产区位商都大于1，特别是中心城区所在的秦都区和渭城区的二产区位商均大于2（见图8）；从第三产业区位商来看，西安中心城区所在县（区）域单元表现出了明

137

显的优势，区位商范围在1.3-1.7之间，而包括中心城区在内的整个咸阳市域范围服务业发展则相对落后（见图9），三产区位商均小于1。说明目前区域内的所有第二产业主要集中在渭河以北沿线和咸阳市域北部地区，表现出一定的集聚发展趋势，但咸阳中心城区仍然聚集了大量的制造业，服务业的发展还相对滞后。随着未来同城化发展对西咸中心城区服务业在业态、规模和等级等方面要求的不断提升，如何疏解咸阳中心城区内的第二产业、与西安共同实现"退二进三"是区域产业协同发展的基础。

表4 西咸县（区）域单元经济总量和产业结构比较（2016年）

城市		GDP（亿元）	二产比重（%）	二产区位商	三产比重（%）	三产区位商
西安市	碑林区	741.68	1.5	0.04	98.5	1.63
	雁塔区	1235.43	12.3	0.38	87.7	1.45
	莲湖区	621.91	14.7	0.45	85.3	1.41
	未央区	772.88	27.1	0.83	72.7	1.20
	新城区	540.66	14.6	0.45	85.4	1.41
	长安区	608.02	43.7	1.34	50.3	0.83
	灞桥区	329.78	12.2	0.37	82.1	1.36
	鄠邑区	162.81	21.5	0.66	61.5	1.02
	高陵区	300.24	71.6	2.19	19.2	0.32
	临潼区	183.11	22.7	0.69	60.8	1.00
	阎良区	193.94	53.0	1.62	35.5	0.59
	蓝田县	122.44	26.9	0.82	51.9	0.86
	周至县	114.99	21.7	0.67	52.6	0.87
咸阳市	秦都区	519.60	67.7	2.07	29.1	0.48
	渭城区	344.90	69.5	2.13	26.6	0.44
	三原县	193.50	57.2	1.75	27.0	0.45
	泾阳县	179.04	42.0	1.29	32.0	0.53
	乾县	162.38	45.7	1.40	34.8	0.57
	礼泉县	164.15	37.5	1.15	29.6	0.49
	永寿县	58.61	45.8	1.40	27.0	0.45
	彬县	188.82	75.6	2.31	15.0	0.25

续表

城市		GDP（亿元）	二产比重（%）	二产区位商	三产比重（%）	三产区位商
咸阳市	长武县	73.00	62.2	1.90	16.0	0.26
	旬邑县	106.63	56.5	1.73	16.1	0.27
	淳化县	64.91	37.3	1.14	24.1	0.40
	武功县	123.25	49.7	1.52	32.1	0.53
	兴平市	217.67	55.4	1.70	32.6	0.54
	杨陵区	118.98	52.9	1.62	40.7	0.67

基于此，本研究提出产业协同的空间布局模式，即通过资源整合形成西咸中心城区高等级生产性服务要素与外围制造业合理分工的产业布局体系，合理实现区域范围内的产业分工、优势互补以及企业间的水平分工和配套协作，未来将打造形成以下产业集群：在第三产业方面，西咸中心城区应着眼于国际商务、金融、物流、信息、研发为一体国际化城市建设，西安重点打造和发展生产性服务业，咸阳重点则以提升生活性服务业为主，实现第三产业在两个中心城区之间的差异化发展。第二产业的空间布局主要依托区域内的几大产业园区展开：中心城区依托西安高新技术产业开发区和咸阳高新技术开发区重点发展电子信息、先进制造、生物医药、新材料和现代服务等高附加值的产业，提升产业发展水平和综合竞争力；依托处于边缘区的渭北工业区和西咸新区发展高端装备制造、航空航天、能源装备等资本密集型产业，传统的高能耗能源化工产业则可以向外围地区的兴平、彬县等地区逐步转移；杨凌农业高新技术产业示范区依托国际政策优势，在重点发展高新农业技术的基础上对产品产业链进行延伸，增加附加值。

（二）结构重组：从到"等级规模"到"网络均衡"

伴随着区域经济一体化发展走向成熟，区域和城市空间结构将经历一系列复杂连续的变化和重组，新、旧城市增长极与其腹地之间以往存在的"虹吸效应"将不复存在，取而代之的是以空间结构"扁平化"为特征的新型城市网络，使得城市空间结构从"等级规模"向"网络均衡"转变。根据目前西咸一体化发展在空间结构上所体现出的特征和趋势，并结合其在更大地域范围内的发展

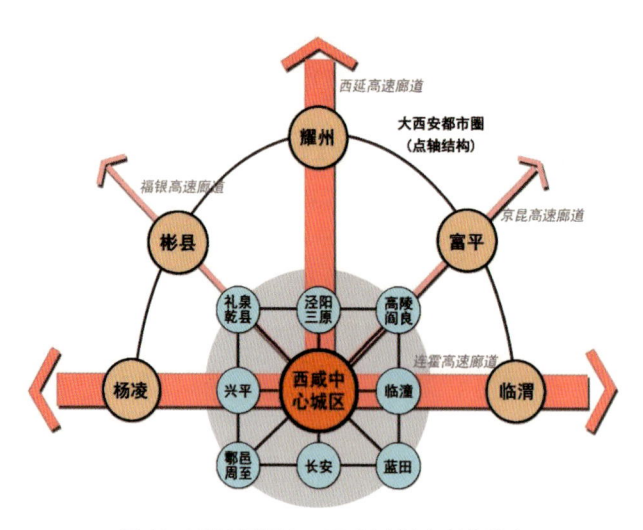

图 10　网络关联视角下西咸市域空间结构模式

定位和职能分工，研究建议未来在西咸市域范围形成"极核强化、网络嵌入、廊道拓展"的多中心网络化空间结构（见图 10）。

1. 极核强化：发挥西咸中心城区的强心作用

在建立西咸两市府际合作机制的基础上，加快西咸中心城区的都市化进程，通过整体功能的提升和空间资源的集聚强化中心城区的极核作用。首先，将西咸中心城区作为一个完整的城市整体参与区域竞争，建立城市整体发展框架和空间形象，改变目前独立式的发展格局，发挥西咸都市区核心的引领和先行作用，提升其在关中城市群乃至更大地域范围内的综合影响力。同时，彬县和杨凌作区为西咸市域层面的两个副中心城市和新的增长级[(1)]，未来对区域腹地城市的影响和控制也不容忽视，最终与西咸中心城区共同形成"一核两副"的市域中心体系。

2. 网络嵌入：构筑西咸同城化发展的合作圈

所谓网络嵌入是指不同空间尺度网络行动者之间的相互联系，体现出行动者之间纽带的地方化程度[21]，而这种嵌入性的水平取决于在组织间网络中的位

---

(1) 根据手机信令数据的识别结果，彬县的腹地城市包括长武县、永寿县、旬邑县、淳化县，杨陵区的腹地城市包括武功县。

置（中心或边缘）以及网络的特征（强联系或者弱联系）两个方面[22]。根据前文的分析，西安市的临潼区、长安区、鄠邑区、高陵区，以及咸阳市的兴平市、泾阳县、礼泉县、三原县等城市与西咸中心城区已经形成了高度网络化的空间关联，并且都位于西咸中心城区1小时经济圈范围内，目前已经形成了比较稳定的产业基础和发展格局。因此，研究考虑将这些已经处于高度网络关联中的城市与西咸中心城区共同构成"嵌入式"的发展格局，强化区域内信息、资本和劳动力等资源要素的快速流动，形成未来西咸同城化发展的合作圈。

3. 廊道拓展：依托发展廊道联系外围增长极

强化网络与廊道在组织西咸市域整体空间结构中的作用，构建方便联系内外、承载核心与边缘地区要素双向流动的交通体系，形成"中心城区网络支撑、边缘地区廊道引领"交通基础设施架构。对于西咸中心城区而言，重点完善西咸北环线以内的轨道交通网络化建设：延伸轨道交通1号线至咸阳中心城区，加快轨道交通11号线（咸阳至西安杜陵）和13号线（咸阳至西安洪庆）的建设，缩短出行时间，扩大西咸中心城区的吸引广度，进一步实现更大范围的"同城化"，并采用TOD的发展模式引导城市功能向合理的区位集聚发展。对于外围地区的城市而言，延续并强化目前城市间沿高速铁路和高速公路进行联系的廊道聚集趋势，重点打造东西向的连霍高速廊道，以及南北向的福银高速和西延高速廊道，将杨凌、彬县乃至周边临渭、富平、耀州等区域新的增长极进行串联，强化与西咸中心城区的联系。此外，研究还建议打造建设西咸第二环线，联系西咸中心城区边缘的乾县、杨凌、礼泉、三原和阎良等区县，将更多的城市纳入到未来核心区的城市网络联系中，通过城市网络的密度的提升扩大西咸同城化的区域分工范围。

（三）府际合作：调整行政区划，促进区域资源共建共享

区域协调发展是我国推进国家治理体系、治理能力现代化的重大战略布局，加强政府间的合作则是落实区域协调发展战略的重要制度安排。对于西咸一体化而言，加强府际合作的关键在于政府间的合作必然会带来西咸行政区范围内经济发展的腹地和空间范围的扩大，从而必然会冲击传统的行政区划限制。因此，建议对西安和咸阳的行政区划进行调整，根据前文的研究结果将咸阳市的泾阳

县和三原县划入西安市辖区范围，通过立法、设立相关组织协调部门等多种手段进一步强化基础设施、公共服务设施的共建共享，实现区域范围内的人口自由流动。

五、结语

信息化和互联网时代的西咸一体化发展在空间结构、组织方式和作用机制等方面都发生了巨大的变化，在内外部动力的共同作用下呈现出空间结构呈现扁平化、行政管辖边界模糊化、中心城区边缘出行密度空间分异以及外围地区发展的廊道承载效应明显等趋势。基于以上特征，研究从职能分工和空间重组两个层面提出未来西咸同城化发展的空间应对策略：在职能分工上，通过资源整合形成西咸中心城市高等级生产性服务要素与外围制造业合理分工的产业布局体系，实现区域范围内的产业分工和优势互补；在空间上提出"极核强化、网络嵌入、廊道拓展"的多中心网络化结构，对西咸市域整体和中心城区两个层面的空间组织进行重构，使其能够适应网络化时代对城市和区域空间结构的新要求。

在研究方法和技术路线上，以手机信令数据为主要数据源表征跨区域的人口流动，在此基础上采用城市间联系强度、人流出行密度等作为测度指标，分别分析、计算县（区）域、乡镇（街道办事处）和1km×1km网格三种层次下空间单元之间的联系水平，为深入把握和剖析一体化发展的模式、格局和路径提供更为准确化、精细化的数据支撑，也在一定程度上推动了传统规划方法与技术的"人本"价值导向回归。但与此同时，手机信令数据自身也存在一定的局限，由于城市间的流动不仅仅只包含了人口流动，同时还存在货物流动、信息流动、资金流动等多种联系方式，导致采用单一数据源进行分析的结果与实际状况可能有所差异，需要在实践中不断展开进一步的验证与优化。

「 参考文献 」

[1] 李宏志，蔡穗虹，姚苑平.基于同城化视角的汕潮揭城镇群规划研究[J].现代城市研究，2015(11):57-62.

[2] 焦张义,孙久文.我国城市同城化发展的模式研究与制度设计[J].现代城市研究,2011(6):7-10.

[3] 彭震伟,屈牛.我国同城化发展与区域协调规划对策研究[J].现代城市研究,2011(6):20-24.

[4] 段德罡,刘亮.同城化空间发展模式研究[J].规划师,2012(5):91-94.

[5] 李郇,谢石营,杜志威,吴蕊彤.从行政区划调整到同城化规划——中国区域管治的转向[J].城市规划,2016(11):72-77+86.

[6] 黄铎,张珊珊."同城化"背景下广佛都市圈城镇扩展的时空特征研究[J].现代城市研究,2015(12):76-81.

[7] 赵英魁,张建军,王丽丹,邹莹,李铁鹏.沈抚同城区域协作探索——以沈抚同城化规划为例[J].城市规划,2010(3):85-88.

[8] 杨光.郑汴一体化与西咸一体化的比较研究[J].区域经济,2010(8):73-75.

[9] 王玉,许松辉,林太志.同城化背景下的地区整合规划——以广佛金沙洲地区为例[J].规划师,2011(12):18-23.

[10] 吴蕊彤,李郇.同城化地区的跨界管治研究——以广州—佛山同城化地区为例[J].现代城市研究,2013(2):87-93.

[11] Castells M.The Rise of Network Society[M].Oxford: Blackwell, 1996.

[12] Henderson J, Dicken P, Martin H.Global production networks and the analysis of economic development[J].Review of International Political Economy, 2002(3):436-464.

[13] 朱宇,林李月.中国人口迁移流动的时间过程及其空间效应研究:回顾与展望[J].地理科学,2016(6):820-828.

[14] 钮心毅,王垚,丁亮.利用手机数据测度城镇体系的等级结构[J].规划师,2017(1):50-56.

[15] 姚凯,钮心毅.手机信令数据分析在城镇体系规划中的应用实践——南昌大都市区的案例[J].上海城市规划,2016(4):91-97.

[16] 赵佩佩,买静,杨晓光,胡庆钢.网络空间与创新驱动视角下杭州转型发展的空间趋势特征及规划战略应对[J].城市规划学刊,2016(5):54-65.

[17] Taylor J.Urban hinter worlds: Geographies of corporate service provision under conditions of contemporary globalization. Geography, 2001(1): 51-60.

[18] 李涛,周锐.长三角地区网络腹地划分的关联测度方法比较[J].地理学报,2016(2):236-250.

[19] 赵渺希,唐子来.基于网络关联的长三角区域腹地划分[J].经济地理,2010(3):371-376.

[20] 李慧."西咸一体化"与陕西经济社会跨越式发展[J].咸阳师范学院学报,2006(10):22-25.

[21] Hess M."Spatial" relationships? Towards a reconceptualization of embeddedness[J].Progress in Human Geography, 2004(2):165-182.

[22] Granovettor M.The strength of weak ties: a network theory revisited[J].Sociological Theory, 1983(1):201-233.

建设榆林高质量发展重要增长极研究
——基于生态学视角[1]

○ 邢孟林[2]

内容提要： 作为资源型城市，榆林市能否建成高质量增长极深刻影响到我国未来的可持续发展。榆林市的资源型产业占比大，但污染较重、效率较低，未来仍需发展。因此，如何提升榆林市产业的可持续性成为未来建成高质量发展重要增长极的重要问题之一。本文首先从生态学视角出发，运用 Lotka-Volterra 模型揭示了目前榆林市产业可持续发展的三类可行的基本机制：循环经济体系构建、资源型产业精细化和非资源型产业培育。随后，为了探究如何运用这些机制取得更好的高质量发展绩效，建立了系统动力学模型，并进行情境仿真。结果显示近年来采用的模式即简单地组合三类机制的效果最差，应采用"资源型产业—循环经济—第三产业"的分阶段模式。此外，研究还发现了以上三类机制的优劣势。循环经济体系构建机制环境改善较好，经济增长快，但过于依赖第二产业；资源型产业精细化能极大地促进经济产出，但却更易挤出非资源型产业并破坏环境；将所有资源集中于非资源型产业的培育虽可改善环境，但不利于所有产业链的总经济产出提升与结构改善。基于研究结果，本文提出了未来的政策建议。

一、引言

榆林市是典型的成长型资源型城市，资源型城市是以本地区矿产、森林等自然资源开采、加工为主导产业并形成产业链的城市。这类城市占中国地级市的 43.6%，是中国重要的能源资源战略保障基地，和国民经济持续健康发展的

---

[1] 本研究报告为西安建筑科技大学 2021 年度新型城镇化专项研究基金项目研究成果。
[2] 邢孟林，西安建筑科技大学师资博士后，研究方向为资源型城市可持续发展。

重要支撑。且由于65.65%的中国资源型城市仍处于发展的成长和成熟阶段，故在相当一段时间内中国都会强调资源型城市的重要性，这为榆林市建设高质量发展重要增长极提供了现实基础。然而，由于过度依赖资源型产业、资源利用效率低以及非资源型产业发展程度不足，许多资源型城市相关产业的发展也伴随着自然资源耗费、生态环境破坏和经济发展持续性差等问题。例如2018年中国的单位GDP废水为4.79吨/万元，但榆林市高达6.90吨/万元；中国第三产业产值的平均占比为52.2%，而榆林市仅30.8%。在"碳达峰""碳中和"一揽子政策的背景下，对节能减排重视程度的不足将会对榆林未来发展的质量形成明显制约。综上所述，以上这些产业问题限制了榆林市的可持续发展。因此，如何提升榆林市产业的可持续性成为榆林建设高质量发展重要增长极的关键问题之一。

为助力榆林市高质量发展和建设重要增长极，首先需要关注资源型城市发展与转型的相关实践经验。发达国家产业转型成功的典型资源型城市主要有德国的鲁尔区、日本的北九州和美国的休斯敦等。这些地区提升产业可持续性的方式主要包括整合资源型产业、发展非资源的新兴产业以及将本地开采转为国外采购。近年来，我国资源型城市充分借鉴了以上城市的经验，此外，还采用循环经济的模式来提升产业的可持续性。结合我国资源型城市的"十三五"与"十四五"规划和产业转型实践来看，这些措施按其作用机制可以归纳为三类：循环经济体系构建、资源型产业精细化和非资源型产业（主要是第三产业）培育。近年来资源型城市的循环经济发展水平在提升，但目前的实践却更多强调产业链的完善以及促进经济，对环境的关注度相对较低。因此，完善的循环经济体系的综合效应及其未来对资源型城市产业的可持续性的影响仍不明确。关于资源型产业，大部分的研究认为这类产业的占比过高是资源型城市可持续性差的关键，这是由于资源型产业发展导致当地产业结构和劳动力结构单一造成的，中国东北地区的资源型城市的实践已经证明了这些观点。但也有研究认为，资源型产业的发展水平可以促进资源型城市的全要素能源效率，进一步延伸资源型产业链是资源型城市产业发展的关键。这些观点与鲁尔区整合并进一步发展资源型产业的成功经验相一致。这两类观点对于未来资源型城市是否应该继续发展资源型产业，以及将资源型产业发展到何种程度提出了挑战。至于发展非资源产业或新兴产业,有许多学者认为这是十分必要的,但也有许多研究指出,发展这类产业对资源型城市的可持续性没有明显贡献。这是因为在实现产业结构合理化之前,强调新兴产业和高端产业也并不能促进经济的明显增长,并且过度和过早地降低工业比重会给第三产业发展、经济增长和生产率提升造成负面影响。然而,在资源型产业发展到何种程度时开始将培育非资源型产业作为重点,尚待进一步探究。

综上,相关研究虽然为榆林市产业可持续性的提升及高质量发展提供了许多经验,但对于相同的高质量发展手段的效果仍然存在争议。这主要是由于现有研究存在以下点不足。第一,对各高质量发展手段的作用机制的解析不足。以上大部分研究多是评价各类手段的效果,运用特定理论分析其作用机制的较少。第二,未能考虑到分配于高质量发展机制的资源是有限的。高质量发展机制的运行需要充足的资源(包括资本、劳动力和技术等),但一座城市的资源是有限的。不同程度的资源投入量如何影响高质量发展机制的效果需要进一步的研究。第三,未充分考虑到各类机制的组合运用的效果。现有研究未能充分考虑有限资源在不同机制间的分配,以及不同的资源分配模式的效果。为解决这些问题,本文将从产业层面入手,考虑有限资源情境下的榆林市高质量发展机制,引入生态学的相关理论对机制进行解析,并据此构建系统动力学模型,通过情境仿真的方式探究各类高质量发展机制的特征以及更有效的机制配置。

二、理论框架

本部分从物种演化的视角入手建立本研究的理论框架,给出第 3 部分建模的理论基础,并对榆林市建设高质量发展增长极的基础情况进行介绍。

(一)生态学视角下的可持续与高质量发展

如果我们从生态学的视角来考虑榆林市的产业,那么每个产业可被视为一个物种,它们相互作用并不断增长。同时,受限于资源的有限性,每个产业(物种)的增长过程类似于逻辑斯蒂曲线,增长速度在前期较快,但后期会下降。由于整个经济系统(生态系统)的增长量是所有产业(物种)增长之和,因此如果在产业创新(物种演化)过程中出现了新的产业(物种),则总增量仍有可能保持在较高水平。这一基本规律可以被生态学中表示种群演化规律的经典模型 Lotka-Volterra 模型反映：

$$\begin{cases} \dfrac{dU_1(t)}{dt} = r_1 U_1(t) \left[1 - \dfrac{U_1(t)}{N_1} + \eta_2 \dfrac{U_2(t)}{N_2}\right] \\ \dfrac{dU_2(t)}{dt} = r_2 U_2(t) \left[1 - \dfrac{U_2(t)}{N_2} + \eta_1 \dfrac{U_1(t)}{N_1}\right] \end{cases} \quad (1)$$

其中 $U_i(t)$ 为第 t 研究期第 i 种产业（物种）的产出（数量），r_i 为第 t 研究期第 i 种产业（物种）固有的自然增长率，N_i 是第 i 种产业（物种）因资源有限而受到的增长上限，η_i 则为另一产业（物种）对该产业（物种）的影响系数（竞争时为负值，共生时为正值）。

目前，该模型已被应用于产业的相关研究。例如运用该模型解释产业集聚与协同促进产业链可持续发展的原因（增大了 η）、表达和解释经济与产品发展的复杂性、一个区域内的不同产业或企业的竞争可能出现的结果以及关键影响因素、竞争或合作的经济主体间的市场份额演化以及竞争与发展的不同情境。这些研究说明将 Lotka-Volterra 模型用于经济与产业的演化与发展是可行的，并且可以进行不同情境的分析。这些特征可以帮助本文对榆林市产业的可持续与高质量发展的演化过程的研究，尤其是分析不同的高质量发展机制。

（二）榆林市高质量发展机制的基本框架

本部分首先论述如何对公式（1）进行调整以使其适用于本研究，随后基于调整后的公式（2）提出高质量发展的基本框架。

公式（1）中的 r_i 所表示的是物种的固有增长率，即当物种增长所需的各类资源充足，且无其他外部影响时的增长率。资源不充足的压力则通过增长上限 N_i 以及竞争系数 η_i 来表示。然而，对于榆林市而言，不同的资源型产业之间由于产品关系密切属于共生关系，但从城市总资源池的视角看，它们在产业发展资源（即资本和劳动力等）方面则存在竞争。因此有必要将产业间的关系与产业发展资源的分配分开考虑。产业间的关系仍可用 η_i 表示，而产业发展所需资源的分配程度则可以引入一个系数 α_i 来表示。当产业 i 达到固有增长率 r_i 所需的资源充足时，$\alpha_i=1$，当没有任何发展所需的资源投入产业 i 时，$\alpha_i=0$。

在一个有限而稳定的生态系统中，部分物种可能灭绝，新的物种可能产生，所有物种对能量的需求通常不会因一个物种的变化产生极端波动。然而对于资源型产业而言，一旦其所依赖的自然资源耗竭，所有资源型产业均无法继续发展（灭绝），从而产生剧烈波动。如果用位于资源型产业链最上游的采掘业的发展上限 N_1 表示自然资源的上限（储量），当 $U_1(t)=N_1$ 时，$\frac{dU_1(t)}{dt}=\frac{dU_{i+1}(t)}{dt}=0$，即使 $U_{i\neq1}<N_{i\neq1}$。同时，自然资源采掘业的 N_1 是无法提升的。这也是资源型城市出现衰退、可持续性差的根本原因。虽然 N_1 无法提升，但其余资源型产业仍可通过技术、工艺和产品的创新实现 $N_{i\neq1}$ 的提高，提高的程度可以用系数 β 表示。综上所述，可以得到榆林市的资源型产业在第 t 研究期的总产出 P：

$$P(t)=\sum_{i=1}^{n}\frac{dU_i(t)}{dt}=\sum_{i=1}^{n}\alpha_i r_i U_1(t)\left[1-\frac{U_i(t)}{\beta_i N_i}+\eta_{ij}\frac{U_j(t)}{\beta_j N_j}\right] \quad (2)$$

其中，$i\neq j$，且当 $U_1(t)=N_1$ 时，$P(t)=0$

可持续性越强，一段时间内的 $P(t)$ 之和越大。那么，提升总产出 P，从而提升产业可持续性的基本机制如下：

A. 培育非资源型产业，其产出 P' 不受式（2）中附加条件的限制；

B. 减小 α_1，增大 $\alpha_{i\neq1}$ 和 η_{ij}；

C. 减小 α_i，但增大 i；

D. 增大 β_i。

其中：A 致力于非资源型产业的建设，对于榆林市来说，这对应了非资源型（新兴）产业培育。根据学者陈平的研究思路，这是创造了新的经济增长所需的资源，从而保证经济增长的持续性。不过非资源型产业与资源型产业是竞争关系，其 $\eta_{ij}<0$。B 主要是延缓资源开采速度，加快下游产业的发展并增强产业间的关联，从而提高资源型产业链全寿命期的总产出。具体可体现在每一产业产物的充分利用，包括副产物和废弃物的再利用，从而提高自然资源的利用率，重点是产业间的关联体系，这与循环经济体系构建具有高度的对应关系。但这一方法可能导致资源型产业中的非采掘业更快触及发展上限。C 主要是新增与既有产业相关联的新产业，从而在减小 α_i 的同时保证 $\sum\alpha_i$ 不减小，增大总产出 P。D 则是在同一产业内部进行创新，提高其发展上限。C 和 D 均致力于资源型产业的细化和专精。将以上机制用图表现出来如图 1 所示。

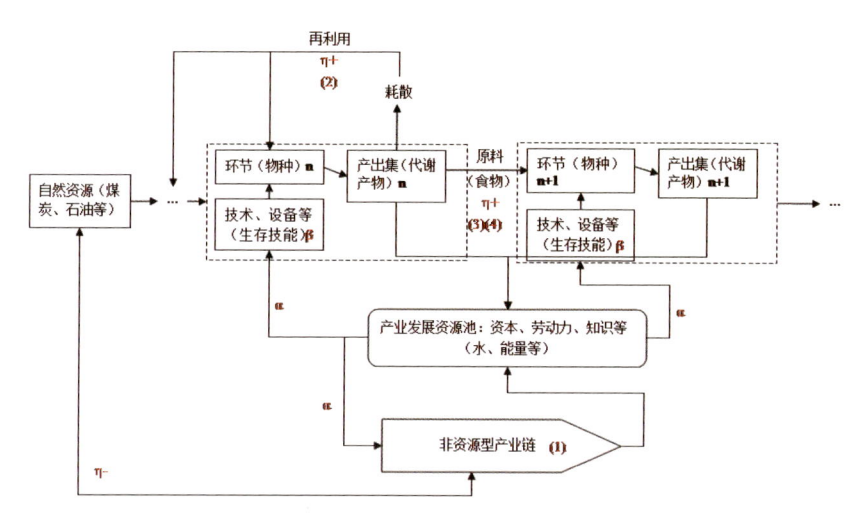

图 1 生态学视角下的榆林市产业高质量发展机制

然而，以上几种机制的优劣很难通过简单的计算得出。首先，每年的投入受上年产出的影响，是一种正反馈。其次，政府的调控能力需要被考虑，且这一能力可能随着城市的发展而提升，形成正反馈。第三，榆林市通过调整产业链建设高质量发展增长极的过程中，除了涉及经济外，还涉及环境改善和社会发展。也就是说，需要考虑的问题包括经济产出的动态变化、政府的调控能力以及全面衡量的可持续性。因此，相比于数学模型的推演，基于该模型的情境仿真更能全面地体现各种高质量发展机制的效果和特征。情境仿真的实现方法将在第 3 部分给出。

（三）榆林市的基本特征

榆林市仍将长期发展资源型产业链，具有典型的成长期和成熟期资源型城市的特征。具体来说，有以下六点。第一，榆林市位于陕西省北部，地处中国内地，相对不易产生和引入先进的非资源型产业。第二，其主要自然资源为煤炭，这是中国 53.39% 的资源型城市的特征。第三，榆林市为中国重要的煤电基地，未来还将长期承担煤炭资源的开发和利用。第四，榆林市处于资源型产业链发展的成长阶段，距离资源耗竭和衰退尚早，不适宜复制发达国家的经验。第五，其资源型产业链已有一定的发展程度，产品种类丰富。第六，其过去 5 年致力于调整产业结构，并已有一定成效，适合于寻求更佳的高质量发展策略。因此，在建模研究的过程中，应充分考虑以上六点特征。

三、研究方法

由第二部分可知，要实现榆林市高质量发展的几种策略的情境仿真，需要考虑每年度各产业的经济投入与产出反馈、反映产业链高质量发展的绩效，以及最重要的是，能够反映政策调节从而模拟不同情境。从系统方法论来说，系统动力学处理复杂系统问题的方法是定性定量相结合，系统综合推理，适用于研究这种复杂系统的结构、功能与行为之间的动态关系，所有变量间的定量关系即模型中的方程可由回归、表函数得到。因此，系统动力学是适用于本研究的。

所构建的系统动力学模型应能表示榆林市产业的运作、高质量发展绩效以及如何实现政策调节。因此，模型包括三个子系统：产业运作子系统、高质量发展绩效监测子系统和政策配置子系统。本部分将介绍各子系统的内容、重要方程及关键参数的设置。

（一）子系统1：产业运作子系统

从"榆林市高质量发展机制的基本框架"部分的式（2）来看，各产业的投入与产出反馈部分主要涉及各年度的产业发展资源投入、经济产出 $\frac{du_i(t)}{dt}$ 和固有的增长上限 N_i。各产业的产值构成了当年的总经济产出即 GDP，而 GDP 则影响下一年度各产业的投入，投入、增长上限与其他因素共同决定下一年度的经济

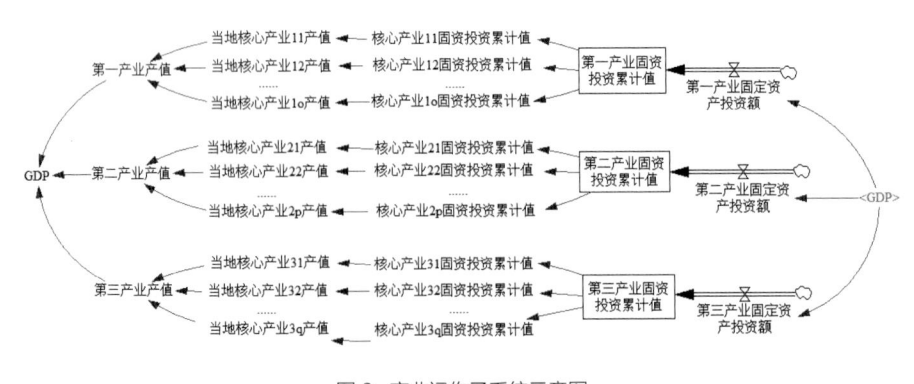

图2 产业运作子系统示意图

产出。考虑到数据的可获取性，构建 GDP→固定资产投资额→固定资产投资累计值→产业产值→GDP 的循环，如图 2 所示。

其中，固定资产投资累计值一方面反映增长上限的特征，另一方面也反映投资对该产业的长期影响。而为了更好地反映系数 α、β 和 η，并考虑到数据的可获取性，就需要对产业的类型进行划分和界定。和通常的中国资源型城市一样，处于成长阶段的榆林市产业结构以第二产业为主，因此其第二产业有必要进行进一步划分，而第一和第三产业由于占比小、发展程度低则可视为整体进行研究。第二产业划分一方面依据中国的国民经济行业分类标准，另一方面考虑到建模的便利性，具体见表1。模型中的方程采用回归分析或表函数确定，具体见附录。

表 1 模型中工业行业相关变量及其内涵

变量名称	所含工业行业
采矿业 (I1)	煤炭开采和洗选业、石油和天然气开采业、有色金属矿采选业、非金属矿采选业、开采辅助活动
石油工业 (I2)	石油加工、炼焦及核燃料加工业
化工业 (I3)	化学原料及化学制品制造业
矿物制品业 (I4)	非金属矿制品业、黑色金属冶炼和压延加工业、有色金属冶炼和压延加工业、金属制品业
电力热力供应业 (I5)	电力热力的生产和供应业、燃气生产和供应业
设备制造业 (I6)	通用设备制造业、专用设备制造业、电气机械和器材制造业、交通运输设备制造业、仪器仪表制造业、计算机通信和其他电子设备制造业
其他工业行业 (I7)	除以上行业外的工业行业

（二）子系统 II：高质量发展绩效监测子系统

各类绩效可综合反映产业链高质量发展以及受此影响的城市发展情况。GDP 和各产业的产值仅能反映经济增长的情况，而可持续性的内涵则还包括了生态环境和社会发展。根据相关文献，资源型城市及其产业的可持续性测度通常涉及产业结构（第二/第三产业占比、采矿业产值/固定资产投资占比等）、环境改善（废气/废水/固废的排放和处理情况、能耗、空气质量优良率等）和受产业影响的社会发展情况（人均 GDP、失业率、生活环境质量等）。综合考虑现有研究和榆林市的情况，本文给出如下所示的绩效测度体系以及各指标的计算方法。

$SCI=C_1×C_2×C_3$

$C_1=$ 第三产业产值 ÷ 第二产业产值

$C_2=[(I6$ 固定资产投资额 $×0.35+I3$ 固定资产投资额 $×0.65)÷(I7$ 固定资产投资额 $×0.15+I5$ 固定资产投资额 $×0.2+I2$ 固定资产投资额 $×0.2+I4$ 固定资产投资额 $×0.15+I1$ 固定资产投资额 $×0.3)]÷$ 初期值

$C_3=[(I6$ 产值 $×0.35+I3$ 产值 $×0.65)/(I1$ 产值 $×0.3+I2$ 产值 $×0.2+I5$ 产值 $×0.2+I7$ 产值 $×0.15+I4$ 产值 $×0.15)]÷0.20106$

$EII=[(C4)/(0.4×C5+0.3×C6+0.3×C7)]÷$ 初期值

$C4=$ 废水处理设施治理能力 $/GDP$

$C5=$ 工业废气排放量 $/GDP$

$C6=$ 固体废弃物产生量 $/GDP$

$C7=$ 总能耗 $/GDP$

$SDI=C8×0.3/$ 初期值 $+C9×0.2/$ 初期值 $+C10×0.2/$ 初期值 $+EII×0.3$

$C8~C10$ 为统计数据

上述计算中的系数即权重为专家讨论所得；"初期值"是指将研究期第一期的数值代入到公式中方括号内的部分计算得到的数值，从而使各因子的计算结果体现出对研究期基期的对比。

（三）子系统 III：政策调节子系统

"榆林市高质量发展机制的基本框架"部分式（2）中的系数 $α,β$ 和 $η$ 则均可反映在政策调节部分。按照作用范围，政策可以分为经济政策和环境政策；而根据政策的性质，政策又可分为选择性政策（定向选择发展特定产业、产品和工艺等）和支持性政策（加大科技支出、提供必要的资金、基础设施等）。根据这两种政策分类方式以及本文的研究目的，可以将政策调节系数分为如表 2 所示的几个部分，其中经济类政策对应的高质量发展机制（"榆林市高质量发展机制的基本框架"中的 A—D）在括号中标出。

表2 政策调节系数及其性质

	选择性政策	支持性政策
经济政策	第三产业升级 (1) 产能调节 (2)(3)(4) 产业培育 (2)(3)	科技支出 (4) 循环经济体系 (2)
环境政策	产能调节	科技支出 环保支出 节能系数

政策调节系数的确定是根据榆林市近年来各类数据的变化和实际情况确定的。榆林市的数据在2009年以及2013年以后发生了明显的变化，实际数据与回归所得到的曲线偏离更明显。这与2008年金融危机以及2011年底发生的煤价下跌及产能过剩现象的影响密切相关。因此，政策系数的取值应确定为可以

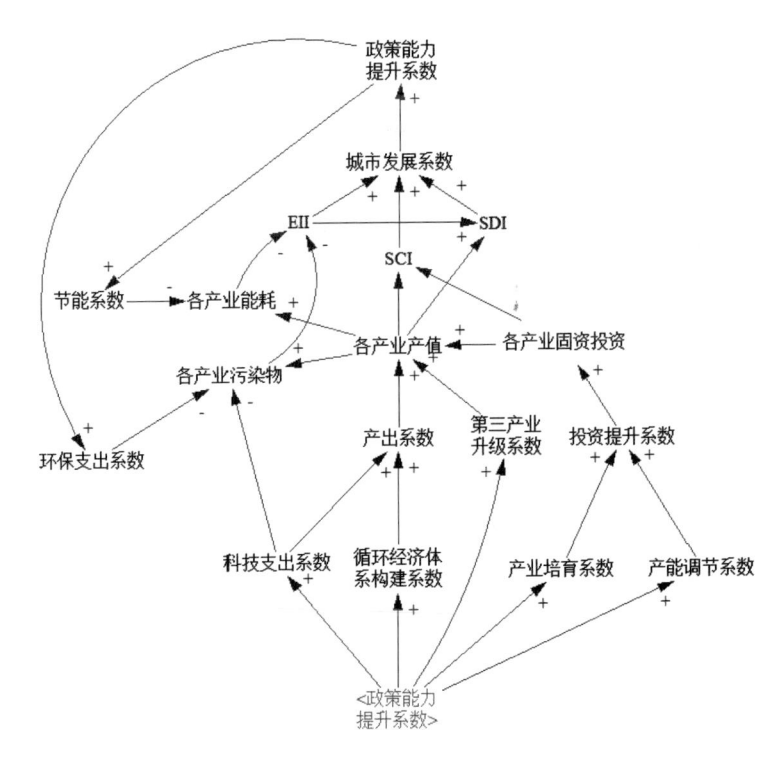

图3 政策配置子系统因果图

修正这些偏差的数值。应注意由于政策注意力是有限的，所以在情境仿真中，每年各类情境的政策系数绝对值之和(θ)应当是相等的。然而，不同年份的θ数值可能不同，这是由于政策调控能力会随着高质量发展以及城市发展而提升。因此需要在仿真模型中设置这一循环：城市可持续性→政策能力→θ→城市可持续性。由以上分析可得到政策调节子系统的因果关系图如图3所示。

（四）仿真模型设定与数据来源

仿真模型由子系统Ⅰ~Ⅲ构成。其中子系统Ⅰ主要反映榆林市产业链的运作，是该仿真模型运行的核心。子系统Ⅱ的目的是反映子系统Ⅰ运作的状况，构成子系统Ⅱ的变量与子系统Ⅰ中的变量密切相关，例如能耗和污染排放的相关指标与各产业的产出具有数量关系，人均GDP则取决于GDP。子系统Ⅲ用于表示政策情境的全局性影响。该子系统中的系数与子系统Ⅰ和Ⅱ中的数量关系密切相关。一方面，这些系数对子系统Ⅰ和Ⅱ的表现具有明显的影响，另一方面，子系统Ⅱ中的CDI越大（即子系统Ⅰ的运行状况越好），子系统Ⅲ中的系数的影响程度越大。综上可构建系统动力学流图如下：

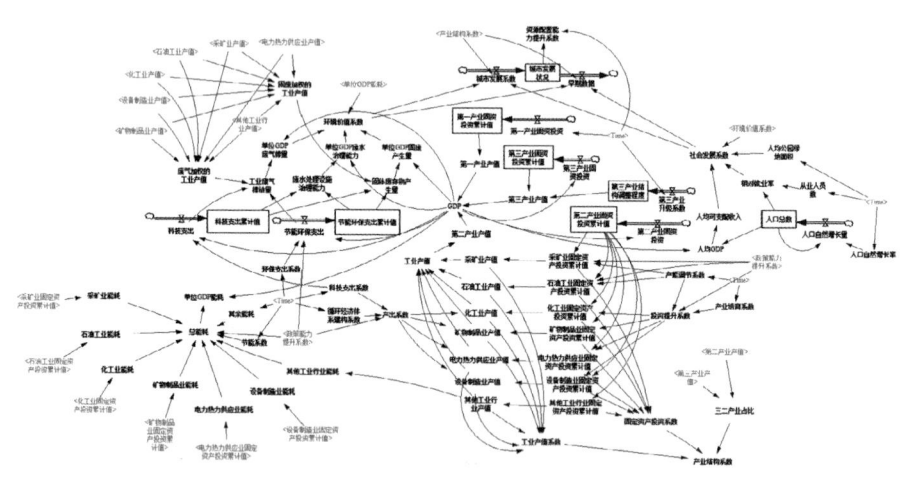

图4 榆林市高质量发展仿真模型

其中右上角的两个变量调整的工业产值（废气）和调整的工业产值（固废）考虑到不同行业的污染物排放和产生强度不同，需要进行预处理才能进一步计算废气排放量和固废产生量。这两个变量的数值计算依据各行业的污染物排放量以灰色关联分析法计算得出。模型仿真的时间为2005—2030年，步长TIME STEP为1年。数据来源于各年份的《榆林统计年鉴》和《陕西统计年鉴》。

（五）情境设定

首先，情境的类型主要依据前文对机制的基本解析，并充分考虑近年来榆林市的产业链升级和转型模式与机制。此外，还应以最近几年（2013—2019）的情境为基准设置对照组。因此，情境可根据高质量发展机制分为4类：①对照组、②循环经济体系构建机制、③关联产业培育（主链细化专精）机制和④第三产业培育机制。

在建模过程中我们发现，2013—2014年θ为0.7，2015—2016年为0.9，2017—2019年为1.2，基本呈现逐年上升的趋势。因此，不妨设定仿真期（2020—2030年）的θ基准值为1.3。对照组以及其他三类情境的政策系数设定如表3所示。

表3 四类情境的政策系数设定

政策系数	情境①	情境②	情境③	情境④
产能调节	−0.1	−0.1	−0.1	−0.2
产业培育	0.3	0.1	0.4	0
循环经济体系	0.1	0.45	0.05	0
科技支出	0.1	0.15	0.35	0.15
环保支出	0.1	0.25	0.25	0.25
节能系数	0.3	0.25	0.15	0.2
第三产业升级	0.3	0	0	0.5

四、结果

（一）模型的检验

首先应对模型进行检验，确保模型具有反映实际情况的能力。限于数据统计口径和获取能力，通过对比主要指标2008—2018年的实际值和仿真值（见表

4），可以发现整体误差不超过10%，平均误差低于1%，说明模型具有较强的反映实际情况的能力。

（二）各年份绝对值

主要指标仿真结果如图 5 所示。情境③的 GDP 总量高，但情境②的增长速度较快（2025—2030 年从 7125.42 增长到 29038.1，平均每年增长 25.19%）。对于按当前模式继续发展的对照组①，其 GDP 在研究期内也相对于其余情境有明显的优势。然而，前三种情境虽然 GDP 较高，但在二、三产业占比（C1）方面则几乎呈现相反的情况，均呈持续下降的态势，仅情境④的第三产业有明显的转型成效。在综合考虑了 C2 和 C3 后，产业结构系数 SCI 则与 GDP 的状况比较相似，尤其是 2025—2030 年，四种情境的 SCI 均呈上升趋势。环境方面，四类情境的表现差距明显，且情境①与③在最后两年出现 EII 明显下降的趋势。情境④和②在污染排放和 EII 总体上表现较好，而情境①虽然污染排放比情境③低，但 EII 总体和情境③相似。在社会发展方面，情境①在 2030 年获得明显的第三产业转型成效前，表现最差；情境④在 2026 年之前保持增长，随后增速加快。总体来看，情境①经济产出较高，产业结构表现稳定，但环境和社会发展方面表现很差，总体表现差。情境③在经济方面表现极佳，但在环境方面表现出明显的劣势，因此总体表现在最后 3 年内最差。情境④除环境改善和第三产业发展突出外，其余方面表现均不佳。情境②则在最后 5 年内表现出最突出的经济增长和较好的环境改善。

表 4　模型仿真值与实际值对比

年份	GDP（亿元） 真实值	GDP（亿元） 仿真值	GDP（亿元） 误差（%）	总能耗（吨标准煤） 真实值	总能耗（吨标准煤） 仿真值	总能耗（吨标准煤） 误差（%）	第二产业产值（亿元） 真实值	第二产业产值（亿元） 仿真值	第二产业产值（亿元） 误差（%）
2018	3848.62	3689.49	-4.135	37830760	37798700	-0.085	2417.65	2329.21	-3.658
2017	3318.39	3138.67	-5.416	37936119	36757000	-3.108	2086.08	2108.62	1.080
2016	2773.05	2917.43	5.207	35113462	34035400	-3.070	1684.69	1757.69	4.333
2015	2491.89	2625.57	5.365	32505702	33708900	3.701	1523.68	1642.66	7.809
2014	2920.58	2794.74	-4.309	29765281	30433400	2.245	1966.78	1803.73	-8.290

续表

年份	GDP（亿元）			总能耗（吨标准煤）			第二产业产值（亿元）		
	真实值	仿真值	误差(%)	真实值	仿真值	误差(%)	真实值	仿真值	误差(%)
2013	2779.46	2682.63	-3.484	24647945	26338800	6.860	1915.09	1773.67	-7.385
2012	2669.88	2460.44	-7.845	21818489	21951200	0.608	1928.53	1745.27	-9.503
2011	2292.25	2191.24	-4.407	20073338	19688600	-1.917	1629.66	1512.93	-7.163
2010	1756.67	1770.04	0.761	17063122	17098600	0.208	1205.77	1185.65	-1.669
2009	1302.31	1412.45	8.457	14951823	15020300	0.458	860.78	911.472	5.889
2008	1172.76	1195.54	1.942	14066878	14214800	1.052	796.1	780.184	-1.999
平均误差		0.188						-1.997	

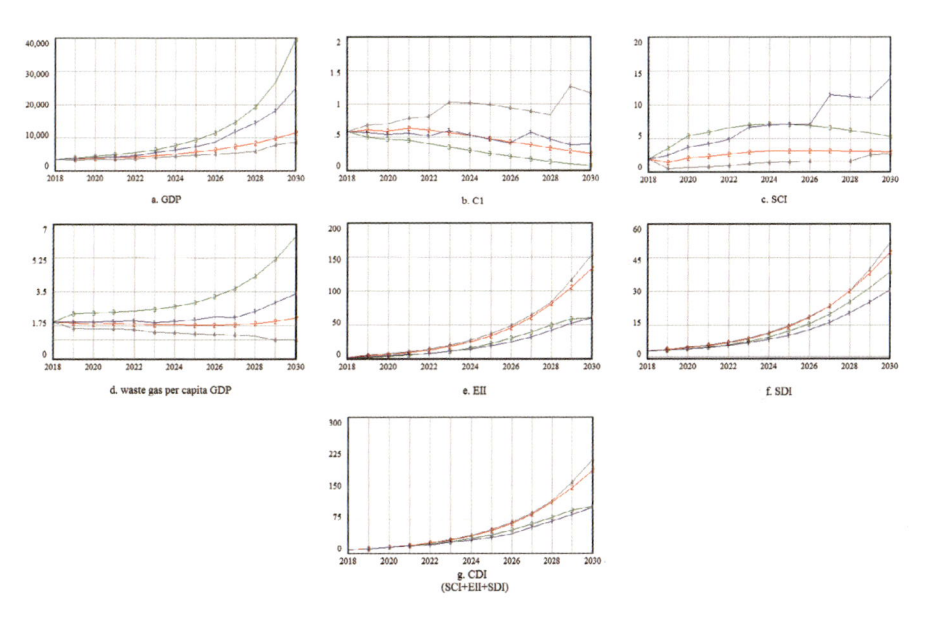

图 5 主要指标的仿真值（注：图中的数字分别代表前文中的情境）

（三）累计值和变化率

主要指标的累计值如图 6 所示。很明显的，研究期内，情境①和③在经济方面的累计表现明显优于情境②和④，但在环境改善、社会发展以及整体高质量发展的层面却呈现了相反的情况。具体来说，情境③的在经济产出和产业结构调整方面更具优势，但环境改善明显不足，且研究期内污染物排放明显高于

157

其他三类情境。情境①的经济总产出也比较高,且由于培育第三产业,产业结构的调整在未来展现出最佳的优势。然而情境①在环境改善和社会发展方面的明显劣势,使其整体高质量发展绩效为研究期内最差。专注于培育第三产业的情境④在经济和城市整体产业结构方面表现不佳,但在环境改善方面具有最佳的效果,总体改善幅度有明显优势。情境②则在六项指标中都处于中等位置,但相比于情境④只是稍显劣势。

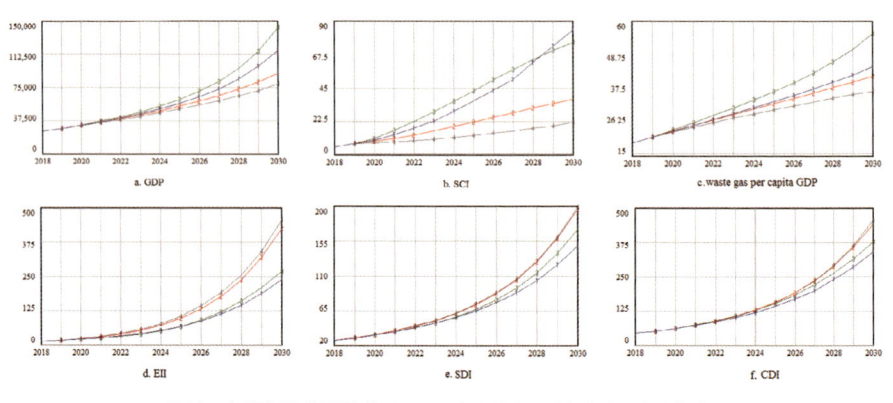

图6 主要指标的累计值(注:图中的数字分别代表前文中的情境)

五、讨论

(一)当前发展机制的主要问题

情境①的结果的最大特点是产业结构的综合调整较好,但却伴随着明显的环境问题。研究表明产业结构不合理是资源型城市衰退与不可持续的重要原因,这种不合理体现在二、三产业的比例失衡以及资源型产业的增长潜力不足。情境①致力于资源型产业结构的调整和第三产业的培育,使C_1的表现越来越好;同时,由于β_1和i的增大,C_2和C_3的值不断提高,使得SCI稳定提升并明显优于其他情境。一些研究也认为产业结构的优化是资源型城市产业可持续发展的关键。的确,情境①通过改善产业结构,使得榆林的经济产出不断提升。然而,这一过程却会引发严重的环境问题,图3和图4已展示了情境①在环境方面的劣势。这是由于情境①虽然控制了自然资源的开发速度,但也同时加速了下游资源型产业的发展。这一发展所带来的环境污染增量并不能被有限的科技、环保和循环经济投入以及第三产业的缓慢增长所抵消。这也是情境①环境问题比情境②和④严重的关键。为解决环境问题，需要政府制定适当的环境规制以促进产业结构的升级与调整。然而，限于有限的政策调控能力和相关资源（$\sum_{\alpha i}$），情境①无法提供有效的环境规制与调整措施。这使得资源诅咒效应发挥，产业结构仅在有限的范围内调整，从而不利于长期的可持续性。综上所述，仅对产业结构进行改善并不能有效促进榆林市的高质量发展。

（二）循环经济体系构建机制

情境②展示出明显的环境改善能力并因此获得了较高的CDI。然而，情境②在前期不仅有着较低的经济产出，并且基本没有改善产业结构。造成这一现象的原因可能与循环经济体系本身的特点有关。循环经济虽然被视为一种提高物质与能量利用率的经济模式，但相关研究却很少关注它对经济增长的贡献，并且对于循环经济是否能促进可持续发展还存在一定争议。根据本文第二部分的理论，循环经济体系的构建致力于增强资源型产业间的关联程度（增大η_{ij}），从而充分利用或处理自然资源在产业链上每个环节的产出、副产出和污染物。从产业链和经济的角度看，相比于情境③即培育资源型产业，循环经济体系的GDP增速在后期虽然更快，但在2030年，其SCI却只有情境③的66.97%。同时，对于产业链的延伸以及第三产业的培育则投入较少（如图5b所示）。考虑到其GDP快速增长的特征，这说明情境②的经济过于依赖第二产业。由于自然资源是可耗竭的，因此虽然第二产业内部结构不断优化，但对于第二产业越来越依赖的整体趋势很可能不利于资源型城市的可持续发展。从产业链与环境的角度看，循环经济体系构建大幅提升了环境价值，2030年其EII比对照组高145.45%，然而，其单位GDP的废气排放量在研究期内并无明显降低，最终甚至略高于对照组。这可能是由于循环经济体系的完善会带来新产品和新产业，但由于这些产业仍为资源型产业，因此污染排放的下限较高。此外，低污染的第三产业占比不断降低也是单位GDP废气排放量难以降低的重要原因。与情境②相比，资源型产业占比较低的情境④废气排放量明显很低。因此，总体来看，虽然在环境方面有着较大的贡献，情境②却容易造成产业结构的固化，从而使资源型产业在技术和市场变化中失去竞争力，不利于其可持续和高质量发展。

（三）资源型产业精细化机制

精细化旨在提升资源型产业的比较优势，并促进它们的快速增长，通过增长极效应吸引相关资源从而促进产业的持续发展。部分研究认为这样快速的增长并不总是坏的，因为它促进了社会经济条件的改善，提高了工业化水平。但比较优势与增长极效应所吸引的外部资源反而抑制资源型城市效率的提升。情境③的仿真结果显示出明显的高增长与低环境效益，且由于第三产业占比难以提升，其产业结构长期来看是变差的。相关研究和仿真结果均支持了"污染天堂"假说。按照本文的生态学框架，这是因为情境③过度依赖资源型产业链，且虽然通过控制 α_1 延缓了自然资源的开采速度，但资源型产业链上的下游产业过快的发展容易导致非资源型产业的发展资源被挤出，减少其他领域的投资并造成权力寻租。这一现象类似于相互竞争的物种中有一个物种过于强大，从而挤出了其他物种，但长远来看不利于物种的多样性。但单一物种的过于"强大"则导致生态系统中的特定资源被快速消耗，且这一物种代谢产生的废物难以被及时转化。这也是导致情境③的 EII 在最后数年中下降的关键。同时，这种现象会因为阻碍非资源型产业的发展而阻碍榆林市产业链整体的高质量发展。

综上所述，我们认为榆林市及其高质量发展是需要依赖于资源型产业的精细化与快速增长的，但由此引发的资源诅咒现象（例如环境破坏、非资源型产业挤出以及权力寻租）则会制约产业与城市的可持续性。因此，对于情境③而言，虽然推进资源型产业的增长仍以必要的，但与技术进步（增大 β_i）和资源型产业链内部的结构调整（增大 i）相比，规模控制应作为这种工业容量过剩或环境状况较差的情境的最重要的改造措施。情境④的 EII 在后期迅速提升也证明了控制资源型产业规模的重要性。

（四）第三产业培育机制

情境④的仿真结果在环境方面显示出明显的优势，因此在不考虑经济产出的情况下，2030 年情境④的 CDI 比对照组（情境①）高 116.15%。然而，情境① 2030 年的经济产出却比情境④高 123.79%。此外，情境④在整体的产业结构方面的劣势，说明忽视资源型产业的增长并不利于榆林市产业结构的明显改善。

这是由两方面原因造成的。

首先是第三产业对于包括榆林市在内的资源型城市可持续性的影响在短期内是不明显的。尽管许多研究认为资源型城市的产业转型必须重视第三产业，但本文的结果却并不能很好支持这一观点。情境④在经济产出以及产业结构方面的表现始终展现出明显的劣势，仅在最后5年显示出相对明显的快速增长。Wang等学者的研究也支持第三产业的发展并不能明显促进资源型城市的可持续性的观点。可能的原因是第三产业及其带来的新技术与新业态对于当地经济的适应性不足，难以在短期内提高当地经济的复杂性，从而对经济发展的积极作用不明显。类比于生态系统，生物（产业）多样性的提升对于生态（产业）系统的持续发展是有利的。但发达国家资源型城市的非资源型产业多产生于衰退期，说明这类产业的发展需要较长的时间。情境④的单位GDP废气排放量以及EII在最后4年内的优化幅度的提升也说明第三产业需要长期的培育才能迎来快速发展。从结果中还可以发现，C1较低的情境①和③，其EII较低并且废气排放较高；情境② C1较高的年份废气排放较低。这说明第三产业可以有效改善环境问题。本文的研究支持了第三产业对于改善空气污染存在积极效应的观点。另一方面，这也说明培育第三产业是资源型城市实现长期环境改善的重要且有效的手段，机制④是值得运用的。

其次是资源型城市产业发展资源的正反馈效应。产业发展资源池中的资源很少投入资源型产业，这使得资源型产业的产出较少，从而使资源池中资源的增量较低，即可用于下一阶段产业发展与结构调整的资源较少，从而不利于榆林市全产业的快速发展。

（五）分期调整的综合机制

综合考虑以上讨论，榆林市高质量发展的条件主要包括：产业链的多样性、资源型产业链的充分细化（充分利用自然资源）、产业链环节之间的协同合作以及环境规制。从生态学视角来看，即是生态系统中的关键种在前期和中期都应出现在资源型产业链上从而充分发挥环境的优势，且资源型产业链上的产业要有尽可能高的互利共生程度。与此同时，资源型产业链上应实现产业的"繁殖"和"变异"，但不能排挤非资源型产业的产生和演化，从而保证非资源型产在未来成为新的关键种。

机制②～④均只侧重于其中的一个方面，而机制①虽然综合了机制②和③的特点，但并没有考虑到不同机制的组合顺序。从时间的角度看，产业（物种）多样性的提升需要较长的过程，而前中期应当依据资源禀赋（环境）培育资源型产业链（关键种），促进资本、技术的发展和基础设施建设（繁殖）。当资源型产业链的细化（变异）达到一定程度后，通过循环经济体系增强它们之间的互利共生程度，同时有利于环境的改善。在以上过程中，应当始终通过环境规制（环境和资源限制）控制资源型产业链的规模，避免其对非资源型产业挤出的同时注意非资源型产业的培育，且到最后一个阶段以非资源型产业的培育为中心。通过这样的方式，产业（物种）的多样性可以被提高。基于这样的推论，可以设计根据时间而变化的机制⑤并进行仿真，将其结果与①～④对比。机制⑤的政策系数取值见表5，仿真的主要结果见图7。

表5 机制⑤的政策系数取值

时间段	产能调节	产业培育	循环经济体系	科技支出	环保支出	节能系数	第三产业升级
2020—2022	0	0.4	0.05	0.3	0.2	0.15	0.2
2023—2026	-0.1	0.05	0.4	0.05	0.3	0.2	0.2
2027—2030	-0.2	0.1	0.1	0.1	0.3	0.2	0.3

实际上，每个阶段政策系数的调整幅度是非常大的。例如第二阶段，P2降低了87.25%，P3则提升了700%。这样幅度的变动足以凸显三个阶段的不同特征。相比于政策系数的变动幅度，仿真值的波动幅度较小（如果按照第一阶段的政策系数设定，CDI本应是27.55，但现在是48.73，提高了76.88%）。此外，考虑到子系统Ⅲ的政策系数对模型具有全局性调节作用，我们认为仿真值的波动幅度是可以接受的。

结果表明，分阶段进行调整的综合机制⑤的经济增长总体处于中上水平，且第三产业的增长明显。EII和CDI从第二阶段起就处于优势地位，说明高质量发展的水平更佳。对比三个阶段可以发现，在以资源型产业链的细化和延伸为主的第一阶段，经济产出很高，从而形成了较好的资本、技术等经济发展必须

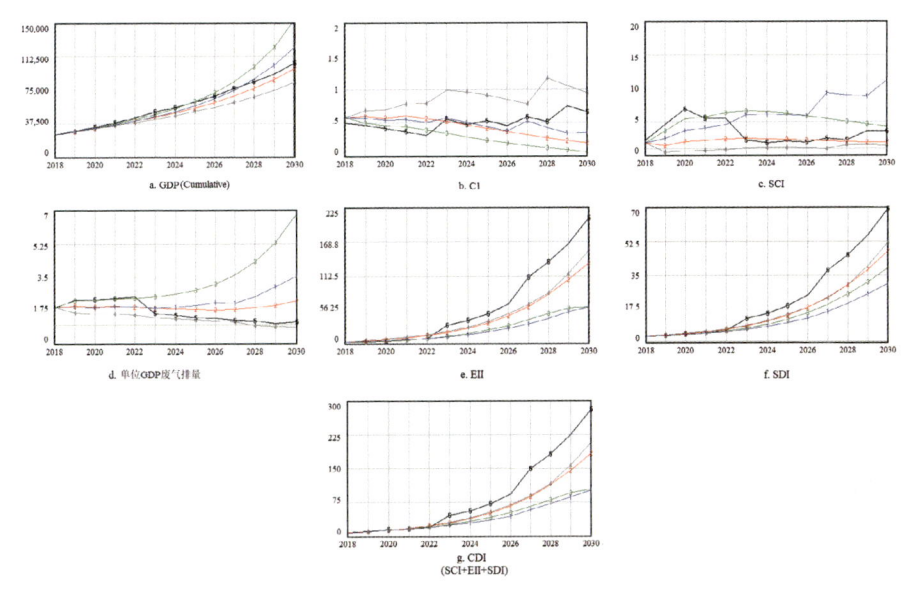

图 7　机制⑤的仿真结果及与①~④的对比

资源的积累，而第二阶段的循环经济体系建设则很快调整了资源型产业链的过度扩张和环境破坏，同时仍然保持经济产出在一定的水平。而前两个阶段对第三产业的持续培育也使得第三产业保持不断的突破，从而使产业链多样性提升，同时控制了循环经济体系带来的第二产业依赖。此外，情境⑤在第二阶段的废气排放和 EII 的表现比同样构建循环经济体系的情境②更佳，说明产业链的充分发展与延伸对于循环经济体系优势的发挥是有意义的。经济、环境实现持续性发展。机制⑤相比机制②和③可持续性更强，而相比机制④前期和中期则有更好的综合表现，经济产出更高。

六、政策建议

基于研究结果的分析与近年来的政策环境，我们为榆林未来建设高质量发展增长极提出如下建议。

（一）合理定位榆林市产业价值链特性

近几年我国资源型城市相关政策规划存在一定的趋同性，如发展新能源产业、电子信息产业和旅游业出现在各城市"十三五"规划中的频率均较高，部分资源型城市在进行产业规划时，注重引进和培育新兴产业（如电子信息产业和旅游业等），或是按照趋同化的方式延伸资源型产业价值链（如发展基于既有产业的新材料、装备制造等），甚至牺牲部分具有本地特色的产业为新产业的培育"腾笼换鸟"，但对于当地产业价值链的逐环节特性分析以及环节间的关联考察略有不足。

建议榆林市未来的政策规划应在区域发展整体趋势的基础上，以"双碳"目标为背景，首先对既有产业价值链的发展趋势做好短期、中期和长期的预测和定位，这一过程中需要充分考虑当前及未来的目标优势产业继续发展所需的基础，从产业价值链的关联性影响、投入与产出以及辅助性手段等方面做出详细的基本分析。待针对各产业或待培育的目标产业进行分析后，可综合以上各方面的分析结果从三类结构优化模式中选择较适宜的模式；随后，再根据结合实地情况的分析结果对结构优化模式的具体手段和环节操作性部分进行调整及具体安排。预先进行产业价值链分析从而选定优化模式一方面是为了确保优化目标的具体性和长期性，避免政策不连贯从而造成目标难以实现的问题，另一方面是为确保政策实施过程中目标的具体化和可控性，提高政策实施成功的概率。

（二）及时调整政策及资源配置重点

根据本文的实证研究，分阶段将资源集中于某一类环节可获得更明显的效果，这就说明通过政策配置引导将相关的资源集中于某一领域集中攻关，更有利于优化目标的实现，也更容易与官员更换频繁的现状相结合。但同时，也应注意根据优化状况的变化即优势与短板的演变而及时调整政策配置，避免政策引导的僵化和低效。

同时，由于部分产业的培育以及环境治理等方面具有长效性，应被给予长期的资源投入，因此这些方面的政策及资源配置在灵活调整的基础上也必须具有一部分稳定性与长效性。这就要求当地应有中期或长期的系统性规划，明确产业价值链的优化与城市的发展目标，对中长期政策与短期灵活性政策有比较明确的划分，并进行备案和合理公开，保证政策的平稳性和科学性。至于如何灵活调整政策，可建立相应的关键指标监控和预测系统。

（三）建立关键指标监控和预测系统

为确保优化目标的控制和实现，可按照"计划—执行—检查—调整和行动（PDCA）"的原则，加强对于优化效果的考察及效果预测，并根据结果对目标或手段进行调整。为此，可建立一套关键的监控或监测指标，并建立供决策参考的含经济、环境和社会等多方面优化结果的预测系统。

关键指标应当从榆林市产业价值链的整体出发，反映优化对城市经济、社会和环境方面的贡献。指标可以重点考察产业价值链各环节即产业和相关投入对产业结构、产品结构、人民生活、城市吸引力和生态环境保护等方面的影响。而对未来政策执行后的结果仿真则一方面可以预测当前政策的效果，另一方面则可以通过观察预测模型中参数（如财政科技支出）的调整对关键指标（如废气排放量）结果的影响，从而为下一阶段的具体安排（如财政科技支出应大致增加何种幅度）及政策的调整形成支持。此外，预测系统也可作为分析产业价值链各环节发展趋势的重要手段之一，从而方便优化模式的选择。

七、结论

本文在种群的视角上，针对榆林市的高质量发展机制展开了研究。首先运用种群间的竞合演化关系分析了资源型产业得到持续性发展的基本条件和基本机制，随后基于此并结合近年来我国诸多资源型城市的产业转型实践，将基本机制分为5个类别并利用系统动力学模型进行效果仿真。通过结果的讨论，可以得出如下结论。首先，按照"资源型产业—循环经济—第三产业"的顺序分阶段集中配置资源可使综合优化效果大幅提高（比其他情境高22.52%~164.82%）。其次，三类基本的优化机制各有其优缺点：循环经济体系的效果集中于环境治理，但过于依赖第二产业，不宜单独和长期运用；资源型产业链的扩张和延伸是必要的，但其程度需要被控制；非资源型产业的培育需要大量资源投入，不适合在产业转型初期单独培育。第三，以上三类机制的简单混合仍会导致资源诅咒现象，仅适用于资源型产业初期的繁荣与结构优化，必须尽快调整，即将产业发展资源集中于某一合适的机制。因此，我们建议榆林市分阶段运用不同的机制，每个阶段都将资源集中于其中一项机制。建议先推进资源型产业的精细化，随后构建循环经济体系调整其规模和污染问题，最后集中资源在具有一定发展基础和禀赋的非资源产业上。基于以上结论，本文提出了未来榆林市相关的政策建议。

本项目基于现有研究，以三类最基本的机制入手展开研究，但并没有对这三类基本机制的具体模式做更细致的划分。提出分阶段的综合机制时，对于构成它的三类基本机制切换的条件，即关键系数的阈值也未进行更精确的研究。未来可针对以上三类机制内部模式的对比、机制之间的切换与衔接条件分别进行更细致的研究；也可从基于Lotka-Volterra模型的数学建模和数学分析的角度进行定量研究，从而更好服务未来产业政策的精细化。

[参考文献]

[1]LI B, DEWAN H. Efficiency differences among China's resource-based cities and their determinants[J]. Resources Policy, 2017, 51: 31-38.

[2]CHEN W, SHEN Y, WANG Y. Evaluation of economic transformation and upgrading of resource-based cities in Shaanxi province based on an improved TOPSIS method[J]. Sustainable Cities and Society, 2018, 37: 232-240.

[3]YAN D, KONG Y, YE B, SHI Y K, ZENG X Y. Spatial variation of energy efficiency based on a Super-Slack-Based Measure: Evidence from 104 resource-based cities[J]. Journal of cleaner production, 2019, 240.

[4]LI L, SHAN Y, LEI Y, WU S, YU X, LIN X, CHEN Y. Decoupling of economic growth and emissions in China's cities: A case study of the Central Plains urban agglomeration[J]. Applied Energy, 2019, 244: 36-45.

[5]杨磊.资源型城市休斯敦的可持续发展与经济转型及对我国的启示 [J].中外能源, 2017, 22 (03): 10-15.

[6]ZHU D. A framework for Deepening Study of Circular Economy[J]. 2008, 23 (5): 444-452.

[7]车明好, 邓晓兰, 陈宝东.产业结构合理化、高级化与经济增长：基于门限效应的视角 [J].管理学刊, 2019, 32 (04): 12-20.

[8]魏后凯, 王颂吉.中国"过度去工业化"现象剖析与理论反思 [J].中国工业经济, 2019, (01): 5-22.

[9]陈平.代谢增长论——技术小波和文明兴衰 [M].北京：北京大学出版社, 2019.

[10]王其藩.系统动力学 [M].上海：上海财经大学出版社, 2009.

[11]TAO S, CAI J M, CHAHINE T, HUI X, NIU F Q. Modeling urban metabolism of Beijing city, China: with a coupled system dynamics: emergy model[J]. Stochastic Environmental Research & Risk Assessment, 2014,

28 (6): 1511−1524.

[12] 田鑫. 论功能性产业政策的目标和政策工具——基于日本新能源汽车产业的案例分析 [J]. 科学学与科学技术管理, 2020, 41 (1): 1−19.

[13] 郭高晶, 孟溦. 中国（上海）自由贸易试验区政府职能转变的注意力配置研究——基于83篇政策文本的加权共词分析 [J]. 情报杂志, 2018, 37 (02): 63−68.

[14]WANG K, WU M, SUN Y, SHI X, SUN A, ZHANG P. Resource abundance, industrial structure, and regional carbon emissions efficiency in China[J]. Resources Policy, 2019, 60: 203−214.

[15]ZHAO L, XU L, ZHANG L. Natural Resource Dependence, Human Capital and Resource Curse Hypothesis Revisited: Evidence from Resource−based Cities in China[J]. Areal Research and Development, 2016, 35 (04): 52−57.

03

智慧城市建设

Smart City Construction

03
智慧城市建设
Smart City Construction

篇首语

习近平总书记指出,"从数字化到智能化再到智慧化,让城市更聪明一些、更智慧一些,是推动城市治理体系和治理能力现代化的必由之路"。随着大数据、物联网、人工智能等现代科技信息技术手段向城市管理全过程、多领域延伸,城市治理能力正在向数字化、智能化、精细化大步迈进。有了数字的"加持",城市内涝、交通拥堵、环境保护、治安城管等城市老大难问题,将得到有效解决。

本篇章以"智慧城市建设"为主题,围绕城市交通网络优化、公共建筑体检与可持续评估、老旧小区人居环境提升等热点领域,形成3篇研究报告。其中,《西安都市区城市节点体系与公共交通体系匹配协同研究》提出西安都市区城市空间结构与公共交通协同优化的策略措施;《面向智慧城市的西安大型公共建筑可持续性评价研究》构建了西安市大型公共建筑不同生命阶段的可持续性评价指标体系,用以推动面向智慧城市的大型公共建筑的可持续发展;《西安市老旧小区停车现状和优化路径研究》比较了老旧小区停车改造的多种可能模式,以缓解老旧小区的停车难题。

西安都市区城市节点体系与公共交通体系匹配协同研究 [1]

○田达睿 [2]　关冲 [3]

内容提要： 城市空间结构与公交体系的匹配协同是完善 TOD 模式、缓解城市交通拥堵的重要基础，更是促进居民绿色出行和低碳城市发展的关键路径，对大都市优化整体空间结构、提升公共交通可达性与服务效率具有重要的推动作用。本研究综合运用"点－轴"系统理论、TOD、分形理论中的关联维数等理论方法，定量评价和分析城市节点与公共交通体系的匹配协同状态，发现二者存在不匹配的问题、分析其原因。在此基础上，以多核心高效关联网络为导向，提出城市空间结构与公共交通体系协同优化的策略措施，构建与城市节点体系相协调的公共交通水平，与节点群空间相耦合的公共交通网络，促进城市节点内部发展、培育新的潜在城市节点，并强化城市节点之间的高效联系。

一、研究背景与综述

（一）研究背景

近年来，国内各大城市相继推进地铁、有轨电车等轨道交通建设及常规公交线路的增设，但在城市建成区内，由于公共交通体系与城市土地开发模式缺乏高效协同，交通供需不平衡问题较为突出，中高运量的轨道交通网络并未发挥出应有的绩效，导致城市交通拥堵现象依然严峻，居民绿色出行程度极为有限，并加剧了资源浪费、温室气体排放等生态问题。

---

[1] 本研究报告为西安建筑科技大学 2021 年度新型城镇化专项研究基金项目研究成果。
[2] 田达睿，博士，西安建筑科技大学建筑学院副教授，硕士生导师。
[3] 关冲，深圳市蕾奥规划设计咨询股份有限公司，助理设计师。

在土地利用与公共交通协同发展的研究领域，TOD研究成为重点关注和前沿探索的内容，但既有TOD研究较多聚焦于微观尺度站点周边土地与公交的一体化发展，在宏观层面多从职住平衡、城市结构等方面进行定性研究，且多以轨道交通与新城新区同步建设为前提，从宏、微观尺度结合、定量化探讨城市空间与公共交通匹配关系的研究较少，尤其在城市建成区内如何优化二者的匹配协同性亟待探讨。综上，探究城市空间结构与公共交通的协同关系，有助于缓解城市交通拥堵问题，更是促进居民绿色出行和低碳城市发展的重要保障，对大都市优化整体空间结构、提升公共交通可达性与服务效率具有重要的推动作用。

本研究以西安都市区为对象，在传统TOD研究思路的基础上提出城市节点体系与公交体系匹配的理论模型与评价方法，从城市节点内部的公共交通配置水平与城市节点间的公交网络联通水平两个方面分析并揭示西安城市空间结构与公共交通体系之间的匹配特征，揭示二者失配的问题与原因，提出优化城市空间和完善公共交通的规划策略，有效支撑西安国际化大都市的空间发展格局。通过在城市建成区内构建公共交通与城市空间匹配度的研究方法，可定量分析和揭示城市建成区内公共交通供给与土地利用的关系。

城市节点是指城市生活、生产高度密集的活力中心[1]，其在空间上具有土地高强开发、功能高度混合、人口高度聚集等特点，体现城市空间的聚集性与功能的多样性，是城市空间结构的重要组成部分。城市节点体系则强调城市节点之间相互联系所构成的完整共同体。城市节点的培育对大城市空间发展有极大作用，公共交通设施的配置、公共交通网络的连通对城市节点自身的培育以及城市节点之间的联系则有重要的支撑作用。

（二）研究综述

1. 城市公共交通与土地利用协同研究

国外的学者主要关注微观尺度，强调在公交站点周边实行公交与土地利用一体化建设。通过建立土地利用与交通模型，来研究土地与交通的相互关系，将这两个系统统筹考虑，并通过定量研究来分析两者的耦合协调程度。国内学者尝试从空间形态、结构以及土地利用特征模式等角度探讨两者的关系，并通过建立评价体系分析两者之间的协同性。

在城市空间形态结构层面，潘海啸（2005）提出"空间耦合一致度"的评价指标，评价城市公共中心体系与轨道交通体系耦合关系，以完善目前的轨道交通规划的技术体系[2]。李景涛、周生路（2014）等认为城市道路建设与城市空间扩展之间联系紧密，交通建设引领城市空间扩展[3]。蒋寅、郑海星等(2018)以天津市为例，从生活圈、中心商务区、居民日常活动出行三个方面探究了城市空间形态结构、快速交通系统对居民通勤的影响，地铁线网与居住地、就业地之间的联通效率，以此判断空间结构与公共交通的耦合程度[4]。此外，还有学者认为空间结构与公共交通的协同关系的关键在于形态背后的内在逻辑。黄建中、胡刚钰、赵民等(2017)认为城市内部居住地与就业地的空间布局模式与交通组织方式存在显著的相关性[5]。张艳、辜智慧等(2018)认为在职住分布与轨道交通结构的叠合关系中，轨道交通大运量、高速度、长距离的特征，可以高效联通就业地与居住地，轨道交通的建设极大提升了内部空间可达性与通勤效率[6]。

在土地利用层面，主要包括土地开发强度、土地利用模式与公共交通的协同匹配关系研究。钱寒峰、杨涛、杨明(2010)提出引导城市低碳化发展的重要路径是土地的使用与公交发展同步协调，避免公共交通对土地利用的支撑不足或者供给过度，进而引发城市问题[7]。侯全华(2015)在控制性详细规划层面从片区、管理单元、地块三个尺度，实现土地利用强度与交通双向量化控制，通过指标一致性的测度，寻求平衡状态容积率与交通量的协调关系，实现土地强度与交通量的协调协同[8]。丁川(2011)聚焦社区尺度利用DEA模型对城市公交干线服务水平、出行距离与TOD社区土地利用强度、密度的协调性进行定量研究[9]。

2.TOD开发模式研究

TOD模式，作为城市公共交通与土地利用协同发展的重要理论与实践方法，在土地与公交协同发展中发挥重要作用，国内外对于TOD相关理论研究与实践逐渐成熟，包括城市总体层面、公共交通线路层面以及公交站点层面的实践探索。TOD模式在中国发展建设的实践中，最具参考价值的是公共交通与土地利用的发展与整合[10]。

在宏观层面，学者们探索城市空间结构、空间发展模式对公共交通开发建设的影响，并总结出适宜公交发展的城市空间结构。例如，城市建设发展应当以核心商务区为重点，以绿色交通为导向，城市中心在主轴线上布置，次级中心在环线或放射轴线上布置，形成多核心的空间发展模式。

在微观尺度，主要针对公共交通干线廊道以及站点地区的用地布局、建设开发强度等方面进行理论分析与实证研究。例如，何建军等人详细探讨了城市公交走廊沿线的TOD开发模式，提出土地利用开发建设强度以及建设控制分区[11]；刘旭辉等认为地铁以及有轨电车站点周边一定范围内的地面空间与站点地下空间的良好接驳关系，有助于城市空间内部用地功能的提升[12]。

综上，当前土地利用与公共交通互动与协同方面的相关研究，主要包括城市空间结构、形态、土地利用对公共交通、居民出行特征的影响，空间形态与公交网络耦合发展等方面的探讨。其中，TOD研究成为重点关注和前沿探索的内容，但既有TOD研究较多聚焦于微观尺度站点周边土地与公交的一体化研究，在宏观层面多从职住平衡、城市形态与轨道交通耦合等方面进行定性研究，且多以新城新区中轨道交通优先建设或与城市同步开发为前提，从宏观尺度定量化探讨城市空间结构与公共交通匹配性的研究较少，尤其针对建成区内既有城市空间结构与公交体系之间如何更好协同亟待探讨。

二、研究思路、技术框架与研究方法

（一）研究思路

传统的TOD概念是以公共交通枢纽（如轨道交通站点）为核心构建城市中心体系和网络结构。本研究以城市建成区内形成的既有城市节点体系为前提，以多核心关联的城市结构为导向，构建与城市节点体系相协调的公共交通水平、与节点群空间相耦合的公共交通网络，支撑城市节点内部发展与培育、强化城市节点之间的高效联系，由此形成城市节点与公共交通线网的匹配。

针对城市建成区总体尺度，从城市空间结构与公共交通体系的耦合协同视角入手，构建基于城市节点体系的TOD研究思路：从城市单一节点与公共交通"站、线"配置水平及城市节点群的公共交通网络连通水平两个方面分析并揭示城市空间结构与公共交通线网之间的匹配特征，揭示城市节点体系设置与公交设施配置之间存在的问题，提出城市低碳发展的优化策略，响应土地利用与公共交通系统协同发展理念。

城市节点体系与公共交通体系的匹配方式分为"单点"匹配与"点群"匹配。

1. 单点匹配：城市节点内部的公共交通配置水平

城市节点是城市土地高强度开发、功能高度复合、人口高度聚集的地区，对城市的高速运转发挥着重要作用，高质量的公共交通水平对城市节点发展则具有重要的支撑作用。城市节点内部高水平公交线网、站点设施的布设有助于强化城市节点职能的发挥，因此城市节点内部应保证公共交通的供需平衡。

2. 点群匹配：城市节点之间公共交通的网络链接程度

城市节点与公共交通网络的匹配，主要表现在城市节点之间的公共交通网络互联互通。城市节点是城市空间构成的基本要素，而公共交通体系是连接城市内部空间的重要路径。城市节点与公共交通线网的匹配一方面可提高公共交通的使用便捷程度，另一方面可加快城市节点之间的联系，提升城市内部空间的可达性。

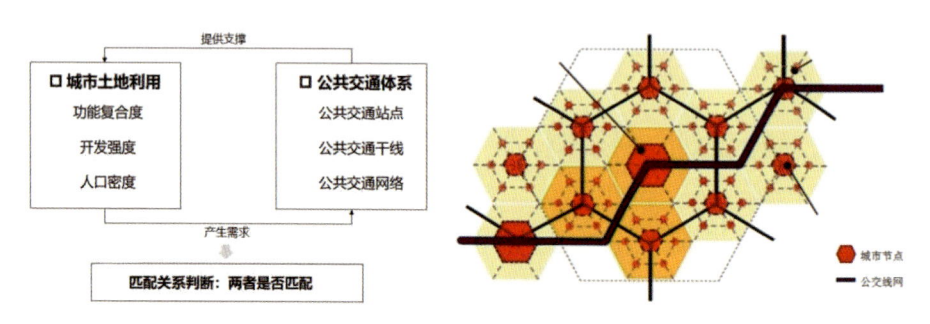

图 1　土地利用与公共交通协同分析框架　　图 2　基于城市节点体系的 TOD 模式图

图片来源：《广东省低碳生态城市规划建设研究及指导编制（指引）》

（二）研究方法

1. 城市节点识别方法

本研究基于 ArcGis 软件通过计算得到 POI 核密度空间分布、格网容积率分布及人口密度分布数据。通过对这些数据加权叠加，分析识别出高强度、高密度、高混合度的城市节点。通过将研究范围划分为若干 100m×100m 的标准单元网格，计算标准单元格内的容积率、人口密度，得到标准网格的相关数据。

(1) 功能混合度：POI 核密度

POI 核密度反映了城市中各类商业、公共服务设施以及居住用地的密集程度，能够体现城市片区的活力。POI 核密度值越大，表示城市各类功能混合度越高，反之表示功能混合度越低。

(2) 土地开发强度：容积率

土地开发强度是土地开发规模的重要指标，对城市片区内功能的聚集程度有一定影响，研究采用容积率表征土地开发强度的高低。

(3) 人口聚集度：人口密度

人口聚集程度是土地开发强度与土地功能多样性的综合体现，同时反映了城市片区内土地利用特征对人群生活与生产活动的吸引。

综上，通过 POI 核密度分析法表征功能复合度、100m×100m 标准网格容积率表征土地开发强度、100m×100m 标准网格的人口密度表征人口聚集度；在此基础上，通过层次分析法对 POI 核密度、100m×100m 标准格内容积率、100m×100m 标准格内人口密度等特征因子进行权重的确定，借助 ArcGis10.6 软件中叠加分析工具，将 POI 核密度、开发强度与人口密度等栅格数据进行加权叠加，形成综合指数值；最终利用分值高低识别出城市节点。

2. 城市节点内部公交配置水平计算方法

选取公共交通的站点密度、站点覆盖率、线网密度作为表征指标，由此分别计算城市节点内常规公交水平与轨道交通水平，通过综合指数公式得到城市节点内公共交通配置的综合水平。

城市节点的公共交通"站、线"配置水平是指城市节点所在片区内公交线路密度和公交站点的覆盖程度。作为用地功能、开发强度、人口密度最集聚的城市节点，具有极高的交通出行需求量，应配置高水平、便捷的公共交通服务，即通过密集的公交线路、更多的换乘线路选择以及临近的公交站点支撑高密度的城市活动，是实现低碳出行的基础。因此，本研究选取公交站点覆盖率、公交站点密度、公交线网密度三个指标表征城市节点的公共交通"站、线"配置水平。

常规公交"站、线"配置水平，包括常规公交站点密度、常规公交站点 300

米缓冲区覆盖率、常规公交线网密度。

表1 常规公交配置水平指标

指标名称	计算方法	说明
常规公交站点覆盖率	$Bc = \dfrac{B}{sw}$ B 为常规公交站点半径300m缓冲区服务面积（km^2），sw 为城市节点范围面积（km^2）	城市节点内以各站点为中心的300m缓冲区的面积总和与城市节点面积比值。其值越大，站点覆盖率越高，则公共交通可达性越高，公共交通水平越高
常规公交站点密度	$Bs = \dfrac{s}{sw}$ s 为常规站点数量 sw 为城市节点范围面积（km^2）	城市节点内公交站点数量与城市节点面积的比值，该值越高说明公共交通设施的覆盖程度越高，公交便捷程度越高
常规公交线网密度	$Bd = \dfrac{L_b}{sw}$ L_b 为常规公交线路长度（km）；sw 为城市节点范围面积（km^2）	城市节点中公交线路经过的道路中心线长度与城市节点面积的比值。其值越大，城市节点内公交线网的饱和度越高、公共交通水平越高

轨道交通"站、线"配置水平，包括轨道交通站点密度、轨道交通站点500米缓冲区覆盖率，轨道交通线网密度。

表2 轨道交通水平表征指标

指标名称	计算方法	说明
轨道交通站点密度	$Ms = \dfrac{s}{sw}$ s 为轨道交通站点数量 sw 为城市节点范围面积（km^2）	城市节点内轨道交通站点数量与城市节点面积的比值，该值越高，轨道交通站点设施的覆盖程度越高，轨道交通便捷程度越高
轨道交通站点覆盖率	$Mc = \dfrac{B}{sw}$ B 为轨道交通站点500m缓冲区服务面积（km^2），sw 为城市节点范围面积（km^2）	城市节点内以轨道交通站点为中心500m缓冲区的面积总和与城市节点面积比值。其值越大，站点覆盖率越高，轨道交通可达性越高
轨道交通线网密度	$Md = \dfrac{L_b}{sw}$ L_b 为轨道交通线路长度（km）；sw 为城市节点范围面积（km^2）	城市节点内所有轨道交通线路长度与城市节点面积的比值。其值越大，则城市节点内公交线网的饱和度越高，反映了轨道交通系统的相对规模

3. 城市节点之间公交网络连通程度计算方法

在 ArcGIS 中，构建城市节点之间起讫点 OD 成本矩阵，测算城市节点之间的实际路径距离与空间直线距离，并借助关联分维模型计算城市节点之间的牛鸦维数比，反映城市节点群与公共交通网络的匹配协同程度。

关联维数模型是分形理论中众多分维数计算方法的一种，该模型可用来表征城市公共交通网络的分形特征，并检验路径分布的合理性；其为研究城市公共交通网络与城市节点之间互联互通关系提供了有效方法[13]。该模型是以区域中所有交通起讫点两两之间的距离 r 为标度，以某一等差序列距离集合 r（5，10，15，…，50km）为尺度，研究每一尺度 r 下有多少"交通起讫点对"的距离 r' 是在 r 尺度内的，最终测算尺度 r 与点对数量 $N(r)$ 之间的幂函数关系。

为使空间关联维数更具有实际意义，在模型计算中可将交通起讫点之间的空间直线距离指标 L 改为基于实际道路路径的交通距离 L'，由此得出交通里程意义下的空间关联维数 D'。通过将实际交通距离的关联维数 D' 与直线空间距离的关联维数 D 相除，可得到空间关联维数比（亦称牛鸦维数比），即 $\lambda=D'/D$，该值反映了交通网络的连通程度与实际效率，牛鸦维数比 λ 介于 0~1 之间：当 $\lambda<0.5$ 时，表明交通起讫点之间的网络连通性较差；当 $0.5<\lambda<1$ 时，表明交通起讫点之间的网络连通性较好；当 λ 趋近于 1 时，表明各起讫点之间接近于直线式连通，交通网络连通性极好，各要素关联度极高[14-15]。

（三）研究对象与数据来源

本研究以西安市三环为数据获取的边界：以明城区为中心，包括未央区（部分）、莲湖区、雁塔区（部分）、新城区、浐灞生态区（部分）、高新技术开发区（部分）、曲江文化产业区（部分）、碑林区、西咸新区（部分）。2020 年西安市三环内用地范围约为 348 平方千米，其中城市建设用地面积约为 320 平方千米。

1. 城市形态相关数据

首先，借助 eCognition Developer 软件将《西安市总体规划（2008—2020）》中心城区土地利用规划图进行矢量化处理，并结合百度卫星图，通过 ArcGIS10.6 软件人工解译提取 2020 年西安市三环内城区建设用地性质，由此获得西安市三环内现状城市用地性质矢量数据图（见图3）。

图3 西安市三环内用地性质图（2020年）

其次，基于百度地图开放平台申请并获取建筑矢量数据，包括建筑轮廓、建筑高度等信息。

再次，借助高德开放平台的海量POI搜索功能，对研究区内的各类居住小区、商业服务设施、公共服务设施、商务办公等信息数据进行抓取、清洗、空间位置纠偏、实地调研校核、分类等预处理，最终获得有效POI数据。

最后，参考英国南安普敦大学WorldPop研究小组提供的准确人口统计数据（其利用Microsoft Azure的大规模数据处理能力绘制地球上每个人的位置），通过ArcGIS软件对数据进行处理，获取2020年研究区人口数据分布。

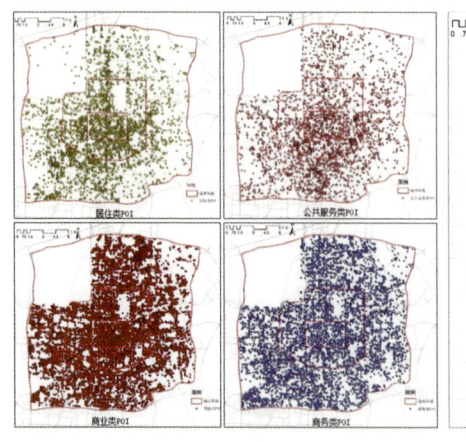

图4 西安市三环内POI数据图（2020年） 　　图5 西安市三环内建筑基底图（2020年）

2. 交通网络相关数据

西安市 2019 年、2021 年轨道交通线路与站点矢量数据通过百度地图直接爬取，规划（2024 年）轨道交通数据通过 ArcGIS10.6 软件将《西安市城市轨道交通建设规划（2017—2024）》中轨道交通线网规划图与西安市三环内当前运营的轨道交通线路叠加获取[16]。

在计算城市节点之间公共交通线网的关联维数之前，需要对研究样本的节点、站点、路径等点线要素进行处理。首先，基于 ArcGIS10.6 软件将城市节点范围的"面"要素转化为"点"要素，基于轨道交通线网数据绘制城市节点之间的轨道交通路径连接图，需确保各轨道交通线路在城市节点相交处都有交叉点相连。其次，将各城市节点的点要素设定为交通出行起讫点，起讫点须与轨道交通路径相连接，并且必须连接在轨道交通路径线段的端点[17]。需要强调的是，城市节点内部必须有轨道交通线穿过且设有站点，才能认为该城市节点被轨道交通线网连接。

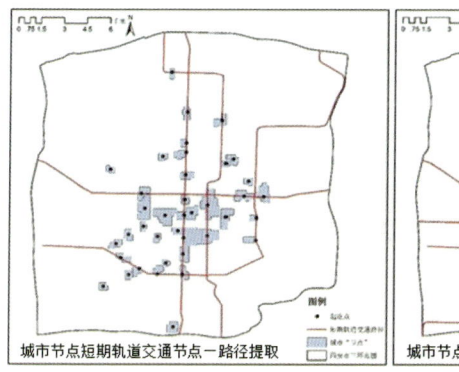

图 6 2021 年西安市轨道交通线网 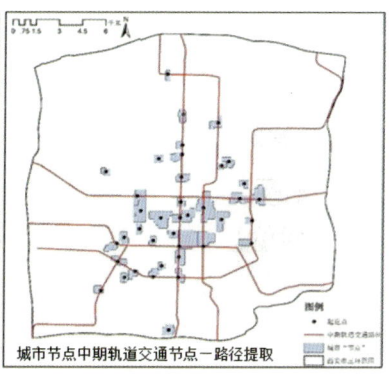　　图 7　2024 年西安市轨道交通线网

三、西安市城市节点识别与特征分析

（一）城市节点的识别

首先，借助高德平台的 POI 搜索功能获得西安市三环范围内居住、公共服务、商业、商务 4 类有效 POI 的空间分布数据。进而以 500 米为搜索半径，对 POI 数据进行核密度分析，可以发现：西安市三环内 POI 核密度在明城区内呈高度聚集状态，并且聚集程度以钟楼为核心向四周递减；此外，POI 核心沿着城市

南北中轴、东西轴线分布,并在西南高新区有较强的集聚。

其次,利用 ArcGis10.6 软件的渔网工具将研究范围划分为若干 100m×100m 的标准单元格网,并计算标准单元格内的容积率,再通过自然间断点分级法将各标准单元格的容积率进行分级分区。可以发现:高容积率标准单元格沿二环路沿线聚集,形成明显的圈层分布特征,其中南部与东部的聚集程度略高于与北部;此外在二环与三环之间的外围圈层呈斑块状分散布局特征。

再次,计算 100m×100m 的标准单元格网内的人口密度,并进行分级分区。可以发现:西安市三环内人口呈中心集聚、外部分散的空间分布特征。人口密度由内向外呈现圈层递减趋势,明城区人口密度最高,并沿环城路形成明显的环状聚集;二环圈层内次之,三环圈层内最弱。

最后,将西安市三环内 POI 核密度、容积率与人口密度等栅格数据进行加权叠加,计算综合指标值,利用自然间断点分级法对综合值进行分级,划分出综合值的格网分区,并对高分值聚集区的边界进行描取划定,由此识别出 39 个城市节点。城市节点的基本概况见表3。

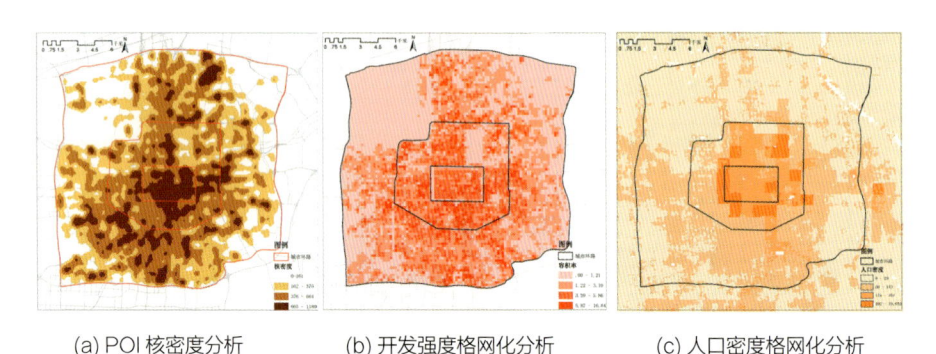

(a) POI 核密度分析　　(b) 开发强度格网化分析　　(c) 人口密度格网化分析

图8　西安市三环内城市节点相关要素识别

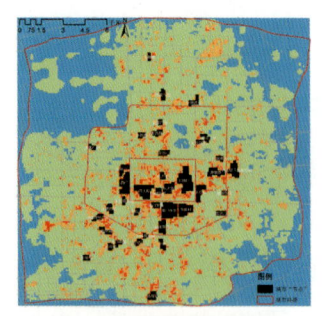

图9　西安市三环内城市节点空间分布图

表 3　西安市三环内城市节点概况表

编号	名称	面积/平方千米	编号	名称	面积/平方千米
1	高新 9 号广场	0.25	21	市图书馆	0.25
2	大唐西市	0.26	22	太奥广场	0.15
3	科技路	0.25	23	永新路	0.18
4	沙井村	0.18	24	龙首路	0.25
5	太白南路	0.19	25	安远门	0.29
6	吉祥村	0.19	26	大华 1935	0.13
7	万科新地城	0.12	27	八府庄二坊	0.23
8	省体育场	0.45	28	三府湾西	0.17
9	小寨	0.24	29	西北轻工批发市场	0.59
10	电视塔	0.34	30	康复路	0.52
11	木塔寺	0.18	31	丰庆路东路	0.14
12	玉祥门	0.31	32	边东街	0.15
13	西门	0.84	33	南门外西	0.22
14	西大街	0.92	34	延兴门	0.21
15	钟楼饭店	0.16	35	东关正街	0.52
16	北大街	0.18	36	五路口	1.29
17	东大街	0.48	37	盛龙广场	0.12
18	建国饭店	0.12	38	南门外东	1.12
19	文景路	0.12	39	李家村	0.71
20	大明宫北	0.31			

（二）城市节点的特征

1. 分类特征

基于城市节点范围内各类用地性质的面积比例，利用"用地优势度指数"和"用地均匀度指数"[17]，按功能主导性将城市节点划分为居住型、商业型、商务型、公共服务型与混合型。从城市节点类型的占比来看，商业型城市节点的比例最高，占总数的 38%；混合型城市节点与居住型城市节点次之，占总数

的26%和21%；公共服务型城市节点与商务型城市节点占比较低，分别为10%和5%。（见图10）

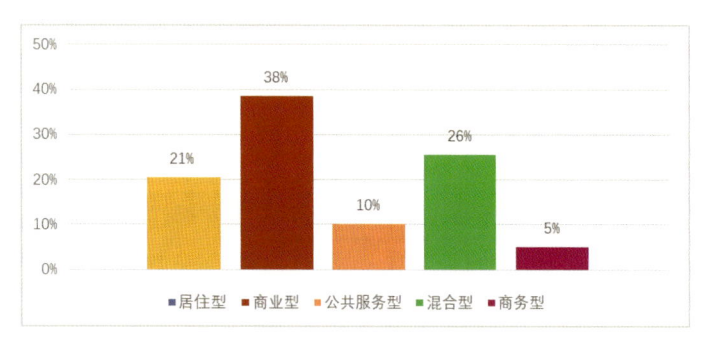

图10 各类型城市节点的数量比例

2. 分级特征

按照城市节点各项因子（POI核密度、容积率、人口密度）强度的加权综合值进行排序，结合自然间断点法可将城市节点的活力与集聚强度水平分为高、中、低3个等级。其中较高强度的城市节点有7个，占城市节点总数的18%；中等强度的城市节点11个，占总数的28%；较低强度的城市节点有21个，占总数的54%。可见，西安市三环内城市节点在空间活力度、集聚度等方面存在较大的梯度差异，较高等级强度的城市节点不多。

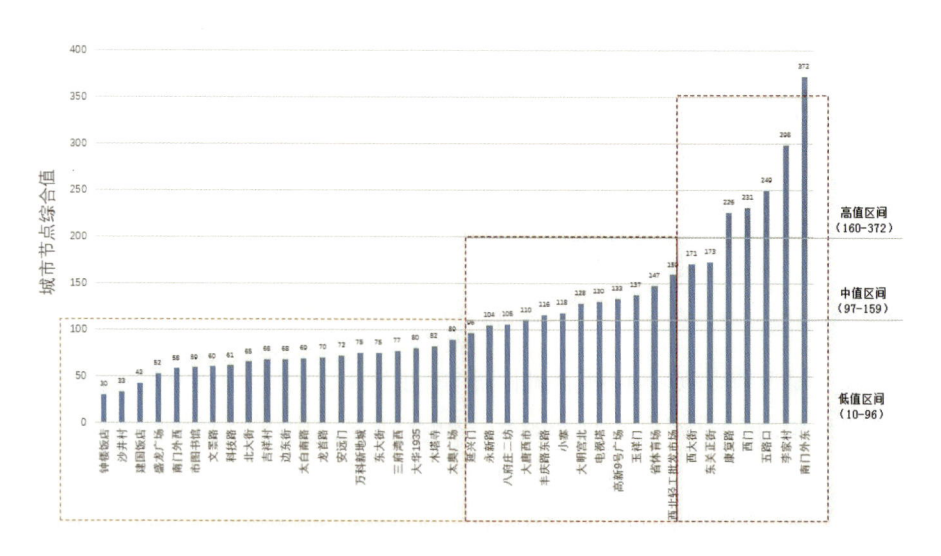

图11 城市节点的等级划分

3. 空间分布特征

识别出的城市节点主要集中在二环以内，少量分布在二环沿线外围，总体呈现内部集中、外部分散的空间分布特征（见图 12），并形成中心聚集、轴线延伸、圈层递变的空间特征。

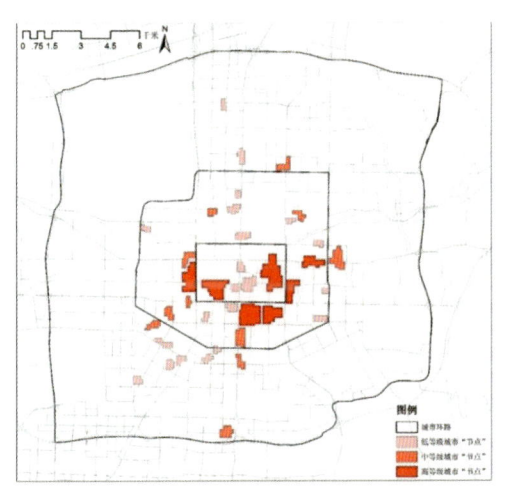

图 12 各等级城市节点的空间分布

首先，西安市三环内城市节点具有内聚外散、内大外小的空间分布特征。在明城区内，以钟楼为中心，高等级的城市节点高度聚集，节点之间距离近，形成向内集聚的强核心性；中低等级的城市节点则在外围分散分布。可见，西安市三环内呈现出较明显的单中心城市空间结构，多核均衡的空间结构不明显。（见图 13）

中心集聚　　　　轴线延伸　　　　圈层递变

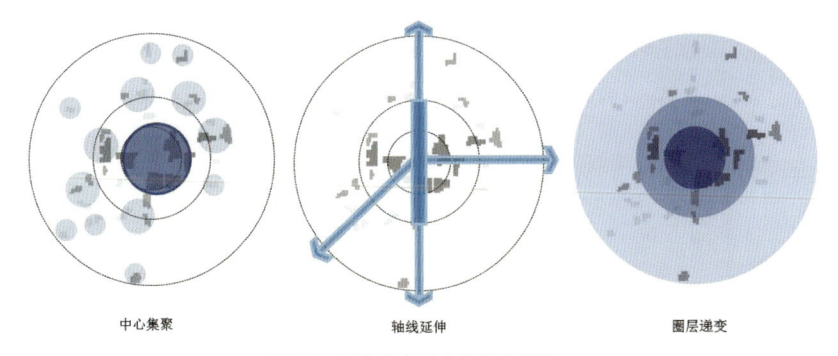

图 13 城市节点的空间分布特征

其次，城市节点主要沿着城市南北中轴、东轴、西南轴线集中分布。大多数城市节点在南北中轴上形成"轴线串珠"的空间分布特征，在东西方向上沿城市东西短轴两侧分布，此外沿高新区发展轴也分布了一些城市节点。可见，西安市城市空间发展轴线对城市节点的空间分布有轴向牵引作用。（见图13）

最后，城市节点等级从内部向外部呈现圈层递减的特征。一环圈层以高等级城市节点为主聚集分布；二环圈层沿线较为均匀地分布着中、低等级的城市节点；三环圈层鲜有城市节点，仅零散分布少量中、低等级的城市节点。（见图13）

四、西安市城市单节点与公交水平的匹配性分析

（一）城市节点的公共交通水平特征

基于百度地图开放平台爬取常规公交与轨道交通线网及站点数据，并在ArcGIS软件中对数据进行矢量化处理，进而计算各城市节点内的公共交通水平。

1. 城市节点内常规公交"站、线"配置水平

西安市三环内城市节点的常规公交站点密度、公交站点300米缓冲区覆盖率、公交线网密度测算结果如表4所示。

表4 城市节点内常规公交"站、线"配置水平计算结果及图示

指标：公交站点密度（个/km²）、公交站点覆盖率、公交线网密度（km/km²）

高新9号广场			大唐西市			科技路			沙井村		
72.00	92.7%	39.85	42.3	84%	32.2	132	96.9%	64.3	5.5	100%	2.94
太白南路			吉祥村			万科新地城			省体育场		
242.1	100%	83.7	73.68	99.%	30.2	66.6	100%	35.02	137.7	92.9%	60.65

续表

指标：公交站点密度（个/km²）、公交站点覆盖率、公交线网密度（km/km²）									
小寨			电视塔			木塔寺			玉祥门		
116.6	100%	118	88.24	99%	41.4	44.44	100%	23.30	112.9	87%	39.1
西门			西大街			钟楼饭店			东大街		
20.24	75.2%	31.4	134.7	99%	65.1	0.00	89.8%	7.12	88.89	100%	127
建国饭店			文景路			大明宫北			市图书馆		
41.6	87.1%	22.0	8.33	100%	3.33	48.39	99.8%	26.65	232	100%	118
太奥广场			永新路			龙首路			安远门		
0.00	100%	4.30	83.33	99.%	46.29	40.00	100%	24.02	172.4	95.1%	85.1
大华1935			八府庄二坊			三府湾西			西北轻工批发市场		
23.08	100%	18.5	0.00	33%	0.00	135.2	100%	44.08	128.8	96%	68.0

187

续表

指标：公交站点密度（个/km²）、公交站点覆盖率、公交线网密度（km/km²）											
康复路			丰庆路东路			边东街			南门外西		
167.1	96.1%	96.33	120.8	95%	39.76	0.00	68.9%	0.00	36.36	90.3%	14.63
延兴门			东关正街			五路口			盛龙广场		
0.00	88.1%	2.18	50.00	88.%	34.10	167.4	100%	93.11	0.00	88.0%	0.00
南门外东			李家村			北大街					
40.18	92.9%	20.85	80.28	99.%	34.66	88.89	100%	127.8			

首先，城市节点内常规公交站点 300 米缓冲区覆盖率整体处于较高水平，样本之间差异较小。所有样本中，97% 的城市节点的公交站点覆盖率高于《城市综合交通体系规划标准》（GB/T51328-2018）中提出的标准值 50%[18]，76% 的城市节点的站点 300 米缓冲区覆盖率超过 90%。（见图 14）

其次，城市节点内常规公交站点密度处于中等水平，呈梯度变化趋势，样本之间差异较大。依据自然间断裂分级法，城市节点的常规公交站点密度可分为 3 个区间：高密度区间（121—242 个/km²）、中密度区间（51—120 个/km²）和低密度区间（0—50 个/km²）。其中，高密度区间占比 26%，中密度区间占比 28%，低密度区间占比 46%。钟楼饭店、太奥广场、八府庄二坊、边东街、延兴门、盛龙广场等城市节点样本内未设有公交站点，因此密度为 0。（见图 14）

再次，城市节点内公交线路密度总体处于中等水平，呈梯度变化趋势，样本间差异明显。依据自然间断裂分级法，城市节点内常规公交线路密度可分为3个区间：高密度区间（68.1—127.86 km /km²）、中密度区间（26.7—68.0 km /km²）和低密度区间（0—26.6 km /km²），其中高密度区间的城市节点占比18%，中密度区间的城市节点占比44%，低密度区间的城市节点占比38%。（见图14）

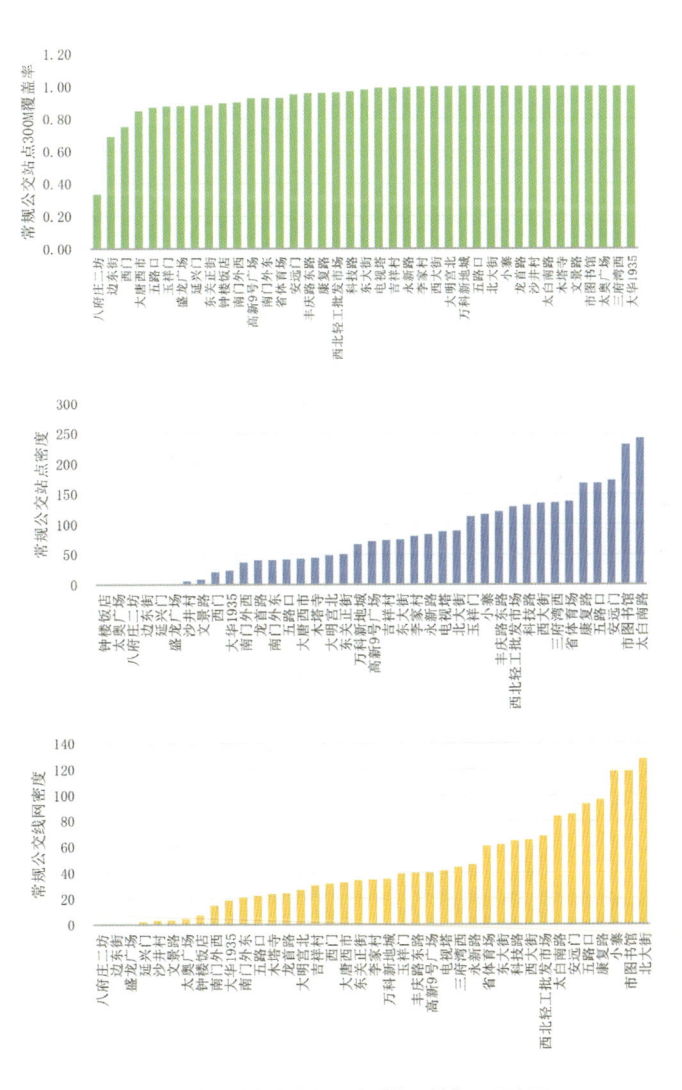

图14　城市节点内常规公交"站、线"配置水平

综上，西安市城市节点内常规公交站点密度及线网密度整体处于中等水平，但仍有很多城市节点仅有少量甚至没有公交线路穿过，更没有站点设置，主要原因是居住型城市节点多为大街区模式，路网密度较低，道路系统难以支撑常规公交线网和站点的设置。此外，城市节点的公交站点覆盖率较高是因为上述城市节点周边的常规公交站点数量较多，外围公交站点300米缓冲区服务范围覆盖至城市节点内部而弥补的。可见，西安市三环内城市节点的常规公交"站、线"配置水平有待进一步提升。

2. 城市节点内轨道交通"站、线"配置水平

西安市三环内城市节点的轨道交通站点密度、站点500米缓冲区覆盖率、轨道交通线网密度测算结果如表5所示。

表5 城市节点内轨道交通"站、线"配置水平计算结果及图示

指标：轨道交通站点密度（个/km²）、轨道交通站点覆盖率、轨道交通线网密度（km/km²）											
高新9号广场			大唐西市			科技路			沙井村		
0.00	0.00%	0.00	0.00	0.00%	0.00	0.00	91.7%	3.65	0.00	0.00%	0.00
太白南路			吉祥村			万科新地城			省体育场		
10.53	97.5%	2.79	0.00	94.2%	2.52	0.00	0.00%	0.00	4.44	98.7%	3.56
小寨			电视塔			木塔寺			玉祥门		
16.67	94.8%	9.17	0.00	0.42%	0.00	0.00	0.00%	0.00	0.00	87.3%	1.94

续表

指标：轨道交通站点密度（个/km²）、轨道交通站点覆盖率、轨道交通线网密度（km/km²）											
西门			西大街			钟楼饭店			东大街		
0.00	15.7%	0.00	0.00	0.00%	0.00	0.00	47.2%	0.00	0.00	35.3%	0.00
建国饭店			文景路			大明宫北			市图书馆		
0.00	71.3%	5.00	16.67	100%	4.77	6.45	74.1%	3.74	8.00	99.9%	6.40
太奥广场			永新路			龙首路			安远门		
0.00	0.00%	0.00	0.00	0.00%	0.00	0.00	67.8%	0.00	6.90	98.3%	2.76
大华1935			八府庄二坊			三府湾西			西北轻工批发市场		
0.00	88.8%	0.00	0.00	0.00%	0.00	0.00	54.8%	0.00	0.00	30.0%	2.71
康复路			丰庆路东路			边东街			南门外西		
3.85	96.4%	4.62	0.00	0.00%	0.00	0.00	0.00%	0.00	0.00	71.7%	0.00

续表

指标：轨道交通站点密度（个/km²）、轨道交通站点覆盖率、轨道交通线网密度（km/km²）											
延兴门			东关正街			五路口			盛龙广场		
0.00	60.0%	0.00	0.00	0.00%	0.00	4.65	67.8%	3.62	0.00	23.8%	0.00
南门外东			李家村			北大街					
0.00	40.8%	0.00	0.00	73.4%	2.54	0.00	97.6%	5.56			

首先，城市节点片区内轨道交通站点500米缓冲区覆盖率的总体水平不高、样本差异较大。在39个城市节点样本中，高覆盖率（≥90%）的样本有10个，占总数的26%；中等覆盖率（89%~51%）的样本有10个，占总数的26%；低覆盖率（≤50%）的样本有19个，占总数的48%。（见图15）

其次，城市节点片区内轨道交通线网密度的总体水平较低，样本差异较大。城市节点内有线路穿越的样本有16个，仅占总数的41%，其中，较低密度的样本（1.9—2.9 km/km²）约占37.5%，中等密度的样本（3.0—4.9 km/km²）约占43.8%，高密度的样本（5.0—9.2 km/km²）约占18.7%。小寨、市图书馆、北大街、五路口等城市节点的轨道交通线网密度较高。（见图15）

再次，城市节点内轨道交通站点密度的总体水平很低，样本差异明显。在有轨道交通线路穿越的16个城市节点样本中，仅有9个城市节点内设有轨道交通站点，仅占所有城市节点总数的23%。（见图15）

综上，西安市城市节点内部轨道交通线网密度与站点密度总体水平较低，很多城市节点没有轨道交通线路穿过，且部分节点具有较高的站点覆盖率是因为节点外围的轨道交通站点500米缓冲区覆盖至城市节点内部形成的，说明西安市城市节点内轨道交通"站、线"配置水平一般，轨道交通线网、站点的组

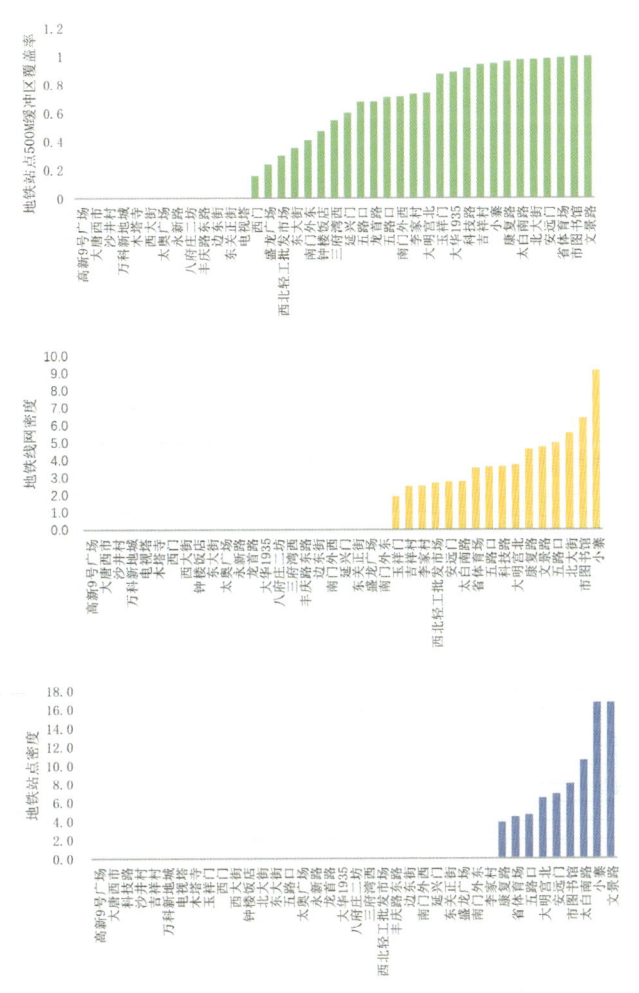

织与城市节点分布在空间上存在一定程度的失配，有待提升。

图15 城市节点内轨道交通"站、线"配置水平

3. 公共交通综合水平

城市节点的常规公交与轨道交通单项指标仅反映单一方面的特征，为了更综合、更充分地反映公共交通综合配置水平，采用综合指数法将常规公交"站、线"配置水平与轨道交通"站、线"配置水平进行加权叠加计算。

利用自然间断裂分级法将城市节点的公共交通综合配置水平分为3个等级：高水平等级区间（0.50—0.70）、中等水平区间（0.20—0.49）、低水平等级区

间（0.00—0.19）。其中公交综合配置水平较高的城市节点有 9 个，占总数的 23%；处于中等级区间城市节点有 18 个，占总数比 46%；处于低等级区间的城市节点有 12 个，占总数的 31%。总体来看，77% 的样本的轨道与常规公交"站、线"综合配置水平低于 0.5，说明西安市三环内城市节点与公共交通水平的匹配程度总体较低。

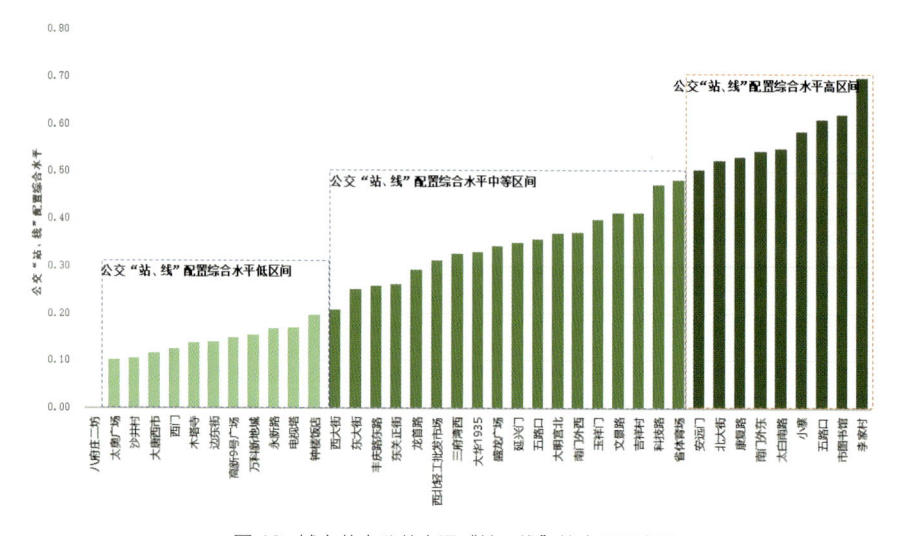

图 16 城市节点公共交通"站、线"综合配置水平

（二）不同类型城市节点与公共交通综合配置水平的匹配关系

1. 混合型城市节点的公交配置水平较高

混合型城市节点中 80% 的样本的公交配置达到中高水平。这些城市节点的单一用地优势度不明显，用地功能趋向均衡和多元化，节点所承担的职能和重要性更加丰富，因此配置了较高的公交设施。例如，五路口城市节点内部设有地铁 4 号线与 1 号线换乘站点，较高配置的轨道交通与常规公交线网有效地支撑了其商业、公共服务、交通枢纽等多功能的运行，说明该城市节点与公共交通"站、线"综合配置水平高度匹配。

2. 商业型与公服型城市节点的公交配置水平高低不等

这两类城市节点内部商业用地、公共服务用地布置较为集中，但因区位差异等因素，所配置的公共交通设施有较大区别。商业型城市节点与公共服务型节点中的公交配置水平存在较大差异，在高、中、低等级水平的占比较为均衡。如商业型节点中公交配置高水平的样本约占30%，中等水平和低水平的样本各占35%；公服型城市节点中公交配置高水平样本与低水平样本各占40%，中等水平样本占20%。例如，西大街、东大街等重要的城市节点，其内部都没有轨道交通穿越，也没有邻近的轨道交通站点对其覆盖，导致公交综合配置水平仅为0.21和0.25，说明其城市节点与公共交通"站、线"综合配置水平的匹配程度受限。

3. 居住型与商务型城市节点的公交配置水平较低

这两类城市节点中均没有高水平公交配置的样本。商务型节点均为低水平公交配置；居住型节点中75%的样本为低水平公交配置，25%为中等水平配置。居住型城市节点内部相对封闭、城市支路密度不高，道路系统难以支撑常规公交的发展，导致这些城市节点的公交水平较低。例如，八府庄二坊、沙井村、万科新地城等样本，内部多为大规模的现代小区与居住街坊，城市道路系统不健全，常规公交支线难以向城市节点内部延伸，城市节点与公共交通"站、线"的匹配程度较低。（见图17）

图17 不同等级城市节点公交"站、线"综合配置水平

（三）不同等级城市节点与公共交通综合配置水平的匹配关系

不同等级城市节点与公共交通"站、线"综合配置水平的匹配关系如图18所示。

1. 高等级城市节点与公交综合配置水平匹配程度较高，但仍有提升空间

绝大部分高等级城市节点配置了较高水平的公交设施，综合指数为0.3—0.7，

城市节点内部的公共交通能够支撑城市用地功能。但也有少量高等级城市节点的公交综合配置水平不高，如东关正街、西门与西大街样本的公交综合指数分别为 0.26、0.21、0.13，但三者均位于承担城市重要功能的东西发展轴线上，其功能聚集程度、人口密度较高，但其内部公交系统对城市东西轴线上节点发展的支撑作用和轴向引导作用不足。

2. 中等级城市节点与公交综合配置水平匹配程度较低，亟须大力优化

中等级城市节点的公交配置水平整体偏低，其公交配置综合指数为 0.00—0.58，城市节点之间差异较小。除小寨样本的公交综合配置水平较高外，大部分中等级城市节点的公交综合配置水平较低。其中，高新 9 号广场与西北轻工批发市场两个城市节点的等级居中，但其公交综合配置水平仅为 0.15、0.17，其内部仅有常规公交线网，缺乏轨道交通设施。

3. 低等级城市节点与公交综合配置水平的匹配程度差异较大

低等级城市节点的公交配置综合指数为 0.10—0.62，城市节点之间差异较大，出现了公交匹配不足和公交匹配过度的矛盾。其中，38% 的低等级城

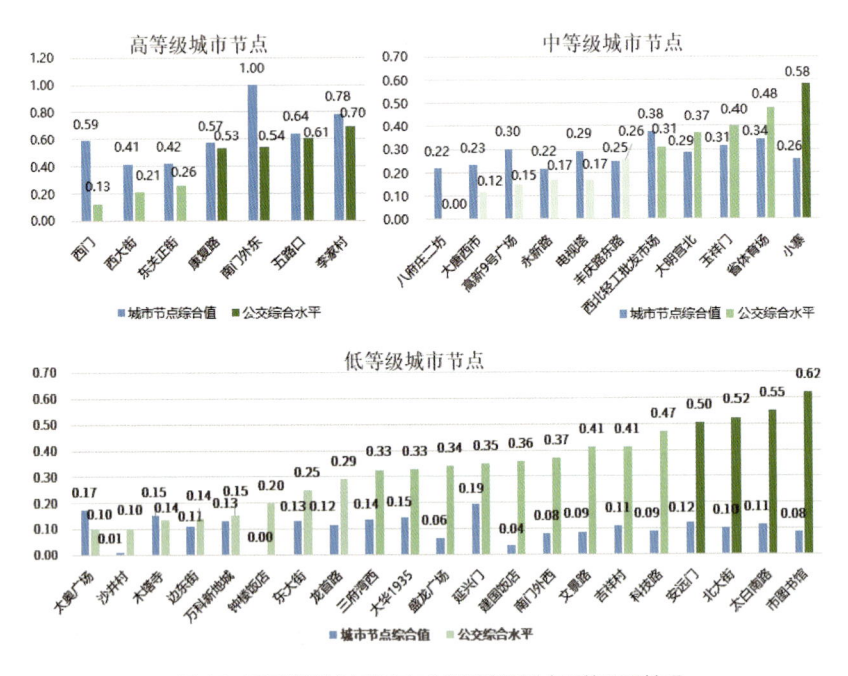

图 18 不同等级城市节点与公交综合配置水平的匹配关系

市节的公交配置水平极低，如沙井村、万科新城市等样本的公交综合水平仅为0.01、0.13，二者节点内部不但没有轨道交通穿越，而且由于内部路网密度小，常规公交也难以得到发展；另有10%的低等级城市节点配备了高等级的公交水平，如太白南路等城市节点属于过度配置，现阶段在一定程度上存在资源浪费的情况。

五、西安市城市节点群与轨道交通网络的匹配性分析

（一）城市节点之间轨道交通网络的关联维数计算

1. 城市节点之间直线距离的关联维数计算

借助 ArcGIS10.6 软件中网络分析（Network Analyst）扩展模块构建城市节点之间空间直线路径 OD 成本矩阵，再根据各城市节点之间的空间距离，以步长 Δr=1km 作为距离标度 r，可以得到城市节点之间直线距离的点列（r, $N(r)$）。以 ln$r$ 为横坐标、ln$N(r)$ 为纵坐标做散点图，点列在散点图上具有明显的无标度区，对无标度区内的点进行回归运算[19]，得到城市节点基于直线距离的关联维数 D=1.116，拟合优度 R^2=0.988。拟合优度较高，且 D 值趋近于1，进一步表明西安市三环内城市节点的空间分布高度集聚，并且形成高等级的功能中心，单中心空间结构特征较为突出。（见图19、20）

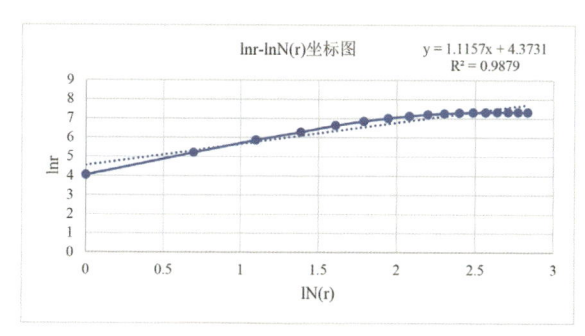

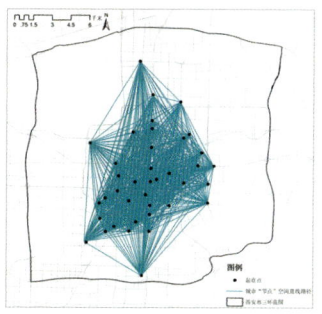

图19　城市节点之间直线距离 OD 矩阵　　图20　城市节点基于直线距离的关联维数

2. 基于2019年轨道交通网络的城市节点关联维数计算

构建城市节点之间基于2019年轨道交通实际连接距离的 OD 成本矩阵，同样以步长 Δr=1km 作为距离标度 r，可以得到城市节点之间基于2019年轨道交通

的连接距离点列 [r, N(r)]。对无标度区内的点进行回归运算，得到基于 2019 年轨道交通实际路径距离的关联维数 D'=0.197，拟合优度 R^2=0.988，进而计算出城市节点的牛鸦维数比 λ=0.177。（见图 21）

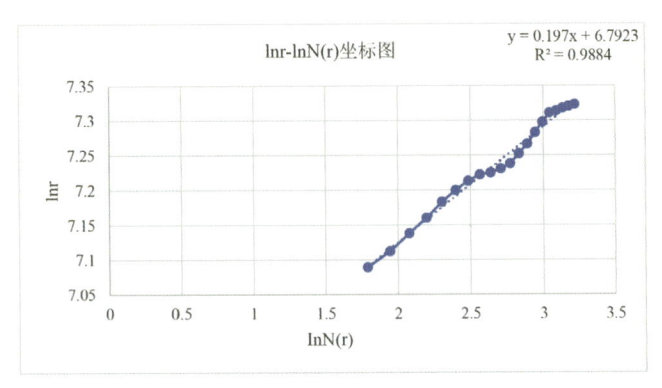

图 21 城市节点基于 2019 年轨道交通线网的关联维数

3. 基于 2021 年轨道交通网络的城市节点关联维数计算

构建城市节点之间基于 2021 年轨道交通实际连接距离的 OD 成本矩阵，同样以步 Δr=1km 作为距离标度 r，可以得到城市节点之间基于 2021 年轨道交通的连接距离点列 [r, N(r)]。对无标度区内的点进行回归运算，得到基于 2021 年轨道交通实际路径距离的关联维数 D'=0.266，拟合优度 R^2=0.985，进而计算出城市节点的牛鸦维数比 λ=0.238。（见图 22）

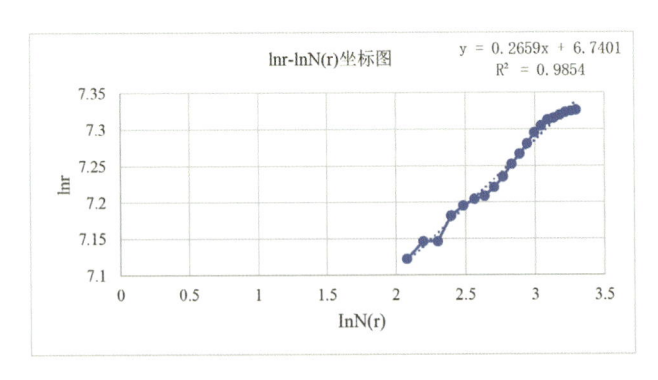

图 22 城市节点基于 2021 年轨道交通线网的关联维数

4. 基于 2024 年规划轨道交通网络的城市节点关联维数计算

基于 2024 年轨道交通规划数据构建城市节点之间轨道交通实际连接距离

的 OD 成本矩阵，同样以步 Δr=1km 作为距离标度 r，可以得到城市节点之间基于规划轨道交通的连接距离点列 $[r, N(r)]$。对无标度区内的点进行回归运算，得到基于 2024 年轨道交通实际路径距离的关联维数 D'=0.522，拟合优度 R^2=0.987，进而计算出城市节点的牛鸦维数比 λ=0.468。（见图 23）

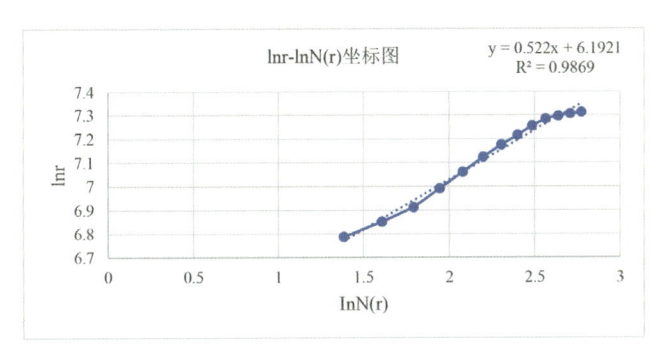

图 23 城市节点基于 2024 年轨道交通线网的关联维数

（二）城市节点群与轨道交通网络的匹配性分析

总体来看，城市节点群与轨道交通网络的匹配程度呈逐年递增趋势，但总体水平不高，增加的地铁线路没有充分发挥提升节点群连通效率的作用。城市节点基于轨道交通线网的牛鸦维数比从 2019 年的 0.177 提升至 2021 年的 0.238，在 2024 年将上升至 0.468，城市节点之间的轨道交通连接通达程度逐渐增加。但是整体增速缓慢，增幅较小，2024 年城市节点之间轨道交通的连通度依然小于 0.5，城市节点与轨道交通网络的匹配程度总体水平不高。虽然地铁线路数量不断增加，但地铁线网布局未能与城市节点体系的空间布局高效匹配，导致城市节点之间轨道交通网络的连通水平增长趋势缓慢、耗费高成本的地铁线网的连通绩效一般。

此外，从轨道交通建设初期到规划期末存在阶段性差异：

轨道交通建设初期，城市节点的空间布局与轨道交通网络的匹配程度低。城市节点基于 2019 年轨道交通网络的关联维数为 0.197，牛鸦维数比 λ 仅为 0.177，反映城市节点之间通过轨道交通网络的连通水平很低。2019 年，西安市三环内 39 个城市节点中有 16 个样本没有被轨道交通连接；4 条运营地铁线路中，地铁 1 号线、2 号线、4 号线串联起沿线城市节点，地铁 3 号线虽较长，但其走线与沿线的城市节点存在一定错位，站点也没有与实际的城市节点相耦合。

2021年，城市节点的空间布局与轨道交通网络的匹配程度有微弱改善。城市节点基于2021年轨道交通网络的关联维数为0.266，仍远小于牛鸦维数1.116，牛鸦维数比λ值为0.238，说明城市节点之间通过轨道交通网络连通的水平仍较差，与2019年相比仅有小幅优化。2021年增加地铁5号线、地铁6号线一期，轨道交通线路虽然由2019年的4条线路增加至6条，但仅增加了一个被连接的城市节点，总体来看地铁线网与城市节点的分布未能形成"适配叠合"的空间关系。

2024年规划期末，城市节点的空间布局与轨道交通网络的匹配程度明显提升，但仍有优化空间。城市节点基于2024年规划轨道交通网络的牛鸦维数比λ值达到0.468，接近0.5，说明城市节点之间通过轨道交通网络连通程度达到中等水平，但是仍然有进一步优化的潜力。规划期末新增地铁8号线、10号线、6号线，由6条增加至9条，其中地铁8号环线与6号线走线对城市节点的连接有明显提升，地铁6号线与明城区内高、中等级城市节点相耦合，与2021年相比增加了6个被连通的城市节点（大唐西市、西门、西大街、东大街、东关正街等），明显提升了地铁线网与城市节点群的耦合程度，叠加效应显著。但也需注意，城市节点群与轨道交通线网的匹配度仍有提升潜力，例如三环内仍有9个城市节点没有被轨道交通互联互通，尤其是城市南北中轴与二环西路之间的城市节点缺乏纵向的轨道交通联系。

（三）城市节点群与轨道交通网络匹配度较低的潜在原因

1. 单中心空间结构影响下，城市节点过度集聚，地铁网络效应不够凸显

西安市城市功能、人口密度、开发强度等城市节点集中分布在二环以内、环城路沿线等，城市内核集聚特征明显，导致内城过度开发和拥挤、交通拥堵等问题。城市节点在内城过度集中，城市外围又缺乏城市节点，导致地铁线路难以有效连接节点群，降低了地铁网络的连通效率。近年来，西安市通过大力发展外围新区建设来疏解中心城区内部功能。随着浐灞新区、西咸新区、曲江新区的建设，中心城区内一部分功能已经逐步向外迁移。但是，外围新区尚未形成人口、功能、开发强度等要素集聚的城市节点，多核心格局尚未形成，且

城市空间结构与骨架的扩展对城市节点群的交通可达性提出更高要求，因此亟须优化城市节点群的空间组织及其依托地铁等公共交通网络的连通水平。

2. 轨道交通的点轴模式与通廊效应不明显

基于轨道交通廊道形成串珠式的点轴发展模式可以充分发挥通廊效应，吸引各类要素高效集聚。西安市城市节点主要在城市南北中轴与东轴沿线呈十字结构聚集分布，还有部分城市节点集中在二环圈层与明城区内部，整体比较集中，沿地铁形成点轴发展的空间特征不明显，仅1、2号地铁线形成了轴向带状发展的引导作用，但城市东、西两侧的南北向轴线、环状发展轴，如浐灞发展轴、高新区发展轴等，并未匹配相应的地铁公交廊道，仍有一些城市节点缺乏轨道交通联系，地铁网络对城市节点群的支撑不足。因此，需要结合城市战略规划、国土空间总统规划等上位规划，基于既有城市节点和潜在的新城市节点，依托地铁、轻轨等轨道交通塑造城市发展廊道、引导城市空间要素高效集聚。

六、西安市城市节点与公共交通匹配优化建议

（一）优化城市多核心节点空间模式

西安市单中心空间结构突出，城市节点集中分布，节点体系不明确，不利于轨道交通网络对城市多核心空间结构的引导，对城市土地利用与公共交通的匹配协调发展形成一定障碍。因此，需要打破单中心的空间模式，构建多核心空间体系。一方面，在主城区内部应强化现有节点，调整节点功能结构、明确节点职能，增加路网密度、进一步加强节点之间的联系，例如，针对居住型节点，适度增加商业与公共服务功能，形成多元复合的街区，并优化内部道路系统，吸引公共交通进入。另一方面，在三环沿线甚至外围培育新的城市节点，通过新区的建设促成城市节点的形成，并且加强内外节点之间的联系，由内部集聚的单中心空间结构逐渐转变为外向拓展的多核心节点体系。

此外，西安高新区内已形成较多人口密度、开发强度以及功能复合集聚的城市节点，西安体育中心、港务区等也已成为重要的城市节点区，这些节点与城市空间发展方向较为吻合，应进一步优化相邻节点之间的空间联系与组织关系，提升城市节点等级，从而为实现城市节点群与公共交通的高效匹配奠定基础。

（二）分层级构建节点群与公共交通网络的匹配对策

构建多层次的绿色交通体系是大力提升公共交通水平的关键所在，积极发展大容量公共交通，建立轨道交通、有轨电车、公交微循环等多层级公共交通，并促进各等级、各类型交通的良好衔接，是实现城市节点与公共交通匹配的重要手段。

1. 高等级城市节点通过地铁廊道实现点轴串联，形成轴网骨架结构

当城市节点数量、类型较多，层级复杂时，地铁网络难以连通所有城市节点，应优先确保较高等级的城市节点通过快速轨道交通网络互联互通。地铁线路沿城市发展轴线连接沿线的重要城市节点，形成"轴带串珠"的空间特征；地铁轴线横纵叠加形成"轴网"，进而将所有较高等级的城市节点纳入连通体系。因此，西安都市区需进一步增强地铁的廊道效应，通过在城市东侧南北方向、西南侧、中部东西向等发展轴上提升城市节点等级、增设地铁线路连接，以促进轨道交通与城市空间发展的耦合，如在城市东侧补充轨道交通连接永新路、西门、万科新地城、吉祥村等城市节点，在东西中轴补充轨道交通连接西关正街、五路口、东大街等城市节点。

2. 中等级城市节点通过新型公交环线实现直通互联

有轨电车与BRT对于提升公共交通体系的服务水平具有重要作用。有轨电车与BRT运行时速以及运量介于地铁与常规公交之间，在速度、客运量以及建设运行经济性等方面具备较大的适应性和弹性，此外，其线网组织相对灵活，有助于提高城市节点之间基于公共交通网络的连通程度。有轨电车或BRT可通过片区环线的形式，与地铁主干形成"环、轴结合"的模式，进而与地铁、常规公交等共同构成多层级的公共交通体系。在西安市环城路与二环路之间，大量中等级的城市节点之间缺乏便捷高效的连通性，通过新增有轨电车或BRT环线，如连接龙首路、八府庄二坊、三府湾西、康复路、延兴门、省体育场等城市节点，并与地铁4号线、8号线、3号线、5号线相接驳，可实现中低等级城市节点之间的连通。

3. 低等级城市节点通过公交微循环实现与邻近区域直接连通

公交微循环本质上是城市公交干线网络向街区或社区内的延伸，其服务能

力适配于低等级的城市节点，利用其灵活多样、渗透式的特点，可以加强中、低等级城市节点之间的联系与交通可达性。公交微循环采用线路固定、站点自由的形式：一般在城市干道上固定站点，在城市支路上不固定站点，可根据居民出行需求灵活调用。公交微循环既可作为轨道交通等快速公交干线网络的接驳系统与重要补充，为片区尺度中、低等级城市节点之间提供点对点的连接服务，也成为各等级城市节点内部为市民提供居民近距离通勤与日常生活性出行服务的载体。例如，对西安市三环内的八府庄二坊、沙井村、延兴门、边东街等城市节点，可通过增加公交微循环的方式提升城市节点群与公共交通体系的匹配关系。

（三）利用新技术构建城市公共交通互联互通实践区

利用 5G 技术、大数据分析等智慧科技手段可识别城市中人群活动的出行需求，并对不同人群、不同时间的人流出行进行全覆盖分析，基于客流的流向及路径，直接判断城市节点之间公共交通联系的高效性与合理性，由此评价公共交通与土地利用的匹配关系，并采取对应的优化措施。此外，新型无人驾驶技术可通过智能传感系统感知道路环境，并自动规划车辆运行线路，实现基于公共交通的点对点互联互通，提升出行效率。结合 5G 技术高效的客流分析与数据传输性能，配合支持点对点便捷互通的无人驾驶技术，在公共交通规划建设发展中可构建城市公共交通实践区，探索城市内部基于新型交通工具有机互连的新模式。

（四）加强城市节点内部公共交通配置与步行可达性

首先，在城市节点内部增设各类公交站点。尤其针对轨道交通水平配置不足的中、高等级城市节点，因公共交通配置不匹配于其人口密度、开发强度及功能活力度，应在城市节点内部增设各类公交设施，并提升常规公交与轨道交通的接驳关系，如沙井村、木塔寺、边东街等城市节点亟须增配公交站点。其次，优化街区空间形态，提高城市节点内公共交通配置潜力。为了提高城市节点的公共交通可达性，需要提倡小尺度街区模式，通过增加路网密度，将常规公交支线延伸至居住街坊内部，并加强步行交通、自行车交通或接驳巴士等末梢网络系统，从而提升城市节点内的公交可达性，例如万科新地城、西门、八府庄二坊等城市节点。

七、结语

本研究打破传统 TOD 以轨道交通站点等公共交通枢纽为导向进行城市开发的思维，针对城市建成区，以识别既有城市节点体系和空间网络结构为前提，构建城市节点体系与公共交通体系匹配协同的理论模型，并以西安都市区为例进行实证，为城市公共交通与土地利用协同规划与综合开发提供决策参考，为城市低碳化发展提供经验借鉴。

研究提出打破西安市单中心的城市空间结构，形成多核心节点体系：在内部强化已有城市节点，在外部培育新的城市节点，为实现城市节点体系与公共交通网络的匹配奠定基础；在此基础上进一步加强城市节点区域内公共交通设施的配置强度，提升公共交通"站、线"综合服务水平，并通过多层级绿色交通体系与新技术提升各级各类城市节点之间的互联互通水平，从而不断优化城市节点体系与公共交通体系的协同效应。

[参考文献]

[1] 龙瀛，李莉，李双金，陈龙，潘支明，姚怡亭，陈鸣，王雅玲，权璟，张黎雪，Cynthia Wang，钱京京. 中国城市活力中心的街道步行环境指数测度 [J]. 南方建筑，2021(01):114-120.

[2] 潘海啸，任春洋. 轨道交通与城市中心体系的空间耦合 [J]. 时代建筑，2009(05):19-21.

[3] 李京涛，周生路，吴绍华. 道路交通网络与城市土地利用时空耦合关系——以南京市为例 [J]. 长江流域资源与环境，2014，23(01):18-25.

[4] 蒋寅，郑海星，于士元，唐晓. 天津市职住空间分布与轨道交通网络耦合关系——基于手机信令数据分析 [J]. 城市交通，2018，16(06):26-35.

[5] 黄建中，胡刚钰，赵民，李峰清，沈畅，许晔丹. 大城市"空间结构—交通模式"的耦合关系研究——对厦门市的多情景模拟分析和讨论 [J]. 城市规划学刊，2017(06):33-42.

[6] 张艳，辜智慧，周维. 大城市职住空间匹配及其与轨道交通的协调发展研究：以深圳市为例 [J]. 城市规划学刊，2018(01):99-106.

[7] 钱寒峰，杨涛，杨明. 城市交通规划与土地利用规划的互动 [J]. 城市问题，2010(11):21-24+51.

[8] 侯全华，段亚琼，马荣国．城市分层控规中土地利用强度与交通容量协同优化方法[J].长安大学学报(自然科学版)，2015，35(02):114-121.

[9] 丁川．TOD模式下城市公交干线与土地利用的协调关系研究[D].哈尔滨工业大学，2011.

[10] 冯越，陈忠暖．国内外公共交通对城市空间结构影响研究进展比较[J].世界地理研究，2012，21(04):39-47.

[11] 何建军，郑声轩，赵艳莉．轨道交通沿线土地开发利用规划控制要素研究[J].规划师，2008，24(06):67-70.

[12] 刘旭辉．城市生态规划综述及上海的实践[J].上海城市规划，2012，(06):64-69.

[13]Masahisa Fujita, Hideaki O. Multiple equilibria and structural transition of non-monocentric urban configurations, Regional Science and Urban Economics [J].Regional Science and Urban Economics, 1982, Volume 12, Issue 2, May 1982, Pages 161-196.

[14] 田达睿，周庆华．国内城市规划结合分形理论的研究综述及展望[J].城市发展研究，2014，21(05):96-101.

[15] 田达睿．城镇空间的分形测度与优化——基于陕北黄土高原城镇案例的研究[M].中国建筑工业出版社，2018.01.

[16] 李岩辉．大西安都市区轨道交通线网规划与优化思路分析[J].铁道标准设计，2019，63(12):5-13.

[17] 谭章智，李少英，黎夏，刘小平，陈逸敏，李威贤.城市轨道交通对土地利用变化的时空效应[J].地理学报，2017，72(05):850-862.

[18]GB/T51328-2018,城市综合交通体系规划标准[S].北京：中华人民共和国住房和城乡建设部，中华人民共和国国家质量监督检疫总局．

[19] 单勇兵．基于GIS的徐州城镇体系空间结构分形研究[J].地理与地理信息科学，2011，27(04):111-112.

面向智慧城市的西安大型公共建筑可持续性评价研究[1]

○权炜[2] 于军琪[3] 孙燕平[4]

内容提要：针对西安市现有的大型公建对能源、资源的高消耗和对环境产生的重污染的问题，通过对国内外可持续建筑评价体系的全面分析，着重能源、资源与环境可持续性关键影响因素，构建西安市大型公建不同生命阶段的可持续性评价指标体系，建立可持续性评价复合模型，采用定性、定量分析相结合的方式，衡量大型公共建筑的可持续程度，从而推动西安市大型公共建筑的可持续发展，对发展"资源节约、环境友好"型社会具有重要的现实意义。

一、研究背景与意义

（一）研究背景

在全球化的背景下，可持续发展作为一种新型的发展战略和发展观，得到了世界各国和各领域的认可。建筑业也掀起了可持续发展的热潮，作为建筑领域内突显了城市风格与时代特征的大型公共建筑，将在可持续发展的道路上扮演重要的角色。近年来，为了满足人们日益增长的物质文化需求，大型公共建筑迅速发展，它是极其重要的公共活动场所，与公共服务和社会管理密切相关。但当前大型公共建筑在可持续发展方面还存在着一些亟待解决的问题。

首先，大型公共建筑对能源、资源消耗巨大。据统计，在中国，建筑能耗

---

[1] 本研究报告为西安建筑科技大学 2021 年度新型城镇化专项研究基金项目研究成果。
[2] 权炜，博士，西安建筑科技大学建筑设备科学与工程学院智能建筑系高级工程师。
[3] 于军琪，博士，西安建筑科技大学建筑设备科学与工程学院教授，博士生导师。
[4] 孙燕平，西安市城市规划设计研究院高级工程师，注册规划师。

在全国综合能耗总量中的比例已达到了 27.6%[1]。而在不断推进城市化的进程中，各类大型公共建筑能耗量亦逐年递增。数据表明，在我国，大型公共建筑占了城市建筑面积的 4%，其能耗却是城市建筑总能耗量的 22%，也就是说，大型公共建筑每平方米的耗能是一般建筑的 5 倍至 10 倍，是普通住宅耗能量的 10—20 倍之多[2]，在建筑能耗中属于高密度领域。就现阶段我国建筑能耗现状进行推测，十年之内，建筑能耗将新增标准煤 2.5 亿吨 / 年，折合电力约 1.3 万亿度[2]。除此之外，大型公共建筑也会消耗大量的资源。据统计表明，在大型公建基建过程中，钢铁与水泥的使用量占了国家生产总量的 1/5[3]。现今，我国能源、资源的消耗量日益增加，世界范围内的能源、资源供给也越发紧张。我国煤炭和水力资源的人均占有量仅是世界人均占有量的 50%，天然气、石油的人均占有量仅为世界人均占有量的 1/15。大型公共建筑对能源、资源的高消耗以及能源、资源紧缺的现状，羁绊了我国经济社会的发展，因此大型公建必须走可持续道路。

其次，大型公共建筑对环境影响巨大。随着人们对自然资源消耗的日益加剧，全球环境日益恶化。《中国环境分析》报告称"全球范围内的 10 大重污染城市，有 7 个在中国"。而在全国 500 个城市中，空气质量符合世界卫生组织推荐标准的不到 5 个。建筑活动是人类对自然资源、环境影响最大的活动之一，由建筑活动产生的建筑垃圾占垃圾总量的 40%，造成的电磁污染、光污染、空气污染占全部污染的 34%。据可靠数据显示，在造成温室效应的气体中，大约有 50% 的氟利昂及二氧化碳来源于与建筑相关的活动，而其中很大一部分来自大型公共建筑[4]。此外，大型公共建筑对其所在区域的水质、空气质量等也会造成较大影响。因此，通过发展可持续的大型公共建筑，减少建筑温室气体及其他废弃物的排放，对于改善中国环境有着重要意义。根据多年的研究与实践探索，建筑节能被认为是节能潜力最大、最为直接有效的节能方式，是可持续发展问题的关键。我国作为全球的能源需求大国，建筑业耗能量约为社会全部能耗总量的 30%，因此作为我国三大能耗大户之一的建筑业，走可持续建筑之路势在必行。

最后，可持续发展是必然趋势[5]。近年来我国高度重视建筑业的可持续发展问题。在"十四五"规划中，"绿色建筑"被列为重要内容。虽然中国可持续建筑的推广和实施已取得长足发展，但在设计和推广过程中仍存在一些问题。因此，建立一套科学有效的大型公共建筑可持续性评价系统，对于可持续建筑的推广和实施起着至关重要的作用。

大型公建可持续发展是指发展节能、环保、与自然和谐共存的可持续大型公建，是解决大型公建高能耗、多污染等问题的有效途径，对整个建筑业节能减排、环境污染治理及能源危机解决也有重要意义。

随着现代化进程的发展完善，西安市大型公共建筑无论在数量上还是规模上都有很大提高，甚至在某些方面已达到或超过了国内的先进水平。但是，由于西安市大型公建起步晚，相应的制度及管理经验不足，其环境问题、能耗问题及用户健康等一系列问题比较突出。

智慧城市在实现城市可持续发展、引领信息技术应用、提升城市综合竞争力等方面具有重要意义。由于智慧城市综合采用了包括射频传感技术、物联网技术、云计算技术、下一代通信技术在内的新一代信息技术，因此能够有效地化解"城市病"问题。这些技术的应用能够使城市变得更易于被感知，资源更易于被充分整合，在此基础上可以实现对大型公建的精细化和智能化管理，从而减少资源消耗，降低环境污染，消除安全隐患，最终实现大型公建的可持续发展。

（二）研究意义

由于国内对大型公共建筑的旺盛需求，以及大型公共建筑对能源、资源的高消耗和对环境产生的重污染，大型公共建筑可持续发展必将在推进可持续发展道路中承担重要责任。建筑可持续性评价以可持续发展作为指导思想，以保障生态环境及资源、促进建筑与环境和谐共存为主题。目前世界各国已经着手进行可持续建筑方面的研究。但由于各国经济、文化等方面的不同，其研究与理解存在着较大差异。由此可见，建筑可持续评价需考虑地域及文化等方面存在的差异，建立通用统一的评价体系是不合适的。

综上所述，深入开展大型公共建筑可持续性研究工作已经到了刻不容缓的地步。针对现有的大型公共建筑所存在的问题，通过对国内外可持续建筑评价体系的全面分析，着重能源、资源与环境可持续性关键影响因素，构建大型公共建筑不同生命阶段的可持续性评价指标体系，建立可持续性评价复合模型，采用定性、定量分析相结合的方式衡量大型公共建筑的可持续程度，从而推动大型公共建筑领域的可持续发展，对发展"资源节约、环境友好"型社会具有重要的现实意义。

本研究为西安市大型公共建筑可持续性的评估工作提供了有效的方法，为西安市建设具有节能、健康特性的可持续性大型公建提供了理论依据和实践指导，有利于推动可持续建筑在西安市的推广普及。同时，对我国大型公共建筑的健康、迅速发展也具有一定积极意义。

二、大型公建可持续性评价指标体系构建

可持续性大型公共建筑是指：在其规划、设计、建造、运营等整个生命周期内，能够接近或达到在满足当代人需要的同时，不对后代人满足需要的能力构成危

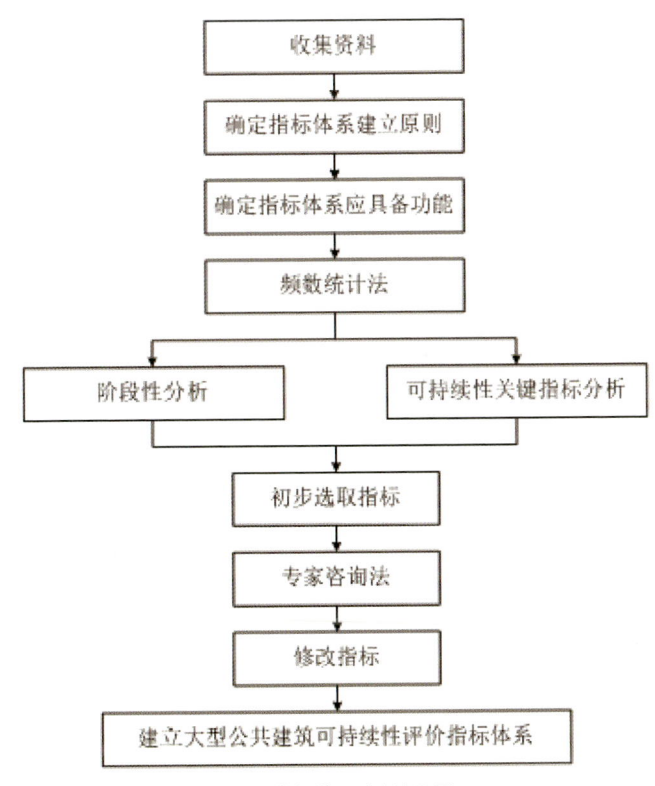

图 1　指标体系建立流程图

害的大型公共建筑。

大型公共建筑可持续性评价是一个复杂的系统工程，评价指标体系的建立是其核心内容之一。在建立评价指标体系之前，要进行指标的选取工作。通常采用频数统计法、专家咨询法，并结合理论分析来追求指标选取的科学性和完备性。其中，频数统计法是参考已有的国家或地方标准，同时对有关的大型公建可持续性研究报告及论文进行频数统计，从中选取出现频率较高的指标；专家咨询法则是指对依照上述方法选取出来的指标，征询专家或相关领域工作者的意见，从而对指标进行优化筛选。指标体系建立的具体流程框图如图 1 所示。

（一）指标体系建立原则

大型公共建筑可持续性评价指标体系的建立，除了遵循世界经济合作与发展组织（OECD）对可持续建筑给出的四个原则，"资源的应用效率原则、能源的使用效率原则、污染的防止原则、环境的和谐原则"以外，还应遵循以人为本、区域性、层次性、可操作性、动态性与阶段性等原则。

（二）指标体系具备功能

1. 描述功能

该指标体系中的单个层级的指标应该能够反映大型公共建筑的某一方面的本质特征，同时，各个层级的指标能够综合反映大型公建的整体特征。

2. 评价功能

指标体系能从各个维度对大型公共建筑进行评价，并且最终可以进行总体评价。应选取较准确、完整的大型公建的关键性能指标，同时应具有可评价性，这些指标可以分为定性指标和定量指标。其中，定量指标是可以直接进行评价的指标；定性指标是不能进行直接评价，但能够转化为定量指标的指标。

3. 指导功能

指导功能体现在该指标体系可以对大型公共建筑可持续性的研究、评价、推广工作给予一定的指导作用，符合可持续建筑的建设标准。

（三）大型公共建筑可持续性的阶段性分析

当前，我国在大型公共建筑可持续建设上还停留在初步发展时期，需要一套科学、合理的可持续性评价指标体系以促进其发展。大型公共建筑可持续性评价需要特别注意其在不同生命阶段的研究。

1. 规划设计阶段

在大型公共建筑规划设计阶段，主要判断该大型公共建筑是否与城市大环境相协调、选址是否合理、是否符合可持续发展原则等。在这一阶段，政府及相关部门给出总体的规划要求，设计单位遵循建筑的可持续发展思想对大型公共建筑进行规划设计，开发商则对其把握是否有卖点。判断大型公共建筑规划设计阶段的可持续程度，对大型公共建筑的可持续性研究具有重要意义。

2. 施工阶段

大型公共建筑施工建造阶段，涉及政府部门、开发商、施工单位等各个方面，是从图纸变为现实建筑的过程。这一阶段的可持续评价是监督在其建造过程中是否保持可持续性建设，以及保证最终的可持续性，同时也为后来的使用人群作以参考。

3. 运营管理阶段

大型公共建筑的运营管理阶段很大程度上影响着建筑拥有者的成本，并影响着室内、室外环境质量，涉及政府部门、开发商、建造方、物业公司和使用者。这一阶段的评价是典型的后评价，其目的是给出整个建筑的可持续性程度。

（四）大型公共建筑可持续性关键指标分析

本研究中指标的选取围绕能源、资源与环境可持续性三方面的关键要素展开。根据收集的资料，以已有的国家或地方标准作为指标的主要来源，已有的建筑研究报告作为参考来源，运用频数统计法，统计出现频数较高的指标作为初选指标。出现的频数越大，指标越具有典型性和代表性。首先选取层次结构中准则层指标，指标出现频数如表1所示。

表1 准则层指标出现频数

序号	具体指标	主要来源出现次数	参考来源出现次数	总计
1	能源使用	3	12	15
2	土地资源利用	3	11	14
3	水资源利用	3	14	17
4	水污染	1	6	7
5	光污染	1	5	6
6	材料资源利用	3	13	16
7	固体垃圾处理	1	3	4
8	交通	3	10	13
9	室内空气品质与通风	1	8	9
10	室内空气质量	3	15	18
11	大气环境影响	2	7	9
12	室外环境质量	3	15	18
13	建筑微环境	0	6	6

根据频数统计法的原理，设 X 为指标出现的次数，则剔除 X < 10 的指标，然后咨询各方面的意见，同时结合大型公共建筑自身特点，选取能源、水资源、材料资源、土地、交通、室外环境质量、室内环境质量七个维度作为指标体系的准则层，并就这七个维度的可持续性关键影响指标进行具体详细分析。

1. 能源可持续性关键指标

根据调查数据可知，大型公共建筑的用能设备主要包括空调、供热、办公设备、电梯、照明等多个系统，除采暖外，主要消耗电能、天然气和煤等能源，而暖通空调系统耗能占了大型公建全年耗能量的40%~60%。表2为西安市大型公共建筑全年电耗估算，由此看出，建筑物主体节能的重点应放在电耗上。

表2 西安市大型公共建筑全年电耗估算

建筑类型	全年单位面积电耗 (kWh/m^2)
政府办公建筑	85.3

续表

建筑类型	全年单位面积电耗 (kWh/m²)
大型非政府办公建筑	80.28
大型商场建筑	285.93
大型宾馆饭店	162.04
大型文化场馆建筑	98.2
大型科研教育建筑	92.5
大型医疗卫生建筑	335.6
大型体育建筑	95.3
大型通信建筑	310.5
大型交通建筑	221.6
大型影剧院建筑	73.8
大型综合商务建筑	89.6
其他大型公共建筑	180.6

同时，我国可再生能源、资源的种类丰富，利用可再生能源已成为缓解能源紧张、减少环境污染的一大重要途径。随着生态建筑、节能建筑的发展，可再生能源[7]在建筑中的使用范围亦越来越广。

因此本研究中，能源可持续性指标具体体现在建筑主体节能、常规能源系统、可再生能源利用三方面。

2. 水资源可持续性关键指标

我国水资源总量约2.8亿 m³，排名世界第六位，但人均使用量仅为世界人均量的1/4，排名世界第88位。据对全国236个城市的调查，80%的城市缺水，年缺水量达到3640亿 m³。我国建筑活动用水占了全部用水量的42%，而大型公建的水资源消耗量更是巨大，为住宅建筑的10倍以上[8]。由于水资源的缺乏，其利用和保护极为重要，同时响应可持续性的理念，再生水技术不可缺少。因此水资源可持续性关键指标具体表现在水资源的利用、水资源保护和再生水技术三方面。

3. 材料资源可持续性关键指标

建筑材料是大型公共建筑建设的基础。在建造工程中，钢材占全国用钢量的25%，水泥占70%，木材占40%，这些建材的消耗，对环境有着非常大的影响。

因此，节材具有重要的生态和经济价值，应将建筑活动中产生的固废分门别类，并有效回收再利用。因此本研究将从材料的安全性、可再生材料的使用、节材措施等方面进行评价。

4. 土地可持续性关键指标

"人多地少"是我国的国情。因此，土地资源的评价要考虑到土地的使用率及节地措施等，同时由于人与建筑及整个社会与建筑之间的密切关系，也要考虑建筑的选址对自然环境和人文环境的影响。因此，本研究将选址、土地利用、绿化等作为土地可持续性评价指标。

5. 交通可持续性关键指标

大型公共建筑周边及建筑内部的交通直接影响着建筑使用的便利性，交通配套设施、周边出入通行是否便利、内部交通安全管理等都至关重要，因此本研究中，交通可持续性的评价指标包含配套设施、外部道路、内部道路三大方面。

6. 室外环境质量可持续性关键指标

大型公共建筑的室外环境质量对建筑、建筑使用者及建筑周边大环境都具有重要的影响作用。环绕建筑物的外环境，主要由这一地区的空气质量、热、光、声等要素组成[4]。本研究中，室外环境质量可持续性指标具体也包含以上几方面。

7. 室内环境质量可持续性关键指标

本研究对室内环境质量评价的研究主要表现在四大方面：室内空气质量、光环境、声环境、舒适性等。

（五）大型公共建筑可持续性评价指标体系建立

同样基于频数统计法和专家咨询法，结合上节对大型公共建筑可持续性评价关键性指标的详细分析，在基于七个维度的准则层下，统计并筛选得到22个一级指标（见图2）。

但是，在不同的阶段，评价的内容和目的也有所不同[9]。本文按照大型公共建筑三个不同生命阶段的各自特点及目的，建立二级指标体系，在海选出的三阶段共198个指标中，统计出现频率较高的146个指标，咨询各方面意见及建议，最终选取三阶段共117个指标，其中规划设计阶段34个，施工阶段17个，运营管理阶段66个指标（见表3）。

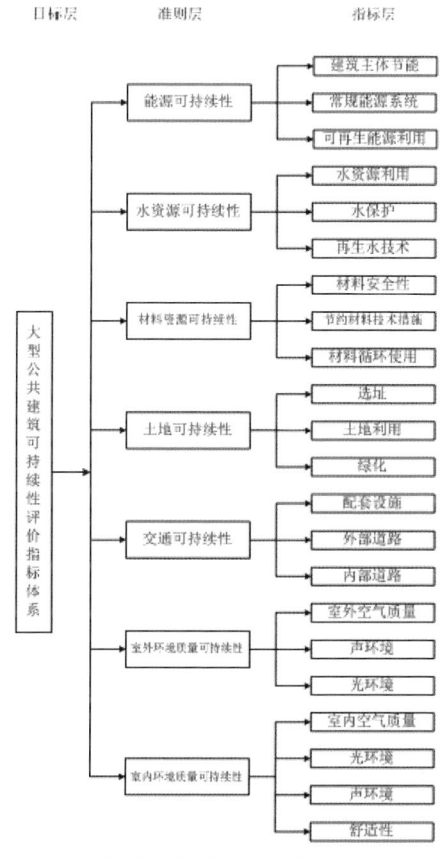

图 2　大型公共建筑可持续性评价一级指标体系

表 3　大型公共建筑全生命阶段可持续性评价指标体系

准则层	一级指标	评价阶段	二级指标
能源可持续性	建筑主体节能	规划设计	建筑设计总能耗低于国家批准或备案的节能标准规定值的比例
			建筑总平面设计有利于冬季日照并避开冬季主导风向，夏季有利于自然通风
		施工	施工耗煤量（比标准定额节约量）
			施工耗电量（比标准定额节约量）
		运营	耗电量（比计划节约量）
			耗煤量（比计划节约量）
			耗气量（比计划节约量）

续表

准则层	一级指标	评价阶段	二级指标
能源可持续性	常规能源系统	规划设计	照明能耗系数
			冷热源和能量转换效率
		运营	全年暖通空调、照明系统总能耗低于《公共建筑节能设计标准》规定值比例
			冷热源机组能源效率
			照明能耗系数
	可再生能源利用	规划	可再生能源占总能耗比例
		施工	有可再生能源利用设备
		运营	可再生能源产生的热水量占建筑生活热水消耗量比例
			可再生能源产生的发电量占建筑总用电量比例
			利用太阳能、地热能、风能等情况
水资源可持续性	水资源	规划设计	制定水系统规划方案
			利用
		施工	实际施工用水量少于计划用水量比例
		运营	按用途设置用水计量水表
			给排水系统考虑市政管网压力
			水质符合《生活用水水质规范》
	水资源保护	规划设计	空调冷却水设有收集回用技术方案
			采取有效措施防止网关渗漏
			合理规划节水用具
		施工	施工现场降水就近利用
			对施工现场污水进行合理处理
		运营	设置雨水收集措施
			合理选用节水器具
			排水系统采用雨污分流系统
	再生水技术	规划	考虑采用附近集中再生水厂的再生水
		运营	合理采用再生水水源
			就近使用再生水厂的再生水
			办公楼、商场类非传统水源利用率

续表

准则层	一级指标	评价阶段	二级指标
材料资源可持续性	材料安全性	规划	严禁使用国家及当地建设主管部门向社会公布限制、禁止使用的建筑材料及制品
		施工	建筑结构材料使用高性能混凝土、高强度钢等
		运营	严禁使用国家及当地建设主管部门向社会公布限制、禁止使用的建筑材料及制品
	节约材料技术	规划	考虑采用建材消耗量少的结构形式
		施工	就地取材（施工现场500km以内生产的建筑材料重量占建筑材料总重量的比例）
		运营	固体废弃物收集分类率
	材料循环使用	规划	在建筑设计选材时考虑使用材料的可循环使用性能
			可循环材料使用重量占所用建筑材料总重量比例
		施工	建筑结构部件的木材来自可持续管理的资源
			实际可循环材料使用重量占所用材料总重量的比例
		运营	可循环材料利用率
土地资源可持续性	选址	规划	选择拆迁任务小的土地作为建筑用地
			满足城市总体规划
		施工	施工不破坏当地环境、文化
		运营	对人文环境的影响
			对自然环境无大影响
			满足城市总体规划
	土地利用	规划	土地利用率
			土地性质
			合理开发利用地下空间
		施工	施工总平面图布置紧凑
			危险品存放有严格的隔水层设计、防止土壤污染
		运营	土地利用率
			不影响周围建筑的日照要求
			合理利用地下空间(地下空间面积占建筑占地面积之比不低于)
	绿化	运营	绿化植物选择适宜当地气候和土壤的

续表

准则层	一级指标	评价阶段	二级指标
交通可持续性	配套设施	规划	交通组织合理,主要出入口距最近公交站点距离≤500m
			交通组织合理,主要出入口500m以内的公交线路条数≥2条
		运营	交通组织合理,主要出入口距最近公交站点距离≤500m
			交通组织合理,主要出入口500m以内的公交线路条数≥2条
			为工作人员提供车棚等配套设施
	外部道路	规划	无障碍设计
		运营	无障碍道路
			采用人车分流体系
	内部道路	运营	道路布局合理
室外环境质量可持续性	室外空气质量	规划	场地大气环境质量综合达标率
		施工	空气符合施工场地标准
		运营	以建筑物周围人行区1.5m处实测风速
			温度
			湿度
	声环境	规划	环境噪声比《城区环境噪声标准》低
		施工	严格按照规划时段施工
			建筑施工噪声符合《建筑施工场地噪声限制》
		运营	白天环境噪声
			夜晚环境噪声
	光环境	规划	满足建筑设计日照规范
		施工	采用适当的照明方式和技术,避免电焊及夜间作业照明对周边环境造成光污染
		运营	太阳辐射
			朝向
			环境照明
室内环境质量可持续性		规划	有利于自然通风
			室内装修材料达标与否
			二氧化硫 SO_2
			二氧化氮 NO_2

续表

准则层	一级指标	评价阶段	二级指标
室内环境质量可持续性	室内空气质量	运营	可吸入颗粒物 PM10
			二氧化碳 CO_2
			一氧化碳 CO
			甲醛
			苯
			总挥发性有机物 TVOC
			吸烟控制措施
	光环境	规划	采光系数
			日照时数
		运营	主要功能空间满足采光系数的比例
			统一眩光
			照度
	声环境	规划	平面布置合理
			背景噪声达标
		运营	采用高隔声性能的临街外窗
			白天实测噪声
			夜晚实测噪声
	舒适性	规划	室内温度可控范围
			室内湿度可控设备
		运营	温度
			湿度
			温度可控范围
			湿度可控装置
			风速

三、大型公建可持续性评价模型研究

本研究基于 AHP-FCE 的大型公共建筑可持续性评价复合模型，将问卷调查法和 AHP 以一定方式结合进行各级指标权重的确定，利用 FCE 理论，建立复合评价模型进行大型公共建筑可持续性评价。评价流程如图3所示。

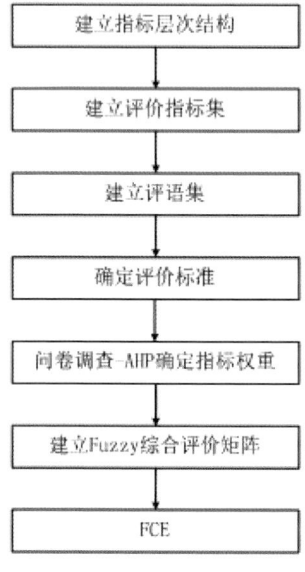

图3 AHP-FCE综合评价流程图

（一）评价指标和评语集的确定

设 $U=\{u_1,u_2,\dots,u_m\}$ 为评价指标集；$V=\{v_1,v_2,\dots,v_n\}$ 为评语集（即评价等级）。这里的 m 为评价指标的个数，n 为评语的个数。评价等级可分为四个等级：优、良、合格、不合格。并且对各级评语分别赋值，既而得到各级评价等级对应的分值为 $S=[1\ \ 0.7\ \ 0.4\ \ 0]$。

（二）评价标准的确定

大型公建可持续性评价指标中有定性指标也有定量指标，因此评价标准也是定性、定量相结合的：

1. 定性问题

不能用数据衡量，很大程度上靠主观判断评估。评价标准用一些描述语言，被调查者可以根据建筑物所在地域的特点，同时结合自身的感观感受进行评估。

2. 定量问题

可以依靠可靠的数据作为依据。在评估时，国家或地区有关的各种规范、法规、制度以及行业统计数据和公认的国际标准都可作为重要的参照和准则。

(三)评价指标权重

1. 权重

在大型公建可持续性评价体系中,权重作为最基本、最不可或缺的组成部分之一,有特殊的作用和重要性,权重构成是否合理直接影响评价结果的准确性和科学性。

2. 问卷调查+AHP确定权重

问卷调查法是一种有效的群体决策的方法,由调查人员根据需要制定相关的调查问卷;AHP法是20世纪70年代美国运筹学家T.L.Satty提出的一种决策分析方法[10]。它有效地将定性和定量相结合,把复杂问题的各种因素划分为相互联系的有序层次,从而使之条理化,为其后续的正确评价提供科学依据。在本研究中,通过问卷调查法与AHP法的结合对可持续性评价指标的权重进行确定。

3. 权重确定步骤

(1)根据需要制定问卷调查表,构造判断矩阵

首先,制定出问卷调查表。为了提高调查的有效性,规定接受调查对象应符合以下条件:

(a)从事建筑行业的人员,包括建筑设计、建筑暖通设计、建筑水电设计、建筑结构设计,以及其他相关领域。

(b)被调查者在该建筑周边或其中工作、学习半年以上。

(c)副教授或工程师以上专家。

然后让被调查者对于同层指标进行两两比较,确定判断定量化的标度,其比较结果以"9标度"法表示,每级要素表示在以上一级的某一要素为判断准则下的相对重要性。各级标度含义见表4所示。

表4 AHP法"9标度"含义

标度	标度含义
1	两个元素相比,具有同等重要性
3	表示两个因素相比,一个比另一个因素稍微重要

续表

标度	标度含义
5	表示两个因素相比，一个比另一个因素明显重要
7	表示两个因素相比，一个比另一个因素强烈重要
9	表示两个因素相比，一个比另一个因素极端重要
2、4、6、8	上述两相邻判断的中值
倒数	因素 i 与 j 比较得判断 b_{ij}，则因素 j 与 i 比较得判断 $1/b_{ij}$

运用表4的数字标度，得到问卷调查表。由于调查内容对于普通大众和其他行业人员而言较为陌生，且难以在较短时间讲解清楚，因此将调查问卷送至各被调查者手中，一周后再将其取回，并对所有回收的调查表进行检验，保证满足条件，继而可以得到如下判断矩阵：

$$B = \begin{bmatrix} b_{11} & b_{12} & \cdots & b_{1n} \\ b_{21} & b_{22} & \cdots & b_{2n} \\ \cdots & \cdots & \cdots & \cdots \\ b_{n1} & b_{n2} & \cdots & b_{nn} \end{bmatrix} \quad (1)$$

判断矩阵中的值应满足以下条件：

$$b_{ij} > 0, b_{ij} = \frac{1}{b_{ij}}, \sum b_{ij} = 1$$

（2）按照图4所示将每份问卷调查表的意见汇总，得出最终的判断矩阵

图4 问卷调查法+AHP法结合方式

（3）层次单排序及一致性检验

层次单排序是指针对上一层特定的指标而言，本层次中各项指标之间的重要程度。层次单排序实质上是计算判断矩阵的特征值和特征向量。计算步骤为：

①计算判断矩阵 B 每一行元素的积：

$$M_i = \prod_{j=1}^{n} b_{ij}, i = 1, 2, 3, \ldots, n \quad (2)$$

②计算各行 M_i 的 n 次方根值 $\overline{W_i}$。

③将向量 $\overline{W_i}$ 归一化处理，如下所示：W_i 就是所求的各指标的单层次相对权重。

$$W_i = \overline{W_i} / \sum_{i=1}^{n} \overline{W_i} \quad (3)$$

④计算判断矩阵 B 的最大特征值 λ_{max}。

$$\lambda_{max} = \sum_{i=1}^{n} \frac{(BW)_i}{nW_i} \quad (4)$$

⑤一致性检验：

AHP 法虽然能够将评测人的主观思维做定量处理，但是鉴于被评估对象十分复杂，由此产生的主观片面性难以完全消除，9 标度法虽然在一定程度上使得各评测人的主观思维过程趋于一致，却无法确保得到的各判断矩阵都有完全的一致性，因此必须经过一致性检验，检测由以上方法得到的指标权重是否有违背总体规定的现象存在。计算过程如下：

首先确定一致性指标 C_I

$$C_I = \lambda_{max} - \frac{n}{n-1} \quad (5)$$

然后查同阶矩阵平均随机一致性指标 RI，见表 5。

表 5　平均随机一致性指标

阶数	1	2	3	4	5	6	7	8
R_I	0	0	0.58	0.90	1.12	1.24	1.32	1.41
阶数	9	10	11	12	13	14	15	
R_I	1.45	1.49	1.52	1.54	1.56	1.58	1.59	

接着计算一致性比率 C_R。

$$C_R = \frac{C_I}{R_I} \quad (6)$$

若 $C_R < 0.1$，则认为其一致性可以接受的，否则应进行适当修改，再进行分析。

（4）层次总排序及一致性检验

以上计算出的是单层次排序，最终需要的是计算同一层次所有指标相对于总目标层的重要性程度。由最高层到最低层逐层进行分析，当较高层指标 A 相对于目标层的权重为 $a_i(i=1,2,...,m)$，较低层指标 B 相对于较高层指标 A 的权重为 $b_{1i}, b_{2i}, b_{3i}, ... b_{ni}$，则 B 层指标相对于目标层的总排序权重为：

$$W = \sum_{i=1}^{m} a_{ij} b_{ij} \quad (j=1,2,...,n) \tag{7}$$

层次总排序后，根据上述⑤中的方法进行总判断的一致性检验。

（四）模糊综合评价方法介绍

本研究采用模糊综合评判方法（Fuzzy Comprehensive Evaluation，FCE）[11]来进行大型公共建筑的可持续性评价。该方法减少了人为主观因素的影响，评价的结果更为客观，能减少人的劳动强度，很大程度上提高工作效率[11]。

1. 模糊综合评判矩阵

根据评价标准，对评价指标进行模糊评价，建立其评价矩阵。评价矩阵中的元素是各指标关于评语的特性指标，称为隶属度[12]，首先对指标集中的单因素 ui 作单因素评价，给出该因素相对于评价等级 V_K 的隶属度为 r_{ij}，其中 $r_{ij} \in [0,1]$。即而可得到单因素评价矩阵 R_i。

$$R_i = \begin{bmatrix} r_{11} & r_{12} & \cdots & r_{1n} \\ r_{21} & r_{22} & \cdots & r_{2n} \\ \cdots & \cdots & \cdots & \cdots \\ r_{m1} & r_{m2} & \cdots & r_{mn} \end{bmatrix} \tag{8}$$

其中隶属度的计算即确定指标体系中各个指标的评价值。本研究中采用模糊统计的方法来确定隶属度，该方法是让参与评价的被调查者根据评价标准，结合自身的感观感受为最底层划分等级，统计各个指标属于上述四个评价等级的频数 m，即

$$t_{ij} = \frac{m_{ij}}{n} \tag{9}$$

t_{ij} 表示评价指标 u_i 隶属于评价等级的隶属度。

2. 模糊综合评价

当评价指标权重和单指标评判矩阵确定后，便可进行可持续性综合评价。

若把综合评判矩阵当作一个模糊变换器[12]的话，每当输入一个权重集，通过模糊变换器就可以输出一个相应的综合评价结果。如图 5 所示，其中 * 为广义模糊算子。

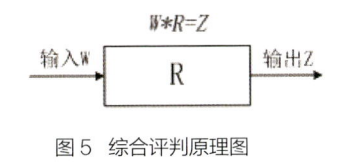

图 5　综合评判原理图

在四层结构中，首先对第三级评价指标作综合评价，一般令

$$Z_i = W_i * R_i \tag{10}$$

其中 * 为算子符号，称为模糊变换，其中 W_i（权重集）称为输入，Z_i 称为输出。即可得到单层综合评价结果。在四层结构的情况下，二级模糊综合评判是先对第三层次的所有因素 ui 进行的评判，根据评价结果再对第二级指标作综合评判：

$$Z = W * R \tag{11}$$

其中 $R = (Z_1; Z_2; \ldots; Z_n)$. 其后对综合评价结果进行打分：

$$F = Z * S^T \tag{12}$$

最后由最大隶属度准则[13]，判断综合评价最终结果及等级。

四、大型公建可持续性评价评价实例

为了验证本文所建立的 AHP-FCE 可持续性复合评价模型的合理性和科学性，本研究对西安市某大型公建进行实际调研，对其作可持续性评价。

（一）建筑概况

该建筑是大型办公建筑，建筑面积约 11 万平方米，属于精品写字楼，坐落于西安市南门广场，处于多条主要干道的交汇处，各种交通工具川流不息，且建筑周边自设 1000 多个停车位，交通较为便利。整个建筑气势宏伟，配备国际"5A"智能，地下设银行专属金库，彰显西安国际现代化都市风采，且与古城墙遥相呼应，相得益彰。

该办公建筑全年的使用时间在 250 天左右，每天的使用时间均为 8:30—18:30。由于晚上部分公司会加班，所以建筑使用时间有时会延至 23:00。写字楼各设备全年的运行时间为 1600—2000 小时。该类建筑的用能系统主要是空调和照明以及办公设备用能。其中空调系统约占 38% 左右，其次为照明和办公设备，约为 23%，单位建筑面积能耗为 72.42kWh/m^2。

该建筑注重水资源的节约，建筑内部采用漏水检测装置、雨水回收利用系统，并定期对水表进行检查，严格区分饮用水和生活用水，设置中水回收装置，分类处理废水、雨水，并利用收集的雨水进行绿化区的灌溉等。

该建筑占用的是城区已开发地段，因此，并没有对城区环境等造成影响，属于旧城改造，且合理地利用了地下空间。建筑内部部分区域采用无障碍设计，体现了人性化的思想。

该写字楼的室内照度设计均符合《建筑照明设计标准》GB/T50034 中的各项规定值，办公室内视野广阔，室内空气质量良好。变风量空调系统的采用，使得各区域能够自主调节室内送风状况及温湿度。除此以外，建筑维护结构隔声良好、门窗密闭良好，确保了该建筑的室内噪声等级较低。

（二）评价体系

由于该建筑已投入使用，本研究仅对其运营管理阶段进行可持续性评价。根据上述所示的评价指标体系，得出该大型公共建筑在运营管理阶段的可持续性评价指标体系，该阶段二级指标共 66 个，对各指标编码，如表 6 所示。

表 6　大型公共建筑运营管理阶段可持续性评价指标体系

目标层	准则层	一级指标	二级指标
大型公共建筑可持续性评价 U	能源可持续性 B$_1$	建筑主体节能 C$_1$	耗电量（比计划节约量）D$_1$
			耗煤量（比计划节约量）D$_2$
			耗气量（比计划节约量）D$_3$
		常规能源系统 C$_2$	全年暖通空调、照明系统能耗低于标准规定值比例 D$_4$
			冷热源机组能源效率 D$_5$
			照明能耗系数 D$_6$

续表

目标层	准则层	一级指标	二级指标
大型公共建筑可持续性评价 U	能源可持续性 B_1	可再生能源利用 C_3	可再生能源产生的热水量占建筑生活用水消耗量比例 D_7
			可再生能源产生的发电量占建筑总用电量比例 D_8
			利用太阳能、地热能、风能等负责采暖空调的比例 D_9
	水资源可持续性 B_2	水资源利用 C_4	按用途设置用水计量水表 D_{10}
			给排水系统考虑市政管网 D_{11}
			水质符合《生活用水水质规范》D_{12}
		水资源保护 C_5	设置雨水入渗、收集、调蓄措施 D_{13}
			合理选用节水器具 D_{14}
			排水系统采用雨污分流系统 D_{15}
		再生水技术 C_6	合理采用再生水技术 D_{16}
			就近使用再生水厂的再生水 D_{17}
			办公楼、商场类非传统水源利用率 D_{18}
	材料资源可持续性 B_3	材料安全性 C_7	严禁使用国家及当地建设部门禁止的材料 D_{19}
		节材措施 C_8	固体废弃物收集分类率 D_{20}
		材料循环使用 C_9	可循环材料利用率 D_{21}
	土地可持续性 B_4	满足城市总体规划 C_{10}	对人文环境的影响 D_{22}
			对自然环境的影响 D_{23}
			满足城市总体规划 D_{24}
		土地利用 C_{11}	土地利用率 D_{25}
			不影响周围建筑的日照要求 D_{26}
			合理利用地下空间（地下空间面积占建筑占地面积之比不低于）D_{27}
		绿化 C_{12}	绿化植物选择适宜当地气候和土壤 D_{28}
	交通可持续性 B_5	配套设施 C_{13}	交通组织合理，主要出入口距最近公交站点距离 D_{29}
			交通组织合理，主要出入口 500m 以内公交线路条数 D_{30}
			为工作人员提供车棚等配套设施 D_{31}
		外部道路 C_{14}	无障碍设计 D_{32}
			采用人车分流体系 D_{33}
			道路布局合理 D_{34}

续表

目标层	准则层	一级指标	二级指标
大型公共建筑可持续性评价 U	室外环境质量 B_6	内部道路 C_{15}	道路布局合理 D_{35}
		室外空气质量 C_{16}	建筑物周围人行区 1.5m 处实测风速 D_{36}
			温度 D_{37}
			湿度 D_{38}
		声环境 C_{17}	白天环境噪声 D_{39}
			夜间环境噪声 D_{40}
			降噪措施 D_{41}
		光环境 C_{18}	太阳辐射 D_{42}
			朝向 D_{43}
			环境照明 D_{44}
	室内环境质量 B_7	室内空气质量 C_{19}	SO_2 D_{45}
			NO_2 D_{46}
			PM10 D_{47}
			CO_2 D_{48}
			CO D_{49}
			甲醛 D_{50}
			苯 D_{51}
			TVOC D_{52}
			吸烟控制措施 D_{53}
		光环境 C_{20}	主要功能空间满足采光系数的比例 D_{54}
			统一眩光值 D_{55}
			照度 D_{56}
		声环境 C_{21}	采用高隔声性能临街外窗 D_{57}
			白天实测噪声 D_{58}
			夜晚实测噪声 D_{59}
		舒适性 C_{22}	温度 D_{60}
			湿度 D_{61}
			温度可控范围 D_{62}
			湿度可控装置 D_{63}

续表

目标层	准则层	一级指标	二级指标
室内环境质量 B_7	舒适性 C_{22}		空气流速 D_{64}
			工作氛围 D_{65}
			减压环境 D_{66}

（三）建立评价标准

本研究根据已有国家标准，结合西安市大型公建自身特点，叠加被调查者的主观性判断，建立如表7所示的评价标准。

表7 大型公建运营管理阶段可持续性评价标准

二级指标	评价标准			
	优	良	合格	不合格
D_1	≥ 2%	≥ 1.5%	≥ 1%	< 1%
D_2	≥ 2%	≥ 1.5%	≥ 1%	< 1%
D_3	≥ 3%	≥ 2%	≥ 1%	< 1%
D_4	≥ 70%	≥ 60%	≥ 50%	< 50%
D_5	3.55	3.15	2.95	2.75
D_6	≤ 0.6	≤ 0.8	≤ 1.0	> 1.0
D_7	≥ 50%	≥ 30%	≥ 10%	< 10%
D_8	≥ 5%	≥ 3%	≥ 1%	< 1%
D_9	≥ 50%	≥ 25%	≥ 5%	< 5%
D_{13}	三个措施都具备	只有其中两个	只有其中一个	无
D_{18}	≥ 40%	≥ 20%	≥ 10%	< 10%
D_{20}	100%	≥ 80%	≥ 50%	< 50%
D_{21}	≥ 30%	≥ 20%	≥ 10%	< 10%
D_{25}	无	≤ 28m²	无	无
D_{27}	≥ 3.15%	≥ 2.25%	≥ 1.35%	< 1.35%
D_{29}	≤ 500m	≤ 800m	≤ 1000m	> 1000m
D_{30}	≥ 3 条	≥ 2 条	≥ 1 条	< 1 条
D_{36}	≤ 5m/s	≤ 8m/s	≤ 10m/s	> 10m/s

续表

二级指标	评价标准			
	优	良	合格	不合格
D_{39}	≤50dB	≤55dB	≤60dB	>60dB
D_{40}	≤40dB	≤45dB	≤50dB	>50dB
D_{42}	一级	二级	三级	四级
D_{45}（单位：mg/m³）一小时均值	≤0.4	≤0.5	≤0.6	>0.6
D_{46}（单位：mg/m³）一小时均值	≤0.24	≤0.32	≤0.48	>0.48
D_{47}（单位：mg/m³）日平均值	≤0.10	≤0.15	≤0.20	>0.2
D_{48}（单位：%）日平均值	≤0.10	≤0.15	≤0.20	>0.2
D_{49}（单位：mg/m³）一小时均值	≤8	≤10	≤11	>11
D_{50}（单位：mg/m³）一小时均值	≤0.08	≤0.10	≤0.12	>0.12
D_{51}（单位：mg/m³）一小时均值	≤0.09	≤0.11	≤0.13	>0.13
D_{52}（单位：mg/m³）8小时均值	≤0.4	≤0.5	≤0.6	>0.6
D_{54}	≥80%	≥70%	≥50%	<50%
D_{56}（单位：Lx）	50—100	<50,>20;<150,>100（Lx）	<20,>150;<200（Lx）	>200（Lx）
D_{58}	≤40dB	≤45dB	≤50dB	>50dB
D_{59}	≤30dB	≤35dB	≤40dB	>40dB

续表

二级指标	评价标准			
	优	良	合格	不合格
D_{60}（单位：℃）	24.5−26.5	≥23.5，≤24.5；>26.5，≤27.5	≥22，<23.5；>27.5，≤28	以外
D_{61}（单位：%）	40−60	≥30，≤40；>60，≤70	≥20，≤30；>70，≤80	以外
D_{62}	个人可调	较大范围可调	可调	不可调
D_{63}	加湿、除湿设备	有其中一种设备	无	无
D_{64}（单位：m/s）	0.15−0.3	>0.3，≤0.45	>0.45，≤0.6	以外

（四）确定评价指标权重

制定问卷调查表，被调查者共55位，其工作类型包括前面所述的几方面，被调查者结构图如图6所示。

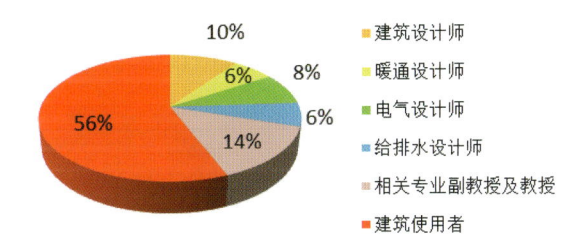

图6 被调查者结构图

共发出55份问卷调查表，收回53份，有效问卷共50份。

根据问卷调查结果，得出最终判断矩阵，再根据前述方法，得出最终各级指标相对目标层的权重，并进行一致性检验。

根据层次分析法总排序计算方法，即可求出各级指标相对于总目标层的权重并做一致性检验。

（五）模糊综合评价

经实际调研，得到该建筑的部分统计数据，如表8所示。

表 8 西安某建筑统计数据

种类	名称	实际数据	单位	备注
能源消耗	耗电量	68.62	kWh/m²	年单位面积
	耗煤量	1.86	kWh/m²	年单位面积
	耗天然气量	1.92	kWh/m²	年单位面积
	可再生能源	0.02	kWh/m²	年单位面积
室外环境参数	建筑物周围人行区 1.5m 处实测风速	6.57	m/s	月平均值
	温度	23.7	℃	月平均值
	湿度	34	%	月平均值
	白天环境噪声	52	dB	月平均值
	夜间环境噪声	38	dB	月平均值
室内环境参数	SO_2	0.45	mg/m³	1 小时均值
	NO_2	0.23	mg/m³	1 小时均值
	PM10	0.12	mg/m³	日平均值
	CO2	0.089	%	日平均值
	CO	8.3	mg/m³	1 小时均值
	甲醛	0.113	mg/m³	1 小时均值
	苯	0.102	mg/m³	1 小时均值
	TVOC	0.46	mg/m³	8 小时均值
	照度	87	lx	1 小时均值
	白天实测噪声	39	dB	月平均值
	夜晚实测噪声	32	dB	月平均值
	温度	25.7	℃	月平均值
	湿度	32	%	月平均值
	空气流速	0.33	m/s	月平均值

根据相关规范确定其属于评语集的哪个等级，将该等级的分值定为 1，确定后则其他等级的数值即为 0。另外一部分指标是无数据无具体规范的，这部分即采用打分的方法，根据打分的情况确定各个等级的分值，最终形成各层评价矩阵。

对于有数据有规范的指标，则根据评价标准得出以下结果：

表 9 部分定量指标评价等级

二级指标	评价等级			
	优	良	中	差
耗电量（比计划节约量）			1	
耗煤量（比计划节约量）			1	
耗气量（比计划节约量）		1		
全年暖通空调、照明系统能耗低于基准值比例		1		
冷热源机组能源效率			1	
照明能耗系数		1		
可再生能源产生的热水量占建筑生活用水消耗量比例			1	
可再生能源产生的发电量占建筑总用电量比例		1		
利用太阳能、地热能、风能等负责采暖空调的比例			1	
设置雨水入渗、收集、调蓄措施		1		
办公楼、商场类非传统水源利用率		1		
严禁使用国家及当地建设部门禁止的材料	1			
固体废弃物收集分类率			1	
可循环材料使用率			1	
土地利用率		1		
合理利用地下空间（地下空间面积占建筑占地面积之比不低于）	1			
交通组织合理，主要出入口距最近公交站点距离	1			
交通组织合理，主要出入口500m以内公交线路条数	1			
建筑物周围人行区 1.5m 处实测风速			1	
温度			1	
湿度	1			
白天环境噪声			1	
温度可控范围			1	
湿度可控装置	1			
风速			1	

同时制定问卷调查表，得出定性指标的打分结果。发出 55 份问卷表，收回 51 份，有效问卷 48 份，票数如表 10 所示。

表 10　定性指标问卷调查票数统计

二级指标	评价等级			
	优	良	中	差
按用途设置用水计量水表	0	31	15	2
给排水系统考虑市政管网	32	15	1	0
水质符合《生活用水水质规范》	35	13	0	0
合理选用节水器具	3	26	15	4
排水系统采用雨污分流系统	35	12	1	0
合理采用再生水技术	3	15	25	5
就近使用再生水厂的再生水	0	0	17	31
对人文环境的影响	0	6	27	15
对自然环境的影响	14	15	13	6
满足城市总体规划	16	25	7	0
不影响周围建筑的日照要求	38	10	0	0
绿化植物选择适宜当地气候和土壤	35	13	0	0
为工作人员提供车棚等配套设施	15	26	7	0
无障碍设计	18	27	3	0
采用人车分流体系	0	14	29	5
道路布局合理	3	28	17	0

根据公式（9）得出隶属度，而后得出二级指标的评价矩阵；

由公式（10）得出一级指标的评价结果。

则目标层评价结果为 $Z = [0.4416\ \ 0.4163\ \ 0.1918\ \ 0.0072]$。

根据最大隶属度原则，该大型公共建筑可持续性评价的最终结果，根据公式（12）可得出 F=0.8097。

（六）评价结论分析

该大型公建可持续程度总体是优，属于可持续程度较高的建筑。其中材料资源、土地、室外环境质量这三方面的可持续程度为优，水资源、交通、室内环境质量这三方面的可持续程度为良，但是能源可持续性程度仅为合格，因此，该建筑需要关注能源消耗问题，一方面减少能耗，提高用能效率，另一方面提高可再生能源的使用率。首先，可以对高耗能的暖通空调设备进行优化（如：供热系统、热泵系统、供冷系统、蓄能系统等）[3]，然后对室内的能耗情况、室内空气质量等进行监控，并在必要时对其进行调控。另外，传感器以及建筑动态模型预测的应用也可作为一种节能途径。在可再生能源的利用方面，有很多新技术可以采纳，比如被动式太阳能建筑、太阳能吸收式制冷技术、风能发电技术、光伏发电技术等[14][15][16][17]。

［参考文献］

[1] 江亿.中国建筑能耗现状及节能途径分析[J].新建筑，2008，(02):4-7.

[2] 清华大学建筑节能研究中心.中国建筑节能年度发展研究报告(2020)[M].北京：中国建筑工业出版社，2020.

[3] 武涌，龙惟定.建筑节能管理[M].北京：中国建筑工业出版社，2009.

[4] 朱颖心.建筑环境学[M].北京：中国建筑工业出版社，2010.

[5] Brian E, Paul H.Rough guide to sustainability[M].London:RIBA Company, 2019.

[6] 胡云亮.大型公共建筑绿色度评价研究[D].天津：天津大学，2008.

[7] Philomena M. Bluyssen, Sabine Janssen, Linde H.van den Brink, Yvonne de Kluizenaar. Assessment of wellbing in an indoor office environment [J].Building and Environment, 2019(46):2632-2640.

[8] 王秀艳，王启山，耿安锋，王效琴.建筑节水的必要性与可行性——绿色建筑水资源配置研究[J].Environmental Protection, 2006/8B:64-67.

[9] 杨建新，徐成，王如松.产品生命周期评价方法及引用[M].北京：气象出版社，2013.

[10] 陈卫，方廷健，马永军.基于Delphi法和AHP法的群体决策研究及应用[J].计算机工程，2003, 29(5):18-20.

[11] 陈水利，李敬功，王向公.模糊集理论及其应用[M].北京：科学出版社，2006.

[12] 张广明，邱春玲，钱夏夷，黄水霞.模糊层次分析法和人工神经网络模型在电梯风险评估中的应用[J].控制理论与应用，2009, 26(8):931-933.

[13] 李村芳，周德群.基于模糊数学的企业综合竞争力评价和实证[J].控制与决策，2017,22(3):337-348.

[14] 卜一德.绿色建筑技术指南[M].北京：中国建筑工业出版社，2008.

[15] 高婧.大型公共建筑可持续性评价系统研究[D].西安：西安建筑科技大学，2013.

[16] 闫桂勇.西北地区大型公共建筑可持续性评价系统研究[D].西安：西安建筑科技大学，2013.

[17] 于军琪，闫桂勇，高婧.大型公共建筑可持续性评价系统研究[J].智能建筑与城市信息，2013，7，47-53.

西安市老旧小区停车模式研究 [1]

○李伴伴 [2]

内容提要：西安市老旧小区改造以十四届全运会为契机迎来了的工作重点阶段，西安市政府印发了《西安市老旧小区综合改造工作升级方案》市政办函〔2019〕44号。其中完善停车位设施属于居民自选类，如何破解老旧小区停车问题仍然是老旧小区改造工作中要破除的坚冰。

根据实际工作发现老旧小区停车需求缺口的满足，需要从小区内外部空间共同着手才能最大化解决这一问题，据此本研究以老旧小区的区域内部，老旧小区的外部较临近区域为研究范围，探讨在不同区域内解决停车问题的措施，分析各种措施适用的范围，以及在实施后达成的效果，目的是寻求解决老旧小区停车难的最佳模式。同时为具体措施的实施提供可参考的工作流程图，提高案例的示范性和工作的实操性。

另一方面为了延长前文所述的实施效果，让老旧小区停车问题不因机动化率的提高而再次陷入困境，建议可以从停车供给与停车需求刺激的关系探讨合理的供需关系；研究需求预测并结合更广区域内的资源整合来进行精准需求匹配；建议健全停车管理机制，加强规范化停车治理，提高规范化停车；为了从根本上减少老旧小区停车需求增长，建议加强公共交通建设，特别是老旧小区周边公交体系的进一步完善，减少私人交通出行。

关键词：老旧小区；停车模式；长效性

---

[1] 本研究报告为西安建筑科技大学2021年度新型城镇化专项研究基金项目研究成果。
[2] 李伴伴，西安建筑科技大学土木工程学院交通运输工程专业交通工程系，讲师。

一、绪论

（一）研究背景及意义

1. 研究背景

党的十九大报告指出："中国特色社会主义进入新时代，我国社会主要矛盾已经转化为人民日益增长的美好生活需要和不平衡不充分的发展之间的矛盾。"随着经济社会的发展，全国范围内老旧小区环境脏乱差、设施落后、停车难等问题严重影响居民的生活，"老旧小区的相关问题"与"人民日益增长的美好生活"之间存在较难调和的矛盾。国家层面会议中多次提出要加快改造城镇老旧小区，人民群众呼声高、意愿强，这也是重大民生工程和发展工程，也是改善民生、扩大内需的重要举措。日益突出的老旧小区停车难题，既会影响到居民的日常生活和出行，又会影响和谐社区的建设，还会严重影响人民群众的幸福指数。老旧社区停车需求是居民的刚性需求，各级政府部门都要高度重视这个关系到民生问题的解决。

我国正在致力于打造服务型政府，构建共建共治共享的体制机制，鼓励和引导人民群众积极参与社会建设，努力实现人人参与、人人尽责的社会治理分氛围，切实提高人民群众的获得感、幸福感、安全感。老旧小区停车治理问题与每一位居住在此的居民息息相关，通过共建共治的机制，在政府部门、社会组织、人民群众的共同努力之下，不少城市的老旧小区停车治理问题得到了切实有效的解决，形成良好的共享局面，取得了良好的经验。

西安以迎接"十四届全运会"为契机，印发了《西安市老旧小区综合改造工作升级方案》[1]（市政办函〔2019〕44号），重点对绕城高速范围以内，2000年以前建成入住、环境条件差、配套设施不全或破损严重、管理服务机制不健全，具有合法产权、未列入危房及棚户区拆迁范围的老旧小区，按照小区实际和居民意愿开展改造工作。

2020年，根据市委、市政府安排部署，全市计划改造老旧小区1100个、1900万平方米。截至目前，已开工建设921个小区、1651.9万平方米，惠及群众18万余户，实现目标任务量的86.9%，各项工作均按既定计划稳步推进。虽然各区都在对老旧小区改造模式进行积极探索，由于忽略了民众的需求，并且公众的参与程度相对有限，所以存在监督困难，管理方面也面临着巨大的难题。并且，部分民众通过自筹的形式进行老旧小区停车库改造，在资金筹集方面面临着巨大的难题，居民之间协商也面临着巨大的困难。主要体现在两个方面，首先是在老旧小区改造的公共事务决策当中，很难达成一致的意见。另一方面，开发团队因为缺少获取利益的途径，所以投入的成本相对较少，导致老旧小区改造的资金渠道缺乏。现如今，西安市老旧小区改造工作还在尝试摸索阶段，怎样促使政府、开发团体及社区组织和社区的民众相互协作；怎样最优化的提高老旧小区改造的成效，提升民众的满意度；如何借鉴其他城市的改造经验来促进老旧小区改造的提升等问题都值得探讨。

2. 研究意义

一直以来，我国的城市更新以拆旧建新的模式为主，老旧小区改造工作全面推行的时间还比较短，关于老旧小区改造的研究也相对较少。本文对西安市老旧小区停车改造模式进行探讨，注重研究改造模式的可行性、长效性及实操性。通过政策引导、小区内部空间优化再造、小区外部停车共享等，单一或者多模式组合所产生的效果进行探讨，为进一步推广有示范意义的"停车改造模式"提供一定的理论依据，也为接下来的老旧小区停车改造工作提供借鉴和参考。

（二）研究现状

国外关于停车治理的研究起步早，国外学者关于停车治理理论体系的研究方向主要集中在停车需求、停车规划、停车治理和停车政策 4 个方面，相对国内来说较为完善。国外关于停车治理的研究成果值得我们有针对性地借鉴与运用。

根据我国的实际情况，国内专家学者对老旧小区停车问题的研究则是聚焦该问题的起因和创新举措两个方面。专家学者对老旧小区"停车难"原因的总结大同小异，可大致归纳为规划、管理、资源等方面原因。创新举措主要包括停车设施完善、停车治理的政策法规以及治理模式创新等。

1. 国外文献综述

在停车需求方面，1971 年的《停车原则》这本书中研究了自 1960 年以来的 111 个城市的停车状况，总结提炼了停车需求预测模型。Abdul 等 (2006) 建立了停车位的供给和需求的模型，并利用时间模型对停车泊位供需关系的空间分布进行了研究。

对于"停车难"这一居民痛点问题，托德·里特曼在他的书中《停车治理的最好做法》，对停车问题提出了改善意见，他认为设置车位应按需设置而非一味地只增加新的停车位，对车位要进行合理化管理，将停车设施结合实际需要充分利用。Richard W.Willson在《智能化停车治理》（2015)中提出，在未来的社区规划停车治理问题中，社区应将前进道路合理利用起来，规划停车位，解决停车位的供应问题，也能更好地利用停车资源，减少修建社区停车场数量。

在停车规划方面，Joseph 在《城市中心停车》(停车原则专业报告 #125)中阐述，城市人口密集区一般集中在商业繁华街区，研究城市商务区的停车治理需要针对城市常住人口、商务区周边人口数量、出行时间、商圈停留时间等数据进行实地考察研究。在这之后，Daniel Baldwin 搭建了 4 种 Logit 模型。Joyce Dargay 针对英国部分城市居民生活区的停车情况创建了 4 种回归模型，据此判断城市居民区的停车需求。1960 年前后，以荷兰为开端的欧洲交通枢纽管理正式开始规划，交通安宁化也逐渐由此诞生。

在停车治理方面，Tumlin 和 Jeffrey C（2012）提出了停车与步行相结合的规划理念，鼓励市民采取低碳的方式出行，尽可能地降低私家车用车需求。

在停车政策方面，GHULAM ABBAS ANJUM 等人 (2017) 以拉合尔市为研究对象，分析该市目前在停车问题上所面临的障碍，发现停车制度落后管理疏松，公共交通落后，人们更愿意选择开车出行。指出该市需建立符合市区现状的交通规定，以缓解交通压力。

Kenneth Button（2006）对传统的停车政策发出了不同的声音，从工程学标准的角度，提出了制定最小停车供给规划的新思路。Pual. Barter(2018) 创建了一种新的停车治理分类方案，该方案旨在辨析不同国家的不同停车政策设计原理的区别。制定停车政策的目的在于服务城市的道路交通，为人们的生活提供便利，因此每个国家都有自己的政策。大城市可注重发展公共交通建设，提高公共交通的便利性，减少人们对私家车的依赖。

2. 国内文献综述

近10年以来，我国汽车保有量也是与日俱增，住宅区"停车难"问题引起社会各界的重视，同时国内学者对住宅区尤其是老旧小区停车问题治理的研究更为深入。

在导致老旧小区"停车难"的表现方面，李嘉宁(2013)指出老旧小区停车问题重要表现3个非常形象的特征：一是"缺"，即停车位总量严重不足；二是"乱"，即老旧小区停车治理非常混乱；三是"囧"，既有停车资源得不到统筹。在研究宁波市旧住宅小区停车问题后，吕晨曦、董升、周继彪(2020)认为该问题具有4个特征：一是旧住宅小区停车位配建不足，二是不同年代小区停车难问题差异较大，三是就住宅小区停车位缺口较大，四是停车收费价格普遍较低。李昊翔、何乐霞(2019)指出，停车问题已是目前城市普遍面临的问题，这一问题的产生除了有人口因素还有以下几个原因：一是汽车增长速率超过停车供给增长速率；二是因为以前城市配套设施规划不足，停车位配比较低，现在再重新规划十分困难，造成较大的停车缺失；三是老城区也是繁华的商业区，汽车流量大，交通拥堵严重，街边道路随处可见违规停车车辆，加速了拥堵现象；四是规划不合理，社区地下停车场大多只用来售卖，只有买了车位的业主才能使用，不能临时停放，造成了资源的浪费，也是政策存在的问题；五是管理制度没有及时地做出调整，从宏观、微观进行调控，研发多样化的停车形式，满足不同的情景需要。

在停车设施建设和完善方面，赵海涵、李卫东(2016)认为北京市"停车难"问题的解决有赖于大力发展立体停车库，充分利用其占地少、便捷高效等特点，缓解"停车难"问题。程革(2015)则指出可以通过移植绿化、拆除违建等方式增加住宅小区内的停车泊位，挖掘停车潜力。

在"停车难"治理政策法规方面，张燕、张静(2019)主张通过严格遵守法规等制度，来改善问题，比如街巷适当通过或改为单行道等，保证小巷内的道路畅通。整治停车乱收费现象，对不合规定的乱收费要严厉打击。修建公共停车场、建立地下、空中停车场，这些都能缓解城市的停车压力。刘正才(2017)认为我国可借鉴日本政府关于出台和实施停车治理法律的经验，从法律法规层面科学地治理停车难现象。邹瑛（2020)指出解决住宅小区停车难问题，要出台相关配套约束机制，如出台相关人防车位使用政策、规范小区停车位分配办法、完善停车收费政策等。王帅、谢志明、向曾哲（2018)参考机械式立体停车系统的建设，通过下面的措施解决老旧小区的停车问题，为其建立机械式立体停车系统：①制定专门的建设方案，并寻找合适的建造商；②较小的机械式立体停车系统若在建造时有建筑障碍，可以通过重新规划建筑位置来满足建设需要；③机械式立体停车系统的建筑指标可以在安全情况下适当放宽；④通过集体审批等方式，缩短审批时间。

在老旧小区"停车难"问题治理模式创新方面，梁倩玉、孙永海、林锦山(2016)指出旧居住区停车位核心问题是缺乏对车辆和停车位的有效管理，应当引入"社区停车治理"的理念，加强停车需求管理。高照、高丽燃、史未名(2018)结合共享理念，提出"共享停车模式"，利用住宅区周边公共停车场的停车资源，解决停车缺口巨大的问题。陈豪、瞿和瓯（2020）则提出云平台智慧停车解决方案，打造智慧停车云平台，使停车信息化和智慧停车成为解决市区"停车难"的有效措施。郑尧军、冯勇、刘青凡(2017)以杭州市小区为例，认为可从智能设备和技术来寻找解决办法，建立智能的停车治理系统，需要遵循下列原则：将数据先进行收集、整合，开发专门的停车数据软件，人们通过软件获悉车位情况，推出的智慧停车APP，并包含了诸多停车服务功能。

（三）研究内容、方法及技术路线

1. 研究内容

本研究由四部分构成：

第一章绪论。主要介绍研究背景揭示研究的示范性意义，归纳总结本论题的研究现状，介绍研究内容，方法及技术路线。

第二章解决老旧小区停车难的主要模式的研究。以小区为边界分析如何从小区内部与外部破解老旧小区停车的问题。介绍小区内部、外部规划停车位的各种措施，注重分析各种措施实施的适用条件，以及实施后的效果；为实际工作有效开展，设计了各措施实施的工作流程图。

第三章提高解决措施长效性的方法论研究。为了确保第二章所述各种措施实施效果在更长的时间发挥效用，分别从停车位供给与需求刺激之间的关系，车位从规划到空间落实，健全停车机制加强管理，以及加强公共交通建设等方面进行了阐述。

第四章结论与展望。对研究内容进行总结，阐述研究内容的局限性和未来的应完善的研究工作。

2. 研究方法

研究方法主要有：文献研究法、案例研究法、实地调查法和问卷调查法。具体如下：

（1）文献研究法：通过广泛的搜集文献对国内外研究现状进行了归纳总结。

（2）案例研究法：搜集大量老旧小区破解停车难的案例，并对各种案例进行深入而细致的分析，重点分析解决停车问题的措施及所产生的效果，并分析各措施能够达成效果的适用条件，这对指导实践工作有着重要的参考性。

（3）实地调查法：通过实地调查，了解不同老旧小区的特性与共性为制定解决方案提供一手素材，并收集居民的意见，为研究结果提供充分的基础资料。

（4）问卷调查法：集合实地调查围绕老旧小区停车难的问题，以小区居民为主要对象设计问卷，收集问卷提取影响停车行为模型分析的相关数据。

二、解决老旧小区停车难的主要模式的研究

（一）小区内部空间优化再造模式

1. 空间优化再造常规措施

老旧小区内车辆随意停放，挤占绿化及公共活动空间，长期占用消防通道，不仅严重影响小区居民的生活质量，还为救护及消防的正常施救留下隐患，小区安全难以保障，使居民生活进一步受到影响。所以老旧小区停车设施的改善，首先是从小区内部的环境改造空间优化开始，充分挖掘小区内部的停车空间，尽可能在内部产生的需求在内部解决，这是解决老旧小区停车难的常规措施。

内部环境改造主要包括：

（1）道路网优化

优化小区道路网，释放部分空间，降低人车混行，同时合理增设停车位。

（2）拆除违建

拆除小区内的违章建筑，增加绿化、公共活动空间，同时合理增设停车位。

（3）增加立体停车设施

措施（1）和（2）受空间限制，与各种公共设施、绿化和必要应急设施无法兼顾，实际增设的平面停车位数量十分有限，无法满足实际的停车需求。机械停车设备有占地少，提供车位数量内增，拆除改建工作量小等显著优势，成为各地方政府推进老旧小区升级改造的有效方案。

（4）紧邻小区合并实现空间再造

拆除若干相邻小区之间的围墙整合成一个大小区，对其进行综合的系统化的优化，将更大发挥空间的潜力，提供更多车位。

2. 措施实施的适用范围、实施后的效果，及实施的过程分析

小区内停车设施的空间优化与再造措施的实施，要根据民意调查，结合小区实际条件因地制宜进行现场规划。本研究为了增加各措施实施的示范效应，并提高解决具体工作的可操作性，对各措施实施的适用范围、实施后的效果，及实施的过程进行了详细分析。

（1）措施实施的适用范围及其可能的改善效果分析

根据实际调查发现各措施的适用范围及实施后的效果主要受到老旧小区规模，以及是否有正规的物业管理这些条件的显著影响。

措施（1）道路网的优化，适合有物业管理，规模较大的小区，在建成时就有明显的道路网，结合小区出入口位置对道路功能进行明确与划分以减少人车混行，并适当增加侧方停车位设置；有多个出入口时可以系统考虑小区与外部路网的接入位置进行适当调整，减少进出小区对周边道路交通流的影响（主要是因为早期的小区在建设前缺少交通影响评价环节）。措施（2）拆除临建，适合有物业管理，所有规模的小区；可以有效释放公共空间并适当增设停车位，但要注意对居民思想工作的疏通，避免冲突。措施（3）增设立体停车设施，适合有物业管理，停车需求大并且有空间建设立体停车位的小区；立体停车位增加数量是平面车位的数倍，改善效果显著，但是投资、收益、管理对老旧小区而言实施有一定难度，需要政府主导并鼓励社会资本的介入，形成多方共治的模式。措施（4）临近小区合并实现空间再造，适合有物业管理，能组团发展的老旧小区；突破小区界限，系统规划、整合更大区域范围的停车资源，能最大

化挖掘空间潜力（如表1所示）。

表 1　小区内部空间优化再造措施适用性与效果分析

措施	适用范围	效果
(1) 道路网优化	适合大、中规模小区，有物业管理	主干路扩宽，方便会车；出入口安装道闸系统，实现人车分流；优化道路侧方停车
(2) 拆除违建	适合所有小区，有物业管理	绿化、公共活动空间，以及停车位都会得到不同程度改善
(3) 增加立体停车设施	适合停车位需求缺口大，有空间发展立体停车位，政策主导与居民合意，有物业管理	利用小区碎片式空间，提供数倍于地面停车方案的车位；但资金来源仍是主要难点，政府鼓励社会资本的介入
(4) 紧邻小区合并实现空间再造	适合紧邻(近邻)老旧小区组团，有物业管理	对变大的小区进行系统化规划，包括措施(1)(2)(3)的综合治理，小区隔墙附近的边角空间能发挥更大潜力，显著提高改造效果

（2）各措施实施过程分析

本研究通过调查还总结了措施实施的工作流程图（见图1）。首先是结合小区居民意愿制定问卷，展开调研；确定实际停车需求的缺口，并与停车规划比较确定停车需求是否能被满足，如果满足问题解决，如果不满足则应制定挖掘

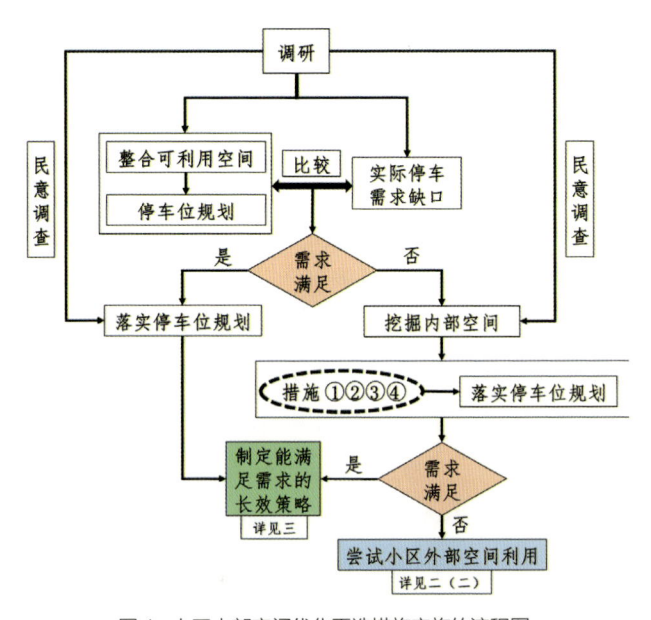

图 1　小区内部空间优化再造措施实施的流程图

内部空间的具体措施，确保最大限度解决小区内部停车需求；再次判断停车需求是否被满足，如果满足则应积极制定确保实施措施效果的长效机制（这点在内容三展开论述），如果不能满足停车需求还要向小区外部空间谋取发展。

（二）小区外部空间挖掘共享模式

1. 方法

西安市的小汽车保有量与车位配建数之间有较大缺口，再加上老旧小区内部空间十分有限，即便内部空间优化再造模式效用发挥到最大也不能满足停车需求缺口，这是老旧小区停车改造的主要问题。所以需要进一步在小区周围的路段设置停车位，或与周围有足够停车设施配建的企事业单位形成共享的模式，从而缓解老旧小区的停车需求，提高居民对老旧小区改造的满意度。

外部空间挖掘共享的常规措施：

（1）外部道路增设夜间车位

这种方法主要是在夜间向市民提供限时免费停车位。

停车时段为 21:00 至次日 7:00，这个时间段由西安交警各大队结合辖区特点对可停放时间进行微调，原则上不早于 19:00，不晚于次日 7:30（见图2）。驾驶人在规定的时间可以免费停放，按序停放，并严禁双排停放，其他时段禁止停放，如停放民警要对其劝离或处罚。已设置夜间停车位的路段将会明确划分出限时停车位，不仅车位处会有明显的时段标识，也会有显眼的停车标志牌。

1. 临时停车标识牌　　　　2. 临时停车时段地面标识

图2　西安市夜间停车位的设置现状图

对超时或蹭停的车辆，交警将采取电子监控取证、日常巡逻喊话、现场执法取证等多种方式，进行批评教育，或依据"违反标志标线"等法律法规，对占用专用车位和超时停放的私家车，处以罚款200元扣3分的处罚。

设置"夜间限时免费停车位"的条件，除了可停放时间为"限时"外，其他条件和在市政道路上设置占道停车位需要满足的条件一致。需结合实际情况，参照《城市占道停车泊位审批设置规范》和陕西省实施《中华人民共和国道路交通安全法》办法。其中2013年公布的《陕西省城市公共空间管理条例》中明确规定，8种情况不可以设置占道停车泊位：1.《中华人民共和国道路交通安全法实施条例》第六十三条第（一）项、第（二）项、第（三）项规定的禁止临时停车的地点；2.消防通道、无障碍设施通道；3.中小学、幼儿园出入口两侧50米范围内，其他机关、团体、企业事业单位和居民住宅小区出入口两侧10米内，居民住宅窗外5米内；4.铁路沿线两侧32米内；5.城市快速路、市区主干路以及其他交通流量大的市区道路；6.双向通行宽度不足9米或者单向通行宽度不足8米的城市车行道路；7.停车泊位设置后人行道或者非机动车道的宽度不足2.5米的；8.法律、法规规定的禁止停车的其他情形。宽度不足15米或者单向通行的城市车行道路，不得双侧设置道路停车泊位。占道停车位的设置需要满足保障道路交通有序、安全、畅通；处理好与机动车、非机动车和行人交通的关系；保障各类车辆和行人的通行及交通安全这三大原则。为缓解停车资源紧张，交警部门按照"主干道不增，次干道慎设，背街小巷规范设置"的原则，结合"夜里停车白天行车"的限时停车新办法，由各大队结合本辖区实际情况，按照设置规范参照相关规定，实地调研确定点位。

（2）与周边企事业单位形成错时共享车位

2020年8月28日，西安市发布了《关于推进停车资源有偿错时共享的指导意见》中，鼓励实行有偿错时共享停车。西安曲江新区、未央区、长安区、高新区已完成共享车位万余个，这其中不乏老旧小区周边的商业、企事业单位所提供的错时共享停车位，能有效改善老旧小区停车难得现状，进一步缩小停车缺口。错时共享停车是指老旧小区周边的商业、企事业单位的停车位在夜间向社会开放，并收取一定费用的举措。开放时间一般为18:30至次日8:00，收费根据各停车场标准150元/月至800元/月不等，企事业单位周末节假日可全天向社会提供停车服务（时间、费用因提供共享车位的单位不同有所差别）。

2. 措施实施的适用性与效果分析

老旧小区停车改造是否能有效利用或者挖掘外部空间潜力，对解决小区停车难得问题是非常关键的。就以上两措施的适用范围，实施的前提以及实施后效果进行分析，有利于措施的示范化作用推广（见表2）。

表2 小区外部空间挖掘共享措施的适用性与效果分析

措施	适用范围	效果
(1) 外部道路增设夜间停车位	取决于周边道路网结构，不影响道路白天正常通车	夜间停车问题得以缓解
(2) 与周边企事业单位形成错时共享车位	与商业、企事业单位临近，并符合车位出租方安全管理要求，小区有物业管理	夜间停车及节假日全天停车问题得以缓解

老旧小区改造方案中小区周边公共设施配套提升对以上两措施效用的发挥有着积极的作用。比如与小区联通的城市既有道路的升级改造，新建规划道路的建设等，进一步完善了老旧小区周围道路结构比例，有利于夜间停车位的顺利增设，满足小区居民的夜间停车缺口。另一方面老旧小区与周围商业、企事业单位实现错时共享主要取决于小区所处的区位，比如周边是否有临近的商业体、企事业单位，并且停车位配建充足等，是能否实现错时共享的关键前提。错时共享车位实施时还要考虑小区与共享停车位之间的步行距离和收费标准，距离远、收费高都会成为方案实施的阻力，乱停乱放的现象仍不能改善，也无法真正满足停车需求。

为最大限度满足老旧小区停车需求，一般的停车改造方案都是多措施的组合，小区内外兼修才能更多地提供车位。另一方面停车位缺口会随着机动化率的不断增加而扩大，必须辅以停车需求控制，停车管理，停车政策引导，智能化的停车资源整合，以及老旧小区周边公共交通设施的不断完善等，多种措施配合才能真正缩小老旧小区小停车需求缺口。

（三）案例分析

1. 建设停车楼+错时共享模式

（1）案例简介

以西安市华山 17 街坊小区建设停车楼为例分析。

该小区位于康乐路南段，建于 1984 年，小区住户 1941 户，人口超过 5800 人，地面停车位 360 个，常停车辆超过 600 辆，停车位需求缺口 240 个。小区居民车辆无处停放，占用消防通道、出行通道，给小区管理及居民出行带来很大困扰。

为解决停车困难的现状，消除安全隐患，西北工业集团充分研究后，筹集资金 3000 余万在小区原物业办公用房的基础上建设一幢立体车库。该立体车库共 6 层，占地 1830 平方米，建筑面积是 13850 平方米，建成后可增加 290 余个车位，有效改善居民的停车需求。同时，车库将错时向社会开放，共享停车，有助于进一步缓解小区周边 6 所中小学校、1 所医院等区域"停车难"的问题。（消息源来自：华商报）

（2）案例启示

立体停车是解决停车难事半功倍的方法，引入社会资本实行谁投资谁受益的办法，实施错时共享模式增大经济效益和社会效益。

2. 道路网优化模式

（1）案例简介

本研究选取各方面条件都符合老旧小区标准，且为调查方便选择位置较临近的青龙小区作为调研对象。青龙小区位于城东南二环东段 192 号，经九路东侧，青龙路北侧，由万科于 1999 年建成，楼栋总数 44 栋居民有 2200 户，小区物业公司为陕西迈特物业有限公司。当前小区内有规划的停车位数为 225 个，经调查小区组团停车位需求为 1000 个左右，目前缺口约为 800 个。小区规模较大道路结构良好，内部道路分为三级：小区级 8 米、组团路 6 米、宅前路 5 米，均为双向行驶。据调查路上双侧停车现象普遍，造成人车混行严重；违建占道经营现象常见，高峰时会出现拥堵。因此建议拆除违建，并将双侧路上停车调整为单侧路上停车，禁止在较窄路段停车，仍维持双向行驶的情况下，按照停车设计准则，停车位 2.5 米宽，5.3 米长，间隔 1.5 米，每 120 米的道路可提供 40 个停车位，青龙小区道路长度 2571 米，共能提供 857 个车位，完全满足小区现有停车需求。

（2）案例启示

规模较大小区的道路网资源的整合不仅可以提高小区内的交通效率和居民

出行安全，也是挖掘停车位空间的对象。

3. 外部道路增设夜间车位模式

（1）案例简介

华城国际社区位于西安南郊电视塔附近，共有居民3500余户，社区现有停车位420个，停车位供需矛盾突出。车主都把车停在附近的长安西路上，双排停车、斜向停车、在道路中央停车，挤占斑马线、消防通道等乱象层出不穷。交警多次执法整治后，交通秩序明显改善，但停车矛盾并没有实质缓解。2020年7月为缓解"停车难"问题，经交警、城管、街办、社区、业委会等多方协商，提出在长安西路快、慢车道两侧设置300个临时停车位，白天（7:00—21:00）车流量大时，长安西路沿线禁止停车；夜间（21:00至次日7:00）交通流量较小，允许车辆免费规范停放。（消息源来自：华商报）

（2）案例启示

案例的华城国际小区是2007年建成并非老旧小区，但是车位配建严重不足造成的停车难与老旧小区如出一辙，城墙内有不少这样的老旧小区，内部毫无挖掘空间，只能寄希望于外部空间实现夜间停车的刚性需求。这种弹性停车模式的探索利用了交通流的潮汐现象，既不影响白天行车，夜间也可以惠及百姓需求，是缓解停车难的有效措施。目前西安市已经公布了24处试点。

三、提高解决措施长效性的方法论研究

现阶段老旧小区的停车需求缺口是由小区业主保有车辆总和与小区现有车位数做减法计算而得。理论上新增车位数等于停车需求缺口的车位数就可以百分百解决老旧小区停车难这一问题。在第二章主要讨论了如何在空间规划层面以及社会停车资源整合的方式来解决这一问题。

实践证明单纯靠填补缺口是难以解决老旧小区停车需求问题，因为停车位的供给总是落后于小汽车保有量的增加量，对影响这种动态平衡关系的敏感因素、指标的分析以及揭示定量关系里所蕴含的规律是确保供需平衡持久性的关键。

另一方面，停车需求的满足除了应在供需关系上着手外，还要将预测需求与空间布局落实结合起来，并辅以健全的停车管理制度与智慧的管理平台。最

后从长远计，大力发展公共交通，特别是通过改善停车难区域内的公共交通的服务水平，以期达到降低购车意愿，改变出行行为、优化出行结构等目的。这样一系列综合措施的实施才能真正确保现阶段各措施实施效果具有长效性。

（一）需明确停车位供给对老旧小区停车需求刺激的影响机理

停车难不仅是老旧小区要破解的问题，也是西安市交通所要破解的难题。按照住房城乡建设部关于发布国家标准《城市停车规划规范》要求：规划人口规模大于50万人的城市，机动车停车位供给量应控制在机动车保有量的1.1—1.3倍之间。据统计数据"截至2021年5月底，西安市机动车保有量达到420万辆，位居全国第七，而西安三环内停车位供给仅108万个，3辆车平均不到一个车位"。

2021年10月30日，西安市政府常务会议审议并原则通过《西安市解决"停车难"问题三年行动方案（2021—2023年）》[2]（以下简称《行动方案》）。据了解，西安市计划三年新建停车位51万个，每年推广共享停车场不少于30处，加快解决"停车难"问题，不断提升人民群众的获得感和满意度。《行动方案》提出，全面推广停车资源有偿错时共享，鼓励具备安全管理条件的党政机关、企事业单位、居住小区及商业办公建筑的停车设施，在满足自用的情况下对外开放，实行有偿使用、错时共享，全市每年推广共享停车场不少于30处；建设社区共享停车示范点，设置老旧小区"潮汐车位"，增加非高峰时段（夜间、节假日等）停车位有效供给；推动不同居住区之间、相同居住区内不同权属停车位的广泛共享，提高停车位利用效率。

上述《行动方案》结合《西安市老旧小区综合改造工作升级方案》，西安市近期的停车位会有明显增幅，停车难短期内会有所缓解；但是停车位的总供给量和西安市的小汽车保有量相比明显不足，二者的增量速度相比前者也明显落后于后者；再者，实践早已证明不断增加停车位配建并不是解决停车难得根本办法。以上海市为例，2012—2017年上海市对停车紧张的居住区进行了停车位挖掘补增，部分居住区停车困难状况有所缓解，而另一部分却呈现加重态势，也就是说当某类居住区的居民停车需求对供给敏感时，增加停车供给会刺激更多的停车需求，加剧供需矛盾。经研究表明停车需求诱增量是破坏供需平衡的主要原因。

我们可以将停车需求分为基本需求和弹性需求，居住区夜间停车需求属于基本需求且具有刚性，一般通过居住区配建停车位来满足，政府及规划部门往往希望通过增加居住区停车供给解决夜间停车问题。但根据既有研究发现：上述两个方案，加之现行《西安市建设项目停车配建标准》[3]（市政办函〔2018〕252号）以及《西安市停车场管理办法》[4]（西安市政府令第129号）给出的方法难以支持居住区停车需求诱增关系的定量研究。因此，满足各类小区停车需求时，需要更精细化的停车管理，考虑更多问题，例如影响居住区夜间停车需求的各类因素以及敏感性，城市的交通发展战略，不同区位价值（地块经济价值）和老旧小区的停车供需诱赠率间的影响关系。

研究表明不同区位的老旧小区停车位的需求、供给难度、供需诱增量都不同，说明区位因素是个敏感因素，按照一定的区位划分方式分析问题是对小区停车需求供给实现精细化管理的前提，如表3第一列所示，例1、例2可以作为政府宏观层面制定政策制度的范围，例3可以作为规划、实施、效果评价等微观层面的范围。在老旧小区所处区域明确后，应对能够凸显区域特征的因素分析如居住区建成环境指标、公共交通环境、现状停车需求情况进行分析，并进一步拆分成具有科学性的指标体系（如表3后续列所示），并分析其敏感性指标作为进一步分析的对象。

表3 老旧小区停车需求诱增因素分析表

老旧小区区位分类		居住区建成环境指标			公共交通环境			现状停车需求情况		
		停车位数	土地成本	容积率	公交车站数	轨道交通车站数	线网密度	困难	一般	不困难
例1	城墙内									
	二环内城墙外									
	三环内二环外									
例2	雁塔区									
	碑林区									
	新城区									
	……									
例3	自定义范围1									
	自定义范围2									
	……									
		因素1 地块经济价值			因素2 公共交通可达性			因素3 停车供给紧张程度		

影响因素分析会带来若干提示，如地块经济对停车行为的影响，与诱增停车需求的正相关性；公共交通可达性对抑制购车意愿有明显的作用；停车难度与购车意愿也有良好的相关性。这些提示不仅为深入分析不同区位老旧小区停车供需诱增关系提供依据；而且为更具有针对性的停车位供需调控策略提供依据（见图3）。

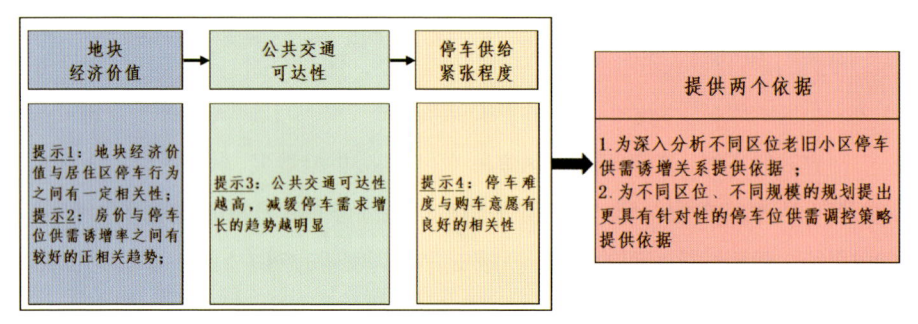

图3 诱增因素分析结果的提示与应用

因此建议：①科学合理的制定政策适用范围；②需求预测与需求控制并行；③影响老旧小区停车供需诱增因素的选择需要根据问卷调查结果确定（表3只是既有研究成果的范例），其敏感性分析需要科学的定量分析；④对政策实施后的效果应阶段性的进行评价，为政策调整，增加其示范作用，以及确保其长效性提供重要依据。

（二）落实停车需求预测数据与空间布局的对应关系

破解老旧小区停车问题在工作层面遵循依据小区实际条件因地制宜现场规划，追求的是小区区域范围内的平衡。老旧小区一般处于城市的老城区，这种居住区及其周边区域的停车设施短缺的问题更是十分突出，因此预测停车需求的数据是规划的前提，而将数据科学的落实到空间布局才是真正实现停车供需平衡的关键。

目前我国停车配建标准主要从以下两种途径进行预测。方法一：依据《城市居住区设计规范》中的分类标准，通过实地停车调研与统计分析，获得各类建筑物停车供需调研结果，分别计算出各类建筑物停车需求率和供应率，进行供需矛盾分析，再依据各个城市发展特性并综合分析借鉴国内外其他城市的停配建指标值，最终确定其停车配建指标值。方法二：在方法一的基础上进行停车需求预测研究，建立停车需求预测模型，通过模型求解各类建筑物规划年的停车需求，确定相应的停车配建指标。该方法对停车需求预测采用量化手段，使停车配件指标更具现实意义。以上两个方法只是在停车规模上给出了数字结果，却无法将其体现到宏观的空间分布上，对于解决的实际停车难问题，无法做到点对点缓解。

因此建议：①解决老城区居住区及其周边区域的停车设施短缺的问题，一个是解决数量上的不足，另一个是选择适宜的地区新建停车场位置。通过建立停车规模的指标体系解决数量不足，通过新建停车设施项目来缓解布局不合理的缺陷。一个是微观问题一个是宏观问题，指标体系和项目可行性研究在中间是脱节的，以统计数据为基础的指标评价无法指导具体项目，以经济技术分析为核心的项目无法判断轻重缓急，无法将这两个空间的问题合二为一进行解决。②利用 ArcGIS 软件平台进行空间分析（见图4），来解决从微观到宏观的转变，将具体的数值落实到空间布局上，从而解决该地区的停车问题。

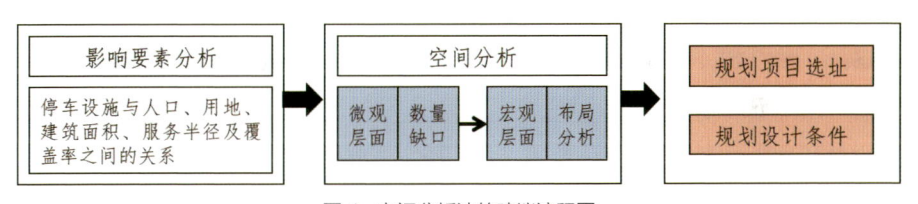

图 4 空间分析法的建议流程图

（三）健全停车管理机制，加强规范化停车治理

1. 形成治理合力

老旧小区停车治理过程中，政府部门要转变以"单打独斗"的单一治理局面，逐步形成多方主体的治理合力，推动社会组织和公众参与老旧小区停车治理的具体事项，共同打造合理停车的良好环境。政府部门在老旧小区停车治理方面起到主导作用，建议应因地制宜出台政策和有效措施，统筹安排现有资源，联合街道（社区）、交通管理部门、城市管理及行政执法部门等相关职能部门，形成"街道（社区）牵头、多部门协调、居民共治"的多方联动机制，为共同开展老旧小区停车问题治理提供组织保障。老旧小区居民既是停车治理的参与者，

更是受益者，其重要性不容忽视，应积极参与老旧小区停车治理工作，促进老旧小区停车治理规范化。

2. 停车管理政策

为了使停车治理方面的工作在现实生活中能够切实有效的高效运行，就必须要完善相关的法律法规，有了法律法规的支撑，才能更好地实施停车治理工作。因此建议在制定法律的过程中，第一要规定停车管理工作的基本理念和目标，明确工作原则，在停车管理工作上提供专业性的指导意见；第二要在考虑不同地区的实际情况的前提下，还要明确界定各级政府部门的职责及权限，明确规定各级政府部门的职责和权力，各级部门可以管什么，必须管什么，不能管什么，权力必须要清楚明了；最后，在违反法律方面也要给予明确的规定，奖罚分明，制定停车收费标准和监督管理的规定，为法律法规的顺利实施提供实质性保障。

3. 停车管理科技化

想提高停车治理水平必须要有科学技术的支持，因为科学技术是第一生产力。目前，智能交通系统在交通管理的各个方面都普遍运用，当然也应在停车管理方面普及。在西安市区的停车高效管理也离不开先进的科学理念和技术及设备的支持。建议推广停车引导系统，在停车场安装车位实时采集设备，随时了解车位空缺情况，并在交通部门和政府建立的 LED 屏幕发布动态，引导车辆进行有效停泊，降低车位的空置率，提高效率。还可以利用交通设备采集的"大数据"进行综合分析、云分析，进而全面真实的掌握停车情况，用准确的数据基础来不断改善停车现状。

（四）加强公共交通建设有效控制小汽车增长

1. 多举措并行控制汽车保有量增长

控制汽车保有量势在必行，国外日本、新加坡等国家，国内北京、上海等城市，在控制汽车保有量方面的经验值得西安市结合当地实际情况有针对性地借鉴。建议在控制汽车保有量方面，可以采取多种措施，如实施机动车尾号限行，调节车辆使用强度，降低对汽车出行的依赖程度；如出台相关规定，在拥有停车位（购置或租赁均可）后才可购置私家车；如采取车牌摇号的方式，控制机动车保有量的新增。在控制住汽车保有量不断新增的情况后，城市交通压力适当缓解，道路承载能力适当释放，同时可间接影响老旧小区车辆的新增，不至于加剧老旧小区停车难的问题。

2. 强化公交优先，倡导绿色出行

西安市应进一步落实公共交通优先战略，提高城市公交通出行分担率。公共交通作为大容量客运方式，能以最少的环境代价实现最多的人和物的移动。建议政府部门进一步明确公共交通的重要性，在政策和资金上扶持城市公共交通，切实加强优先发展城市公共交通的组织工作，吸引个体交通方式向绿色交通转移，有效应对小汽车增长的挑战。其次，优化慢行交通系统，提高绿色出行意愿。城市交通规划必须加强慢行交通系统建设，为不同出行者预留交通空间，全面改善"最后一公里"的出行服务。这些举措也可以间接影响老旧小区车辆的近期及未来的新增，使解决老旧小区停车难所取得的效果能长久保持。

3. 提高居住区公共交通可达性

谈到发展公共交通就必须提及可以判断其发展程度的重要指标——公共交通可达性。它的定义可以理解为人通过公共交通接近物品、服务、活动、机会等所在地点的能力。公共交通可达性反映了乘客获得公共交通服务的便捷程度，影响着乘客对于出行方式的选择。既有研究表明提高公交可达性，有助于提升公共交通的竞争力，提高道路承载力，减少能耗降低污染，促进城市交通的可持续发展；居住区周边公共交通可达性高其机动车使用程度会明显降低，同时对抑制购车意愿有明显降低作用。

因此建议：①梳理老旧小区周边及其所在区域范围[结合三（一）合理确定老旧小区区位范围的内容]的公共交通资源，优化公共交通资源的配置，对比改善前后公共交通的可达增量，对比居民的出行特征的前后变化；②在前者的基础上将停车用地规划与公共交通用地规划统一进行考虑，这将为精细化停车需求管理政策的制定提供一定的科学依据。

四、结论与展望

（一）结论

在如何破解老旧小区停车难，寻求解决老旧小区停车问题的最佳模式，以

期提高老旧小区改造小区居民满意度的前提下，本研究主要得到以下结论：根据实际工作发现老旧小区停车需求缺口的满足，需要从小区内外部空间共同着手才能最大化解决这一问题，据此本研究以老旧小区的区域内部，老旧小区的外部较临近区域为研究范围，探讨在不同区域内解决停车问题的措施，分析各种措施适用的范围，以及在实施后达成的效果，目的是寻求解决老旧小区停车难的最佳模式。同时为具体措施的实施提供可参考的工作流程图，提高案例的示范性和工作的实操性。另一方面为了延长前文所述的实施效果，让老旧小区停车问题不因机动化率的提高而再次陷入困境，建议可以从停车供给与停车需求刺激的关系探讨合理的供需关系；研究需求预测并结合更广区域内的资源整合来进行精准需求匹配；建议健全停车管理机制，加强规范化停车治理提高规范化停车；为了从根本上减少老旧小区停车需求增长，建议加强公共交通建设，特别是老旧小区周边公交体系的进一步完善，减少私人交通出行。

（二）展望

本研究由于受到新冠疫情影响未能在西安市开展全面的走访调查，所以缺少实例分析及问卷数据。接下来的研究需要对第二章所述各措施的实施效果进行相关案例的全面分析，包括小区改造前后的效果对比，居民满意度调查等数据的分析，只有这样才能真正实现案例的示范作用。另一方面，对第三章所述确保改善效果长效性的方法研究，应进一步在理论、案例分析、建模分析等方面进行更详尽深入的分析，以期达到确保各措施实施后效果具有长效性的目的，避免老旧小区停车问题因机动化率的提高而再次陷入困境。

「参考文献」

[1] 西安市人民政府办公厅印发《西安市老旧小区综合改造工作升级方案》.

[2] 西安市人民政府办公厅印发 2021 年 10 月 30 日，西安市政府常务会议审议并原则通过《西安市解决"停车难"问题三年行动方案（2021—2023 年）》.

[3]《西安市建设项目停车配建标准》（市政办函〔2018〕252 号）.

[4]（《西安市停车场管理办法》（西安市政府令第 129 号）.

04

传统村落保护

Traditional Village Protection

04
传统村落保护
Traditional Village Protection

篇首语

传统村落蕴含独特的自然文化遗产和物质文化价值，被称为"活着的文物、有生命的历史"。如何推动传统村落"活"起来，更好的激活传统村落的内在历史价值和生态价值，是各地城乡建设中面临的问题。近日，中共中央办公厅、国务院办公厅印发了《关于在城乡建设中加强历史文化保护传承的若干意见》，强调"加强制度顶层设计，统筹保护、利用、传承"，为在保护中利用传统村落提供了指引。

本篇章以"传统村落保护"为主题，为了更好地激活古旧村落的内在价值，立足本土文化特色，分三大区域形成《关中地区传统村落整合式更新路径研究》《文化基因视角下陕北沿黄传统村落更新路径研究》《陕南山区传统村落的空间形态分析与保护传承研究》等3篇研究报告，剖析传统村落保护传承困境，提出更具适应性、可持续性的陕西传统村落的更新改造路径，提出不同区域保护传承策略，为陕西省传统村落的可持续发展提供有益支撑。

文化基因视角下陕北沿黄传统村落更新路径研究[1]

○靳亦冰[2]　韩泽琦[3]　兰可染[4]　刘国花[5]

内容提要：在黄河文化的孕育下，陕北沿黄地区继承了黄河文化与黄土高原文化、游牧文化等本土文化基因，形成了独具黄土高原丘陵沟壑区窑院民居特色的传统村落。在多元文化基因的影响下，与乡村振兴和中国传统文化全面复兴的时代背景下，在延续陕北乡土特色的基础上，通过对传统村落进行更新改造，成为越来越多人的共识。本文通过引入文化基因理论，从村落格局、街巷格局、节点空间、建筑组团与院落及建筑单体这五点，分析文化基因影响下的空间形态。探寻一条在文化基因影响下，在文化基因理论、环境格局、功能构成等更新原则下的更新保护方法，提出更具本土特色，具有适应性的陕北沿黄传统村落的更新改造路径。

一、绪论

（一）课题背景及研究的目的和意义

1. 课题研究缘起

乡村振兴战略规划方面。到2022年，探索形成一批各具特色的乡村振兴模式和经验，乡村振兴取得阶段性成果。乡村的建设应该尊重当地的生态环境，

---

[1] 本研究报告为西安建筑科技大学2021年度新型城镇化专项研究基金项目研究成果。本研究报告为陕西省社会科学基金项目研究成果，基金项目立项号：2020J048。
[2] 靳亦冰，西安建筑科技大学建筑学院教授。
[3] 韩泽琦，西安建筑科技大学硕士研究生。
[4] 兰可染，西安建筑科技大学硕士研究生。
[5] 刘国花，西安建筑科技大学硕士研究生。

注重当地地域特色，注重传统文化，使村民在精神与物质生活上均能感到幸福感，同时也要注重村落的发展。

全面复兴传统文化的战略。《关于实施中华优秀传统文化传承发展工程的意见》提出，加强历史文化名城名镇名村、历史文化街区、名人故居保护和城市特色风貌管理，实施中国传统村落保护工程，做好传统民居、历史建筑、革命文化纪念地、农业遗产、工业遗产保护工作。规划建设一批国家文化公园，成为中华文化重要标识。陕北同时受到黄河文化、草原文化、红色文化的影响，而沿黄地区又是陕北主要的红枣产地之一，具有特色鲜明的红枣文化，形成了独特地域文化。

佳县沿黄地区传统村落。陕北是黄土高原中最为典型的地区，通过了解陕北地区的地形地貌，作为地域文化基础的地理环境，从根本上对陕北文化研究有着重要的价值意义。陕北黄河沿岸传统村落的选址多顺应地形，建筑面阳背山。村落形态受山地局限多为带状或组团状，窑洞建筑或成片分布或层层跌落，与山川河流构成独具陕北黄河流域特色的形态。经过对陕北黄河流域传统村落的深入调研，已初步了解村落文化因素对村落空间形成相互之间的制约关系，但还需对研究对象进行更加完善、系统的研究，以期对村落的保护与发展和之后的乡建活动提供借鉴。

2. 课题研究的目的

从生物学的角度出发，引入文化基因理论，结合谜米学、文化地理学、形态学等相关理论作为理论支撑，将文化基因运用于佳县沿黄传统村落的研究，解读佳县沿黄传统村落形成的基本规律和基本特征，梳理佳县沿黄传统村落深层次的文化基因，为佳县沿黄传统村落保护与发展提供学术支撑与理论参考。

3. 课题研究的意义

乡土建筑没有特定的设计法则，与当下的各式风格流派没有任何关系，它的形式、空间营造、与环境的契合都是一种自发的状态。从陕北黄河沿岸传统村落的传统空间与当地文化之间可以看到其似生命体的遗传规律，适于生活方式的"基因"延续下来，并通过载体表达呈现；反之，不适应当下生活方式和文化习俗的空间正在消失或是重生，以新的姿态呈现在今后的民居变化过程中。再者，由秩序空间向自由空间的演变、由礼制空间向功能空间的演变，及乡村社会中的宗族文化等更是佳县黄河沿岸传统村落遗传特性中隐性的因子所在，从精神上引导了其民居的空间演变向更适应于生活的方向延续下去。

（二）相关概念和研究范围的界定

1. 相关概念界定

（1）文化基因

文化基因（见表1），又被称为谜米（Meme），最早见于英国著名学者查理德·道金斯（RichardDawkins）早期著作《自私的基因》（SelfishGene）一书当中，用来说明并描述人类文化的传播规律。一个民族的文化基因受到该民族的生物遗传基因等内因及其生存的自然、社会环境等外因的共同作用和影响。基因是DNA中的遗传分子，而类比谜米则是文化中的复制因子，二者的逻辑关系具有一定的相似性。

表1 文化基因的解读

学者	文化基因概念解读
爱德华·威尔逊	文化进化过程中遗传的基本单位
刘长林	对民族的文化和历史发展产生过深远影响的心理底层结构和思维方式
徐杰舜	文化基因是民族或族群储存特定遗传信息的功能单位[1]
毕文波、王东	可以被复制的鲜活的文化传统和可能复活的传统文化的思想因子

表格来源：课题组

文化基因即谜米，通过模仿复制而传递，谜米在其中充当了复制因子的角色，因为它具备了复制因子所必须具备的三个方面的条件，即遗传（行为的方式和细节都得以被拷贝）、变异（行为之被拷贝伴随着错误、修饰或其他的变化）和选择（只有某些行为能够成功的得到拷贝），并形成一个完整的进化过程[1]。

（2）空间形态

空间指的是在村落中"空"的区域，如街巷、宅院和村中广场等百姓活动能够触及的场所，"形态"一词在《辞海》这样阐述"形状和态度，事物的外在表现形式，'形'指形象，是空间尺度概念；'态'指发生着什么"。日本学者原广司认为村落空间形态具备了生动的生活体验，让人能够领悟到空间形成的原因，

"人类存在方式本身就具有空间性，表示特定场所就成了谈及一个空间的思路"[2]。村落空间形态所表达的含义是在一定时期内村落随着经济文化等的发展的过程中所呈现出来的关于村落各层级空间的表现形式，是指一个村落的各方面各层级内所有物质实体的组成、实体环境以及各类活动的空间载体。

2. 研究范围界定

陕西横跨三个气候带，境内气候差异很大。陕北北部长城沿线属中温带季风气候，关中及陕北大部分属暖温带季风气候，陕南属亚热带季风气候。其总体特征是：春暖干燥，降水较少，气温回升快而不稳定，多风沙天气；夏季炎热多雨，间有伏旱；秋季凉爽，较湿润，气温下降快；冬季寒冷干燥，气温低，雨雪稀少。全省年平均气温 9 ~ 16℃，自南向北，自东向西递减，平均年降水量 340—1240 毫米，南多北少，陕西自北向南的陕北、关中、陕南分区，依次为半干旱区、半湿润区、湿润区（如图1、图2）。

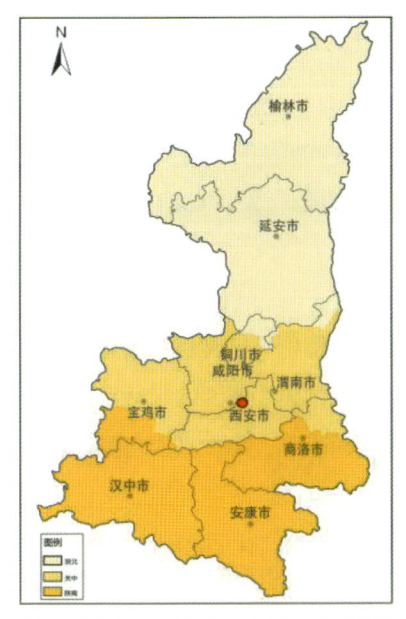

图1 陕西省分区示意图－陕西省地理分区示意图（来源：课题组）

图2 陕西省分区示意图－陕西省气候分区示意图（来源：课题组）

本文中的陕北指狭义的概念，包括榆林与延安两个市区（如图3）。其中共有46个国家级传统村落，陕北黄河沿岸指榆林的清涧县、绥德县、吴堡县、佳县、神木市与府谷县；延安的黄龙县、宜川县、延长县与延川县，其中包含了 35 个传统村落。选取其中沿黄河佳县的 5 个样本传统村落为主要研究对象。

图 3　陕北区位图（来源：课题组）

（三）研究内容与方法

1. 研究内容

从当地深厚的陕北文化角度进行文化基因解析，以文化基因理论为基础，将文化基因分为显性文化基因与隐性文化基因，显性基因内包括自然环境、红枣文化、渡口文化对传统村落的直接物质层面影响，隐性基因包括宗族文化、风水文化、民俗信仰文化对村落精神层面的影响，这些精神层面又作用于村落空间形态。最后通过从文化基因角度，提出具有当地文化适宜性的保护发展策略，用以指导后期建设。

（1）通过对陕北沿黄传统村落的基本情况和陕北文化地理做出调查研究，对村落进行分类现状研究；

（2）对文化基因进行概念阐释，按照文化基因的理论将文化基因分为显性基因和隐性基因，建立文化基因研究体系；

（3）以宏观、中观、微观三个层次，进行陕北沿黄传统村落空间形态的解析；

（4）研究得出陕北沿黄传统村落的更新路径。

2. 研究方法

文献调研法：通过大量收集历年来国内外关于文化基因和陕北沿黄传统村落的研究资料，对其中部分重点村落进行实地调研。对资料进行归纳整理，提取有效信息，分析相应的文化基因影响下的空间形态，为本研究提供可靠的理论基础知识及技术支持。从多方位、多视角、多层面对文化基因影响下村落的空间形态进行系统化研究。

实地调查法：对个体样本村落进行走访调查，了解当地的自然环境、地域文化、空间形态、村民生活状态等等，对调研资料进行系统化分类整理，并加以分析研究，探索发展文化基因视角下当地传统村落的空间形态。

区域分析法：源自人文地理学的研究方法，通过区域划分揭示人文现象的分布特征；通过不同区域的对比，人事区域特征；通过区域本身内部结构和职能的差异性分析，认识该区域。

二、研究综述及理论框架

（一）文化基因相关理论研究

国内关于文化基因的研究主要集中在哲学、历史学以及社会学等方面，其中以刘长林、王东、赵传海等学者的研究较具代表性。刘长林1988年在《宇宙基因·社会基因·文化基因》中首次阐述了文化基因的概念，文化系统自身的特殊基因可称为文化基因；文化基因不是一成不变的，它会随着历史的演进而不断发生变化。北京大学哲学系王东教授在《中华文明的五次辉煌与文化基因中的五大核心理念》一文中从文化基因为切入点，认为文化基因就是在文化传承过程中起到决定性作用的要素。赵传海在《论文化基因及其社会功能》一文中认为，文化基因不仅具有同生物基因相类似的特点，也具有外在性、互动性、变异性等不同的性质，其在保证文化传承、维系民族认同、规范人的行为、制约社会走向等社会功能上发挥着重要作用。

刘沛林以古村落为研究对象，利用"景观基因法"分析古村落文化特征，探讨传统文化的表达和传承机制,并提出传统文化景观的重要性;王媛钦从文化基因角度出发,分析自然地理环境、土地利用制度、传统习俗、宗族信仰等对村落形态布局形成机制的影响,并针对此提出村落保护更新策略。苗振龙等人响应"舟山群岛新区建设美丽乡村"目标,从文化地理学角度研究海岛村落景观的文化基因表达形式,并提出适合海岛乡村的改造路径和保护策略。

关于谜米传播规律的研究方面,理查德·布罗迪在其著作《心灵的病毒:谜米的新科学》一书中把文化与病毒相比较,认为其能进行横向代内传播;阿伦·林治在其著作《思想的感染:信仰是如何在社会中传播的》中也表达了相同的观点。美国哲学家丹尼尔·丹尼特在其著作《达尔文的危险观念》中认为文化系统与生物进化系统相类似,都具备遗传、变异和选择的能力。

在有关基因同谜米的关系研究方面,美国哈佛大学教授爱德华·威尔逊同物理学家查尔斯·卢姆斯登一同提出了"基因—文化共同进化"理论,并在《基因、思想和文化》一书中进行了详细的论述。

(二)传统村落更新路径相关理论研究

在村落保护实践研究中,为了让传统村落民居和村落满足现代生活的需求并保持传统特色,单德启对广西壮族自治区融水县整垛苗寨进行了民居更新实践[3]。朱良文对西双版纳傣族民居进行四幢傣楼的更新实践[4]。陈峰等从沂蒙地区实际情况出发,探讨了在进行新农村建设时,如何保护传统交流方式,并在继承地域文化和建筑特色基础上进行农居创新等问题[5]。何峰以湖南张谷英村住宅更新设计实践为例,在尊重本地居民生活方式、协调传统风貌及汲取传统建筑文化的基础上,对设计分区明确、功能弹性、生态适度的新农村住宅进行了探索。伍昭翰通过对湖南省传统建筑规划布局、平面形式、建筑材料、生态技术等的研究,进行了生态建筑与生态节能技术的设计与研究。

村落更新是社会主义新农村建设的基础性工作,自2006年以后,国内出现了许多有关古村整治和人居环境建设的研究成果。如严云祥以江山市大陈村村庄整治规划为例,强调整治为主、有机更新、控制引导、和谐发展的传统村落整治对策;樊海强以建宁县上坪村为例,提出新农村建设中古村落保护与发展的"三位一体"(即由保护、经营和监管构建)的新模式[6];王健在北京郊区村庄整治中强调公众参与，充分挖掘地方资源优势和特色，推动村庄的产业发展，注重完善市政基础设施和公共服务设施，提升村民素质，培育新型农民，实现村庄的有机更新[7]。

（三）课题研究现状

1. 关于陕北文化的研究现状

从陕北地域文化研究的地理范围来看，陕北一词具有广狭两义。狭义解释中陕北特指现陕西省的延安、榆林两个行政区。广义的"陕北"则特指一定的文化区域，是在历史文化发展过程中具有动态区界的区域概念，泛指以现延安、榆林两地为中心，东抵吕梁，南至关中北山，西接六盘山东麓，北连鄂尔多斯高原的黄土丘陵沟壑地带。本文将陕北地域文化的范围限定在陕西北部，即延安和榆林两个行政区。从陕北地域文化研究的内容看，既包括传统的物质文化如地理文化、历史文化、资源文化和精神文化如人们的思想观念、宗教信仰、民俗文化、社会生活方式等。也包括在历史发展的长河中，不断吸收并融入自身的外来文化。这些文化与陕北的物质空间环境的相互作用共同构筑了陕北具有地域特征的文化空间。

关于陕北文化研究的著作在这一时期以郭冰庐教授的《窑洞风俗文化》和

图4 陕北窑洞（来源：课题组）

吕静先生的《陕北文化研究》最具代表性。郭先生的《窑洞风俗文化》是一部较全面论述窑洞民居文化（如图4）的书，从古至今，将窑洞村落从物质层面与非物质层面，进行分析论述[8]。吕静先生的著作《陕北文化研究》对陕北文化的概念、陕北文化研究的内容、方法和意义及陕北文化资源开发利用进行了系统研究，很受学界关注[9]。

郭冰庐先生在《乡土陕北》[10]一书中提到陕北的红枣文化，以黄土高原腹地与黄河沿岸为主要的红枣产地，同时也是主要的红枣文化所在地。而本次的研究重点就在黄河沿岸，深受红枣文化的影响（如图5）。

图5　佳县红枣（来源：课题组）

佳县文化相关研究综述。我国枣的发展历史源远流长，早在7000多年前的新石器时代，我国先民已开始了对枣果的采摘和利用活动；距今3000年前的西周时期，已有枣树栽培的文字记载；2500年前的战国时期，枣已成为重要的果品和常用中药；距今2000年前的汉朝，枣树栽培已经遍及我国南北各地；距今千年的后魏时期，传统的枣树栽培技术体系已经建立起来，其中许多技术一直沿用至今。《诗经》《神农本草经》《齐民要术》等古文献，在枣的品种分类、栽植方法、采收、加工、枣园土壤管理等方面均做了一定的记载，一定程度上为枣树的栽培发展奠定了基础。

2. 关于陕北传统村落的研究现状

陕北位于沟谷密布的黄土高原，陕北境内的河流以延河、无定河、清涧河等12条黄河一级支流为主，整个陕北地区的传统村落呈现出明显沿河流分布特征，其中无定河、清涧河流域传统村落分布较为密集。

无定河流域的传统村落主要分布在其下游，为黄土峁状丘陵沟壑区，根据其主河道的长度与位置，将无定河下游分为上段、中段以及下段。米脂县以及部分绥德、子洲北部地区归为上段；绥德、子洲大范围以及清涧部分北部区域为中段；清涧剩余范围为下段。无定河上段共有27个传统村落，占总数量的44%；中段共有29个，占总数量的48%；下段共有5个，占总数量的8%。中段的传统村落数量最多，而上段的传统村落分布的最为集中，下段相对较少。从整体分布情况来看，传统村落沿着无定河主河道分布，并向主河道两侧的支流分布。同时可以发现，传统村落在流域上段分布得较为密集，中段的村落数量虽较之上段略高，但分布相对分散（如图6、表2）。

表2 无定河流经市县基本情况

行政单位	人口（万）	面积（平方千米）	人均面积（平方米/人）	村委会
榆阳区	53	7053	13307	488
米脂县	22	1212	5509	395
绥德县	36	1878	5216	661
清涧县	22	1881	8550	640
子洲县	32	2043	6384	549
横山区	37	4080	11027	362
靖边县	34	5088	14965	214
定边县	33	6920	20970	336

表格来源：课题组

清涧河流域位于黄河中游，是华夏文明的发祥地之一。传统村落主要位于清涧河流域的延川县和子长县，其中延川县最多，子长县较少，另外还有少量分布于清涧县、安塞区和延长县。其中清涧河下游永坪川是传统村落最为密集

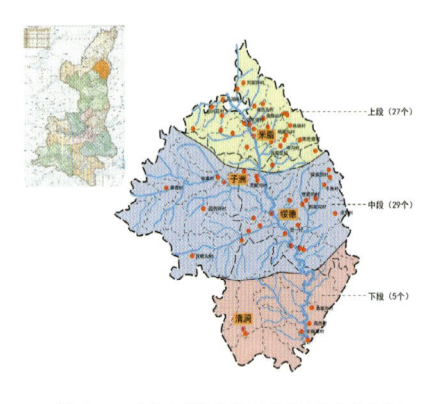

图6　无定河下游分段及传统村落分布图
（来源：课题组）

图7　清涧河下游传统村落分布图
（来源：课题组）

的地区（如图7）。如位于清涧河下游支流永坪延川县贾家坪镇马湾自然村、延川县贾家坪镇上田家川自然村、延川县永坪镇赵家河村和位于永坪川一侧的清坪川的延川县关庄镇甄家湾村、延川县关庄镇太相寺村。

三、陕北沿黄核心文化基因提取

（一）文化基因的孕育环境

1. 陕北历史背景

陕北包括延安市和榆林市，历史上曾是水草丰盛之地，游牧和战争曾是陕北的主要文化现象。从商周时代起，陕北的鬼方、白狄、匈奴、林葫、稽胡、鲜卑、突厥、党项、羌、女真、蒙古、满等少数民族先后在这块土地上繁衍生息，成为中原文化与少数民族文化融合交流之地，同时也是以畜牧业为主的地区。西汉以后，农耕开始发展，逐渐成为半农半牧区。隋唐时期，陕北南界的黄龙山仍然是农耕区和半农半牧区的天然分界线。就地取材，易于施工的窑洞，是这种半农半牧生活的产物。陕北自古多战事，秦时大将蒙恬，秦始皇长子扶苏都曾驻守陕北。为抗击匈奴，秦王朝还修筑了穿越陕北的快速通道——直道，与长城等共同构成了陕北地区的军事体系。陕北的部分地名反映了当地历史战争的痕迹，如延安市吴起县是以戍边大将吴起的名字命名的，榆林市定边县、安边镇、靖边县的名字，也反映了当地村民对美好生活的向往。

2. 陕北黄河沿岸地域环境

因佳县沿黄传统村落分布密集，本次研究以陕北佳县为主要研究对象。佳县县内山丘连绵，主体山脉有两条：一条由西北自榆林入境，沿佳芦河岸，向东南延伸120公里于县城落脉；另一条始于榆阳区、米脂，分趋于西北、西南境内。两条山脉中，沟、涧、坡、梁、峁纵横交错，地形复杂。海拔高度介于675—1339.5米之间，相对高差为664米；平均每平方公里有沟壑33条，平均长2.12公里。山峁顶与沟底部相对高差为30—200米。地势西北高，东南低；山脉起于西北，终至东南，西北山峰卑小，东南高峻，延伸至黄河沿岸成绝壁悬崖。由于水土严重流失，毛乌素沙漠缓慢南侵，逐渐形成东南黄河沿岸土石山区、西南丘陵沟壑区、北部风沙区3个有明显差异的地貌分区。

而本次主要研究的范围为东南黄河沿岸土石山区：北起朱家坬乡武家峁村，南至螅镇，包括朱家坬、通镇、佳芦镇、峪口、木头峪、坑镇、螅镇等4乡3镇的130个村庄。面积352平方公里，占全县总面积的17.4%。地势偏低，海拔为633—1022米，相对高度375米。该区保留有硬黄土、硬红土或红胶土，年水侵蚀模数1.4万吨/平方公里。地形支离破碎，靠近黄河5公里左右的地方基岩裸露。地貌特点是：山高，多为石山戴土帽；沟深，多为石沟，相对切割深度200米；崖陡，石山兀立，石沟纵横。

图8 黄河沿岸土石山区（来源：课题组）

（二）陕北沿黄传统显性文化基因识别

1. 黄土高原文化

陕北地区是华夏文明发祥地之一，在陕北特别是榆林地区，新石器时代晚期遗址数量丰富，已经考古发掘的绥德小官道遗址和神木石峁遗址均是新石器时代晚期的重要遗存。

位于榆林靖边的统万城遗址，是东晋时南匈奴建立的大夏国都城遗址，城址由外廓城和内城组成，城址中马面林立，角楼高耸，宫殿楼观遗址雄伟，是我国至今唯一保存基本完好的早期北方少数民族王国都城遗址（如图9），其蕴含的历史文化反映了中国历史上北方少数民族及其游牧文化与中原汉族及其农耕文化的交融。这些数量众多、内涵深厚、价值突出的遗址充分表明陕北地区是华夏早期文明的发源地之一。

图9 统万城遗址（来源：张小郁 摄）

2. 游牧与农耕文化并存

陕北地区是中原与北方游牧地区的交汇处，陕北文化是中原农耕文化区系与北方草原游牧文化区系长期对峙中形成的以原生农耕文化为主体，融汇游牧文化驳杂多样性文化因素和文化特征的一种区域性亚文化。多民族、多族源的民族构成特点，必然表现为文化上的多元继承、多元融合、多元发展的特点。所以，文化品格的多元性与文化类型的多样性也是陕北区域文化的一个重要特征。

在陕北历史上，多次的社会动荡、变迁，都为民族交往、杂居提供了条件，也使不同的文化取长补短，重新组合。不同的农耕民族与游牧民族，经过复杂多样的涵化过程，形成了今天的陕北人。但是，文化的融合与民族的涵化融合既有许多相同的地方，又有相当多的差异。一方面是文化的融合与民族的同化并不完全是同步演进的。而另一方面，从纵向传播上看，世代传承的文化习惯一旦形成，则根深蒂固。所以在纵向传承中，有着相对的稳定性，即使久经岁月，仍顽强地保留一些各民族固有的风尚习惯。这些宝贵的原始沉淀堆积，最终形成当下的陕北文化。

（1）"勤于稼穑，多畜牧"的半农半牧生产方式

陕北长期是北方游牧民族活动的地方，有很长一段时间以畜牧业为主要生产生活方式。早在汉代就有了少数民族内迁史实，彼时西域龟兹就内迁到榆林。南北朝时，游牧民族更大量迁入，在与农耕民族的长期杂居中，掌握了一定的农业耕作方式。到了隋朝甚至宋元时期，陕北仍然处于"勤于稼穑"而又"多畜牧"的半农半牧的生产方式中。半农半牧的生产方式，也带动了陕北商业的发展，是陕北的主要经济形态。这种劳动生产形式就是黄土农耕文化与草原游牧文化融合而成的陕北文化特征之一。

陕北南部早在明清时期已受到中原农耕文化的影响，形成以木构架为主的聚落格局与建筑样式。同时，由于陕北一直是多民族征战混居之地，近代又受到西方基督教文化的影响，形成了多元文化混合的局势。它们之间在相互制约、相互矛盾的同时，也在相互融合、相互转化，形成了建筑立面形式上兼容并蓄、中西合璧的多样性特征。[11]

（2）"衣皮革，被旃裘"的戎狄风习

司马迁在《史记》上描述游牧民族的衣食习惯时说："自君王以下，咸食畜肉，衣其皮革，被旃裘。"《列子·汤问》："南国之人，祝发而裸；北国之人，鞨巾而裘；中国之人，冠冕而裳。"这里的"中国人"指中原华夏民族；"北国之人"指北方少数民族。"鞨巾而裘"，是说包着头帕，穿着皮衣。如今陕北人头上的毛巾——白羊肚手巾，即由北国之人的鞨巾演变而来。陕北人尚白的习俗，也和白狄尚白的宗教心理有关。狄为春秋时代北方游牧民族的泛称，并以崇尚颜色之不同而分为赤狄、白狄等。

"徙民实边"、流放等人口流动又把全国各地的衣饰带到榆林。作为榆林妇女象征的"米脂婆姨"又以精巧的女红闻名,比如,美观耐穿的千层底鞋、绣花枕顶、绣花袜底、袜垫、绣花鞋、剪纸、皮影、小孩的"百衲衣"等都是精美的艺术作品(图10),这些又都是汉族固有的纺织品工艺的体现。

(a)民俗　　　　　　　　　　(b)皮影
图 10　陕西民俗(来源:张小郁 摄)

3. 商贸文化

清嘉庆年间(1796—1820),境内黄河沿岸有渡口 6 处,即大会坪、桃花渡、木头峪、荷叶坪、关沟、螅蜊峪。据史料记载,战国时期葭县人民就利用黄河搞运输,当时航运的主要工具有木筏、皮筏(俗称浑筒)、拖子(用木料制成,长 1.5 米,宽 1 米,底部钉以铁条,隆冬在黄河冰面上滑行,可载 200 多公斤货物)。秦朝开始使用摇橹式木船。明、清时期黄河航运兴盛,内蒙古的皮毛、晋北的煤炭、瓷器、食盐及佳县的土特产品都通过航运供给两岸人民,直至潼关再转运沿海。从包头至佳县航运的木船达数百艘,繁忙季节,百舸争流,蔚为壮观。民国初,京包铁路建成通车,内蒙古、晋北的物资转由铁路运输,河运开始衰落。抗日战争时期,陕甘宁边区的物资大都通过黄河运输,大会坪、桃花渡、螅镇是沿岸较大的码头,每天各停船 40 余艘,装卸货物 400 多吨。中华人民共和国成立后,陆上运输发展较快,但是,由于佳县地处偏僻,百货、物资大部分要从山西运进,两岸人民往来水路仍是捷径,黄河航运尚有一定作用[12]。

(三)陕北沿黄传统隐性文化基因识别

1. 宗族文化

传说元末战乱四起,水旱灾害不断,中原民不聊生,但当时的山西风调雨顺,晋南人口稠密。明朝建立以后，为了振兴农业、发展生产，便鼓励向外移民。其中，洪洞大槐树下迁出的人最多，也包括住在那里的武氏家族。因此，人们以为泥河沟武氏的始祖也是从洪洞大槐树下迁来的。但据佛堂寺三世古佛殿内的石刻记载，北宋仁宗赵祯天圣六年（1028）正月十八日，武得先因军粮紧急，将自己分到的祖业茔河湾东的一块地卖给佛堂寺。在石刻《地契》上，中见人武朝苏、武朝帅等字样仍清晰可见。早在北宋时期，泥河沟武氏先民就和邻村共同修建了佛堂寺。

本次调研的五个传统村落中，木头峪的渡口最大，其商业最为发达，驿站最为丰富，村内由三大家族组成（如图11）。而剩下四个传统村落渡口相对较小，由于自然地理条件相对不便发展商业，环境相对闭塞，因此其多为一大家族发展而来，其村落格局并不会受到宗族影响过于深刻。

（a）木头峪村张家祠堂　　　　　（b）木头峪村苗家祠堂
图11 木头峪村家族祠堂（来源：课题组）

2. 风水文化

中国古代的建筑理论不仅注重建筑物设计、布局的审美特征，注重结构、材料，而且更注重建筑物与环境的联系，力求建筑物与所处环境的和谐或协调。所以，就此而言，古代的风水理论与建筑理论是相通的。风水理论的核心就是遵从大自然运动规律，寻找适合人类生存的山水环境。

在选址上讲求负阴抱阳，就是基址后面有主峰来龙山，左右有次峰或冈阜的左铺右弼山，山上要保持丰茂的植被；前面有月牙形的池塘（宅、村的情况下）或弯曲的水流（村镇、城市）；水的对面还有一个对景山案山；轴线方向最好是坐北朝南。但只要符合这套格局，轴线是其他方向有时也是可以的。基址正好处于这个山水环抱的中央,地势平坦而具有一定的坡度。像这样,就形成了一个背山面水基址的基本格局。[13] 风水文化对于建筑空间形态层面也有影响,如在营建窑院的时候会有当地的"阴阳"先生对院落布局等进行"算字",通过"生、旺、死、绝"四个字算布局。

3. 民俗信仰

陕北民俗是陕北地区的文化习俗的总称,包括陕北的民间艺术、人生礼节、年节风俗、民风习俗等内容。这些文化传递着人们的信仰观念和崇拜心理的习俗,深深根植于陕北人民的内心深处。受到陕北自然地理的影响与约束,由人类原始信仰中不断传承的思想信仰,形成一信仰鬼神、相信神灵、福佑信仰者的思想核心,成为当地人民的忠实信仰。受到了人们的信奉,甚至成为支配人们物质生活与精神生活的重要因素。

陕北的民俗信仰文化,体现在包括逢年过节的秧歌、庙会、转九曲,及村落建设寺庙,民居内部有祭祀空间(如图12)。

图12 窑脸祭祀小龛(来源:张小郁 摄)

4. 宗法制度

宗族的建立是一系列仪式性和制度性建设的结果,宗祠是宗族的物质载体,是村落的精神文化中心。随着陕北人口规模的壮大、农耕经济的不断成熟以及地方教化系统的规范，到了清代的康乾时期，陕北的宗族大致具备了祠堂、族谱、族田等宗族象征物。陕北由于经济薄弱，其宗族象征物的设置简陋，但在这样的条件下，村落格局的形成还是受到宗族文化非常深的影响。在佳县沿黄地区单一姓氏的村落中，少见宗祠类建筑，布局受到姓氏家族的影响相对较小。而在几大姓氏建立的村落中，则明显呈现某一姓氏的家族聚族而居的情况。

自家庭联产承包责任制与土改后，佳县沿黄传统村落的土地被制度性分配，时至今日土地情况无太大变化。土改时村中土地按家分配，当地有民俗，孩子成婚后要分家，分窑即分家。由于村内可建设土地所剩不多，村内不再新批土地，因此村民无法为新人建设新的窑洞，多在自家窑院基础上进行院落分割，因此村中多出现同一时期建设的一排窑院从中间进行分割，因此其院落形态有所变化。

四、文化基因影响下的空间形态特征分析

（一）村落格局

传统村落体现出对自然环境的因借与依赖，以天人合一的哲学思想，选址和布局追求舒适宜居的环境。陕北传统村落空间格局的构成要素包括山体、河流、田地等自然要素和窑洞、网格道路等人工要素，兼具生态、文化、社会功能。自然要素与人工要素相辅相成，村落整体选址格局主要依托自然环境要素。

本次研究的 5 个传统村落中，主要分为两大类，其中木头峪村属于河漫滩型，

(a) 泥河沟村村落格局鸟瞰　　　　　　(b) 木头峪村村落格局鸟瞰

图 13　村落格局图（来源：课题组）

木头峪村位于黄河一侧的平坦阶地上，村内以土、石砖拱窑洞形成的四合院为主，布局紧凑，平面似带状，沿黄河呈南北走势，边界规整，道路平坦（如图13）。

还有一类是支毛沟型，在河流二级、三级河道延伸出了狭窄的沟壑地势，两边山体相紧邻，形成的沟壑狭窄，溪流在沟底流淌而过。这种类型的村落规模小且分散，耕地较少，交通不便。主要分布在延河及无定河等大河下属二级支流的河谷内，再黄河沿岸的支毛沟类型村落，多紧邻黄河，一侧顺延二级河流，或有二级河流从村落中穿过。村落内部窑洞民居多沿着主河道和各支毛沟与山

图14　村落格局图（来源：课题组）

宅—林—水	水—宅—林—水	宅—水—山	宅—水—宅
宅位于环境要素的一侧	宅位于环境要素的中间	宅位于环境要素的一侧	宅位于环境要素的两侧

图15　村落格局图（来源：课题组）

体的方向延展，在平面形态上常呈树枝状或多个团状组合的形态。

如佳县泥河沟村的自然地貌决定了他们无法大面积的种植粮食作物，村民们仅在自家院子内种植蔬菜以供日常食用，并仰仗通畅的水路交通，购买粮食作物。因此泥河沟村的村落格局不会呈现大面积的田地的居住模式，主要以水—林—路—田—窑—山为主要的居住模式（如图14、15）。

（二）街巷格局

街巷空间是村落内部空间主要组成部分，它就像是村落的骨架和脉络起到了联通整个村落的作用。佳县位于黄土高原丘陵沟壑区，该地区均为山地，少有平坦的土地。在土地平坦的传统村落，街巷规整，布局相对紧密。在山地的村落，布局顺应山势沿等高线发展，层层叠叠呈垂直分布。空间变化多样，丰富异常，走在其间，会有曲折婉转、步迁景移的感觉。道路的岔道口也相对较多（如图16）。

(a) 木头峪村街巷格局图 　　(b) 峪口村街巷格局图

(c) 荷叶坪村街巷格局图 　　(d) 刘家坪村街巷格局图

图16　村落格局图（来源：课题组）

（三）节点空间

传统村落具有丰富的历史环境要素，这些历史环境要素围绕着村落传统的生活生产方式形成了具有一定功能的场所空间。村落内部的公共建筑由于其特殊的功能具有较高的集聚人流的作用。这些空间共同形成了代表村落传统特色的节点空间。节点空间主要分为由村落层面如村口、牌坊等形成的节点空间；由公共建筑层面自然形成的节点空间；由建筑组团层面如磨盘小品等形成的次级节点空间。

村落节点：村口、枣树林，牌坊。在居住区中间有开放的广场，基本位于村落的几何中心，地势平坦日光充足、视野开阔，四周的民居围绕广场修建。

公共建筑节点：a.宗教建筑，在于传统村落中的宗教建筑主要有佛庙、龙王庙、娘娘庙、关帝庙、神台台等，如木头峪村中的献殿、归云寺等；b.宗族建筑，以家族宗祠为主，但由于佳县地区的自然环境、经济发展等多方面原因，宗祠建筑的保留情况较差，有的只剩下祠堂建筑的遗址，如木头峪村的张家祠堂遗址，村落中家族的历史大多以家谱的形式传承；c.民俗建筑节点，主要以戏楼、戏台的形式出现在传统村落中，是村落中的主要公共活动空间，也是村落中传承非遗活动的重要场所；d.商贸节点，由于佳县历史上依靠黄河发展商贸，逐渐影响了村内的建筑，如木头峪村即是由于商贸的繁荣而发展起来的一个传统村落；e.军事遗址，在佳县地区主要体现为古寨堡等，陕北自古是中原与北方少数民族的必争之地，战乱频发，且由于陕北资源频发，常有土匪倭寇，因此这类建筑在陕北地区传统村落中分布较为广泛，但在佳县的古寨子多为躲避土匪倭寇而建，如荷叶坪村旁的山寨、木头峪村的张家寨；f.其他公共建筑，以小学及红色时期建立的供销社、合作社等形成的节点，如刘家坪村的村中心即是供销社和医疗所。

（四）建筑组团

由于陕北地区所处的特殊地理地貌环境，当地居民创造了随形就势、因地制宜的窑洞建筑。陕北佳县地区的窑洞建筑平面布局形成了联排式窑洞，主要为靠崖联排式窑洞，是由单排的多孔窑洞建筑组成，窑洞的建筑布局整体呈现线性与当地地理地貌环境结合，并形成阶梯状的窑洞群落，同时靠崖式窑洞又因窑洞建筑与周围环境的关系而分为沿沟与靠山窑洞两种。

窑洞建筑是一个系列组合系统，窑洞的载体是院落，院落的载体是村落，村落的载体是山川大地。窑洞以院落为单位，或成排连成线，沿地形变化，随山势，成群、成堆、成线地镶嵌于山间，构图上形成台阶型空间。窑洞常呈现曲线或折线型排列，有和谐美观地建筑艺术效果。在山坡高度允许的情况下，有时布置几层台梯式窑洞，类似楼房（如图17）。

(a) 荷叶坪村窑洞建筑组团格局　　(b) 木头峪村窑洞建筑组团格局

图17　佳县传统村落窑洞建筑组团格局（来源：课题组）

（五）院落及建筑单体

受到自然环境、文化与经济发展水平的影响，民居的布局类型不多。佳县的民居主要分为窑院民居和靠崖窑式民居，窑院主要又分为合院式和敞院型，其中合院又有四合院、三合院之分。平坦地区的院落多为合院式，而在山地类型的村落中，受到自然地理的影响比较大，多为靠崖窑和敞院式民居。民居院落开阔，下层窑洞顶部成为顶层窑洞的道路及院落。没有关中平川地区四合院的封闭感，坦荡、开阔、层层展开的院落形态是冲沟村落的显著特点。

由于水土流失，沟壑切割，基石外露，采石方便，因此佳县平地村落的石砌的独立式窑洞较多。窑洞平面多为一字型，呈现窑洞与砖木或土木房屋混合布置前房后窑。山地上的窑洞多依山、靠崖、沿沟顺等高线布置，其平面形式随地形的变化略有不同。窑院会针对入口门楼、檐口、窑脸、抱厦、门窗等部位进行重点装饰，大门会有门匾题字、门楣、门簪、墀头、瓦当等构建，窑脸

图 18 陕北传统村落中的匾额（来源：课题组）

图 19 陕北传统村落中门头及雕刻细部（来源：课题组）

的装饰主要在女儿墙、窑檐、门窗上（如图 18、19）。

五、更新路径研究

（一）现存问题

通过对陕北沿黄传统村落的实地调查研究，综合多方面因素，陕北沿黄传统村落在面对未来发展有以下优势：①村落可参与的体验活动较多，村落现存文化较丰富，主要有教育文化、农耕文化、民俗文化等。②村落周边旅游资源丰富，村落自身的景观环境保存较完整，自然景观和人文景观兼得。③村落可以发展的体验类型较多，有教育、农业和民俗体验等。针对不同人群可开展不同主题的体验，且在体验中可以针对人们的不同需求进行动静的分区。④通过对村落的游览、体验，不仅可以取得思考、教育方面的收获，也使人们的精神放松，缓解在城市中生活产生的压力。

与此同时也存在一定的问题：①传统村落中心空废化。村内主导的红枣产业近年来并不景气，无法支撑村民的基本收入，导致许多村民外出打工，留不住人。②村落内部公共空间使用频率较低。由于民俗文化基因的复制力逐年下滑，其影响下的公共空间渐受冷落。③村落内部新建窑洞民居文化符号的丧失。村落内部新建民居多为平顶水泥房屋，或红砖房，少见窑洞形式的民居。拱形、檐口、窗格等文化符号逐渐丢失，文化基因的传承受到阻碍。④窑洞营建技艺传承的缺失。窑洞文化基因在当下的发展情况一般，窑洞营建技艺没办法很好的传承下来，村内仅剩的几个匠人，也年岁已高，无法继续窑洞营造工作，年轻人因窑洞营建成本过高，收入难以承担日常生活开销，而外出务工，窑洞营建技艺的文化基因难以维持。

（二）更新原则

1. 文化基因理论的主导性

以文化基因理论为底层逻辑，深度剖析陕北沿黄传统村落的空间形态，以文化基因的特点，长寿性、繁殖性、精确性为主导因素，对村落空间形态进行导控，以达到在村落建设时保障对传承文化基因的目的。

2.环境格局的控制性

自然环境在村落格局方面是影响因素中最为重要的一个，它对场所的边界形态、建筑布局形式、街巷格局、建筑组团等都有直接的影响力。根据影响力的强弱来说，环境因素对于村落的边界形态影响最强，且对其他因素有直接影响关系。

3.功能构成的核心性

村落的结构构成主要受到功能的影响，如村落会形成以宗祠为核心的建筑组团，从而发展影响到整体村落格局。且功能会影响到村落节点、街巷结构等方面，还会直接影响到单体建筑，因此功能构成对于村落的影响是方方面面的，是具有非常强烈的核心性的。

（三）更新路径

针对以上现存的问题与更新原则，提出四条更新路径。①红枣产业链的完善化。红枣是陕北沿黄地区特有的产物，在沿黄地区形成了特有的红枣文化，从村民的剪纸、民俗活动等，从生产生活的各个方面渗透当地的文化当中。而面对村落的空心化问题，必须要重拾前些年当地的支柱产业——红枣产业。需要针对沿黄地区进行分区分类型的红枣产业链的建设，只有完善产业链，才能让红枣文化延续下去，让红枣文化基因的复制力得以提升。②增设文化节，弘扬传统民俗文化。村落传统文化在发展中逐步丢失，传统民俗转九曲、庙会等在逐渐失去活力，现有红枣文化节为近年新设，为村内带来了不俗的反响，可为转九曲等民俗活动增设其他文化节。③建设物质载体博物馆。通过建设物质载体博物馆，将村落内部逐渐丢失的物件进行收集、展示，对后人以展示，并做日常宣传活动。④窑洞营建技艺主题宣传。窑洞营建技艺文化基因逐步丧失

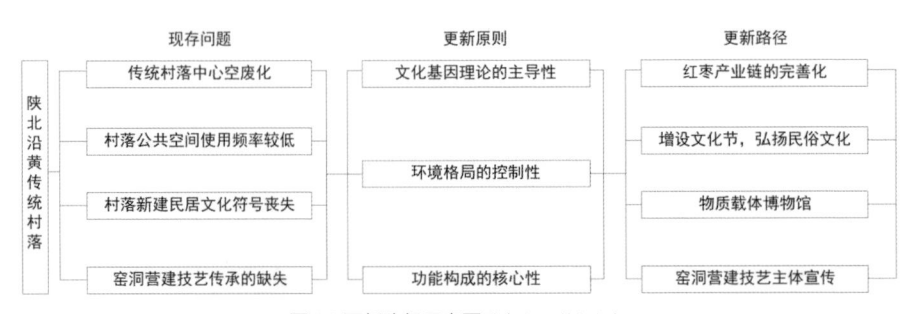

图20 更新路径示意图（来源：课题组）

复制力，且在现代化发展如此发达的当下，难以恢复到之前窑洞营建的热潮中。因此加大窑洞营建技艺的主题宣传，在宣传中加以实际的营建演示，尽可能地让年轻人参与其中，尽可能地让村民参与其中，做到交互式宣传，让窑洞营建技艺的文化基因被村民所认知，所传承（如图 20）。

六、结论与展望

（一）研究结论

传统村落不仅是村落选址布局、空间形态、建筑空间特征的外在表现，更多的是凝结着历史的记忆，反映着文明的进步，是整体上延续并传承地域传统文化的有机整体。城市化的快速发展，导致村落逐渐成为千村一面的现象，因此在传统村落保护与发展过程中发掘文化基因至关重要。陕北沿黄传统村落由于其特殊的地理环境，产生了具有地域特色的空间特征，并蕴含丰富的文化价值。以文化基因的视角，提取陕北沿黄传统村落的显性文化基因，与隐性文化基因，并分析村落空间形态，并以文化基因视角提出更新路径。

（二）不足与展望

1. 本次研究针对陕北沿黄传统村落进行了调研，由于时间与能力的限制，没能全面地将沿黄传统村落进行逐个调研，研究在村落数量上具有一定的局限性。论文资料收集方式以访谈、测绘为主，并通过当地县志等著作进一步的了解。难免因资料的保存情况及访谈的局限性，导致对于村落资料收集得不够深入，今后还需要继续地发掘资料，并对其进行进一步地研究分析，提出更为完善的更新路径。

2. 文化基因理论发源于国外，目前尚在发展当中，文化基因的具体作用机制目前对于村落空间形态的研究分析尚在发展中，针对其提出的更新路径还有需要完善的地方。

［参考文献］

[1]〔英〕苏珊·布莱克摩尔. 谜米机器 [M]. 长春：吉林人民出版社, 2011.

[2] 陈正祥.中国文化地理[M].生活·读书·新知三联书店.1983.

[3] 单德启.欠发达地区传统民居集落改造的求索——广西融水苗寨木楼改建的实践和理论探讨[J].建筑学报,1993(4):15-19.

[4] 朱良文.走实验之路探竹楼更新[J].新建筑,2000(2):12-15.

[5] 陈峰,王中民,张倩,等.新农村建设中沂蒙农居建筑的保护性创新[J].建筑学报,2007(11):70-72.

[6] 樊海强.古村落可持续发展的"三位一体"模式探讨——以建宁县上坪村为例[J].城市规划,2010,34(12):93-96.

[7] 王健,王鹏,陈振华.京郊村庄整治规划与研究[J].规划师,2007,23(4):44-49.

[8] 郭冰庐.窑洞风俗文化[M].西安:西安地图出版社,2004.

[9] 吕静.陕北文化研究[M].上海:学林出版社,2004.

[10] 郭冰庐.乡土陕北[M].北京:人民出版社,2016.

[11] 中华人民共和国住房和城乡建设部编.中国传统建筑解析与传承陕西卷[M].北京:中国建筑工业出版社,2017:117.

[12] 苗发源主编.佳县志[M].西安:陕西旅游出版社,2008.

[13] 俞孔坚.理想景观探源——风水的文化意义[M].北京:商务印书馆,2002.

关中地区传统村落整合式更新路径研究 [1]

○ 欧亚鹏 [2]

内容提要：将"更新"这一技术性方法和体现系统性原则和地域性原则的"整合"相结合，提出了传统村落整体性保护的"整合式更新方法"，并通过对关中地区的16个不同级别的传统村落进行实证研究，探索了整合式"空间肌理—社会文化肌理"更新实践路径。首先辨析了"整合"和"更新"的内涵，定义了"整合式更新"。其次，通过研究分析建筑遗产的更新和活化利用及人居环境提升实践，探讨了关中传统村落空间肌理更新路径；通过研究分析非物质文化遗产传承和社会文化价值体系更新实践，探讨了关中传统村落社会文化肌理的更新实践。最后，总结经验教训，为陕西"十四五"时期的乡村建设给出政策借鉴。

关键词：传统村落；系统性；地域性；空间肌理；社会文化肌理；整合式更新

一、研究概述

（一）研究背景

陕西关中地区留存至今的大量传统村落，蕴含着丰富且极具地域特色的历史文化遗产。然而，在快速的城镇化过程中，这些传统村落普遍面临衰落的问题，如人口流失、公共服务匮乏、创新和竞争力不足、文化遗产丧失、治理不善等。自十六届五中全会提出建设社会主义新农村的重大历史任务以来，关中地区的

---
[1] 本研究报告为西安建筑科技大学2021年度新型城镇化专项研究基金项目研究成果。
[2] 欧亚鹏，博士，西安建筑科技大学陕西省新型城镇化和人居环境研究院，讲师。

乡村普遍开展了"美丽乡村"建设，乡村面貌发生了很大变化。但是，许多村落的发展建设存在同质化突出、产业竞争力不足，文化传承乏力等问题。此外，虽然文化保护与复兴已成为影响我国城乡可持续发展的深层次问题，但是新农村建设中，由于没有很好地结合地域的历史文化特色，出现了很多建设性破坏。最新颁布的《陕西省历史文化名城名镇名村保护利用"十四五"规划》指出，新时期的文化遗产保护面临遗产保护与城乡建设矛盾、日益严峻的保护形势和保护传承面临新要求这三大挑战。改进对关中地区传统村落的保护和利用，促进乡村全面振兴，必须整合式更新传统村落，从而有效应对这三大挑战。

当前对关中传统村落保护与更新的研究，整体上呈现"零散"状态，缺乏系统性，这首先表现在缺乏从地区层面对其保护和更新模式的整体性和系统性的实证研究。其次，缺乏对整合更新方法和实践的研究，鲜有以系统思维和跨领域视角，从经济、社会、文化等层面全面剖析传统村落保护与更新。其三，轻视保护与更新的地域性，割裂村落同所在地域系统的有机联系，忽视当地固有的社会文化和经济体系等地域特征和社会实际需求，易造成保护与更新举措的同质化和低效用的同时，削弱地域的社会文化韧性。

保护传统村落，提升农村人居环境是"十四五"时期乡村建设的重要内容。考虑到新时期传统村落保护和活化利用对于乡村振兴、民族文化传承的重要性以及上述三大挑战，针对当前学界研究的局限性，本研究认为，其一，需要从地区层面对关中地区的传统村落的保护和更新进行系统性、整体性的研究。其二，需要通过整合式更新对传统村落进行保护和利用，这一新方法将有助于实现传统村落的跨村域的整体性保护和可持续发展。

（二）研究目的与内容

本课题旨在以系统思维和多学科（社会学、文化地理学、城乡规划学等）的视角，系统研究"美丽乡村"建设以来，关中地区代表性传统村落的更新和保护，总结经验教训。首先，在文献综述的基础上，构建"整合式更新"的理论框架，厘清"整合"和"更新"的内涵，给出"整合式更新"的定义。其次，以关中有代表性的传统村落为例，在空间肌理和社会文化肌理两个层面实证研究更新的实践。着重研究传统村落的①建筑遗产的更新和活化利用；②人居环境提升；

③非物质文化遗产传承；④社会文化价值体系更新。最后，总结经验教训，为陕西"十四五"时期的乡村建设给出政策借鉴。

（三）研究方法与意义

采用混合研究方法。就定性研究而言，首先广泛收集并梳理近20年来国内外同传统村落保护和更新利用相关的多学科文献，支撑理论框架和政策建议框架的建构。其次，进行实地调研和针对地方政府、民间组织及关键村民（如熟知村史的老人、乡贤等）的半结构式访谈，对文献加以补充。就定量研究而言，对选定的传统村落的141位村民进行了调查问卷。

本研究首先深化了传统村落保护利用的理论和实践的广度，不仅构建了"整合式更新"的方法，也凸显了传统村落保护与利用的地域性维度这一研究盲区。其次，本课题对社会文化更新的研究，可弥补当前学界"重物质，轻内核"的研究短板。最后，对研究、发展适合我省实际情况的整合式乡村振兴模式的理论体系和实践路径，有重要的方法论意义。研究成果可为"十四五"时期我省全面推进乡村振兴战略，统筹传统村落保护和人居环境提升提供政策借鉴。其次，总结出的好的举措和经验教训，可为我省传统村落整合式保护与振兴实践提供技术参考，推动振兴实践的差异化、协同性和可持续性。

（四）研究对象概况

本研究调查研究了西安市、咸阳市、渭南市、韩城市和宝鸡市域内的16处传统村落（见图1、表1），其中12处为国家级或省级传统村落。这些村落的传统格局基本都保留较好，大部分历史建筑与传统风貌建筑较具规模且集中分布，留存至今的人文建筑以寺庙、祠堂、明清民居、涝池等为主。

就价值而言，这些村落历史上大多是以"耕读"或"农商"为发展模式和价值体系的典型村落代表。各别村落虽然在传统风貌及文化遗产的富集度不及典型传统村落，但考虑到其较悠久的历史或现代价值（如下滦村、山西村、华原村、河底村），课题亦进行了研究。有人口数据的14个村落中（见图2），12个人口超过1000人，人口最多的西原村有4500人，而人口最少的张代村仅400人。就人均年收入而言（见图3），村落间差距明显，有数据的14个村落

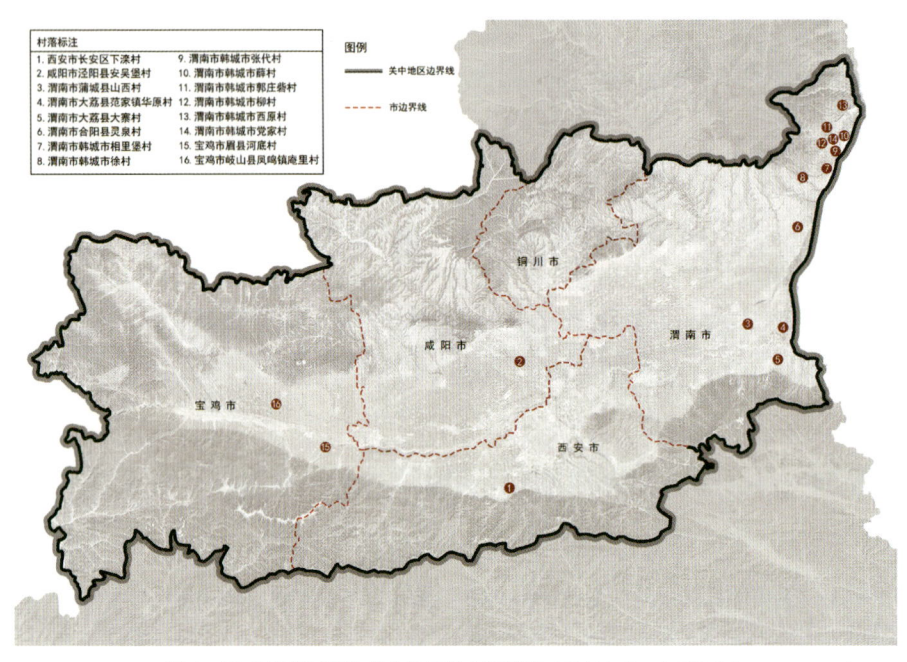

图1 16个调研村落在关中地区的空间分布（资料来源：辛雨辰绘）

中，12个低于15000元，其中7个低于10000元。收入最多的党家村和河底村，分别达到26550元和24198元。

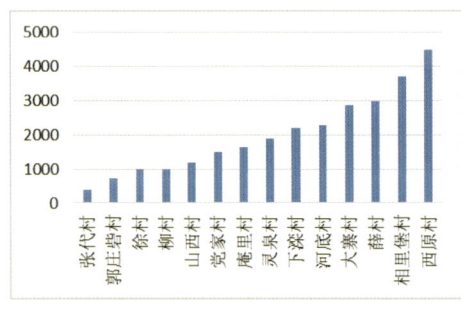

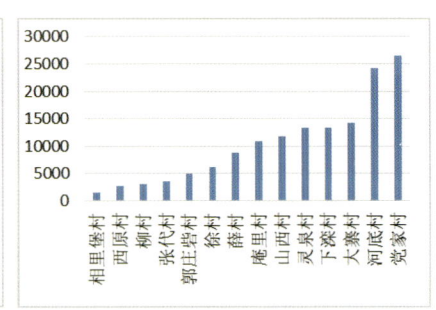

图2 传统村落的人口数量（资料来源：自绘）　　图3 传统村落的人均收入（资料来源：自绘）

表1 关中地区典型传统村落概况

村落名称	居住情况	保护身份	人口	人均收入
西安市长安区下滦村	大部分有人居住	——	2200	13400
咸阳市泾阳县安吴堡村	大部分有人居住	——	——	——
渭南市蒲城县山西村	大部分有人居住	第四批国家级传统村落	1200	11743

续表

村落名称	居住情况	保护身份	人口	人均收入
渭南市大荔县范家镇华原村	大部分有人居住	——	1982	——
渭南市大荔县大寨村	大部分有人居住	第四批国家级传统村落	2871	14292
渭南市合阳县灵泉村	大部分有人居住	第二批国家级传统村落	1900	13321
渭南市韩城市相里堡村	部分废弃	第四批国家级传统村落	3700	1500
渭南市韩城市徐村	大部分有人居住	第一批陕西省级传统村落	1000	6295
渭南市韩城市张代村	部分废弃	第四批国家级传统村落	400	3600
渭南市韩城市薛村	大部分有人居住	第四批国家级传统村落	2976	8765
渭南市韩城市郭庄砦村	部分废弃	第四批国家级传统村落	720	5000
渭南市韩城市柳村	完全废弃	第四批国家级传统村落	1005	3000
渭南市韩城市西原村	部分废弃	第四批国家级传统村落	4500	2700
渭南市韩城市党家村	大部分有人居住	第一批国家级传统村落	1500	26550
宝鸡市眉县河底村	大部分有人居住	——	2298	24198
宝鸡市岐山县凤鸣镇庵里村	大部分有人居住	第三批陕西省省级传统村落	1660	11004

资料来源：自绘　数据来源：网络

二、传统村落整合式更新的理论框架

（一）"整合"和"更新"的内涵

当前国内外的历史城镇和村落保护理念概括起来有两大原则，即系统性原则和地域性原则。系统性原则要求以系统和整体的视角和方法，通过研究传统村落各遗产要素和空间肌理的"层积（layering）"和"关联性（interrelationship）"，系统全面地认知传统村落，进而为整体保护提供理论依据。规划和设计干预措施是否有效和可持续，很大程度上取决于其是否系统地考虑了现有建成环境、非物质遗产、文化多样性、社会经济和环境要素以及当地社区价值体系，以及对城镇和村落演进和发展的特定脉络和轨迹的整体认知。因此，对传统村落的保护，不仅要保护静态的、有形的物质遗产和空间肌理，更要注重保护活态的、无形的非物质遗产和社会文化价值，而且不是机械地结合物质和非物质要素，而是强调系统要素内在的"关联性"。

地域性[1]原则为实施系统性原则指明了地域特征，划定了区域范围，限定了框架条件，也构建了网络化的保护体系，是历史性城镇和村落的文化社会和经济系统与所依附的地域（territory）关联性的集中体现。有必要在以独特地域文化为基础的地域层面进行整体的调查、分析和规划，从而整合各类地域资源，系统完整地保护和利用体现地域物质和非物质历史文化资源。体现"层积"和"关联性"的系统性原则和体现地域特征、网络化和协同效应的"地域性"原则是互补和协同关系，在指导传统村落的保护和利用中须避免厚此薄彼，这就要求对传统村落的保护和利用必须是整合式的，如此才能实现整体和系统保护这一终极目标。"整合"的内涵即是系统性和地域性的统一。

"更新（regeneration）[2]"作为支持地方发展的工具，已经在城市领域得到广泛讨论和实践。城市更新因其能有效促进现有建成环境对城市不断变化的功能和需求的适应性，在世界各地的城市发展政策中日益受到重视。"更新"对适应性的推动，主要是通过整合社会文化、经济和环境干预措施，对现有建筑和场域进行结构升级、功能适应和多样化来重新对其加以利用和价值提升来实现的，最终实现城市空间功能的当代化。在我国，"城市更新"本质上是伴随经济和社会结构的根本性重构，由增长型的地方政府主动推动的城市空间再生产运动，这与传统空间的社会属性存在着内在的矛盾，乡村的更新应该引以为鉴。"更新"被认为是保持农村建成环境、传统风格和地域特征的重要工具。考虑到在未来十五年，我国乡村建设的重点是保底式的、基础性的，这一"存量导向"的工具的重要性和现实意义将日益凸显。

（二）"整合式更新"的定义

长期以来关于村落整体保护的先进理论未能很好地引导和支撑实践，症结之一在于缺乏能将前者转化为有实际可操作性的方法框架，难以形成有效的系统性、整体性的介入机制。因此，有必要将上述"更新"这一技术性方法融入"整合"

---

[1] 有别于人为划定的行政性的"区域"，本研究选用"地域"一词，强调某一地理片区的固有的、客观存在的和有机演进的自然和人文特征。

[2] 欧洲通常使用"regeneration"，即"更新"，而在北美，"redevelopment"，即"再开发"使用更为普遍，本研究选用前者。

的理论框架，通过整合式的更新，为传统村落的系统性、整体性保护和传承利用提供新的路径。"整合式更新"可以定义为：基于系统性原则和地域性原则，对由于自然因素及现代化、工业化、城镇化和全球化等结构性压力，衰退或停滞的城乡建成环境的空间肌理和社会文化肌理，进行适应性结构和功能调整并加以利用的过程。

作为一种旨在强化城乡建成环境及社会文化肌理适应性的变化管理工具，"整合式更新"的实践路径须遵循整体性、递增式和因地制宜的基本原则。这就要求必须①平衡并协调好当地建成环境变化管理过程中的社会文化、经济、政治和自然等动力因素；②深入研究并在更新实践中充分考虑和确保各个历史时期空间肌理和遗产要素的叠加性、关联性和延续性，注重新和旧、传统与现代、物质要素和非物质要素的协同性；③确保更新是动态的价值导向和过程导向，而非静态的结果导向和变化导向；④保护、诠释并传承当地特有的地域特色，通过更新对丧失或断裂的地域特色进行适当修复和演绎，避免机械地"复古"；⑤打破个体村落孤立更新保护的壁垒，建立地域内邻近村落间的遗产体系和历史文脉的关联性，促进更新实践优秀经验的互鉴，进而整合地域内的各类资源，优势互补，为构建地域性的更新保护和利用发展体系奠定基础；⑥确保村民在更新中的主体地位，延续更新后的村落空间的社会属性。

三、关中传统村落空间肌理更新

（一）建筑遗产的更新和活化利用

就实地调研的 16 个传统村落的结果来看，关中地区传统村落建成遗产的更新有以下特点。首先，就修复和修缮而言，除了社会和政府关注度高的极少数"国保"村落和单体建筑（如党家村、西原村的玉皇后土庙），当前关中地区绝大多数村落对私有及公共建筑的更新保护，多为村民或村委会自发实施，主要目的是满足新的社会文化需求。由于尚无关于乡土建筑修缮的规范性文件，也缺乏专业人员的指导和参与，大部分传统民居、寺庙等的修缮都是自发性行为，往往对建筑的风貌、结构、材料等随意进行较大更改，造成"修缮性破坏"。尽管如此，在个别村落，民间工匠的做法也遵循了"可识别修复"的原则，做到了"修旧如旧",如灵泉村三义庙"十王子进宝"青石栏板、张代村个别古民居、相里堡村祠堂等的修复,以及庵里村周家祠堂和沈家祠堂的修缮等。

其次,风貌调整是"美丽乡村"建设以来的普遍做法,尤其是在传统风貌碎片化甚至消失的村落,都普遍对关键区域的风貌进行了"复古",来营造"历史意象"。这些风貌调整通常是忽视地域特征的"臆想式复古",如发展旅游业的安吴堡村、灵泉村、山西村等的主要街巷的临街建筑都统一为一种"历史风貌",河底村的各别民房的屋顶被改造为徽式建筑常见的马头墙风格。

就再利用而言,有相关实践的村子对更新后的各时期建筑的使用情况不尽相同(见表2)。整体来看,对新中国成立前的历史建筑的再利用较少,即便是近年来修缮后的,如灵泉村的三义庙、徐村的二门祠堂、下滦村的北城门楼等,基本处于闲置状态。得到再利用的建筑以公共建筑为主,大多建于新中国成立后至20世纪90年代。更新后的建筑常用作博物馆、村史馆、幸福院、民俗馆等,来满足新的社会文化功能,而在极少数情况下被用来满足新业态的发展需求,如河底村将建于20世纪70年代的戏楼内部结构改造后用作了猕猴桃电商中心。值得注意的是,虽然更新后的建筑被赋予了新功能,但在绝大多数村子社会化利用机制仍未建立起来(如村史馆日常都是关闭状态),造成其新的社会文化功能很难常态化地发挥出来。

表2 更新后建筑的再利用情况

村落	建筑	年代	用途
徐村	汉太史遗祠	清代	徐村社区博物馆
华原村	人民公社旧址	60—70年代	大荔县民俗博物馆
庵里村	庵里小学旧址	70—90年代	村史馆、综合文化服务中心、幸福院
庵里村	周家祠堂、沈家祠堂	明清	家风家训馆
党家村	民居、祠堂	明清	宗祠文化、家训文化、民俗文化、书画等展览馆等
灵泉村	民居	清	灵泉民俗馆
灵泉村	村集体综合厂	1958	便民服务室
山西村	废弃公共建筑	60—70年代	村史馆
下滦村	废弃公共建筑	60—70年代	村史馆

续表

村落	建筑	年代	用途
河底村	老村委会办公楼	50—60年代	村史馆
	戏楼	70年代	电商中心
	河底村小学	90年代	幸福院

资料来源：自绘

整体而言，当前关中地区对建成遗产的整合式更新仍方兴未艾，社会化利用亟需强化。由于缺乏公众关注、科学保护意识和政府及集体保护资金，大量的乡土历史遗存仍长期处于废弃和年久失修的状态。有限的政策资金却往往因为使用不善加之观念落后，致使"建设性、保护性破坏"频发，而最需要得到修缮的普通遗产长期得不到修缮保护。此外，新农村建设运动过程中"建设性破坏"时有发生，个别部分损毁的历史建筑遭到彻底拆除。

（二）人居环境提升

近年来关中传统村落人居环境在"美丽乡村"建设以来有了较显著的提升。2016年以来，陕西省先后发布了10项关于美丽乡村建设、巷道建设、庭院建设、涝池建设、垃圾处理等"美丽乡村"系列地方标准[1]。在众多举措中，以"道路硬化、卫生净化、村庄绿化、村庄亮化、环境美化"为主要环境提升手段的"五化"和以"学校、卫生院、敬老院、文化广场、农家书屋、党建室、村史馆"公共服务设施的"七有"对关中地区传统村落人居环境的更新改善产生较大影响。

就总体规划制定和问责机制而言，"五化"和"七有"的实施在很大程度上是自上而下由各级政府主导和推动的。县级领导直接负责乡镇和重点村，各政府部门负责所有村庄，副级及以上政府人员则负责各村民小组，并由当地村民委员会根据自身情况实施"五化"和"七有"。从对16个村落的调查结果来看，"五化"和"七有"在各村的实施各有偏重，实施的成效也不尽相同，但基本上都涵盖了村容村貌、基础设施、公共服务设施的主要方面。实施效果则有利有弊：一方面，通过对村容村貌的多管齐下地综合整治和标准化公共设施的配置，

---

[1] 包括《美丽乡村建设规范》《美丽乡村巷道建设规范》《美丽乡村庭院建设规范》《美丽乡村标准化试点考核验收规范》《美丽乡村涝池建设规范》《美丽乡村公墓建设规范》《美丽乡村生活垃圾清运管理规范》等。

在短时间内显著改善了村民生活的环境、卫生和设施条件。对村民的调查问卷显示，超过30%的受访者注意到近几年自己生活的村子生态环境改善（31.9%）、便民设施增多（40.4%）、生活环境改善（42.6%）、生活条件提高（48.9%），将近60%的受访者则注意到道路的改善（见图4）。此外，在市政层面的分级问责制的推动下，政策得到了有效落实，各项举措也都"立竿见影"。另一方面，这种全域性的"大刀阔斧式"的人居环境整治也造成了一系列问题。首先，"美化"体现出明显的"文化展示"逻辑，做法以物质层面的墙体粉刷、文化墙绘制为主和主要街巷建筑风貌复古为主，整体上内容和形式同质化，场所性和在地性淡薄，忽视了地域特征，欠缺对当地特有乡土文化价值的挖掘和多样化诠释。其次，人居环境的安全性有待进一步提高，如目前绝大部分村内没有消防设施，也没有公共厕所，各家居民基本都是旱厕，仍存在事故和卫生等安全问题。此外，基础设施的改善对村落的生态系统、传统风貌等带来了一些负面影响。最后，几乎所有村落的"绿化"都是机械式地模仿城市，整齐划一地种植非地域特有品种的景观树，修建草坪和修剪整齐的绿篱，使传统村落的街巷景观丧失了乡土特色。

就公共服务设施而言，几乎所有16个村落都根据"七有"要求在村委会配备了卫生室、幸福院、文化广场、图书室、党建室、村史馆等。但就针对村民的调查问卷来看，这些新公共空间的使用并不理想，44.70%的受访者表示都不使用这些设施，使用最多的是健身器材（42.60%）和棋牌室（25.50%）这类娱乐性空间，而对精神文化类的阅览室(17%)、文娱室(14.90%)和村史馆(14.90%)的使用较少（见图5）。与此同时，现有的公共服务设施似乎也并没有完全满足村民的现实需求，大部分认为村里需要有更多的城市基础设施，如水厕(57.40%)，将近50%的受访者认为需要更多的网购服务站（48.90%）和小广场（46.80%）（见图6）。

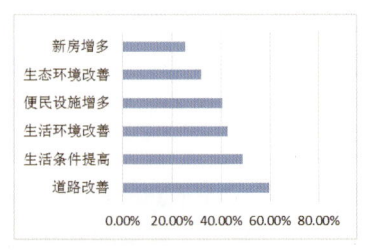

图4 受访者观察到的近几年的人居环境的变化（资料来源：自绘）

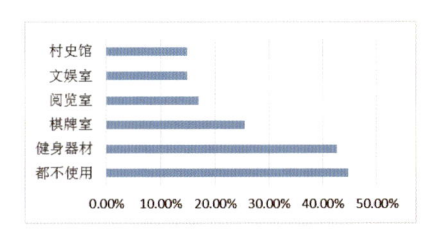

图 5　村民对公共服务设施的使用情况（资料来源：自绘）

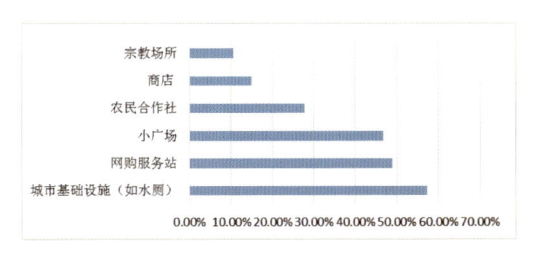

图 6　受访者期待能配备更多的设施（资料来源：自绘）

四、关中传统村落社会文化肌理更新

（一）非物质文化遗产传承

就口述史调查和文献研究的结果来看，调查的 16 个传统村落的非物质文化遗产主要包括传统仪式、表演艺术、传统工艺、民间信仰等（见表 3）。除了极个别的有国家和省级的认证登录和保护，绝大部分都尚无政府层面的定级认定，其保护和传承更有赖于村委会的带动组织和村民的自发参与。

表 3　各传统村落的典型非物质文化遗产

村落	非物质文化遗产	级别
西原村	韩城行鼓（西原舞鼓）、耍神楼	国家级非物质文化遗产
徐村	司马迁民间祭祀	国家级非物质文化遗产
庵里村	岐山转鼓	省级非物质文化遗产
郭庄砦村	"十二连环鼓"、绿豆粉条	—
张代村	韩城戏曲、韩城行鼓、禹王信仰、花馍等	—
大寨村	剪纸、花馍、秧歌	—
薛村	黄河行鼓、土布纺织、花馍、蒲剧、耍神楼	—
柳村	花馍、锣鼓、秧歌	—

续表

村落	非物质文化遗产	级别
相里堡村	花馍（"蒸枣花"）、秧歌和舞狮	—
下涺村	社火、秦腔、蒸饭古会	—

资料来源：自绘

　　锣鼓艺术广泛流行于关中的乡村地区，近年来不少村庄都有振兴这一民间音乐和表演艺术。西原村对国家级非遗——韩城行鼓的保护与传承是社会化、产业化非遗保护模式的优秀案例。2008 年，西原村行鼓队结束"包产到户"，整合村上大大小小的鼓队，分别成立了女子和男子行鼓队，如有演出邀请，由村上统一组织安排，近年来为村民带来了共计数百万的收入。创收同时，随着行鼓队伍日益老龄化、青黄不接，村里的老艺人推动了行鼓进校园，同当地小学（西原小学）主动联系，提出无偿培训学生，同学校合作成立"娃娃行鼓队"。西原小学也视之为发展乡村特色教育和提升校园文化建设的契机，虽然前期遭遇了各种质疑声音和压力，仍经过近六年的探索，成功将行鼓作为校本课程纳入学校的教育教学，创建并完善了一个以少年行鼓为特色的校园文化体系。不仅如此，韩城行鼓注重对城乡社会各界包括村镇、社区、学校、企业等在内的传承人的辅导培训，逐渐壮大了传承人队伍，平衡了各年龄段传承人的数量。除了域内传承，近年来也开始鼓励传承人跨区域推广传授。目前已摸索出一条地域性产业化发展道路，行鼓演出成为韩城日常各类仪式、庆典的标配。随着行鼓在日常生活中的不断渗入，刺激市场需求持续增长并由此形成了竞争机制，促进了行鼓行业的专业化、组织化和产业化发展。

　　文化旅游的发展使非遗保护和传承的路径趋于多样化和创造性。国家级非遗"徐村司马迁祭祀"通过"非遗＋景区"得到传承保护和发展。近年来，韩城市政府每年都会在司马迁祠景区广场举办"民间祭祀司马迁大典"。这一祭祀活动实则是对"徐村司马迁祭祀"的改编和创造性转化，由徐村村民进行祭祀仪式的培训，通过讲学培训，使之在社会中得以推广。由于司马迁祠的场所精神同徐村司马迁祭祀的文化环境和价值体系存在紧密的关联性，这一改编和再创造具有一定的合理性。这种"非遗＋景区"的做法不仅在地域内拓宽了非遗保护和传承的空间范围和渠道，也深化了对司马迁祠价值体系的诠释，丰富和活化了其场所精神，同时也促进当地旅游业的发展。党家村则将非物质文化遗产的保护和传承同历史建筑保护和活化利用、乡村旅游结合起来。通过和村民合作，个别有代表性的四合院被辟作非遗和民俗展览馆，先后开放了宗祠文化、家训文化、民居文化、花馍文化等主题的展览馆。此外，吸纳部分当地有传统手工艺的村民入驻景区，展示特色非遗，同时销售手工艺品及特色农产品，从而不仅带动了村民的经济发展，也形成了"以售促保"的非遗保护模式。

个别村落也进行了非遗同"三变改革"及脱贫攻坚战相结合的实践探索。郭庄砦村非遗纯手工绿豆粉条有一定历史，但近年来近乎失传。为了传承这一传统工艺、壮大集体经济和推进脱贫工作，经村委会和韩城市能源局扶贫工作队研究和村民代表大会通过，决定建立手工粉条作坊。利用村内闲置的两亩集体土地，作为粉条和石磨面粉的生产基地；同时利用政府扶贫资金、能源局借款和村民集体入股[1]作为启动资金，建成了集生产销售、旅游观光、体验为一体的"古砦豆香源"手工粉条作坊。聘请村里的手艺传承人作技术指导，并在传统粉条的基础上，丰富了产品种类。此外，为村里40名建档立卡贫困群众和剩余劳动力提供了就业岗位。这一实践可谓一举多得，不仅传承了濒危非遗，也解决了社会问题，促进了当地创新经济体的发展。

（二）社会文化价值体系更新

陈锡文（2020）认为，乡村社会文化价值主要体现在理念、知识和制度三个层面。这些社会文化价值虽然是无形的，却以文字的形式凝化为家训、祖训、乡规民约等。下面以家训为例，探讨其在当代的传承和更新路径。关中地区的传统村落具有深厚的"家训"文化传统，可大致分为两大类。一类是最为普遍的"门楣家训"，即刻于宅院大门门楣上的短小精悍的警句箴言，言简意赅地宣示出人生态度、道德准则和家族理想，并以此传诸子孙。这类"门楣家训"的历史传承体现了传统村落社会文化价值体系的延续性、统一性和地域关联性。"壁刻家训"则是传统院落正对大门的照壁，或正房、大门两侧山墙上砖刻的家训，这类家训在韩城地区的传统村落中留存较多。不论"门楣家训"还是"壁刻家训"，均书

---

[1] 成立了陕西古砦豆香源食品有限公司，属郭庄砦股份经济合作社全资公司。目前，全村登记股民580人，一人一股，享受公司不超过70%收益的分红。村里每年还提取10%的收益，用于建立村级扶贫基金，拓宽贫困人口的帮扶途径。目前，全村6户贫困群众每年保底分红1000元。

法遒劲、意境高雅、内涵深厚，极具艺术性、文学性和哲理性。此外，也有先祖为后世子孙订立的"祖训"，如灵泉村的"党氏祖训"、庵里村的"沈氏祖训"和"周氏祖训"等，成为族人为人处世须谨遵的共同家训，传承至今。

家训文化在历史上向来都是自我更新和传承，其延续性依赖于社会经济环境及价值体系的稳定性和延续性。当社会经济环境发生变化时，集体和个人价值取向随之变化，乡土价值体系重新建构。这种变化和重构很好地体现在门楣家训文字的演变上。2010年以来，随着文化意识的觉醒和传统文化的复兴，在韩城个别村落，诸如"丕振家声"这类训诫式、体现"复兴"追求的复古式"门楣家训"开始零星出现。与之相类似，"壁刻家训"文化在20世纪七八十年代后有所中断和凝化，而在2010以来也有了自发性复兴的迹象，如相里堡某宅的例子。但整体来看，这一传统文化的当代价值和意义，尚未为当前的社会文化建设所借鉴，其训示教化今人的社会文化功能仍有待创造性发挥。

乡村文化价值体系建设是"新农村建设"的重要方面。关中地区的村落在实施"美丽乡村"的过程中，大都通过墙体彩绘这一"文化展示"的方式，在视觉上重新展示和诠释了传统价值观。这类彩绘的主题基本体现了孝、勤、俭、和睦、节制等传统价值观，同时也融入了当代社会主义核心价值观，即"富强、民主、文明、和谐"国家价值观；"自由、平等、公正、法治"社会价值观；"爱国、敬业、诚信、友善"个人价值观。此外，个别新建的村史馆也成为连接传统和现代文化价值的文化空间，不仅有法制和社会主义核心价值观的内容，也展示了好的民风民俗和好的家风家训。近年来庵里村把复兴和弘扬好的家风家训作为精神文明建设的重点，不仅将修复后的两座祠堂辟为家风家训馆，并在结合本村传统民风民约和社会主义核心价值观的基础上，提出了"有大志、奋大气，做明事、积厚德"的新庵里精神和"勤耕读，立品行；有礼仪，讲规矩；尊长辈，讲孝道；积厚德，爱集体"的新村规民约。而在灵泉村，每家每户在"美丽乡村"建设期间都确定了自家的"家训"并张贴于大门外的墙上，但遗憾的是没有从本村的历史文脉中汲取养分，内涵较为单薄。

五、结语

本研究将"更新"这一技术性方法和体现系统性原则和地域性原则的"整合"

相结合，提出了传统村落整体性保护的"整合式更新方法"，并通过对关中地区的16个不同级别的传统村落进行实证研究，探索了关中传统村落的整合式"空间肌理—社会文化肌理"更新实践路径。作为旨在强化建成环境及社会文化肌理适应性的变化管理工具，"整合式更新方法"在个体村落和同一文化地域内的合理应用，可有效促进结构—功能、物质要素—非物质要素和村域—地域在乡村保护发展过程中的二元融合，从而打破"重外壳，轻内核""重静态保护，轻活态利用""重个体，轻关联""重精英，轻基底"的传统保护模式的局限性。总之，传统村落保护与利用作为乡村振兴的重要方面，其政策制定和实施应当遵循基于系统性原则和地域性原则的"整合式更新"方法。

就传统村落空间肌理更新而言，结合上述16个村落的相关实践，以下几点经验教训值得反思和借鉴：第一，乡村的建设发展必须最大可能地结合自身的各类遗产和社会文化价值体系，绝不可盲目模仿和照搬城市。为此，必须因地制宜，将更新机制引入乡村空间和发展规划。第二，建成遗产的更新即包括了结构层面，遵循可识别性、延续性和原真性原则的修缮及风貌修复和新建成要素的有机融入，也涉及对更新后的空间的再利用。新建成要素的植入必须在充分尊重当地历史文脉和地域特征的基础上，进行适应性调整，实现其空间形态、结构和风格的当代化，确保整体村落的风貌延续性。第三，丧失的历史风貌不该盲目"复古"。当前流行于很多村落的"复古式"风貌调整忽视了地域特征，扰乱了村落的历史文脉。第四，不仅要赋予更新后的建筑以新功能，更重要的是建立健全社会化利用机制。第五，当前的人居环境整治存在一系列问题：①"美化"整体上存在内容和形式同质化这一突出问题；②人居环境的安全性有待进一步提高；③村落的"绿化"都是机械式地模仿城市，造成村落特色的丧失；④同精神文化生活相关的新型公共空间的使用率较低，现有的公共服务设施未能很好满足村民的现实需求。

就传统村落社会文化肌理更新而言，结合上述16个村落的相关实践，以下几点经验教训值得反思和借鉴：第一，目前所谓文化层面的传承往往流于表面和形式。必须注重对当地特有非遗、传统文化价值及历代乡贤名人精神的深入挖掘、系统梳理和创造性诠释。第二，社会化和产业化是非遗有效活态化保护与传承的首要实现途径。对非遗的传承要超越村域，覆盖地域，加强社会化培训。需要创造性地将非遗保护传承同文化旅游发展、"三变改革"及脱贫攻坚战结合起来。第三，村史馆的社会文化功能有待进一步强化，尤其是其对传承历史文脉的作用。第四，传统家训所蕴含的精华同社会主义核心价值观有很强的一致性，在当前的乡村社会文化价值体系建设中，应该将二者加以结合互补，确保价值体系的延续性和当代性。

[参考文献]

[1] 陈锡文.乡村振兴与乡村功能发挥[EB/OL].北京大学2020年乡村振兴论坛,2020. https://www.163.com/dy/article/GNBL6D7505378UY0.html.

[2] 窦筝.陕西美丽乡村建设路径分析[J].城乡建设,2017,13:70-71.

[3] 段芳.乡村振兴背景下审视陕西传统村落的保护与发展——以张峰村为例[J].住宅与房地产,2020,27:218-219.

[4] 贺雪峰.未来十五年乡村振兴的时空维度、社会条件及预测[EB/OL].中国智库网,2021. https://www.chinathinktanks.org.cn/content/detail?id=byuiea17.

[5] 林若琪,蔡运龙.转型期乡村多功能性及景观重塑[J].人文地理,2012,27(2):45-49.

[6] 彭举.新农村建设背景下我国乡村治理存在的问题及创新策略[J].乡村科技,2020,245(5):23-24.

[7] 邵甬,胡力骏,赵洁.区域视角下历史文化资源整体保护与利用研究——以皖南地区为例[J].城市规划学刊,2016,3:98-105.

[8] 王清清.新农村文化艺术建设存在的问题及对策[D].武汉：华中师范大学，2019.

[9] 肖竞,曹珂.基于景观"叙事语法"与"层积机制"的历史城镇保护方法研究[J].中国园林,2016,6:20-26.

[10] 张京祥,陈浩.基于空间再生产视角的西方城市空间更新解析[J].人文地理，2012，2:1-5.

[11] 张兵.历史城镇整体保护中的"关联性"与"系统方法"——对"历史性城市景观"概念的观察和思考[J].城市规划，2014,38(s2):42-48, 113.

[12] 张剑葳,戎卿文.读景与循构：金中都历史景观的整体感知与保护[J].建筑学报,2020,9:81-87.

[13]Bandarin, F., R. van Oers. The Historic Urban Landscape: Managing Heritage in an Urban Century[M]. Wiley-Blackwell, 2012.

[14] Jones, P., J. Evans. Urban Regeneration in the UK[M]. Los Angeles: SAGE, 2013.

[15]Oakes, T. Heritage as Improvement: Cultural Display and Contested Governance in Rural China[J]. Modern China, 2012, 39(4):380-407.

陕南山区传统村落的空间形态分析与保护传承研究 [1]

○李稷[2]　颜培[3]　白玉[4]　王雪松[5]

内容提要： 乡村振兴战略背景下传统村落不仅是乡村文化振兴的重要载体，更关系到国家与民族的文化自信与文化认同。近年来，我国传统村落保护与发展工作的广度与深度在不断推进，探究传统村落空间形态背后蕴含的传统智慧与乡土文明已成为重点。本文聚焦陕南山区传统村落，在汉中、安康与商洛三市共选取30个样本村落，运用文献研究、田野调查、GIS空间分析等定量与定性方法，对传统村落的空间形态进行类型化分析研究。从演化过程、演化动因与作用机制等方面入手，解析传统村落空间形态的内在生长机制。最后立足陕南山区传统村落保护传承困境，从保护传承主体、目标、机制等方面提出保护传承策略，力求为传统村落的可持续发展提供有益支撑。

一、研究背景

（一）乡村振兴亟须保护发展传统村落

我国城镇化的快速推进，一方面使得城市地区蓬勃发展，另一方面也导致乡村地区面临着衰败凋亡。当前我国乡村已迈入"后乡土社会"，传统文化背景下的熟人社会逐渐转变成为当前的半熟人社会，乡土文化与乡愁记忆也难寻踪迹[1]。但是健康可持续的新型城镇化绝不应以乡村的消失为代价，而是在良

---
(1) 本研究报告为西安建筑科技大学2021年度新型城镇化专项研究基金项目研究成果。
(2) 李稷，西安建筑科技大学建筑学院，博士研究生。
(3) 颜培，西安建筑科技大学建筑学院讲师，博士研究生。
(4) 白玉，西安建筑科技大学建筑学院，硕士研究生。
(5) 王雪松，西安建筑科技大学建筑学院，硕士研究生。

好互动的城乡关系中实现融合发展。2017年党的十九大报告中提出乡村振兴战略，强调新发展阶段农业农村的重要地位，力求实现产业兴旺、生态宜居、乡风文明、治理有效、生活富裕的总体目标。传统村落已成为乡村文化振兴的重要载体，其所蕴含的传统智慧是中国优秀文化的根源，正如费孝通先生所言，"从基层上看去，中国社会是乡土性的"。因此，在现代化进程中，乡村振兴亟须保护发展传统村落，才能确保内生文化动力不枯竭，也能在多元文化交融的全球化背景下仍然保有民族文化自信。

（二）传统村落空间形态承载乡土文明

传统村落保护发展工作在我国开展已有数十年，从早期的"古建民居"到"文化遗产"，再到如今的"生命有机体"，人们对其整体性、复杂性与系统性逐渐有了更为清晰的认知[2]，村落空间形态作为重要的生命表征，承载着丰富的乡土文明。然而，伴随着城市资本下乡，以及乡村旅游的兴起，乡村建设迎来新的高潮，传统村落空间形态的保护发展面临重大挑战。众多传统村落逐渐在保护中遭遇"保护性破坏"与"开发性破坏"，使得传统特色风貌难以延续，甚至出现不合时宜的景观。究其根本原因，大多是对传统村落空间形态背后乡土社会的忽视，以及对根植于地方的传统智慧传承不足。因此，传统村落保护与发展应充分认知聚落空间形态的基本特征与内在机理，才能更好地洞察乡土文化是否保持活力，也能为传承提供新的思路，创造新时代富有生命力的乡土文明。

（三）陕南山区传统村落面临诸多困境

陕南山区地处汉江上游，北靠秦岭与关中平原相隔，南依巴山与巴山楚地为邻，西接陇南与甘川交界，东通汉江与中原沃野相接，由汉中、安康与商洛三市共同组成，国土总面积约为7平方公里。该地区距今60万年前就有人类活动痕迹，是中国早期史前文明的发祥地之一，以及华夏文化、巴蜀文化、荆楚文化和氐羌文化的交汇地带[3]，分布着数量众多的传统聚落。目前，陕南山区已有22个中国传统村落和109个陕西省传统村落，保护发展工作开展已久，保护范围和力度也在逐步扩大，但仍然面临着诸多困境。区位良好的村落大多因商业开发过度、现代化发展迅猛导致乡土性被异化，传统文化面临"失语"。

偏远地区的村落则因贫困落后、"空心化"严重而使得人居环境破败，传统风貌与格局难以再续。因此，亟须在新时代背景下，结合陕南山区地理环境的独特性以及乡村发展的现实问题，探寻传统村落保护传承的应对之策。

二、研究内容与方法

（一）研究对象

目前，陕南山区已被认定的中国传统村落与陕西省传统村落共计 131 个，研究充分考虑乡村地区存在的共性基础与个性差异，在结合前期实地调研考察的基础上，选取其中具有代表性与典型性的 30 个传统村落作为样本，包括 18 个中国传统村落与 12 个陕西省传统村落（见图 1）。

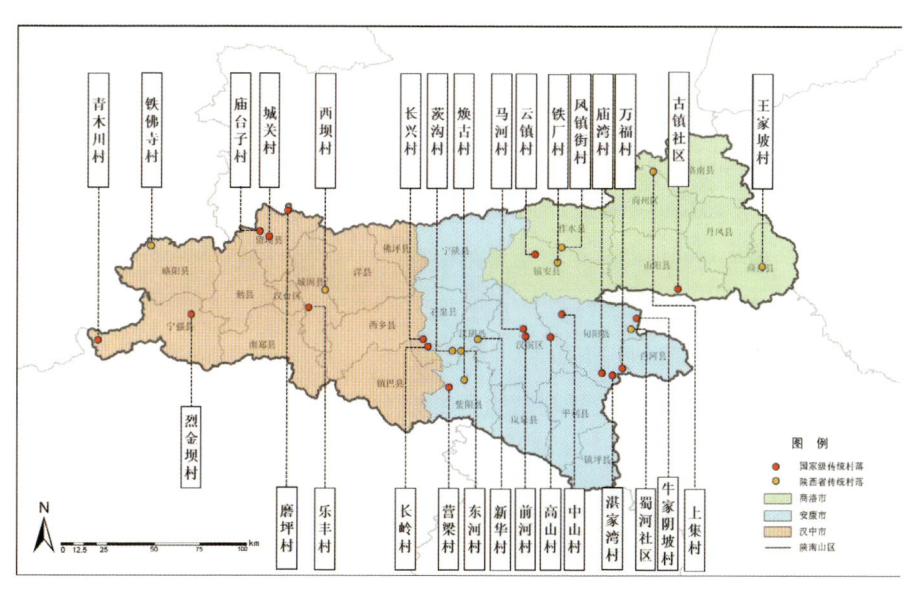

图 1 陕南山区传统村落研究对象分布情况

（二）研究内容

传统村落空间形态具有较强的复杂性，需要从不同尺度切入，才能更为全面的把握其特征。首先，研究从宏观到微观将传统村落空间形态划分为选址环境、整体布局与民居建筑三个层次，并构建起对应的空间形态分析框架，然后提取陕南传统村落空间形态特征要素，进行类型识别与特征总结。其次，传统村落空间形态长期处于动态变化过程中，其形成与演化也历经数百年的发展变迁，所以研究将从演化过程、演化动因与作用机制三个方面对陕南山区传统村落的空间演化机制进行解析。最后，针对陕南山区传统村落保护与发展的现实困境，为实现村落空间形态的传承延续，从保护传承主体、目标与机制等方面提出应对策略。

（三）研究方法

1. 文献研究与田野调查相结合

本文以经典科学研究方法文献研究为基础，对传统村落空间形态的相关文献资料进行搜集、鉴别、整理，意在洞悉当前国内外研究基础、发展动向与不足之处。同时，紧密结合历史学、考古学、社会学的基本研究方法，对陕南山区传统村落进行实地踏勘、直接观察、深度访谈、问卷调查等，从而获取极具价值的资料信息。

2. 定性研判与定量分析相结合

研究通过逻辑推导、哲学思辨、历史求证等定性思维研判，对陕南山区传统村落的空间形态特征内容进行深入探讨，采用地理信息系统（GIS）与相关数理统计分析模型对研究结果进行定量分析，并对定性分析结果进行补充，确保研究过程与结论的科学合理性。

3. 归纳总结与演绎推理相结合

归纳总结是将所获取关于陕南山区传统村落空间形态特征的一手和二手资料作为已知事实依据，并进行个性差异与共性基础的判别，动态与静态统筹考量，提炼出空间形态的演化机理，同时融合演绎推理研究法，基于归纳总结的一般性结论，进行未来发展趋势的预判，并为后期保护传承策略提供思路。

三、陕南山区传统村落的空间形态分析

（一）分析框架建构

传统村落空间形态研究在不同学科语境中都有所差异，也具有不同的向度与尺度，既涵盖社会性的意识形态，也涉及物质性的空间环境。本文侧重于后者，

主要关注村落空间形态的形式构成逻辑，如形式、状态、结构、组织以及关系等，也强调各个组成要素间的逻辑对应关系，共同作用于事物之上，形成一种关系状态，并产生控制因素和因果状态。从宏观尺度来看，可将传统村落视为一个整体，主要考察村落选址与山水环境的空间关系，在不断适应发展的过程中，反映的是人与自然的调适关系。从中观尺度来看，传统村落整体布局主要是点、线、面的空间形态，表现为规模、中心、结构、边界等内容，空间的中心性、秩序性、尺度性揭示的是人与社会的关系。从微观尺度来看，主要考察传统村落中的民居院落，也就是空间形态的最小单元，包括建筑的平面布局、院落组合、建筑结构、建筑材料等内容，空间的布局形式与内在规律反映的是人与人之间的关系。由此，本文从"宏观—中观—微观"出发，针对陕南山区传统村落空间形态，建构起选址环境、整体布局、民居院落三个尺度的分析框架（见图2）。

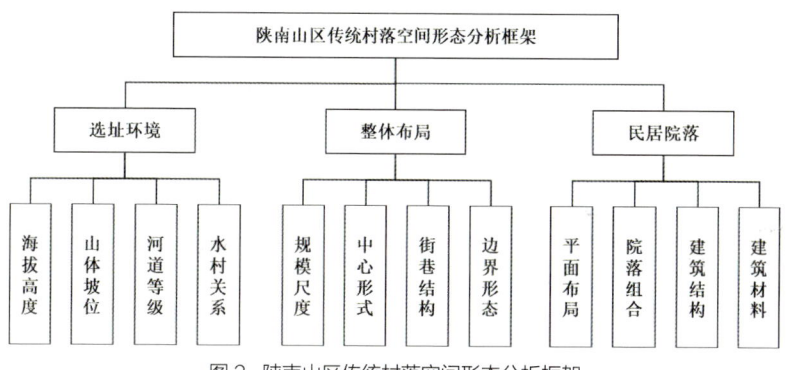

图2 陕南山区传统村落空间形态分析框架

（二）选址环境特征

陕南山区是典型的山地区域，整体地势南北高中间低、西高东低，境内山脉海拔在1000—2500米，山地面积约为6.68万平方公里，占比约为94%，平坝川道地区仅约为0.42平方公里。其中，中高山地区占比约57%，浅山丘陵区占比约37%。复杂的山地环境给传统村落选址带来诸多影响，中高山地区村落交通发展受限、农业生产不便、开发难度较大，地势较为平坦的浅山丘陵与平坝川道地区对人类生活聚居的吸引力较大[4]。同时，村落选址在山腰或山顶处，主要考虑的是能较好地躲避战乱的侵扰，或者是外来流民的干扰，确保内部居民生活的安全性。村落选址在山腰以下的山脚或平地处，主要考虑的是便利的交通，充足的土地资源，以及后续村落的发展。因此，本文以陕南山区传统村落的历史风貌区为主体，划定半径5公里范围区域，基于谷歌卫星地图与DEM高程数据，运用GIS空间分析方法，选取海拔高度、山体坡位、河道等级及水村关系等方面进行选址环境特征分析（见图3、图4）。

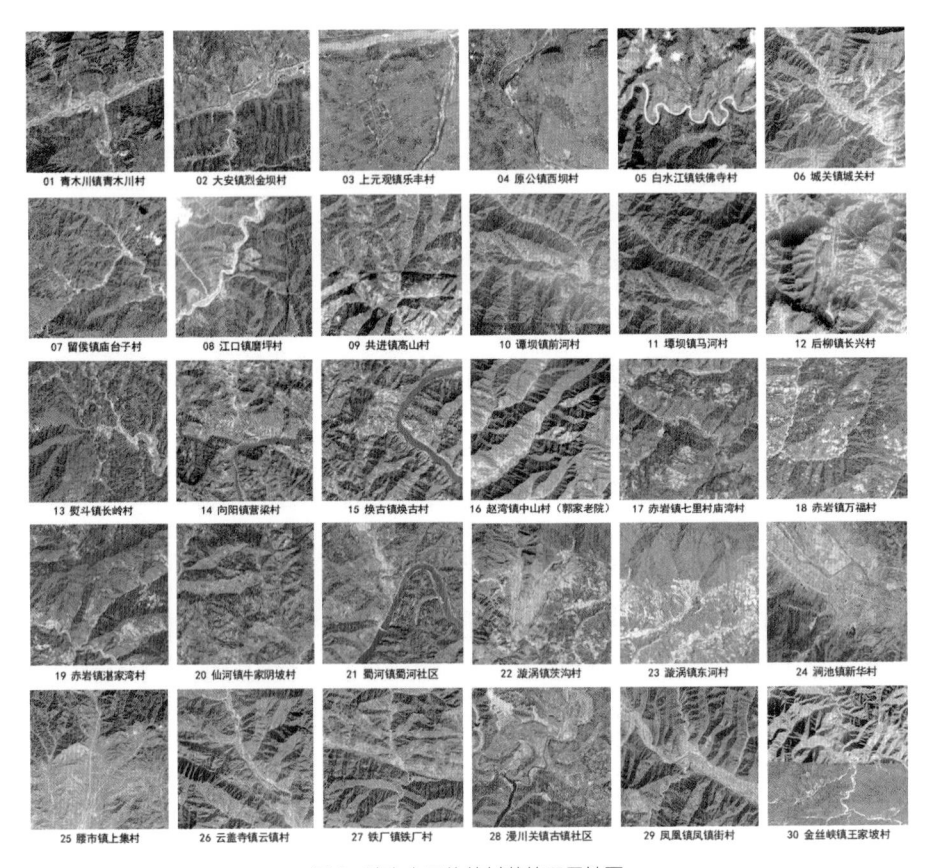

图3 陕南山区传统村落的卫星地图

依据陕南山区传统村落的选址环境特征要素，可以将其分为山环水抱、背山面水、平川近水、群山环绕四个类型（见表1）。其中，山环水抱型村落主要位于浅山丘陵的山脚平地处，地形坡度起伏较小，有水系环绕或穿越，包括青木川村、烈金坝村、凤镇街村等14个村落，占比约46.7%，是陕南山区传统村落最为典型的选址环境类型。群山围绕型村落位于中高山地的山腰或山顶处，地形坡度起伏较大，大多仅有山涧流经，包括高山村、前河村、马河村等7个村落，占比

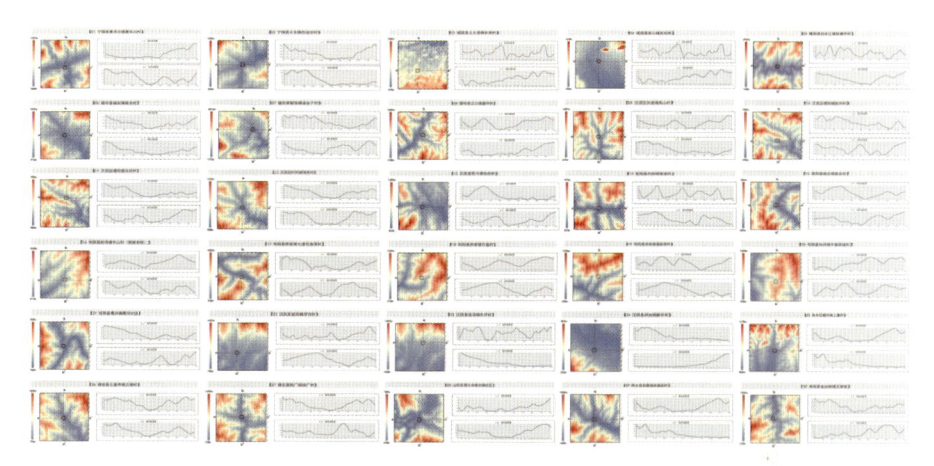

图4

约23.3%，也是陕南山区传统村落较为常见的类型。背山面水型村落位于浅山丘陵的山腰坡地处，地形坡度起伏较小，单侧有水系支流或山涧流经，包括铁佛寺村、城关村、营梁村等5个村落，占比约为16.7%。平川近水型村落位于平坝川道的平地处，周围相隔不远处有水系干流或支流流经，包括乐丰村、西坝村、新华村等4个村落，占比约为13.3%，属于陕南山区传统村落选址环境较少的类型。

（三）整体布局特征

传统村落本身作为有机体，虽然在现实生活中往往呈现出复杂的布局形态，但其内部都具有明确而有秩序的社会经济组织结构。同时，村落作为人类聚落的重要组成部分，具有天然的集聚性特征，往往是在外部资源环境条件的约束下，才会不得不出现分散居住形态[5]。陕南山区传统村落在极为复杂的地形地貌影响下表现出多样的整体布局特征，大体上可以分为集聚与分散两种，为进一步解析其特征，引入形态指数进行量化分析，以100米为虚边界的最小跨越度，实体边界为建筑外轮廓线，考察聚落平面形态外接最小矩形的长宽比（λ）与形状指数（S），将其细分为团块状、条带状及指向状（见表2、表3）[6]。其中，形状指数是以等面积、同长宽比的椭圆为参照，描述形状的复杂程度，公式如下：

$$S = \frac{P}{1.5\lambda - \sqrt{\lambda} + 1.5} \sqrt{\frac{\lambda}{A\pi}}$$

（其中，P 为多边形周长，A 为多边形面积，λ 为外接最小矩形长宽比）

表2 基于外接最小矩形长宽比 λ 与形状指数 S 的传统村落边界形态分类

形状指数（S）	外接最小矩形长宽比（λ）	边界形态类型	传统村落
$S \geq 2$	—	指向状	青木川村、烈金坝村、西坝村、庙台子村、磨坪村、高山村、前河村、马河村、长兴村、营梁村、中山村（郭家老院）、七里村庙湾村、牛家阴坡村、茨沟村、东河村
$S < 2$	$\lambda < 2$	团块状	乐丰村、铁佛寺村、长岭村、焕古村、湛家湾村、蜀河社区、新华村、上集村、云镇村、古镇社区、凤镇街村
		条带状	城关村、万福村、铁厂村、王家坡村

表3 陕南山区传统村落的边界形态特征数据统计表

编号	传统村落	长轴（a）	短轴（b）	长宽比（λ）	周长（P）	面积（A）	形状指数（S）
1	青木川镇青木川村	896.055	747.858	1.20	3839.987	227499.680	1.508
2	大安镇烈金坝村	1481.978	467.908	3.17	4419.503	193079.251	1.616
3	上元观镇乐丰村	493.176	463.646	1.06	1433.175	128992.626	0.750
4	原公镇西坝村	1170.958	802.145	1.46	1675.061	97197.679	0.993
5	白水江镇铁佛寺村	486.024	404.497	1.20	1604.223	106789.826	0.920
6	城关镇城关村	945.357	341.806	2.77	2320.615	148846.906	0.999
7	留侯镇庙台子村	2569.528	1198.199	2.14	5291.000	164643.270	2.285
8	江口镇磨坪村	1098.199	850.658	1.29	2990.838	54356.704	2.394
9	共进镇高山村	3648.983	1243.165	2.94	8867.552	207831.827	3.186
10	堰坝镇前河村	2440.766	1439.619	1.70	7309.565	161221.276	3.309
11	堰坝镇马河村	860.1	699.787	1.23	2451.084	82113.657	1.601
12	后柳镇长兴村	1178.296	849.53	1.39	3646.935	70258.466	2.554
13	熨斗镇长岭村	537.392	511.429	1.05	1950.729	93163.910	1.202
14	向阳镇营梁村	1709.614	717.628	2.38	6484.424	142032.550	2.954
15	焕古镇焕古村	308.011	175.646	1.75	1928.092	139339.663	0.935

续表

编号	传统村落	长轴 (a)	短轴 (b)	长宽比 (λ)	周长 (P)	面积 (A)	形状指数 (S)
16	赵湾镇中山村（郭家老院）	1318.114	164.753	8.00	1277.067	25346.032	0.948
17	赤岩镇七里村庙湾村	418.196	237.109	1.76	1110.516	19466.503	1.439
18	赤岩镇万福村	473.237	159.244	2.97	952.537	21861.412	1.052
19	赤岩镇湛家湾村	352.4	201.237	1.75	894.902	39570.319	0.814
20	仙河镇牛家阴坡村	1588.971	649.264	2.45	3223.949	42382.638	2.674
21	蜀河镇蜀河社区	625.798	374.125	1.67	1928.092	139339.663	0.940
22	漩涡镇茨沟村	2241.642	840.895	2.67	9545.297	333696.122	2.769
23	漩涡镇东河村	740.362	674.798	1.10	3446.522	83816.636	2.237
24	涧池镇新华村	460.362	264.849	1.74	1108.193	71163.085	0.753
25	腰市镇上集村	971.668	725.558	1.34	3259.445	347810.421	1.029
26	云盖寺镇云镇村	835.527	513.431	1.63	2510.633	198846.446	1.028
27	铁厂镇铁厂村	417.725	265.139	1.58	1167.744	67153.070	0.826
28	漫川关镇古镇社区	710.95	364.825	1.95	1759.958	120403.919	0.903
29	凤凰镇凤镇街村	665.106	374.781	1.77	1805.629	160890.185	0.813
30	金丝峡镇王家坡村	281.92	121.792	2.31	710.977	22705.311	0.815

传统村落中心是整体布局的关键，多为村落重要的公共中心或者是社会地位较高的宗族长老或乡绅富户的居所。由于陕南山区地形变化较大，所以传统村落的街巷结构也较为复杂，奠定空间结构的发展走势，主要包括轴线式、网格式与发散式。因此，本文基于陕南传统村落的谷歌卫星图、田野调查数据以及相关规划资料，提取村落整体布局现状，从规模尺度、中心形式、街巷结构、边界形态等方面进行整体布局特征分析。

依据陕南山区传统村落的整体布局特征要素，可将其分为自由分散、组团联系、条带延伸、团块集聚四个类型（见表4）。其中，团块集聚型村落以小型为主，公共中心呈现单核集中，中心性较强，街巷结构基本为网格式，边界形态以团块状为主，包括青木川村、乐丰村、西坝村等5个村落，占比约为36.7%。自由分散型村落主要以大型规模为主，公共中心呈现点状散布，中心性较弱，街巷结构基本为自由式，边界形态以指向状为主，包括磨坪村、高山村、前河村等 10 个村落，占比约为 33.3%。组团联系型村落以中型规模为主，公共中心呈现单核集中，中心性较强，街巷结构基本为网格式，边界形态以组团状为主，包括庙台子村、青木川村、烈金坝村等 5 个村落，占比为 16.7%。条带延伸型村落规模不限，公共中心呈线性集聚，中心性一般，街巷结构基本为轴线式，边界形态以条带状为主，包括城关村、万福村、铁厂村等 4 个村落，占比为 13.3%。

表 4　陕南山区传统村落的整体布局类型

类型	条带延伸	自由分散	组团联系	团块集聚
特征	村落规模不限，公共中心呈线性集聚，中心性一般，街巷结构基本为轴线式，边界形态以条带状为主	村落规模以大型为主，公共中心呈现点状散布，中心性较弱，街巷结构基本为自由式，边界形态以指向状为主	村落规模以中型为主，公共中心呈现单核集中，中心性较强，街巷结构基本为网格式，边界形态以指向状与团块状为主	村落规模以小型为主，公共中心呈现单核集中，中心性较强，街巷结构基本为网格式，边界形态以团块状为主
村落	城关村、万福村、铁厂村、王家坡村	磨坪村、高山村、前河村、马河村、长兴村、营梁村、中山村（郭家老院）、牛家阴坡村、茨沟村、东河村	庙台子村、青木川村、烈金坝村、西坝村、七里村庙湾村	乐丰村、铁佛寺村、长岭村、焕古村、湛家湾村、蜀河社区、新华村、上集村、云镇村、古镇社区、凤镇街村
比例	13.3%	33.3%	16.7%	36.7%
案例				

（四）民居院落特征

历史环境决定着建筑的产生过程，影响着建筑的元素及其表达方式，透过建筑本身的研究，同样也可以追溯和洞察到某一个特定的历史时期的社会、经济和文化特征。陕南山区具有独特的地形样貌，加上其长久以来形成的移民文化，以及在巴蜀文化、吴楚文化与三秦文化等不同地域文化的碰撞与融合下，传统村落民居建筑呈现异常丰富、多元混合的特殊形态，传统民居在布局、结构、材料等方面更具多样性与复杂性。民居院落是传统村落中最基本的实体要素，本文根据民居建筑从平面到内部到细节的分类方式，选取平面布局、建筑结构、建筑材料等方面进行分析。

依据陕南山区传统村落的民居院落特征要素可知，平面布局可以分为一字式、堂厢式、合院式、复合式等4种类型，其中一字式民居最为常见，因对地形环境要求不高，广泛分布在不同的传统村落中，且逐渐延伸出五连间、七连间与附加式等类型，而堂厢式民居主要表现为"一正一厢"的"L"形或"一正两厢"的"U"形的特征。合院式与复合式的民居院落大多为富户人家的大型宅院，虽然数量不多，但整体建筑品质较高，较为常见的有三合院与四合院两种独立式院落基本形式，也有因为商业贸易而形成的"前店后居"与"下店上居"的店居式院落组织形式。从民居院落的建筑结构来看，大致可以分为穿斗式、抬梁式、穿梁式、并存式等4种类型，由于陕南山区融合南北方地域文化，建筑结构也出现兼容杂糅的特质[7]。从建筑材料来看，大致有木材、生土、石材、青砖、竹材等，基本上都是取材于本地，木材基本用于房屋架构与板壁，生土多用于墙体砌筑，石材则经由加工成石片或砖瓦后用于屋顶或墙体，竹材主要编织成竹篾覆盖于椽条上，成为屋顶的重要组成部分。

四、陕南山区传统村落的空间演化机制

（一）演化过程

尽管同处于陕南山区，但不同地域环境下的传统村落空间形态特征具有一定差异性，村落形成的起因也不相同，而且演化过程中受到经济、社会、政治、技术等诸多因素的共同影响，最终呈现多元化发展态势。时至今日，呈现在世人眼前的传统村落已难以用某一段历史来定义，更多是通过多样化空间形态来展示陕南山区多元文化交融的地域特色。因此，本文将传统村落视为生命有机体，基于生命周期理论对陕南山区传统村落的空间演化过程进行阶段划分，可分为起源、变迁、衰亡与再生四个阶段。前三个阶段是大部分乡村聚落空间会经历的过程，而再生是传统村落得以生命延续的重要特征，例如商洛柞水县的

凤镇街村从唐朝年间首批的湖广移民迁入而形成，到明末清初因战乱而被损毁，再到清朝末年因商贸而繁荣兴盛，历经数次变迁、衰亡与再生，最终形成独特的空间形态特征。

1. 起源阶段

陕南山区地理位置独特，虽然自然资源丰富，但由于地势险峻，土地资源极为有限，难以吸引人口聚居。历史上该区域人类活动较少，更多是兵家必争之地，开辟出联通关中与周边地区的交通要道，例如金牛道、褒斜道与陈仓道等秦蜀古道，所以古道驿站附近开始形成聚落。然而，随着我国封建社会时期长期的战争与动乱，陕南山区也因天险之地而成为避难的首选，加之明清时期移民垦荒与屯田等调控政策，大量移民涌入陕南山区，乡村聚落的数量快速增加。在传统村落选址过程中，优先考虑的是充足的水土资源，所以江河流域腹地的平坝川道成为重要聚居点，例如汉江流域，且多是呈现团块集聚特征。随着人口的不断增加，河谷地区已经难以承载过量的人口，同时考虑到安全防御，逐渐向浅山丘陵与中高山地区迁移，但仍倾向于有河流支流与山沟溪涧处，村落随地形变化分散布局。

2. 变迁阶段

传统村落空间形态是长期处于动态发展中的，会受到诸多动因影响而呈现出不同的形态特征，其功能组织结构也会随之发生变化，充分体现在村落整体布局过程。陕南山区传统村落在早期是以传统农耕为主要生产活动内容，所以村落规模与街巷结构与土地资源密切相关。土地资源丰富且密集的平坝地区，村落规模中等偏小，倾向于紧凑布局。土地资源紧缺且分散的山区，村落组团相隔较远，一般规模尺度较大，倾向于分散布局。随着明清时期陕南汉江水运的发展，流域沿线的部分地区因交通区位优势，逐渐开始由农耕村落转向商贸集镇，也延伸出一系列会馆、商铺、码头、戏楼等公共节点，为提高效益而集聚形成高密度的线性商业街市，成为村落的重要公共中心。

3. 衰亡阶段

传统村落作为有机生命体，并不会永久保持活力，部分村落会受到内外因素的作用，而出现衰败与消亡的情况，例如遭遇天灾人祸，或者是资源短缺等。历史上，由于资源匮乏与环境制约，陕南山区传统村落发展到一定阶段会出现迁徙，其后代会另寻风水宝地繁衍生息，大多都会就近聚居以保持与原有村落的联系。近代陕南山区军阀势力割据，导致农业生产力大大降低，部分村落难以维系生命力，从而逐渐没落消解。同时，由于山区交通条件较差，对外联系不足，难以获取外部力量支持，从而加剧村落的衰退。时至今日，城镇化的快速发展使得陕南山区传统村落人口大量流失，原有的宗族结构被瓦解，村落发展缺乏持续动力，尤其是地处偏远，且以传统农耕为主的村落面临着巨大的生存挑战。

4. 再生阶段

传统村落能历经数百上千年仍留存至今，过程中必然历经过多次衰亡与再生，伴随着村落空间形态的不断重构，以及功能的丰富与重组。长期以来，虽然陕南山区偏离于我国政治经济中心，但外部政治经济环境的变化是其再生的重要原因，所以更易于发生在交通区位条件优越的村落。伴随着乡村旅游的兴起，以及传统文化的复兴，陕南山区自然与人文资源丰富的传统村落开始延伸出旅游服务业，大量游客的涌入也激发新的业态，例如酒店民宿、餐饮娱乐、观光体验等，从而使得整体的空间结构趋向开放。由此促使陕南山区一批传统商贸集镇型村落得以转型再生，避免人口流失与经济衰退，再次迎来新的生命周期。

（二）演化动因

1. 自然环境调适

自然环境是传统村落发展的基础条件，不仅给当地居民提供丰富的物质资源，也是生产生活的重要空间载体。陕南山区地形地貌复杂多样，自然资源种类丰富，具有南北过渡的气候特征，独特的地理环境格局对传统村落产生深刻的影响，也形成共性与个性并存的空间形态特征，具体表现在地形地貌、气候条件、河流水系、自然资源等方面。从地形地貌来看，平川带水型的乐丰村，地处平畴沃野之上，村落整体形态紧凑规整，有明显的中心与边界，街巷格局方正整齐，自然条件约束较小。山环水抱型的青木川村地处高山峻岭围合的浅山丘陵地区，南倚龙池山，面朝凤凰山，金溪河水穿流而过，形成"山水相间、一分为二"的村落空间结构，街巷布局则顺应山形水势构成"U"线型格局。从气候条件来看，由于北方寒流被秦岭阻断，东南方向吹来的暖湿气流在此集聚，使得该地区形成多雨、湿热的亚热带季风气候，冬季受冷空气的影响较小，但在夏季受夏季风的影响较大，降水较多且集中，容易造成泥石流及滑坡等灾害。传统民居院落空间中采用天井或庭院空间的设计方法，引导气流形成对流风，使得院内房屋取得更好的通风效果。同时，院落内基本都是四面披向中央的天井，屋顶呈人字形，屋檐前采用滴水，防止雨水散布，且院落内的排水沟也保障雨水及时排出。从河流水系来看，陕南山区传统村落大部分选址于邻近水体处，确保日常生产生活用水的充足，并保持一定距离以防汛期被洪水侵袭。同时，发达的汉江水系使得陕南山区传统村落分布有众多水旱码头用以货物运输，也使得许多村落的商贸业逐渐兴盛，例如安康市旬阳县长岭村位于熨斗古镇，曾为川楚商道的重要集镇。从自然资源来看，陕南山区丰富的动植物资源和矿产资源是当地村民衣食住行的重要来源，例如在盛产竹子与石材的地方，就形成具有地域特色的竹楼与石板房，例如安康市紫阳县焕古村。

2. 社会文化变迁

陕南山区紧邻甘肃、四川、重庆、河南、湖北等五省市，长期以来的社会文化的发展与演化受到周边地区的影响。明洪武年间的移民垦荒与屯田办法，以及清初期的"移垦"政策引得大批流民进入秦巴山区，使得陕南人口与耕地迅猛增长，极大程度刺激传统农业经济的发展，形成较多的居民聚居点，也使得多元地域文化在此交融[8]。社会文化变迁不仅影响着当地人们的价值观和知识体系，也在潜移默化中影响着传统村落空间形态演化，具体表现在风水观念与地域文化两个方面。从风水观念来看，陕南山区所处的秦岭山脉自古被风水学派断言为中华龙脉，更有诸多得道高人在此避世修行，山水之间不乏适宜繁衍子嗣、兴旺宗族的风水宝地。例如柞水县凤镇街村位于沟谷地区，背后有营盘山为天然屏障，南与凤凰山遥相呼应，三面环山形成朝南的开敞之势，中有社川河与皂河、水滴沟交会形成环抱之形，充分体现出"天人合一""藏风聚气"的思想。从地域文化来看，由于明清时期的大量移民涌入，加之长期以来不同地区间的商贸往来，陕南山区传统村落兼具南北风俗，传统民居也较为混杂，漫川关古镇社区中就有南式戏楼和北式戏楼两座同向组成的"双戏楼"，也是目前我国唯一一座联璧式的双戏楼，南戏楼多出演汉剧，北戏楼则多是秦腔，充分体现出地域文化交融汇集的特色。

3. 政治经济变革

在我国历史发展脉络中，陕南山区虽长期远离政治经济中心，但正是因为独特的地理区位条件和丰富的物质资源，使其成为古往今来兵家必争之地，政治局面不稳定也对传统村落空间重构产生深远影响。我国传统封建社会自古就有"皇权不下乡"的说法，中央集权政府的势力范围有限，传统村落社会都是以血缘、亲缘、地缘与业缘为纽带，内部自治成为主要的组织形态，也对村落空间组织结构与秩序有着潜在的约束。例如青木川村位于陕、甘、川三省交界处，滋生出以魏辅唐为首的地方势力，形成高度自治的民团组织，极大程度推动地区经济社会发展，村落空间也得以跨越地理环境约束实现进一步扩张[9]。新中国成立以来，土地制度、户籍制度、移民制度等一系列国家与地方政策不断深入，使得陕南山区传统村落社会的自治力量不断弱化，加之乡村旅游的快速发展，村落空间逐渐出现社区化、景区化的趋势。与此同时，陕南山区经济发展也对传统村落空间形态演化有着深刻影响。传统农耕文明时代的村落整体布局受土地资源约束较为显著，因手工业发展与交通条件改善而兴起的商品经济则会强化村落空间集聚与增长，后期传统村落出现以旅游业为核心的现代服务业，促使村民经济收入多元化，村落的对外开放程度显著提升。此外，经济的发展会推动技术进步，而技术的变革也会给陕南山区传统村落空间结构带来巨大的变化，主要体现在交通条件改善、信息获取便捷、营建技术发展与生产技术优化。技术发展能在很大程度上弱化陕南山区地理环境与区位条件的制约影响，使得部分偏远村落也能实现与外界环境的物质信息交换，从而提高村民的生产水平与生活质量。

（三）作用机制

若将传统村落视为一个系统，那么对环境的适应性也反映出系统的复杂性。而这一复杂系统的运行机制既有自下而上、由内向外的自组织作用，也有自上而下、由外向内的他组织作用，二者相互交织推动着村落空间不断更新发展。自组织作用下传统村落空间形态是有机生长过程，更多是与周围环境不断调适中不断集聚与扩散，从而形成看似并无规律，实则与内部社会结构和外部自然环境密切相关的空间形态特征。他组织作用下传统村落空间形态是规划引导过程，主要是有目的性的对村落空间生长进行调控，以实现有效组织与管理，提高村落内部生产效率与生活品质，规避自组织作用可能会产生的不确定性风险与局限性。

1. 自组织下的有机生长

自组织形式是将传统村落理解为一个"生物体"，强调空间形态有机生长过程。陕南山区传统村落的自组织作用主体是当地居民，核心是在复杂山地环境与有限资源的前提下，以及基于稳定社会关系的集体意识推动下实现的自我演化。仅依靠内生力量做出局部调整，尽可能维系或改善现有空间形态，从而更好地适应自然环境的改变。因此，传统村落在自组织作用下所呈现的是层层累积形成的结果，空间形态也有着不规则性特征。例如焕古村、营梁村等传统村落的曲折蜿蜒的街巷与高低错落的建筑均为适应地形高差变化，最大程度利用土地资源。自组织作用机制下的传统村落空间演化有着较强的灵活性，但也存在一定的局限性。一方面，自组织在对主体的依赖度较高，然而自组织主体的空心化或功利化都会造成村落空间难以实现正向可持续演化。另一方面，自组织作用下多是对当前所发生的变化做出即时反馈，并未有长远的谋划，容易出现组织间的同质化恶性竞争，难以形成良好的协调发展格局。

2. 他组织下的规划引导

他组织形式是相对于自组织而言的一种机制，侧重于体现外部组织力量对传统村落空间系统的影响。陕南山区传统村落的他组织主体主要是地方政府与社会组织。社会组织既包括营利性质的企业与商户，也有非营利的公益志愿组织，当地村民更多的是配合参与。地方政府主要是通过政策实施、规划管理、配套设施建设等手段保护传统村落的文化遗产，并引导传统村落有序发展，所以村落整体布局较为规整。企业与商户主要是迎合市场需求投入资本，结合传统村落地方特色提供商品与服务，也会促使村落形成新的公共空间，从而影响整体空间结构。公益志愿组织则是通过提供技术支持来保护传统村落的文化遗产，也有通过志愿服务活动来宣传传统文化，提高公众的保护意识。他组织作用机制有着较强的指向性，能在短期内见到成效，且较为全面的推进传统村落的人居环境提升，但也会因为对村落空间形态的地方特色认知不足，且忽视当地村民的参与而出现规划难以实施的情况。

五、陕南山区传统村落的保护传承策略

（一）多方主体协同平台创新

当前陕南山区传统村落的发展过度依附地方政府及企业，村落的保护工作的利益主体逐渐复杂，企业出于经济利益考虑，更趋向投资于资源优越的传统村落，导致"重开发，轻保护"的现象出现。同时在陕南山区传统村落发展中，少有村民能真正参与，村民与遗产本体逐渐疏离，村民诉求被忽视失去主体优势，传统村落保护工作愈加"形式化""片面化"。因此，传统村落多元主体协同机制创新的核心在于厘清不同主体的权益关系与责任边界，以及建构开放平等高效的协作机制。具体而言，当地村民能自下而上形成较为完整的自治组织，确保有效参与并享有与切身利益相关的决策权，且能主动与其他参与主体进行协商以保障自身合法权益不被侵害。政府专家自上而下地进行组织协调规划，有意识地培育村落自治力量，采取多种激励措施，探索保护性补偿机制，适当予以资金支持和指导意见。社会组织则是包括盈利组织与公益组织，重点是当村落已难以形成自治体时，及时采取他组织模式进行介入，并且二者相互制约保障社会公平，同时协助村民把握市场动向，激发创造新的经济增长点，实现互利共赢的局面。

与此同时，为有效降低多元主体的参与成本，破解当地村民参与力度有限的困局，激发更多的社会力量参与其中，将引入基于网络化技术的"众包"理念进行协作机制建构。由国家委托第三方机构建构起传统村落特色保护与传承的"众包平台"，地方政府与当地村民形成的村自治体协商后成为"众包"组织方进行规划编制，并分阶段形成一系列项目进行发布，例如古建保护与修缮、民居更新与改造、环境治理与修复、景观协调与设计等，并明确投资估算或认定为是公益项目。经由"众包平台"项目审核通过后，进行对接报价或是其他形式的荣誉或嘉奖。社会组织和个人作为众包承接方可以根据兴趣和自身优势选择项目并提供初步方案供组织方比选，确定合作方与合作形式后执行项目，

由组织方内部的责任人进行验收，合格后平台方进行价值兑现（见图5）。虽然众包模式会因开源网络而存在不确定性，审核、监管与运维等方面也需要较大投入，但在过程中既能扩大多元主体参与的组织边界，通过提高大众对传统村落的关注度，也能实现任务发布到验收全过程的透明化，保障多元主体参与的公平性。

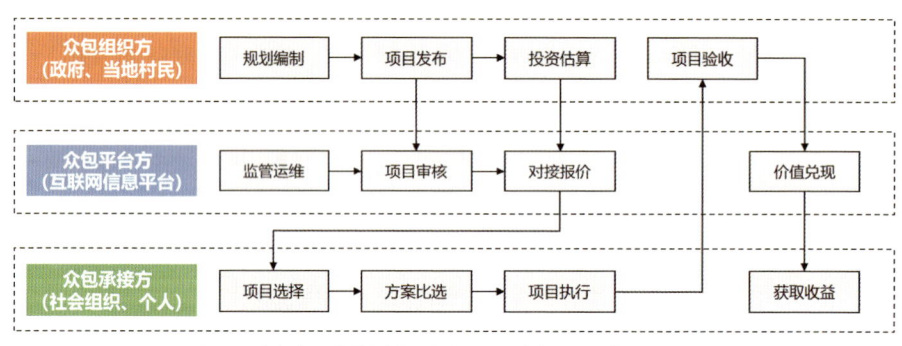

图 5　陕南山区传统村落保护传承的"众包平台"建构框架

（二）多重目标决策机制优化

陕南传统村落保护传承长期以来是在"多轮驱动"下推进的，包括文物保护、旅游发展、传统村落保护、新农村建设等方面。不同体系理论基础与权责关系的差异性使得决策目标有所侧重，由此形成相互矛盾又联系密切的多重目标体系。然而在多重目标决策过程中由于决策者掌握的信息有限，容易出现以下两种决策失误的情形。第一种是未考虑现实基础而先入为主的进行目标次序选择，例如盲目进行旅游开发又或是静态化的遗产保护。第二种是追求不同目标利益最大化的最优决策而忽视内在关系，例如实践中"没人管"和"都在管"的现象。因此，多重目标决策机制优化的核心在于形成基本一致的总体目标，以及明确多重目标的层次关系。同时陕南山区传统村落保护与传承离不开融洽的城乡关系，因为无论身处城市还是乡村，物质生活和基本权益有保障，人们的需求层次已基本同步，自我实现与价值认同是终极目标，城乡要素流动通畅和文化自觉与自信才是关键。

在行为经济学领域中，赫伯特·西蒙以有限理性为基础，提出以"满意型决策"替代"最优型决策"，指在策略选择中能超过最低满意标准即可，以此

图6 传统村落保护传承的满意型决策目标体系

来应对现实环境中的不确定性因素[10]。结合乡村振兴战略对传统村落提出的文化、经济、社会和生态等方面的多重建设目标，引入"满意型决策"思路对目标的层次关系进行梳理，可以划分为"底线约束—弹性引导—优先保障"三个层次（见图6）。其中，"底线约束"层次主要包括文化遗产保护和生态环境保护，强调以文化承载力与生态承载力为基础，划定文保单位、基本农田与自然保护区的最小扰动范围，并依据相关法律进行强制性管控。"弹性引导"层次主要包括乡村旅游开发与传统农业转型，仅在决策中进行方向指引和政策激励，合理预留建设空间应对未来发展需求，灵活适应外部市场环境的不确定性。"优先保障"层次主要包括人居环境提升与基础设施配套，核心是以当地村民的日常生活需求为出发点，统筹协调相关保护与发展目标，当与其他目标发生冲突时，应予以优先考虑与充分保障。

（三）多元保护补偿体系完善

陕南山区传统村落保护传承在当前更多是一项公共事业，但随之而来的外部性并未引起足够重视，导致在利益分配、供需平衡以及监督管理等治理过程中产生一系列负面效应，加之传统村落普遍经济基础较为薄弱，难以有效保障社会公平与正义。因此，传统村落不仅包括内部历史文化遗产还有周围自然生态环境，亟须建立起相应的多元保护补偿机制，包括生态补偿机制与文化补偿体系。前者主要涉及自然保护区、生态功能区，后者则是有文物古迹、农业遗产与非遗文化等内容，核心是补偿相关利益主体界定，保护价值评估与补偿标准核算，以及市场化与多样化的补偿方式。具体而言，遵循"开发者付费、保护者受益、受限者补偿、破坏者赔偿"原则，补偿主体为地方政府、营利组织和个体经营者，补偿客体为当地村民、公益组织与志愿者[11]。

与此同时，保护传承价值评估涉及经济、文化、社会与情感等多方面因素，且往往高于现实补偿客体所能支付的能力，故可以作为参考与理论上限值。补偿标准下限值则为直接产生的物质损耗价值，并将过程中所产生的机会成本纳入，具体由主客体间相互博弈协商后拟定。此外，当前我国现行的补偿方式基本是以政府主导下的"输血式"与"造血式"相结合，前者是指直接的经济补偿，主要来源于政府专项资金或开发者筹措资金，但容易导致补偿资金转化为消费性支出，未能真正解决保护与发展的矛盾；后者包括优惠政策倾斜、产业项目扶持以及公共事物投资等，但在实施中找到合适的对象存在较大难度[12]。因此，建议探索全社会参与的市场化补偿体系，可以采用信托基金模式。即在地方政府部门的监督与引导下，将文化与生态资源的开发权转让给基金组织集中管理。所有权拥有者可以从中获取补偿资金，其他社会组织与公众也可以投资或捐赠，并参与利润分红或者资产永续保存，形成由多方利益主体共同组成的委员会进行决策。优势是可以进行有效文化与生态产品转化，从而借助市场增加经济收益，平衡保护与发展实现可持续。

六、结论

陕南山区传统村落是具有生命力的活态文化遗产，其保护传承不仅是地区乡村振兴的重要任务，更关系到我国传统文化复兴的长远目标。当前我们面对的是秦巴山区复杂的地理环境，欠发达的经济基础，滞后的基础设施条件，以及现代文化的巨大冲击等内外重重考验。最为核心的是着眼于陕南山区传统村落的空间形态，从中探究村落生长演化规律，以及与当地居民和周围环境的密切关系，才能更好地实现传统村落保护传承。首先，本文从选址环境、整体布局、民居院落三个尺度对陕南山区传统村落进行空间形态类型化分析。结果表明，陕南山区传统村落的选址环境可以分为山环水抱、背山面水、平川近水、群山环绕四个类型；整体布局可以分为自由分散、组团联系、条带延伸、团块集聚四个类型；民居院落类型更为丰富，平面布局有一字式、堂厢式、合院式、复合式等，建筑结构有穿斗式、抬梁式、穿梁式、并存式等，建筑材料有木材、生土、石材、青砖、竹材等。其次，本文从起源、变迁、衰亡与再生四个阶段解析陕南山区传统村落的空间演化过程，其演化动因有山区自然环境调适、社会多元文化交融以及政治经济背景变迁等三点，而且是在自组织下的有机生长与他组织下的规划引导双重作用机制中不断发展。最后，针对陕南山区传统村落的现实问题，本文在明确多方主体的权责关系基础上，创新建构起网络化技术支撑下的"众包平台"，并以城乡融合与文化自信为总体目标进行多重目标决策机制优化，形成"底线约束—弹性引导—优先保障"的传统村落保护传承目标层次体系，以及引入市场化补偿手段，完善涵盖文化与生态的多元保护补偿体系。

[参考文献]

[1] 陆益龙.后乡土中国的基本问题及其出路[J].社会科学研究,2015(01):116-123.

[2] 何峰,周国华,郑瑾.论传统村落的复杂性[J].系统科学学报,2018,26(03):30-35+91.

[3] 刘烨,王欣.陕南的史前考古文化与族群分布[J].中国历史地理论丛,2017,32(04):43-53.

[4] 张沛,李稷,张中华.秦巴山区传统村落时空分布特征及影响因素[J].西部人居环境学刊,2020,35(03):116-124.

[5] 鲁西奇,韩轲轲.散村的形成及其演变——以江汉平原腹地的乡村聚落形态及其演变为中心[J].中国历史地理论丛,2011,26(04):77-91+104.

[6] 浦欣成.传统乡村聚落二维平面整体形态的量化方法研究[D].浙江大学,2012.

[7] 李凌.多元文化交错地区传统聚落景观特征图谱的构建——以陕南地区为例[J].地域研究与开发,2020,39(05):175-180.

[8] 陈良学,邹荣础.清代前期客民移垦与陕南的开发[J].陕西师大学报(哲学社会科学版),1988(01):82-89.

[9] 张沛,张中华等.失落与再生：秦巴山区传统村落地方性知识图谱构建[M].北京：社会科学文献出版社,2021.

[10] 陈春霞.行为经济学和行为决策分析：一个综述[J].经济问题探索,2008(01):124-128.

[11] 杨军辉.我国旅游村寨民族文化补偿机制构建[J].改革与战略,2017,33(06):128-131+142.

[12] 沈满洪,陆菁.论生态保护补偿机制[J].浙江学刊,2004(04):217-220.

05

农村人居环境

Rural Human Settlement

05

农村人居环境
Rural Human Settlement

篇首语

改善农村人居环境,是实施乡村振兴战略的重点任务,是事关群众切身利益的重要民生工程。2021年12月中共中央办公厅、国务院办公厅印发《农村人居环境整治提升五年行动方案(2021—2025年)》,表明乡村人居建设的总体目标已经从推动乡村环境干净整洁向美丽宜居升级,重点任务也从全面推开向整体提升迈进,这对"十四五"时期进一步提升农村人居环境治理水平提出了新的要求。

本篇章以"农村人居环境"为主题,从移民搬迁集中安置农户社区、农户参与农村人居环境整治、改善农村建筑用能情况等方面,形成了《陕南移民搬迁集中安置农户社区弹性提升研究》《农户参与农村人居环境整治研究——基于关中地区的调查》《基于需求侧响应的关中农村多能互补系统规划设计研究》等3篇研究报告,分别提出了针对移民搬迁安置农户社区恢复的政策建议,拓宽促进农户积极参与农村人居环境整治的渠道,以及制定出匹配关中农户需求的能源规划设计方案。

陕南移民搬迁集中安置农户社区弹性提升研究[1]

○刘伟[2] 张婧萱[3]

内容提要：目前陕西省"十三五"易地扶贫搬迁任务已全面完成，下一步工作将从巩固脱贫成果衔接乡村振兴、加强公共服务设施支持力度、强化社区管理等方面着手。易地扶贫搬迁农户的生计与福祉能否在短期内恢复到搬迁前的状态并实现长远发展，逐渐成为政策实施的重心，因此研究搬迁农户的社区弹性显得尤为重要。弹性测度及影响因素的研究为移民搬迁在社区层面的研究提供了一个新思路。本文将社区弹性理论框架引入移民搬迁研究中，基于陕南安康657份农户调查数据，从经济、社会、管理和环境四个维度表征社区农户的恢复水平，运用熵值法计算农户社区弹性指数，以此衡量农户社区弹性。在构建社区弹性评价指标体系的基础上，运用MATLAB和SPSS软件对农户社区弹性指数进行分析并得出分类散点图和箱线图，探究不同搬迁特征对农户社区弹性的影响差异，并选择多元线性回归模型分析搬迁特征对农户社区弹性产生影响的显著程度。研究表明：（1）移民搬迁农户的社区弹性指数整体偏中下水平，表明搬迁农户整体恢复状况不甚理想；（2）社区弹性四个维度的测度结果从高到低依次为环境弹性、经济弹性、管理弹性和社会弹性；（3）搬迁时间、搬迁类型、搬迁来源、安置方式均是影响移民搬迁农户社区弹性的重要因素。针对上述结论，提出针对移民搬迁安置农户社区恢复的政策建议，以推动搬迁社区和农户生计的高质量发展。

关键词：移民搬迁；社区弹性；农户；陕南；熵值法

---

[1] 本研究报告为西安建筑科技大学2021年度新型城镇化专项研究基金项目研究成果。
[2] 刘伟，西安建筑科技大学公共管理学院副教授。
[3] 张婧萱，西安建筑科技大学公共管理学院，硕士研究生。

引言

易地扶贫搬迁旨在通过对生活在"一方水土养不起一方人"地区的贫困人口实施易地搬迁安置，实现生态保护与社会发展的双赢，是我国"十三五"时期实施脱贫攻坚、精准扶贫"五个一批"的重要举措[1]。目前，陕西省"十三五"易地扶贫搬迁安置项目建设已全面完成，24.93万户84.36万搬迁民众全部实际入住。下一步将从巩固脱贫成果衔接乡村振兴、加大基础设施和公共服务设施支持力度、强化社区管理等方面着手，到2025年，达到安置区基础设施和公共服务设施保障能力进一步提升，搬迁民众在稳定脱贫的基础上收入逐步提高，实现"能发展、可致富"的目标。"十四五"规划指出，要坚持易地扶贫搬迁后续的扶持和再完善，推进易地扶贫搬迁的帮扶工作和新型城镇化有机衔接，加强社区治理并引导搬迁人口参与当地的社区服务和管理。陕南移民搬迁项目对目标农户有着一些帮扶措施，同时农户也承担了相当一部分搬迁费用，同时安置社区与原居地有一定的空间距离，这为搬迁户生计活动的改变带来了一定的契机和挑战[2]。从贫困农户的角度来看，移民搬迁是一个重大决策，也是在农户层面上对社会—生态系统的一个重大冲击。

学者对易地扶贫搬迁生计层面主要存在以下研究，黎洁（2016）从社会—生态系统适应性理论出发，引入脆弱性研究的适应性理论来研究我国易地移民搬迁农户的适应力和适应策略，构建起移民搬迁农户生计适应性分析框架，以陕南安康移民搬迁工程为例，通过实地访谈和调查获取安康搬迁农户调查数据，分析安康移民搬迁农户的生计适应力感知、适应策略及其影响因素[3]。刘伟等（2018）找出易地扶贫搬迁政策目标识别的决定性因素、发生瞄准偏差原因和提升瞄准效率方法，指出生计资本、生计环境均是影响易地扶贫搬迁政策目标识别的重要因素[4]。王磊（2019）对安置区搬迁户和本地户多维贫困进行测度和分析，从家庭和社区两个层面探究多维贫困的原因[5]。刘伟等(2018)探究秦巴山集中连片特困地区搬迁农户生计适应能力和对生计适应策略产生的影响，为易地扶贫搬迁政策制定及农户生计适应性研究提供决策参考，指出生计资源致使农户生计适应能力表现各异，进而影响农户选择不同的适应策略[6]。以往研究主要集中在生计策略、目标识别和贫困、生计资本以及生计适应性等方面[7]，鲜见从社区弹性角度对易地扶贫搬迁的研究。

弹性，也作恢复力、韧性和抗逆力，日渐成为可持续性科学和世界环境变化领域关注的重点和重要的分析方法。弹性源于英文单词resilience，最初应用在物理学和数学上，被用来描述一个物质或系统在发生位移之后回归到之前状态的能力。Adger[8]首次将弹性的研究带入到了社会系统研究领域之中，他认为弹性是指人类社会承受周围环境基础设施打击或干扰的能力，并且能够做出相应的恢复或者调整的一种能力。社区弹性研究主要集中在定量测度、概念和理论探讨、适应性管理、影响因素识别等方面。由于弹性影响因素的识别可为适应性管理对策制定和社区管理实践提供依据，影响因素的识别成为社区弹性的重要研究领域。易地扶贫搬迁政策实施后农户能否在短时间内恢复自己原来的生活状态，并在未来一段时间内实现长远发展，这是易地扶贫搬迁对象最为关心的问题，因此研究搬迁农户的社区弹性显得尤为重要。

在中国新型城镇化飞速发展的进程中，进行弹性研究的学者们逐渐把目光集中到了社区治理这一研究维度。社区弹性是指在外界的扰动之下能够维持自身结构使其得以持续发展，这也成为社区治理与风险应对的热点内容。伴随着社区弹性内涵的延伸，国内外学者对农户的社区弹性展开了评估。围绕着社区弹性进行了概念阐释、构建策略和结构整合，国外的一些学者搭建了实证分析框架。如Wilson(2018)等通过研究一个典型的转型农村社区得出在工业化、全球化和机遇变化的影响下，农业人口会减少、外移，同时会发生社会和心理的变化，这些过程降低了社区的弹性。并且提出社区弹性往往类似于零和收益，其中单个组成部分有时可能削弱或加强复原力路径，但社区生存是基于大多数组成部分之间发展得相当良好的"平衡"[9]。Susan等提出（2011）社区弹性的子成分为社会弹性、经济弹性、制度弹性、基础设施弹性和社区能力[10]。国内学者在引荐国内外研究成果的同时主要关注社区恢复力（弹性），并从微观社区和农户尺度对社区恢复力进行量化分析。例如，郭永锐等（2018）采用结构方程模型方法，以九寨沟和都江堰旅游社区为例，探讨了旅游目的地社区恢复力关键影响因素的作用机制[11]。何艳冰等（2019）将恢复力理论框架引入失地农民社区研究中，在明晰失地农民社区恢复力概念内涵的基础上，建立测度指标体系，并选取西安城市边缘区为案例区，探讨失地农民社区恢复力的影响因素及其作用路径[12]。此外，刘伟等(2019)借鉴社会—生态系统研究领域恢复力的概念，结合基于资本的评估方法和可持续分析框架，构建起易地扶贫搬迁农户生计恢复力评价的指标体系[13]。一些学者根据恢复力理论和可持续生计分析框架，构建起中国西部山区农户生计恢复力的评价指标体系，而且利用陕西省的入户调研数据进行测算，结合易地扶贫搬迁背景分析农户生计恢复力的影响因素，并进一步从公共服务、居住、思想意识和就业这四个维度分析新型城镇化对搬迁农户的生计恢复力造成的影响。王群（2017）等将社区恢复力分为四个维度，分别是治理系统恢复力、社会系统恢复力、生态系统恢复力和经济系统恢复力[14]。

可以发现，目前国际国内对弹性内涵、评估方法、影响因素、评估方法、案例研究和分析框架的研究较为丰富，而微观层面的社区弹性研究在弹性的研究领域并不多见。易地扶贫搬迁力图达到生态改善、贫困减缓和社会发展等多重目标，其实施必将为原有社区生态系统输入动态变量，而连片特困地区的政策环境演变和生态脆弱性背景会使搬迁农户更易陷入生计困境和面临新的生计风险。因此如何维持社区生态系统的稳定，保障社区居民生活质量，提升社区的发展潜力，便成为易地扶贫搬迁安置过程中必然要探讨的话题。现阶段，鲜见有学者将社区弹性与移民搬迁结合在一起进行实证定量分析研究。以往相关学者在农户生计恢复力（弹性）方面的研究和归纳为本研究研究工作的开展积累了扎实的实证方法和理论基础。以此为基础，本研究研究将秦巴山集中连片贫困带作为案例，选用课题组在2015年取得的陕南安康市农户实地调研数据，从经济弹性、社会弹性、管理弹性和环境弹性出发，构建社区弹性测度的指标体系，分析易地扶贫搬迁农户社区弹性的影响因素，试图为易地移民搬迁政策的有效落实提供参考。

与以往研究不同，本研究的特点体现在将社区弹性引入易地扶贫搬迁工程中，运用箱线图和分类散点图直观表现不同搬迁类型、不同安置方式、不同搬迁时间、不同收入水平、不同搬迁来源以及不同生计类型下农户社区弹性指数的分布状况，并选择多元线性回归模型找出影响农户社区弹性的重要因素，最后根据调研数据的直观分析结果提出有针对性的政策建议。本研究关注陕南安康市的搬迁农户，在分析陕南移民搬迁集中安置农户社区弹性影响因素的基础上，致力于构建社区弹性测度的指标体系。

一、研究区域概况、数据来源与研究方法

（一）研究区概况

数据来源于陕南安康市。安康居川、陕、鄂、渝交接部，南依巴山北坡，北靠秦岭主脊，总面积23529平方千米，下辖1区、9县，是南水北调中线工程的核心水源区。安康地处秦巴腹地，秦巴山集中连片特困区属于中国14个国家级特困区之一，辖区贫困程度较高，生态异常脆弱，是新时期精准扶贫和脱贫的重点区域，一般的经济增长无法有效带动这些地区的发展，常规的扶贫手段难以奏效，扶贫开发工作任务异常艰巨。我国集中连片特困地区中，秦巴山集中连片特困区中包含了数量最多的省份，横跨陕、豫、渝、川、鄂、甘六省市，国土面积22.5万平方公里，覆盖80个县（市、区），总人口为3765万人，涉及省份最多，占地面积最为广阔，而且内部发展水平差异巨大，其特殊性对区域经济发展造成了一定的阻碍。因此，必须加大力度，强化手段，实施连片特困地区扶贫攻坚工程，区域发展带动扶贫开发，扶贫开发促进区域发展，帮助这些地区实现经济又好又快发展，帮助贫困群众增加收入和提高自我发展能力。安康市移民涉及22.6万户，88万的农村人口，全市贫困村占52%，贫困人口约占1/3，此区域的农户致贫原因复杂，返贫现象严重，生计异常脆弱。

陕南搬迁类型主要包括洪涝灾害避险移民搬迁、生态移民搬迁和工程移民搬迁、扶贫移民搬迁和地质灾害避险移民搬迁。为改善贫困区域的社会经济发展环境，解决当地贫困和经济发展的问题，并从根本上减除自然灾害对民众生命财产安全的威胁，陕西省政府于2011年制定《陕南地区移民搬迁安置总体规划》，搬迁安置、政策保障、职责分工和考核奖惩等方面做出详细安排，并启动陕南大移民，投资1000多亿将陕南三市中的20多个有自然灾害隐患的山区县规划迁移，是中央和陕西政府密切关注的重大民生工程。

（二）数据来源

本研究采用的数据来源于2015年农户生计课题组对陕南安康农户进行的

生计专项调查。本次调查在 5 个调查县（区）内分别选择 3 个样本镇，分别为陕南安康紫阳县、汉滨区和宁陕县，所选乡镇需满足的三个条件为实施了易地移民搬迁工程、处于或离近自然保护区和实施了退耕还林等生态补偿项目，研究的选定部分行政村和安置社区，均为国家级或省级扶贫开发工作重点县。随后从中随机选取 12 个一般行政村，后续补充了 3 个实施生态补偿的一般行政村和 10 个易地扶贫搬迁项目区行政村，最终样本框内调查村总数为 25 个。根据社区提供的村民小组名单，在每个社区随机抽取 2 个村民小组。最后，对每个样本村民小组在调查期内的全部常住户进行入户调查并辅以半结构式访谈。在搬迁户的安置上，陕西省采取集中为主、分散为辅、就近安置的原则，为实现人口聚集的目的以及限于土地资源压力，移民安置区与迁入地居民生活区十分接近，由此形成搬迁户和本地户两类不同的群体。本次实地调查发放 800 份问卷，主要针对 18—65 岁的户主及其配偶，657 份回收问卷的有效率为 98.06%，其中，移民搬迁户 459 户，非搬迁户 198 户。为保证最终数据真实有效，课题组在调查过程和数据录入过程中采取了一系列严格的数据质量控制措施，包括对调查员进行二次访问，密切把握调查员的工作方式和调查时间，对录入数据进行逻辑检验和数值检验，使得调查结果具有相当的代表性、真实性和准确性。问卷调查涉及的内容包括：（1）家庭基本情况，包括文化程度、目前职业、所接受过的培训、政治面貌和以往经历等信息；（2）家庭生计，包括土地等自然资本所有情况、自然资本利用情况、收入来源、家庭住房状况、家庭生产性工具、参加合作社数量、可求助户数和宗教信仰等信息；（3）家庭生产与消费行为，包括农林生产收入、打工经历、非农经营收入、所获得的政府奖励或补贴和家庭年现金消费等信息；（4）移民搬迁工程，包括迁移类型、原居地、安置方式、搬迁面临的困难、迁入地周边设施和适应情况等信息。

（三）研究方法

1. 社区弹性测度指标体系

进行社区弹性测度，首先需要分析社区弹性的构成以及构建社区弹性测度指标体系。本研究归纳国内外研究成果，同时结合研究区域的实际状况，从社会弹性、经济弹性、管理弹性和环境弹性这四个维度来分析易地移民搬迁农户的社区弹性。

弹性测度体系准则层的四个维度中，经济弹性指促进经济增长并减少经济损漏的能力，对于移民而言，移民搬迁住房补助可以有效缓解易地扶贫搬迁所带来的经济损失并加快经济恢复速度，人均年纯收入表征社区经济的增长水平的量，收入多样性指数从经济活动多样性维度反映了社区经济增长水平的质，劳动力占比从经济活动稳定性角度反映了社区经济增长水平的质；社会弹性来源于社区成员的社会关系、合作社或者协会的参与数和社会培训的机会。其中社会关系指社区成员所能从社区组织或亲戚朋友处获得的帮助，用可求助的户数来表示，社区参与通过农户参加社区合作社和协会的数量多少来表征，社会学习源于农户所得到的培训机会；管理弹性，亦称制度弹性，取决于社区管理能力和社区权利共享，由政策了解度以及是否获得开发式扶贫帮扶措施来表征；环境弹性包括物质环境的恢复和自然生态环境的恢复。

弹性测度体系的指标层共有12个变量，移民搬迁住房补助指是否获得购房贷款、是否获得开发式扶贫帮扶措施，去年退耕补偿包括现金和粮食补助（元/亩·年），共有323户获得移民搬迁住房补助，补贴金额在0—50000元之间，得到补贴农户的补贴平均值为1910元。本研究调查农户人均年纯收入统计样本户数为506户，收入范围在0到248881.7元之间，人均年收入均值为6279.593元，不同样本间数值差异巨大。收入多样性反映了农户经济活动的丰富程度，移民搬迁农户的收入来源主要有农业收入、林业收益、家禽家畜养殖获益、打工工资和非农经营营业额等。劳动力占比指家庭中劳动力数量占家庭总人口的比重，其中劳动力指的是除老人和孩子外有劳动能力较强的成年人口，故劳动力数量可由家庭规模减去老人和孩子数量得出，再用劳动力数量除家庭规模得到家庭劳动力占比，劳动力占比的均值为0.72，表明安康研究地区的劳动力丰富，老龄化问题较轻。社交帮助表示搬迁农户在遇到困难时可以求助的亲友农户数量，该样本的可求助户数范围在0到60户之间，平均可求助户数位为3.97户。社会关系表示密切联系的亲友数，可以通过春节期间以各种方式相互拜年和平时高频率聊天等类似行为得出。社会学习是指农户家庭中的平均受教育年限，这可以反映出农户接受社会文化学习的程度。政策支持是指政府政策对农户经济条件的改善作用，易地扶贫搬迁农户所受到的政策支持主要有建房购房补助政策、购房贷款政策、产业扶持政策、培训政策、就业扶持政策、土地承包政策、宅基地管理政策和迁入地权益保障政策等。社会保障水平指的是迁入地权益保障政策落实程度。政府帮扶水平是指政府对非农经营活动的奖励或补助，以及政府对后续产业（如大棚、养殖场建设）的现金补助和实物补助，政府奖励补助的方式有粮食补助、退耕还林补助、生态公益林补助、村干部和护林员工资、残疾人补贴和实物补助等。公共设施可及性是指新居住地周边公共设施完善程度，影响农户生计的公共设施包括自来水、网络、煤气、电、手机信号、公交站、医务所、商店、中心公园、幼儿园、市场、学校和饭店等。生态补助是指政府对农户的退耕还林补助和生态公益林补助。

2. 熵值法

"熵"，是系统无序程度的一个度量，指标熵值越小则提供的信息量越大，在综合评价中所起作用越大，权重也越高。熵值法的优势主要在于根据差异程度大小确定权重高低，是根据数据的已有客观信息确定权重，这样可以消除人为因素干扰，避免确定权重的主观性，对系统做出真实客观的评价。计算步骤如下：

第一步：确定指标。确定 n 个样本，m 个指标情况下，则 X_{ij} 为第 i 个样本的第 j 个指标的数值（$i=1, 2, …, n; j=1, 2, …, m$）

第二步：指标的归一化处理。由于各项指标的计量单位并不统一，因此在用它们计算综合指标前，先要对它们进行标准化处理，即把指标的绝对值转化为相对值，从而解决各项不同质指标值的同质化问题。而且，由于正向指标和负向指标数值代表的含义不同（正向指标数值越高越好，负向指标数值越低越好），因此，对于高低指标我们用不同的算法进行数据标准化处理。其具体方法如下：

正向指标：$X_{ij} = \dfrac{X_{ij} - \min\{X_{1j},…,X_{nj}\}}{\max\{X_{1j},…,X_{nj}\} - \min\{X_{1j},…,X_{nj}\}}$

负向指标：$X_{ij} = \dfrac{\max\{X_{1j},…,X_{nj}\} - X_{ij}}{\max\{X_{1j},…,X_{nj}\} - \min\{X_{1j},…,X_{nj}\}}$

第三步：计算第 j 项指标下第 i 个样本值占该指标的比重。

$$P_{ij} = \frac{X_{ij}}{\sum_{i=1}^{n} X_{ij}}, i = 1, \dots, n; j = 1, \dots, m$$

第四步：计算第 j 项指标的熵值。

$$e_j = -k \sum_{i=1}^{n} p_{ij} \ln(p_{ij}), j = 1, \dots, m$$

第五步：计算信息熵冗余度。d_j=1-e_j, j=1, …, m

第六步：计算各项指标的权重。

$$w_j = \frac{d_j}{\sum_{j=1}^{m} d_j}, j = 1, \dots, m$$

第七步：计算各个样本的综合得分。

$$s_i = \sum_{j=1}^{m} w_j P_{ij}, i = 1, \dots, n$$

通过利用熵权法客观测出各项指标所占的权重 w_j，其中，e_j 值越接近1，越说明熵权法的使用更为科学。

权重计算结果中，指标层变量的权重数值分布较为均匀，数值较大的前三位依次是社会学习、政策支持、社会关系，表明这三者对社区弹性的影响程度强于其他变量。进一步计算得到，经济弹性的权重之和为0.2651，社会弹性的权重之和为0.3155，管理弹性的权重之和为0.3074，经济弹性的权重之和为0.113。四个维度相比可知，社会弹性对社区弹性影响最大，环境弹性对社区弹性的影响最弱。

表1 陕南移民搬迁集中安置农户社区弹性测度指标体系

目标层	准则层	指标层	指标权重	指标含义与赋值
A 社区恢复力	B_1 经济弹性	C_1 移民搬迁住房补助	0.0387	是否获得购房贷款、是否获得开发式扶贫帮扶措施，去年退耕补偿包括现金和粮食补助（元/亩·年）
		C_2 人均年纯收入/元	0.0330	反映社区经济增长水平的量
		C_3 收入多样性	0.1096	反映社区经济活动的多样性

续表

目标层	准则层	指标层	指标权重	指标含义与赋值
A 社区恢复力	B$_1$ 经济弹性	C$_4$ 劳动力占比	0.0838	劳动力占比＝劳动力数量/家庭规模 劳动力数量（成人数量）＝家庭规模－老人数量－孩子数量
		C$_5$ 社交帮助	0.0625	遇到困难可以求助的农户数量
	B$_2$ 社会弹性		0.1120	亲友交往人数
		C$_7$ 社会学习	0.1410	受教育年限
	B$_3$ 管理弹性	C$_8$ 政策支持	0.1278	政府的政策对农户经济条件改善的支持作用
		C$_9$ 社会保障水平	0.1108	迁入地权益保障政策落实程度
		C$_{10}$ 政府帮扶水平	0.0688	政府对非农经营活动的奖励或补助，以及政府对后续产业（如大棚、养殖场建设）的现金补助和实物补助
	B$_4$ 环境弹性	C$_{11}$ 公共设施可及性	0.0940	新居住地周边公共设施完善程度
		C$_{12}$ 生态补助	0.0190	政府对农户的退耕还林补助和生态公益林补助

3. 社区弹性分级标准

运用 SPSS26.0 软件 K 均值聚类分析法将移民搬迁农户社区弹性指数划分为高、中、低三个分类等级，并进行显著性检验。K 均值聚类算法是一种迭代求解的聚类分析算法，其步骤是，预先将数据分为 K 组，则随机选取 K 个对象作为初始的聚类中心，然后计算每个对象与各个种子聚类中心之间的距离，把每个对象分配给距离它最近的聚类中心。聚类中心以及分配给它们的对象就代表一个聚类。每分配一个样本，聚类的聚类中心会根据聚类中现有的对象被重新计算。这个过程将不断重复直到满足某个终止条件。终止条件可以是没有对象被重新分配给不同的聚类，没有聚类中心再发生变化，误差平方和局部最小。由于此分类通过了显著性检验，则可认为该分级具有一定的合理性。657 份农户弹性调研数据的分级结果显示，社区弹性指数处于高、中、低三个等级的农户数量分别为 171 户、249 户和 237 户，所占比重依次为 26.0%、37.9% 和 36.1%，中级和低级分类中的农户数相近，共占总数的 74%，表明易地扶贫搬迁农户社区弹性整体偏低，恢复状况不甚理想。

表2 调查地农户社区弹性等级划分

划分标准	农户数
高级	171
中级	249
低级	237

二、结果及分析

（一）农户社区弹性测度结果

对构成社区弹性的四个维度进行分析，从分维度箱线图来看（如图1），经济弹性指数的中位数处于箱体的中部，整体分布均匀且跨度最大，表明该类弹性指数向两极分散。社会弹性指数的中位数最低，两段的截断点相较于其他维度的弹性指数也最低，表明易地搬迁农户的社区弹性状况不佳，客观条件下也反映了构建社会网络相对于资金积累、管理模式建立以及环境设施完善方面相对来说更困难。管理弹性指数呈偏态分布，且中位数都偏向于下四分位，呈现低值集中分布的特征。环境弹性指数整体分布在0.4—0.8之间，上下截断点距离箱体较近，呈偏态分布，表明环境弹性水平总体偏高且分布较集中。

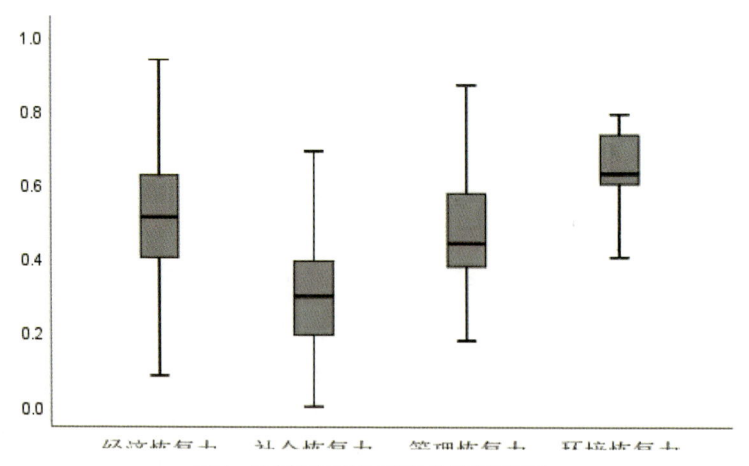

图1 调查地农户社区弹性分维度箱线图

（二）农户社区弹性分析

在已构建的社区弹性评价指标体系的基础上，运用 MATLAB 和 SPSS 软件对农户社区弹性指数进行分析并得出分类散点图和箱线图。当研究者想要同时考察多个变量间的相关关系时，若一一绘制它们间的简单散点图十分麻烦，此时可利用分类散点图来同时绘制各自变量的散点图。箱形图是一种用作显示一组数据分散情况资料的统计图，因形状如箱子而得名，主要用于反映原始数据分布的特征，还可以进行多组数据分布特征的比较。同一数轴上，几批数据的箱形图并行排列，几批数据的中位数、异常值、分布区间等形状信息便一目了然。

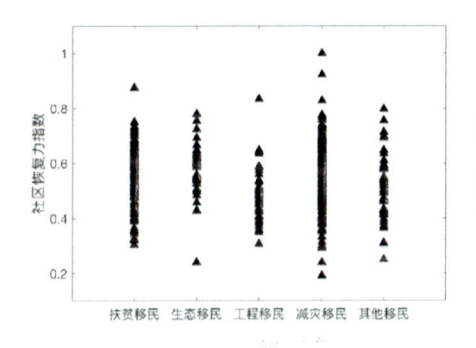

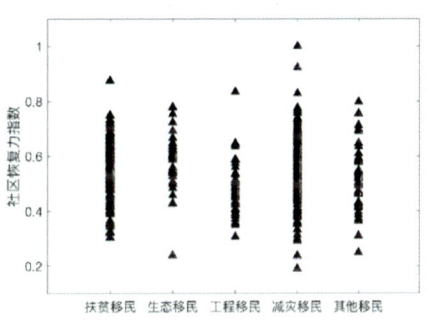

图2 不同搬迁类型农户社区弹性指数　　图3 不同安置方式农户社区弹性指数

图2表明不同搬迁类型农户的社区弹性差异显著，整体看来，不同类型的社区弹性指数集中在 0.4—0.7 说明调查区的社区弹性较强。扶贫移民的社区弹性指数内部分化较小，相对集中；工程移民社区弹性指数分布区间相对集中且总体偏低，表明该类农户社区弹性指数相对接近但恢复程度欠佳；减灾移民社区弹性指数分布跨度最大，中部集中，两极分散，特异值较多；生态移民的内部分化明显，整体偏高。扶贫移民、生态移民和工程移民分布社区弹性指数跨度相对集中，说明政府主导的大规模集中安置下农户的恢复状况相似，可能是由于同一移民类型农户间政策扶持力度、配套基础设施和搬迁补贴等帮扶相似导致。

集中安置方式的社区弹性指数分布跨度较大，且中间密集，两端分散。分散安置社区弹性指数相较于其他三种类型分布不均，且分布跨度最大，内部分化明显，表明安置点分散的农户彼此关联性较小，因而恢复程度各异。自主外迁社区弹性指数整体偏低，集中在 0.3—0.7，自主外迁的农户所受到的搬迁政策的惠及力度偏低，因而整体来看自主外迁农户的社区恢复效果相对进行政府主导安置模式的农户较弱（图 3）。

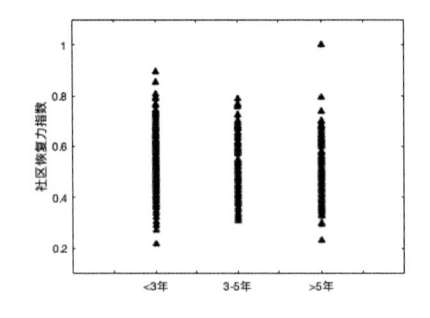

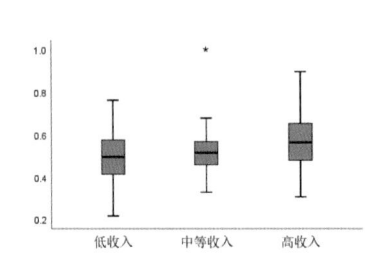

图 4　不同搬迁时间农户社区弹性指数　　　图 5　不同收入水平农户社区弹性指数

搬迁时间小于 3 年农户的社区弹性指数分布跨度比较大，表明搬迁时间较短农户社区弹性的水平不稳定，不同农户之间的差异明显。搬迁时间在 3 年到 5 年的农户的社区弹性指数分布较为分散，但整体偏高，说明搬迁时间变长农户的社区恢复情况越好。搬迁时间超过 5 年的农户的社区弹性指数总体偏低，调查显示，是由于不同年份所实行的易地扶贫政策有很大的不同，5 年前的搬迁政策相对来说不够完善，没有在很大程度上为农户的社区恢复提供有效的支撑，因此最早进行移民搬迁的一批农户反而没有搬迁时间为 3—5 年的农户的社区弹性指数高（图 4）。

低收入农户的社区弹性指数中位数位于箱体正中间，且上下截断点与箱体的距离较远相当，分布相对均匀；中等收入农户的社区弹性指数大体呈现正态分布，上下截断点与上下四分位之间的距离接近，数据对称性较强，特异值较多；高收入农户的社区弹性指数的中位数最高，社区弹性指数偏向两极，整体呈现偏态分布，说明高收入农户的社区恢复能力较强。总体来看，收入水平和社区弹性指数呈正相关的关系来自本村农户的社区弹性指数中位数偏向于箱体上部，且上端截断点靠近箱体，呈现高位集中分布。来自邻村农户的社区弹性指数中位数位于箱体下部，下端截断点靠近箱体，呈现低位集中分布。从整体看来自于本村的搬迁农户的社区弹性指数相较于来自邻村的搬迁农户的社区弹性指数更高，说明就村级搬迁来源来看，搬迁距离越近，社区弹性指数越高。来自邻镇的搬迁农户的社区弹性指数中位数相较于其他搬迁来源地最高，且偏向上四分位，呈偏态分布。来自其他地方搬迁农户的社区弹性指数分布较为均匀（图6）。

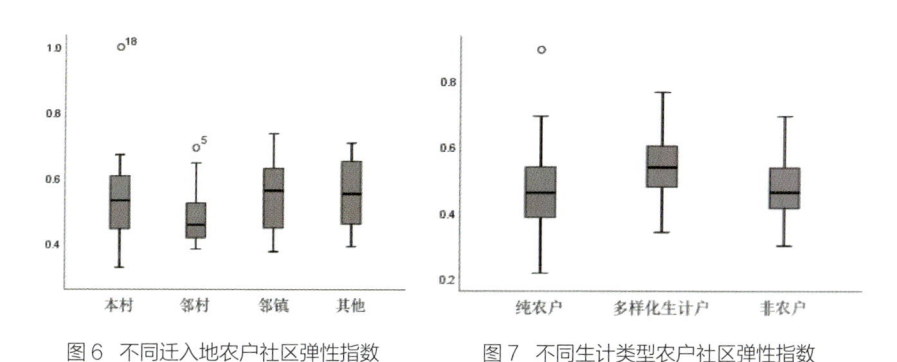

图6 不同迁入地农户社区弹性指数

图7 不同生计类型农户社区弹性指数

不同农户生计类型农户的社区弹性指数中，纯农户的社区弹性相较于多样化生计户和非农户整体偏低。多样化生计户的社区弹性指数的中位数和上下截断点位置相较于另外两种生计类型最高，且中位数位于箱体中部，上下截断点与箱体距离相近，呈现高位均衡分布，说明生计类型越偏向于多样化社区弹性水平越高。非农户的社区弹性指数中位数偏向于下四分位，呈现偏态分布（图7）。由于农业生计活动的减少，农户的农业生计多样性、自然资源依赖性大幅降低，非农业生计多样性大幅提高。搬迁农户生计恢复需要一定的时间，自然资源依赖性的降低和非农生计多样性的提高，有助于农户寻求多种生计策略发展，增强生计稳定性。

（三）农户社区弹性的影响因素

本研究基于前述内容的研究结果，将农户社区弹性设置为被解释变量，采用多元线性回归模型对移民搬迁农户社区弹性的影响因素进行实证分析，方程整体显著，回归结果见表3和表4。其中搬迁时间、搬迁类型、搬迁来源、安置方式作为搬迁特征进入计量模型。

从回归结果总体来看，搬迁特征变量对社区弹性指数有显著影响。具体来说，就搬迁时间来看，短期移民和中期移民对社区弹性有显著正向影响，长期移民对社区弹性影响不显著，说明移民搬迁早期的政策支持力度不够或者政策落实不到位，导致最早搬迁的一部分农户恢复程度与短期和中长期农户存在差距，在移居到迁入地后的适应和恢复过程相对缓慢。扶贫移民、生态移民和减灾移民均在1%水平上对社区弹性有显著影响，而工程移民对社区弹性指数影响不显著，因此政策实践中需要对工程移民农户给予更多的支持。搬迁来源对社区弹性影响显著，且均为1%水平上的正向影响。集中、分散和自主的安置方式也对社区弹性影响显著，显著水平均为1%，其中，自主搬迁对社区弹性具有显著的负向影响，说明非政策移民的同步搬迁农户享受的补贴力度在社区恢复的过程中会面临更大的风险和冲击。家庭规模、收入多样性、平均受教育年限、社会关系、可求助户数、贷款可能性和公共设施可及性为控制变量，同样对社区弹性有着重要影响作用。

表3 调查地农户社区弹性的影响因素估计结果（是否搬迁、不同搬迁时间和搬迁类型）

变量	模型1	模型2	模型3	模型4	模型5	模型6	模型7	模型8	模型9
是否为搬迁户	0.050***								
搬迁时间									
短期		0.069***							
中期			0.047***						
长期				0.014					
搬迁类型									
扶贫						0.062***			
生态							0.094***		
工程								0.008	
减灾									0.056***
其他									0.051***
家庭规模	0.014***	0.017***	0.015***	0.016***	0.017***	0.018***	0.017***	0.012***	0.017***
收入多样性	0.132***	0.121***	0.116***	0.137***	0.139***	0.138***	0.133***	0.157***	0.124***
平均受教育年限	0.014***	0.015***	0.017***	0.013***	0.015***	0.016***	0.017***	0.016***	0.014***
社会关系	0.015***	0.010**	0.008	0.011**	0.001	-0.002	0.002	0.015***	0.020***

续表

变量	模型1	模型2	模型3	模型4	模型5	模型6	模型7	模型8	模型9
可求助户数	0.003***	0.003***	0.001	0.001	0.002**	0.001	0.000	0.001	0.003***
贷款可能性	0.011***	0.008***	0.006**	0.013***	0.014***	0.007**	0.004	0.007**	0.010**
公共设施可及性	0.007***	0.004***	0.001	0.004***	0.004	−0.004**	0.009***	0.012***	0.003**
地区变量	控制	控制	控制	控制	控制	控制	控制	控制	控制
R_2	0.418	0.462	0.486	0.463	0.511	0690	0.611	0.542	0.512
F统计量	57.071	42.068	34.246	35.305	36.969	47.431	41.005	54.963	32.079

注：所有移民特征变量均以非搬迁户为参照组；有的系数为 0.000 并非系数本身为 0，而是由于系数小保留小数点后三位数字所致；***、**和*分别表示在 1%、5% 和 10% 的统计水平上显著。

表4 调查地农户社区弹性的影响因素估计结果（不同搬迁来源和安置方式）

变量	模型10	模型11	模型12	模型13	模型14	模型15	模型16	模型17	模型9
搬迁来源									
本村	0.045***								
邻村		0.058***							
邻镇			0.057***						
其他				0.038***					
安置方式									
集中					0.064***				
分散						0.047***			
自主							−0.027***		
其他								0.020	
家庭规模	0.013***	0.017***	0.017***	0.018***	0.014***	0.019***	0.017***	0.018***	0.051***
收入多样性	0.138***	0.130***	0.131***	0.145***	0.136***	0.156***	0.136***	0.137***	0.017***
平均受教育年限	0.017***	0.014***	0.015***	0.016***	0.014***	0.018***	0.017***	0.017***	0.124***
社会关系	0.005	0.013***	0.005	0.005	0.010**	0.005	0.006	0.001	0.014***
可求助户数	0.001	0.002**	0.000	0.000	0.002***	0.000	0.000	0.000	0.020***
贷款可能性	0.012***	0.008**	0.005*	0.005	0.012***	0.005*	0.006**	0.003	0.003***
公共设施可及性	0.009***	0.003**	0.001	0.016***	0.006***	0.014***	−0.005**	0.016***	0.010**
地区变量	控制	控制	控制	控制	控制	控制	控制	控制	0.003**
R_2	0.481	0.466	0.578	0.647	0.439	0.664	0.627	0.660	控制

续表

变量	模型10	模型11	模型12	模型13	模型14	模型15	模型16	模型17	模型9
F统计量	49.438	36.880	32.643	44.967	51.275	52.765	48.575	44.330	0.512
F统计量	57.071	42.068	34.246	35.305	36.969	47.431	41.005	54.963	32.079

注：所有移民特征变量均以非搬迁户为参照组；有的系数为0.000并非系数本身为0，而是由于系数小保留小数点后三位数字所致；***、**和*分别表示在1%、5%和10%的统计水平上显著。

三、结论与讨论

本研究将弹性理论框架引入搬迁农户社区研究中，在明晰搬迁农户社区弹性概念内涵的基础上，从经济弹性、社会弹性、管理弹性和环境弹性四个维度建立测度指标体系，选取陕南安康市为案例区，基于入户问卷调查数据，运用熵值法对搬迁农户社区弹性进行测度，并采取多元线性回归方法探讨搬迁农户社区弹性的影响因素及其作用路径。主要结论如下：

(1) 搬迁农户社区弹性指数处于高、中、低三个等级的农户数量分别为171户、249户和237户，所占比重依次为26.0%、37.9%和36.1%，社区弹性综合指数整体处于中等偏下水平，表明搬迁农户社区整体恢复状况不甚理想。

(2) 在快速城市化冲击下，相对于搬迁农户社区在物质环境和经济收入层面的快速适应和恢复，其社会恢复较为滞后。说明相对于物质和资金的积累，人际关系的构建需要花费更长的时间。经济恢复方面可以通过政府主导的就业平台建设和提升移民补助来推动社区经济发展，环境方面可以通过筹建基础设施恢复到与原居地环境水平相当，管理方面通过政策制定者和执行者依照实际情况及时调整也能尽快回复管理水平，唯独被打乱的人际关系网络重塑难度较大且旷日持久。

(3) 通过对移民搬迁农户社区弹性影响因素的分析可知，搬迁时间、搬迁类型、搬迁来源、安置方式均是移民搬迁农户社区弹性的重要影响因素。数据分析显示，不同搬迁类型农户的社区弹性差异显著，从整体看来调查区的社区弹性较强；集中安置方式的社区弹性内部差异较大，自主外迁农户的社区恢复效果比政府主导安置农户的社区弹性更弱；收入水平和社区弹性指数呈正相关的关系，收入越高的农户，其搬迁后的生活水平恢复到越来状态所用时间越短，而贫困户搬迁后适应能力和生计安全状况堪忧；在政策支持力度相同的情况下，搬迁时间越长农户的社区恢复情况越好；多样化生计农户的恢复效果优于纯农户和非农户。

随着移民搬迁工程进入收官阶段，怎样恢复搬迁社区的经济水平、社会网络和基础设施等成为政策执行者关注的重点，本研究致力于通过找出促进或者阻碍社区恢复的一系列影响因素有针对性的确保搬迁农户社区稳定脱贫。现有研究大多从宏观角度研究搬迁群体的恢复水平，对农户的微观恢复水平感知较弱。由此，本研究从经济、社会、管理和环境四个分维度来表征社区农户的恢复水平，并探究其重要影响因素，将农户社区弹性的研究与移民搬迁相结合，致力于为移民搬迁社区后续完善提供参考。

本研究选用熵值法确定权重，熵值法属于客观赋权法，相较于层次分析法等主观法而言具有一定的精确性，而且该方法确定出的权重可以进行修正，从而决定了其适应性较高的特点。同时，本研究也存在着一定的局限性。其一，本研究的调查范围为位于陕西省南部的安康市，没有涉及关中和陕北区域的数据，缺乏不同地理区位的比较。其二，本研究选取的数据为截面数据而非面板数据，因而缺少不同发展阶段的比较，会无法表现时间发展对社区弹性水平的动态影响。以后的研究应扩大研究区范围，扩充样本容量，提升数据的多样化程度，获取不同时间段的农户数据，动态监测农户的社区恢复情况。

从社区弹性指数处于高、中、低三个等级的农户数量百分比对比来看，处于中级的农户数量最多，处于低等级的农户数量略次于中级，处于高等级的农户数量比重比处于低等级的农户少 10.1%，说明弹性指数的重心偏下，但差异较小。四个维度弹性测度结果中位数依次为环境弹性＞经济弹性＞管理弹性＞社会弹性，经济弹性两极差异最大，环境弹性两极差异最小。究其原因在于农户集体搬迁远多于自愿搬迁，且政府对集体搬迁配套设施的政策支持力度较大，因此社区农户的彼此之间的弹性差异不大且整体偏高；搬迁农户整体的平均年收入平均值为 6279.593 元，两极跨度却有 248949.7 元之大，因此经济弹性差异悬殊；社会保障制度、政策支持和政府帮扶需要根据实际情况调整逐步健全，故社区管理体系恢复相对较缓；搬迁打乱了原有社区的社交网络，人际关系构建中相识相知互信互助所花费的周期相对较长，社会关系恢复较为滞后。

四、对策建议

针对移民搬迁农户安置落实后续恢复和适应的问题，本研究提出提升易地搬迁农户社区弹性的对策建议。具体如下：

首先，在经济方面，创新产业模式，引导先富起来的农户分享致富心得，带动贫困户，实现共同富裕。加快发展社区服务业、文化服务业和现代物流业等新兴产业吸纳搬迁农户就业，创造良好创业就业环境，发展多元产业提升就业容量，促进灵活就业。建立各级劳务输出组织机构体系，积极开拓劳务市场，全方位促进搬迁农户就业。探索金融扶持新模式，加强对搬迁安置区产业发展和搬迁人口生产就业的信贷支持。由于第一产业的附加值远低于第二产业和第三产业，农业劳动力收入普遍低于非农劳动力，农村劳动力种粮积极性下降、迁入城市务工成为必然选择。农村劳动力的流出改变了局部耕地种植方式，而乡镇企业由于难以发挥集聚优势容易在与城郊大型企业的竞争中处于劣势。这使得乡村生产空间的经济活力下降，进一步引致乡村劳动力的外流，乡村人口结构失衡、青壮年劳动力缺失。基于此，强化社区经济弹性有必要从农业产业化和工业园区化两方面进行优化。在农业产业化过程中，完善农业基础设施和优化农田空间布局成为实现农业规模经营、提升土地生产率的有效途径。针对农业产业化的经济弹性强化不仅涉及农田的优化，而且需要保障国家和区域的农业经济的战略地位。社区二、三产业的兴盛可以直接为乡村社区创造就业机会、促进合作和交流、提供产品和服务、提升生产附加值，也可以间接地增加培训机会、增强经济体与社区的联系、提高市场竞争力、完成对社区活动的支持或赞助。

其次，在社会层面，政府应提高社区居民参与社区事务的积极性，加强社区成员间的交流，引导搬迁农户构建新型社会关系网络，增强搬迁农户对社区的融入感和归属感，进一步完善与构建移民的社会关系网络。持续扩大教育投资，提升搬迁农户社会学习能力，不断完善针对搬迁农户职业技能培训的相关政策并在经费上给予大力支持，调动搬迁农户参加专业技能培训的积极性，并与地方劳动力需求相结合。社区弹性整体可持续性产生影响。可以通过政府和学校的乡土文化宣传，提升搬迁农户对迁入地文化的了解，增强迁入地的本土知识。文化教育与知识的普及应潜移默化地将文化融入当地人的衣食住行，培养搬迁农户对迁入地的关心与热爱，并更为理性地对迁入地加以认识、适应和保护。在不断培养以后，农户将通过积累、确保本地知识变得更为丰富，并以此凝聚于一处，这对于社区的人际关系更为有利，也更利于提高弹性。

第三，在管理方面，政府和社区服务部门应尽可能组织集体搬迁，协同上级管理部门制定统一的社区行动计划和权益保障机制，避免自主搬迁农户移民后孤立无援。争取上级的政策支持力度，提升农户对政策的认知水平，上调移民搬迁农户的住房补助，改善农户的经济条件，搭建医疗、养老、就业平台，提高社会保障水平。建议进一步优化后续扶持工作机制，由政府或综合部门统筹推进，明确相关部门职责分工。加强安置区低收入人口监测，合理确定保障水平；维护搬迁群众在迁出区原有权益，夯实后续发展基础。此外，地方政府必须赢得信任，公众的信任基于其卓越的管理能力和有效的决策方案。信任地方政府是一种长期稳定的政治态度，不可能在短期内形成，因此地方政府应该在日常行政中与农户保持顺畅的互动，持续不断提高行政能力，更好代表公民利益，这样在农户搬迁和恢复的过程中，农户更容易信任地方政府。

最后，在环境层面，生态景观建设和管护、恢复农业景观生态服务功能、保护农业景观生物多样性、加强灾害适宜性管理提高水土安全、促进休闲农业和乡村旅游发展是提升环境弹性的有效方式。其中对生物多样性的保护、生态服务功能的恢复和对自然灾害的适应均可形成环境弹性的直接提升。随着乡村整体经济水平的发展和居民生活质量的提升，社区清洁化、绿色化生产成为提升环境弹性的必然要求增强移民搬迁社区的绿化水平，完善学校、公交站、自来水、商店等社区配套设施，改善社区居住环境。同时也须加强对社区流动人口的管理，切实保障其合法权益，并做到法治化、规范化和长效化。

总而言之，针对移民搬迁农户这类较为特殊的弱势群体，上级和地方政府部门需要深化移民搬迁集中安置后期扶持方案，加大对农户的帮扶力度和动态监控，提高农户的社区弹性。

[参考文献]

[1] 郭华，黎洁.城镇安置模式对陕南移民搬迁农户生计活动影响研究——基于广义精确匹配模

型[J].中国人口·资源与环境,2019,29(07):149-156.

[2] 黎洁.陕西安康移民搬迁农户生计选择与分工分业的现状与影响因素分析——兼论陕南避灾移民搬迁农户的就地就近城镇化[J].西安交通大学学报(社会科学版),2017,37(01):55-63.

[3] 黎洁.陕西安康移民搬迁农户的生计适应策略与适应力感知[J].中国人口·资源与环境,2016,26(09):44-52.

[4] 刘伟,徐洁,黎洁.易地扶贫搬迁目标农户的识别[J].中南财经政法大学学报,2018(03):138-148.

[5] 王磊,李聪.陕西易地扶贫搬迁安置区多维贫困测度与致贫因素分析[J].统计与信息论坛,2019,34(03):119-128.

[6] 刘伟,徐洁,黎洁.易地扶贫搬迁农户生计适应性研究——以陕南移民搬迁为例[J].中国农业资源与区划,2018,39(12):218-223.

[7] 刘伟,徐洁,黎洁.陕南易地扶贫搬迁农户生计脆弱性研究[J].资源科学,2018,40(10):2002-2014.

[8]Adger W N. Social and ecological resilience: Are they related? [J] Progress in Human Geography, 2000, 24(3): 347-364.

[9] Geoff A. Wilson, Markus Schermer, Rike Stotten. The resilience and vulnerability of remote mountain communities: The case of Vent, Austrian Alps[J]. Land Use Policy,2018,71.

[10]Susan L. Cutter, Christopher G. Burton, Christopher T. Emrich. Disaster Resilience Indicators for Benchmarking Baseline Conditions[J]. Journal of Homeland Security and Emergency Management,2011,7(1).

[11] 郭永锐,张捷,张玉玲.旅游目的地社区恢复力的影响因素及其作用机制[J].地理研究,2018,37(01):133-144.

[12] 何艳冰,陈佳,黄晓军.西安城市边缘区失地农民社区恢复力测度与影响因素[J].中国人口·资源与环境,2019,29(03):126-136.

[13] 刘伟,黎洁,徐洁.连片特困地区易地扶贫移民生计恢复力评估[J].干旱区地理,2019,42(03):673-680.

[14] 王群,陆林,杨兴柱.旅游地社区恢复力认知测度与影响因子分析——以千岛湖为例[J].人文地理,2017,32(05):139-146.

农户参与农村人居环境整治研究 [1]
——基于关中地区的调查

○杨朔[2]　雷小雨[3]

内容提要：改善农村人居环境是实施乡村振兴战略的重点任务，也是提升农户生活幸福指数的重要方式，但现实整治过程中"政府干，农民看"的问题依然较为突出，因此，有必要将农户纳入农村人居环境整治的过程之中，积极引导与支持农户参与，以促进村庄集体行动的达成，也可在一定程度上降低村集体或者基层政府的整治难度。基于此，如何发动农户参与农村人居环境整治，并有效提升农户参与积极性，急需开展研究。综上，本研究在对关中地区进行实地调查的基础之上，依据多维理论体系的指导，通过建立数理分析模型，分析研究社会资本对农户参与农村人居环境整治的影响。构建社会资本中各个变量的表征指标，并通过因子分析法确定各变量的指标权重，采用 Probit 和 Tobit 模型测度并解析社会资本对农户参与农村人居环境整治的内在影响。

关键词：农村人居环境整治；农户参与；社会资本；关中地区

一、绪论

（一）研究背景

伴随着城市不断向外发展、工业生产带来的各种污染，农村生态环境受到了严重的破坏。同时，为了追求经济发展，提高收入，大量的农村年轻劳动力开始走向城市，这种现象就使得农村的发展缺少了必要的人力支持，出现了"空

---

[1] 本研究报告为西安建筑科技大学 2021 年度新型城镇化专项研究基金项目研究成果。
[2] 杨朔，西安建筑科技大学公共管理学院，副教授，博士，硕士生导师。
[3] 雷小雨，西安建筑科技大学公共管理学院，硕士研究生。

心化"局面，农村缺少了可以支撑其发展的动力与活力，城乡二元化发展困境加剧[1]。相较于过去以集体为先的传统认知与行动，现代农村在追求经济发展的推动下，逐渐瓦解了以往的认知与行动，农村原有的集体社会一步步解构为一个个以农户为单位的个体，最终导致农村社会结构走向瓦解，逐渐成为治理性的困境[2]。

《国家乡村振兴战略规划（2018—2022年）》出台，充分说明了乡村在国家发展中的重要位置。在乡村振兴的大背景下，农村人居环境整治与改善受到了各级政府的高度重视，但当前农村治理仍然脱离不了"城市视角看农村"的弊端，农村治理的形式、内容照搬城市，导致农村治理缺乏独特性与可持续性。而且多数的新农村建设或环境治理虽然具有比较强的执行力，短期内可能比较容易看出成效，但是，这些为了实现短期的绩效而进行的部分"运动式"的环境治理响应，最终很难实现农村环境的有效治理，反而成为部分政府实现其工作绩效的垫脚石[3]。

传统农村社会的结构在现代经济发展的催化下逐渐瓦解，农村在长期发展中积累的社会资本濒临破碎，"熟人社会"逐渐异化为流失青壮年劳动力的"半熟人社会"或"无主体熟人社会"，农村产生集体行动的内生性力量逐渐减少[4]。公众参与农村人居环境整治具有集体行动属性，而社会资本被众多学者认为可以对个体的行为选择意识和达成个体参与集体行动等方面发挥重要的作用，能够在很大程度上影响农户的参与行为，可以通过将个体行为联结集体行动，使得集体行动的最终成功[5]。因此，从社会资本的研究视角对农户参与农村人居环境整治展开研究，可以激发农户参与集体行动的内生动力，以农村农户主体参与弥补政府单一主导治理的不足，提高农村人居环境整治的科学性与可行性。

（二）研究意义

公众参与治理在城市社区里具有广泛的应用，而在乡村振兴的背景下，农村发展也拥有其实际所需，因此将公众参与纳入农村发展是时代与现实所需，同时还需把相关的理论与技术应用到农村发展中。在农村急需发展的现实背景下，对农户参与行为展开研究，以社会资本为研究视角，并选取社会网络、社会信任、社会规范作为表征社会资本的重要变量，以研究影响农户参与行为的关键因子与内在机理，找寻促进农户积极参与农村人居环境整治的渠道，以期为完善农村人居环境整治体系以及提高农村的可持续发展能力，提供相关的理论基础以及实证分析参考。

（三）研究方法

（1）问卷调查法。通过编写、发放调查问卷的形式对关中地区部分村庄展开实地调研，在与被调查对象的沟通交流中完成问卷调查工作，以了解被调查对象的个人特征、关中地区农村人居环境整治现状、农户参与农村人居环境整治情况以及农户社会资本特征等，为本文研究社会资本对农户参与农村人居环境整治提供实证数据支撑。

（2）因子分析法。在依据相关研究及指标选择原则的基础上，对社会资本各变量进行了多维的指标体系的构建，且希望能够获得各变量的权重，所以使用因子分析法来解决指标权重的分析问题。

（3）Probit 模型与 Tobit 模型。农户参与农村人居环境整治包括两个方面，农户参与农村人居环境的参与意愿及农户参与程度，即是否参与和参与之后的参与程度。运用一系列变量去估计受访者是否参与农村人居环境整治；对于参与农村人居环境整治的受访者，又采用另一系列变量去估计这些受访者的参与程度。这样的安排基于数据属性的不同，故采取不同的方法，因此本研究借鉴前人经验采用 Probit 模型与 Tobit 模型来处理两阶段问题。

二、关中地区农户参与农村人居环境整治现状剖析

（一）数据来源

本研究数据来源于 2020 年 7 月至 8 月在关中地区部分村镇开展的入户调查。对 500 位农户采取问卷的形式进行实地采访调研，最终收获 465 份能够展开研究的调查问卷，问卷总体的有效回收率为 93%。问卷主要调查村庄人居环境治理现状，农户的参与情况，及其社会资本、个人和家庭的基本信息等。

（二）农户参与农村人居环境整治的现状分析

1. 农户参与农村人居环境整治认知分析

样本农户对农村人居环境整治了解程度为一般认知水平占比约为31.8%，不太了解为28.5%，比较了解为28.3%，非常了解与非常不了解的农户，分别为4.3%与7.1%。一般了解、比较了解与非常了解占比超过样本总数的50%，达到64.4%，说明当前的治理工作在农村具有一定影响力与传播力，但仍需加强宣传，提高农户的了解程度。

在"农村人居环境整治是谁的事"一项中，68.6%的农户认为农村人居环境整治是政府、村委会与农户共同承担的公共事务，16.8%的农户认为农村人居环境整治是村委会的事，仅有9.7%的农户认为农村人居环境整治是上级政府的事。从农户角度出发，农户认可农村人居环境整治是与农户切身利益相关的公共事务，需要自身的支持与参与，农户作为农村整体环境的首位利益相关者，有必要参与到农村人居环境整治之中。一方面是尊重农户意愿的体现，另一方面也是促进有效治理的重要方式。

54.4%的样本农户认为本村庄人居环境一般，认为所在村庄人居环境水平差的约占28.8%，认为所在村庄人居环境好的为7.1%，认为非常好与非常差的分别为6.0%与3.7%。农户作为农村人居环境的直接接触者与受益者，其对人居环境的认知与感受是最直观的，他们的参与对农村人居环境整治工作来说也是至关重要的。因此，将农户参与纳入农村人居环境整治，提升农户认知水平，是提升和改善农村人居环境整治质量的重要方式。

2. 农户参与农村人居环境整治行为分析

乡村振兴战略对农村人居环境整治的内容提出了指向性的要求，主要内容包括垃圾处理、污水处理、厕所改造等。本研究主要从以上三方面对农户参与现状进行分析。

（1）农户参与垃圾处理行为分析

调查发现，样本农户生活垃圾处理方式以扔到垃圾池或垃圾桶为主，占样本总数的86.9%。说明样本农户总体上具有垃圾集中处理的意识，所在村庄也为农户提供了垃圾集中丢弃点，在规范约束、行为、认知上农户能够达成一致，且部分农村为农户准备了垃圾分类回收箱，进一步贯彻垃圾处理新思想，将垃圾分类处理在农村进行实践。但仍有部分农户将垃圾随意扔在房前屋后或附近的沟渠，占样本总数的7.1%，说明仍有部分农户未形成维护整体环境的自觉意识。因此，农村人居环境整治不仅要在设施层面进行提升，更要在制度宣传上对农户思想进行提升。

当前污染农村环境的主要来源为农业生产产生的废弃垃圾和日常生活中产生的废弃垃圾。不论是城市还是农村，其进行垃圾处理的有效方式都是采取分类的形式，垃圾的分类也是城市与农村环境治理的重要保障内容，是提升环境治理绿色、高效发展的基石。关中地区农村垃圾处理应以因地制宜为前提，依据村庄现有的人口状况、自然风土样貌、垃圾排放量等因素，各个村庄逐步摸索出适应自身改造发展的垃圾治理路径，不采取"一刀切"的僵化模式。

例如西安市长安区五台街道从2019年开始进行垃圾分类工作。首先，在垃圾处理配套设施的设置方面，为每个家庭分发其他与厨余垃圾丢弃桶，在村中广场、街道等室外公共区域安放其他四种类型的垃圾丢弃桶；其次，在垃圾处理制度建设方面，采取"街长制"的形式对每条街道进行分管分责，其中，由一名村干部总负责，再安排一名垃圾清扫人员、一名负责倒垃圾的人员以及一名监督员，以此促进垃圾分类处理的有效运行，从管、干、器、监四方面进行垃圾处理；最后，垃圾的回收处理方面，物资回收公司负责定期在村庄中对农户日常生产生活产生的可回收、可降解垃圾进行有序回收，农户还能从中取得一定的资金回报。通过以上垃圾产生、垃圾有效处理、垃圾有序回收的闭环处理方式，五台街道的垃圾处理工作得到了长足的发展，改善了以往农村居民将日常生活中产生的垃圾与农业生产垃圾随意丢弃、任意堆放的状况，使得农村人居环境越来越好，村庄越来越美丽。

（2）农户参与污水治理行为分析

从农户家庭污水处理方式来看，51.8%的样本农户污水处理倾向于排入自家渗井，选择随意排放到附近河道或耕地的占23.7%，21.5%的农户将家庭污水排入管道。当前农村环境中，污水排放具有排放量大、污水排放来源多、污水治理效率低下等特点，而且由于农村自然环境的影响，比如地势起伏较大、人口基数大、房屋建设缺少统一规划等原因，农民倾向于随意排放污水，且使得农村污水管道的布置难以实施，对农村整体环境造成破坏。这种没有经过处理的污水流入村中附近的河流或者下渗到地下水中，会造成两者的污染，一方面会影响地表上的生态环境体系，另一方面也会影响农业生产灌溉和村庄饮用水的使用。相比于污水随意排放，虽然自家渗井可以维护表面环境整洁，避免村庄污水横流，地面泥泞不堪，但生活污水直接排入渗井，会导致浅层地下水遭到污染，农户生活用水质量日益下降，因此此种污水排放方式弊大于利。

（3）农户参与厕所改造行为分析

表1显示，农户家庭厕所类型主要分为旱厕与冲水式厕所，其中旱厕占样本总数的19.1%，冲水式厕所占80.9%，有75.3%的农户选择参与厕所改造，24.7%农户未参与厕所改造。从总体上来看，随着农村人居环境整治的推进，冲水式厕所的普及率有了极大提升，农村居民选择厕所改造的比重较大，说明厕所改造在农村普及度较广，农户参与度较高。但是，相较于城市冲水厕所的普及，农村旱厕仍然占有一定比重。以西安市为例，2020年8月底之前，西安市家庭卫生厕所的采用率为89.93%，无害化家庭卫生厕所的采用率为71.6%。阎良与高陵两区的无害化家庭卫生厕所采用率超过了90%，达到了90.2%与91.08%。农村的公共厕所基本可以实现一个村庄拥有一个公共厕所。随着参与农村厕所改造的家庭越来越多，新型厕所的推广、建设、普及以及技术问题逐渐得到解决和完善，农户用上了干净整洁的厕所，但是，厕所建成之后的管理和维护工作仍然存在问题。例如，在机制建设层面存在不健全的问题、在建设标准层面存在着建设标准、资金使用标准、耗材标准不统一等问题，在后期维护层面存在着人员维护不及时、人员不担责等问题。

表1 农户垃圾、污水、粪污处理方式

变量名称	处理方式	频率	百分比
家庭垃圾处理方式	直接扔到房前屋后	7	1.5
	扔到附近的沟渠内	26	5.6
	扔到垃圾池或垃圾桶	404	86.9
	其他	28	6

续表

变量名称	处理方式	频率	百分比
家庭污水处理方式	随意排放到附近河道或耕地	110	23.7
	污水处理管道	100	21.5
	排入自家渗井	241	51.8
	其他	14	3.0
家庭厕所类型	旱厕	89	19.1
	冲水式厕所	376	80.9
是否参与厕改	是	350	75.3
	否	115	24.7

三、社会资本影响机制分析

社会资本作为一种存在于农户身边的非正式制度，在政府治理缺位与市场治理失灵的情况下，对促进农户参与集体行动方面具有重要作用，引入社会资本理论，在促进公众参与环境治理方面能够纳入其重要的内部治理作用。因此，社会资本被学者广泛认为具有促进组织协调发展、整合社会资源、增进个体沟通参与等功能[6]。当前学者对社会资本测度的选择，主要从社会网络、信任、规范、声望、参与等方面进行。综合前人研究，选取社会网络、社会信任与社会规范三个变量对社会资本进行刻画，研究其对农户参与农村人居环境整治的影响。

（一）社会网络对农户参与农村人居环境整治作用机制

社会网络是指个体与个体之间或者与群体之间，在日常生活交往或者出于某种原因产生交际的过程中，产生的一种无形的关系网络[7]。个体在社会中的行为决策不是完全孤立的，社会关系对其行为塑造与决策选择具有重要作用。研究表明，社会个体越融入所处的社会网络之中，与网络中其他个体建立紧密的社会关系，其参与集体行动的几率就可能越大[8]，由于我国农村社会仍然处于关系型交往环境中，所以农户的个人行为很大程度上会受到其所处环境中社会网络的影响[9]。社会网络所具有的异质性将其分为强关系网络与弱关系网络[10]-[11]。由于认知的局限性，农户在决定是否参与农村人居环境整治时，一方面会倾向于借鉴亲朋的建议；另一方面会超越亲缘，通过与外界的交往获取更多的信息。因此，本研究将社会网络分为强关系网络和弱关系网络两个维度，强关系网络指以亲缘、地缘形成的较为紧密、封闭的个体交往，弱关系网络指个体与外界社会形成的较为松散、开放的个体交往，以此两个维度探讨社会网络对农户参与农村人居环境整治的影响。综上，提出假设1：

H1：社会网络可显著影响农户参与农村人居环境整治。

（二）社会信任对农户参与农村人居环境整治作用机制

社会信任是指社会个体评估其他社会个体采取行动的概率，并对自身行为选择的影响[12]。综合已有学者的研究，分别从人际信任、制度信任和一般信任三个维度刻画社会信任。其中，以农户与家人或邻里间建立的信任关系来表征人际信任。制度信任是指农户在日常公共事务处理应对公示等方面，对村两委工作人员或政府的信任。一般信任则表示农户对不认识的人的信任。社会信任会激发个体参与集体行动的热情，个体日常交往中较高的互信有利于促成集体行动的达成。同时，不同个体也会因为与其他个体交往的频率和对其的熟悉程度等因素对其产生不同的信任程度。

已有相关研究表明，社会信任会对个体参与生态环境治理产生重要影响。具体表现为：强关系信任下，农户与亲朋、邻里长期交往中形成的互信机制，其行为决策易受到"熟人"的影响，做出抱团行为。一方面，可以降低农户参与集体行动的合作成本，另一方面，这在一定程度上增加了农户在参与生态环境治理的"搭便车"心理，降低其参与集体行动的积极性[13]。同时，具有较高一般信任的农户，其对自身社交圈外的其他人具有更高的合作意愿，在参与生态环境治理中倾向寻求行为的互惠互利，最终促进集体行动实现。综上，提出假设2：

H2：社会信任可显著影响农户参与农村人居环境整治。

（三）社会规范对农户参与农村人居环境整治作用机制

社会规范是指在社会中存在着一群特定成员，他们制定的要求、规则、制度、习惯和标准等，可以通过增强其内部的感知和责任，从而促使其自身按照所制定的一系列准则规范行动[14]。根据社会内部的运转规则，社会规范可以从源头上引导农户参与农村人居环境整治，充分发挥社会环境因素在农户参与集体行为中的作用，深入影响农户的心理或信念，产生内化作用[15]。在中国农村中，相较于法律强制性的约束，农户在长期交往与博弈中形成具有弹性的交往习惯，这种交往习惯对农户行为产生软约束机制，以道德约束和舆论压力影响农户参与农村人居环境整治行为。农户受制于社会规范的约束与要求的同时，在一定程度上也能够将身边其他农户的理念与态度进行内部化处理，形成个人规范，产生良好的社会互动效应[16]。综上，提出假设3：

H3：社会规范可显著影响农户参与农村人居环境整治。

四、社会资本权重指标及影响效应分析表征体系构建

（一）社会资本权重分析指标体系构建

依据计划行为理论中农户意识行为的感知，并结合农户参与农村人居环境整治过程中社会资本的实际情况和前述提到的相关研究，建构社会资本权重分析指标体系，如表2所示。

表2 指标体系

一级指标	二级指标	指标表征	变量赋值
社会网络	强网络连接	与亲人的交往	从不交往=1，偶尔交往=2，一般交往=3，频繁交往=4，经常交往=5
		与亲密好友的交往	从不交往=1，偶尔交往=2，一般交往=3，频繁交往=4，经常交往=5
		与邻里的交往	从不交往=1，偶尔交往=2，一般交往=3，频繁交往=4，经常交往=5
	弱网络连接	与同自然村农户的交往	从不交往=1，偶尔交往=2，一般交往=3，频繁交往=4，经常交往=5
		与同行政村农户的交往	从不交往=1，偶尔交往=2，一般交往=3，频繁交往=4，经常交往=5
		与村两委工作人员的交往	从不交往=1，偶尔交往=2，一般交往=3，频繁交往=4，经常交往=5

续表

一级指标	二级指标	指标表征	变量赋值
社会信任	特殊信任	对亲人的信任	很不信任=1，较不信任=2，一般信任=3，较信任=4，很信任=5
		对亲密好友的信任	很不信任=1，较不信任=2，一般信任=3，较信任=4，很信任=5
		对邻里的信任	很不信任=1，较不信任=2，一般信任=3，较信任=4，很信任=5
	一般信任	对同村农户的信任	很不信任=1，较不信任=2，一般信任=3，较信任=4，很信任=5
		对村两委工作人员的信任	很不信任=1，较不信任=2，一般信任=3，较信任=4，很信任=5
		对不认识的人的信任	很不信任=1，较不信任=2，一般信任=3，较信任=4，很信任=5
社会规范	描述性规范	会跟随亲人的参与行为	很不认同=1，较不认同=2，一般认同=3，较认同=4，很认同=5
		会跟随亲密好友的参与行为	很不认同=1，较不认同=2，一般认同=3，较认同=4，很认同=5
		会跟随邻里的参与行为	很不认同=1，较不认同=2，一般认同=3，较认同=4，很认同=5
	命令性规范	会遵守村规民约的要求	很不认同=1，较不认同=2，一般认同=3，较认同=4，很认同=5

（二）社会资本影响效应表征体系构建

在研究社会资本对农户参与农村人居环境整治的影响效应中，为了分析结果的可获取性及可测性，采用"电话通讯录人数"表征弱关系网络，采用"遇到困难能够提供物质帮助的人数"表征强关系网络；采用"对村两委工作人员的信任"表征制度信任，"对不认识的人的信任"表征一般信任，用"对邻里的信任"表征人际信任。由于制度信任、一般信任和人际信任均无法直接观察，且均以潜在变量的形式存在，分别通过3个观察变量来估计，对变量的测量通过李克特五级量表进行[17]，"1—5分"分别代表农户对每个观察变量对应的题项描述的信任程度，其中"1分"代表非常不信任，"5分"代表非常信任；采用"对村规民约的遵守程度"来表征社会规范。

表3 社会资本变量表征

核心解释变量		变量表征	测度
社会网络	弱关系网络	电话通讯录人数	人数
	强关系网络	遇到困难能够提供物质帮助的人数	人数
社会信任	制度信任	对村两委工作人员的信任	"1—5分"分别代表农户的信任程度
	一般信任	对不认识的人的信任	
	人际信任	对邻里的信任	
社会规范	命令性规范	对村规民约的遵守程度	"1—5分"分别代表农户的遵守程度

（三）构建数理分析模型

1. 社会资本权重测度模型

本研究采用因子分析法对社会资本各个变量的指数进行测度。因子分析法为一种基于多个变量进行数理统计分析的方法，由于分析计算能够涵盖多个指标变量，并对各个变量进行相关性检验，简化了各变量之间可能存在的较为复杂的相关关系，且可以把相关程度比较高的指标变量划分为一个类别，具有差异的类别其彼此之间存在的相关性也比较低，由此就能得出不同类别所代表的公共因子。具体表述如下：

（1）标准化处理。由于各个指标之间的单位和量级存在不同，这会导致各个指标之间无法展开计算，使得无法测度研究所需的指数，所以，在对数据使用因子分析的前提下，必须先对构建的各个指标数据开展标准化处理。采用Z-score法，公式如下：

$$y_i = \frac{x_i - \bar{x}}{s} \quad (3-1)$$

其中，$\bar{x} = \frac{1}{n}\sum_{i=1}^{n} x_i$，$s = \sqrt{\frac{1}{n-1}\sum_{i=1}^{n}(x_i - \bar{x})^2}$。

（2）构建数据处理因子分析模型。设一共包含了 n 个初始变量，可以表示为 $x_1, x_2, ..., x_n$，且已经通过第一步的标准化数据处理。展开假设，这 n 个初始变量能够由 $f_1, f_2, ..., f_k$ 这 k 个因子所表示，且彼此为线性相关组合。其基本公式为：

$$x_1 = a_{11}f_1 + a_{12}f_2 + \cdots + a_{1k}f_k + \varepsilon_1$$
$$x_2 = a_{21}f_1 + a_{22}f_2 + \cdots + a_{2k}f_k + \varepsilon_2 \quad (3\text{-}2)$$
$$x_n = a_{n1}f_1 + a_{n2}f_2 + \cdots + a_{nk}f_k + \varepsilon_n$$

利用（3-2）式可以将其表示为 $X=AF+\varepsilon$。X 表示观察的 n 维变量；F 为因子变量，且因子由对应的分量进行表示，形成公共因子；矩阵 A 称为因子载荷矩阵，a_{ij} 称为因子载荷；ε 为特殊因子。

2. 社会资本影响效应分析模型

农户是否选择参与农村人居环境整治和农户参与农村人居环境整治的程度是两个不同的行为决策阶段。农户是否选择参与农村人居环境整治表征的是农户在意识层面参与农村人居环境整治的积极性，而进一步选择参与农村人居环境整治的农户，其在行为层面选择以何种程度参与农村人居环境整治，其行为决策将对集体行动的效率产生直接影响，对农户参与农村人居环境整治的有效性进行制约。因此，将农户参与农村人居环境整治响应分为是否参与农村人居环境整治和参与农村人居环境整治的程度两个方面进行理论与实证分析。第一阶段是农户参与农村人居环境整治的意愿问题，第二阶段是农村人居环境的程度问题，这一层面的测度将采用支付意愿进行表征。Probit 模型对农户参与行为这一二元虚拟变量进行分析，运用 Tobit 模型分析社会资本对农户参与农村人居环境整治程度的影响，考虑到农户参与程度（支付意愿）存在 0 值，属于受限连续型归并数据。因此，采用 Tobit 模型探讨社会资本对农户参与农村人居环境整治程度的影响。故本研究借鉴前人经验采用 Probit 模型与 Tobit 模型来处理农户参与问题。

（1）运用 Probit 模型分析社会资本对农户参与农村人居环境整治的影响。参与意愿的数据属性为二元离散变量，所以运用 Probit 模型进行实证分析。模型公式如下（3-3）：

$$P(y = 1 \mid x) = \phi(\beta_0 + \sum_{i=1}^{m} \beta_i X_i) \quad (3\text{-}3)$$

式（3-3）中，y 表示农户的参与意愿，x 为影响农户参与的因素；$\phi(\cdot)$ 是指标准正态的累积分布函数；β 为被解释变量 x 的系数；m 是指影响因素的数量。

（2）运用 Tobit 模型分析社会资本对农户参与农村人居环境整治程度的影响。考虑到农户参与程度（支付意愿）存在 0 值，属于受限连续型归并数据，故采用 Tobit 模型探讨社会网络、社会信任对农户参与农村人居环境整治程度的影响。模型公式如下（3-4）：

$$y_i^* = a_0 + a_1x_1 + a_2x_2 + a_3x_3 \cdots + a_nx_n + \mu_i$$
$$y_i = 0, y_i^* \leq 0 \quad\quad\quad (3-4)$$
$$y_i = y_i^*, y_i^* > 0$$

式（3-4）中，y_i^* 为潜在变量，y_i 为因变量，即农户参与人居环境治理的程度；$x_1, x_2, \ldots x_n$ 代表各自变量 $a_1, a_2, \ldots a_n$，为待估参数，a_0 为常数项，μ_i 为残差项。

（四）社会资本影响农户参与农村人居环境整治效应分析

1. 变量说明

（1）被解释变量。包含两个变量，其一，为农户的参与意愿，其二，为农户的参与程度。参与意愿为二元离散变量，愿意参与为"1"，不愿意参与为"0"。参与程度为连续性变量，由农户愿意支付的金额，即农户的支付意愿来表征。

（2）核心解释变量。包括社会网络、社会信任及社会规范变量。

（3）控制变量。选取性别、年龄、受教育程度等个体特征和家庭实际年收入等家庭特征作为本研究所需的控制变量。

2. 估计结果分析

（1）农户参与农村人居环境支付意愿

表4数据分析结果显示，在465份有效问卷中，样本村民愿意参与农村人居环境整治的比例达98%，其参与农村人居环境整治的支付意愿为144.73元。从数据分析结果来看，农户参与意愿较强，但参与程度较低，农户支付意愿均值仅为144.73元，说明农户虽在意识层面对农村人居环境整治具有较强的认知水平，但在行为选择方面与意识存在差异，因此在农户参与农村人居环境整治中应加强农户行为实施方面的激励机制。

表4 农户参与意愿与程度

变量类别	变量名称	变量含义及赋值	均值	标准差	极大值	极小值
参与农村人居环境整治	参与意愿	愿意参与=1，不愿参与=0	0.98	0.14	1	0
	参与程度	参与农村人居环境整治支付意愿	144.73	148.24	800	0

表 5 反映了样本农户参与人居环境治理支付意愿的分布情况。其中有 437 位农户具有支付意愿，占有效样本量的 93.98%，从调整频度分析来看，在有支付意愿的农户中，支付金额频率最高为每年 100 元 / 户，占样本总数的 30.43%，其次为每年 50 元 / 户，占样本总数的 16.93%。从结果分析来看，虽然被调查农户对农村人居环境具有较高的认识水平，但其行为参与水平较低，由此也能看出，农户虽具有较强的支付意愿，但其支付程度较低，这与农户的实际收入及受教育程度具有一定的联系。在实际调研走访中发现，部分农户虽然具有一定的支付意愿与能力，但考虑到其所支付金额使用情况不公开，村镇管理不透明等原因，会使其降低甚至丧失支付意愿。

表 5 受访农户参与程度累计频率分布

支付意愿（元）	绝对频度（人）	相对频度（%）	调整频度（%）	累计频度（%）
<50	70	15.05	16.02	16.02
50	74	15.91	16.93	32.95
100	133	28.60	30.43	63.39
150	33	7.10	7.55	70.94
200	50	10.75	11.44	82.38
250	7	1.51	1.60	83.98
300	20	4.30	4.58	88.56
350	6	1.29	1.37	89.93
400	5	1.08	1.14	91.08
450	4	0.86	0.92	91.99
500	24	5.16	5.49	97.48
>500	11	2.37	2.52	100
愿意支付	437	93.98	100	\
拒绝支付	28	6.02	\	\
总计	465	\	\	\

（2）社会资本对农户参与农村人居环境整治影响效应分析

表 6 分析结果显示，社会网络中的弱关系网络对农户农村人居环境整治参与意愿与参与程度在不同显著性水平下具有正向显著影响，强关系网络激励农

户的参与程度，因此，可以说明社会网络在促进农户参与农村人居环境整治中发挥了作用，假设1得到证实。社会网络对农户参与农村人居环境整治意愿与程度均具有正向显著影响。说明拥有较多社会网络存量的农户在村中及社会上拥有更多的社会资源，获取信息的渠道更广，易接受新信息、新知识，环境治理认知水平较高，从而对其农村人居环境整治参与程度起促进作用。实际调研走访中发现，电话通讯录人数较多的农户在村中及社会上拥有较多的社会资源，能够更好地组织与动员他人参与集体行动，并在一定程度上能够对他人的决策行为产生影响。农户日常交往中形成的关系网络，对其参与集体行动具有激励作用，农户日常与亲朋好友、村两委工作人员或专业技术人员的交往普遍较多，在此基础上可获取更多的有关农村人居环境整治的政策与信息，进而使得农户在日常交往中形成的社会网络，促进其参与农村人居环境整治。

社会信任中，人际信任、制度信任在不同显著性水平下均对农户农村人居环境整治参与意愿与参与程度具有正向显著影响，一般信任对农户参与意愿与参与程度具有不显著影响。总体上看，社会信任在农户参与农村人居环境整治中发挥了正向激励作用，假设2得到证实。社会信任中，人际信任与制度信任均对农户参与农村人居环境整治具有正向显著影响，但一般信任对农户参与农村人居环境整治不显著。相较于熟人环境下的人际信任与制度信任，一般信任嵌入的是农户对不认识的人的信任，其信任程度较低，调研走访中发现，多数农户表达出对邻里间的友好互信，在孩子上学、家人身患重大疾病等家庭要事的决策方面，部分农户愿意听取邻里的建议。因此，从调研样本来看，农户邻里之间的互信程度较高，同时发现农户对不认识的人具有一定的疏离感，会自动形成一种自我保护机制，这在一定程度上为其建立起对外界信息接收的壁垒，从而导致一般信任对农户参与农村人居环境整治未能产生显著影响。

社会规范均未通过参与意愿与参与程度模型分析显著性检验，说明社会规范对样本农户参与农村人居环境整治未产生正向或负向影响。社会规范对农户参与人居环境治理具有不显著正向影响，造成这一结果的可能原因是，调研区域所推行的农村人居环境整治方案是上级政府对全省行政村下达的强制性要求，政策要求的强制性可能会削减社会规范的影响结果，导致社会规范影响不显著。

控制变量分析结果显示，农户的个人特征中，性别特征对其农村人居环整治的参与意愿具有正向显著影响；年龄特征、受教育程度特征在不同显著性水平下对农户参与意愿与参与程度具有激励作用，但是，农户的政治面貌特征对其参与意愿和参与程度的影响均不显著。家庭特征中，家庭年收入特征显著促进农户参与农村人居环境整治。

表6 农户参与影响因素模型分析结果

变量名称	参与意愿 Probit模型	参与程度 Tobit模型
弱关系网络	0.0400**(0.0182)	0.195***(0.0412)
强关系网络	0.0679(0.0582)	2.063***(0.462)
人际信任	1.652*(0.857)	18.68*(11.00)
制度信任	0.472**(0.026)	12.76***(0.081)
一般信任	0.156(0.597)	7.574(9.956)
性别	1.296*(0.782)	15.17(13.56)
年龄	0.337*(0.036)	7.075*(0.808)
受教育程度	0.126**(0.031)	8.422***(0.948)
政治面貌	0.517(0.361)	2.876(7.909)
家庭年收入	0.0951*(0.024)	9.664**(0.036)
常数项	1.272(2.940)	99.02(66.47)

注：***、**、*分别表示在1%、5%、10%的统计上显著。

3. 稳健性检验

为了检验估计结果的可信度，故采用"替代核心解释变量方法"对上文估计结果进行稳健性检验。具体而言，使用"微信联系人的数量"替换弱关系网络的"电话通讯录人数"，使用"对政府的信任"替换制度信任的"对村两委工作人员的信任"。表7估计结果与表6基准回归模型的估计结果基本一致，说明模型具有稳健性。

表7 稳健性检验结果

变量名称	参与意愿 Probit模型	参与程度 Tobit模型
弱关系网络	0.0182**(0.009)	0.104***(0.0280)

续表

变量名称	参与意愿 Probit 模型	参与程度 Tobit 模型
强关系网络	0.0903(0.0564)	2.357★★★(0.457)
人际信任	1.444★(0.700)	16.91(11.12)
制度信任	0.625★(0.372)	8.017★★(5.823)
一般信任	0.228(0.472)	7.574(9.956)
性别	0.996(0.639)	20.03(13.63)
年龄	0.278★(0.041)	7.637★(0.855)
受教育程度	0.105(0.345)	8.374★★(0.861)
政治面貌	−0.512(0.333)	−3.020(8.023)
家庭年收入	0.016★(0.054)	10.98★(6.158)
常数项	−0.800(3.151)	90.39(67.09)

注：★★★、★★、★分别表示在 1%、5%、10% 的统计上显著。

五、研究结论与政策建议

（一）研究结论

本研究利用 465 份微观调研数据分析了社会资本对农户参与农村人居环境整治的影响，基于模型分析结果，解释说明了影响农户参与农村人居环境整治的重要因素，根据分析结果，得出以下研究结论：

1. 农户参与对农村人居环境整治工作至关重要

通过农户对农村人居环境整治认知现状分析得出，关中地区样本农户对农村人居环境整治了解程度多呈一般状态，占比约为 31.8%，约为整体样本农户的 1/3。超过一半的样本农户认为本村庄的人居环境一般，约占样本总数的 54.4%，调研村庄农村人居环境为一般偏差水平，因此，农村人居环境整治是必要的行为，68.6% 的农户认为农村人居环境整治是上级政府、村委会与农户共同承担的公共事务，16.8% 的农户认为农村人居环境整治是村委会的事，仅有 9.7% 的农户认为农村人居环境整治是上级政府的事。农户作为农村人居环境的直接接触者与受益者，其对人居环境的认知与感受，也是最直观的，他们的参与对农村人居环境整治工作来说也是至关重要的。

2. 关中地区农村旱厕改造仍有提升空间

通过农户对农村人居环境整治参与行为分析得出，农户生活垃圾处理方式以扔到垃圾池或垃圾桶为主，占样本总数的86.9%，说明调研区域样本农户总体上具有垃圾集中处理的意识，所在村庄也为农户提供了垃圾集中丢弃点，在行为规范上农户达成一致。接近一半的样本农户，其污水处理方式倾向于排入自家渗井，达51.8%，选择随意排放到附近河道或耕地的样本农户占总体样本的23.7%，仅有21.5%的农户将污水排入污水集中处理管道。农户家庭厕所类型主要分为旱厕与冲水式厕所，其中旱厕占样本总数的19.1%，冲水式厕所占比80.9%，有75.3%的农户选择参与厕所改造，24.7%的未参与厕所改造，从总体上来看，相较于城市冲水厕所的普及，农村旱厕比重仍然较大。

3. 农户参与农村人居环境整治的积极性较高

在465份有效问卷中，有参与意愿的农户占样本农户总数的98%，其参与程度（支付意愿）为144.73元。说明关中地区农户具有较强的参与意识，这也得益于陕西省近几年对农村人居环境整治工作的重视与实施。在有参与意愿的437位农户中，有支付意愿的农户占比为93.98%，从占比来看，样本农户具有较高的生态环境治理意识，作为村庄中的一员，其对村庄环境的关心程度较高，且愿意以身作则，加入农村人居环境整治之中。

4. 社会资本对农户参与农村人居环境整治发挥重要作用

从数据分析结果上看，社会资本能够正向影响农户参与农村人居环境整治。其中，社会网络、社会信任对农户参与农村人居环境整治具有正向促进作用，但社会网络、社会信任中各要素对农户参与农村人居环境整治存在不同程度的影响。农户具有的弱关系网络对其农村人居环境整治参与意愿与参与程度均具有促进作用，强关系网络仅对其参与程度具有激励作用；社会信任中，人际信任、制度信任均可激发农户参与农村人居环境整治的动力，但一般信任对农户参与的激励作用不显著；社会规范影响效果不显著。农户的性别特征、年龄特征、受教育程度特征、家庭年收入特征均能够激励农户的参与行为，但政治面貌不影响的农户参与行为。

（二）政策建议

提升农村人居环境整治，是当下解决"三农"问题的关键布局，也是持续推进农村社会有机有序发展的重要举措。如何激励农户，促使其发挥在农村人居环境整治中的主体作用，转变农户"要我参与"的固有心态与状态，形成"我要参与"的农户参与新理念，是保障农村人居环境整治取得有效成果、建立健全多元协同整治机制的关键。政策建议如下：

1. 发挥社会资本治理机制与政府治理机制在农村人居环境整治中的互补作用

政府治理机制在大范围的环境治理中发挥有效作用，但对农村范围内的人居环境治理存在失灵现象，社会资本治理机制通过社会网络、社会信任、社会规范在农村小范围内对农户参与农村人居环境整治进行内在激励。因此，在政府层面，应增强政府在执政、立法方面的公信力，进一步识别政府在农村人居环境整治中担当的主导角色。地方政府建立环境治理小组及以党员为核心的环境治理监察委员会，从立法、执政、监督、反馈等方面稳步进行，不断实现农村人居环境的有效治理。社会资本层面，在农村范围内搭建环境保护信息交流平台，多渠道培育农户社会资本存量。整合多方社会资源，鼓励引导帮助农户利用微信、抖音等新媒体，拓宽信息获取渠道。设立保障性环境保护岗位，建立农户环保互助监督小组，引进专业治理人才定期开展知识讲座等，扩大农户参与集体活动的渠道与媒介。加强个体间的沟通交流，增强农户彼此间及对外界的信任，促进农户的合作参与，通过建立农村环境保护社区自治组织等农村集体活动，在日常交往中提高农户的合作互信，不断增加农户社会资本存量，构建农村生态和谐发展的新格局。

2. 通过增强农户间的沟通交流，培育农户社会资本存量

增强农户社会网络交往频率与密度，社会网络交往频率与密度的提升可以增加农户信息获取的能力与渠道。通过组织农村集体活动，例如农村人居环境整治政策宣讲会、垃圾分类小课堂等，提高农户对农村人居环境整治的认知水平，在日常活动交往中，培育和提升农户的社会网络。建立村集体互信机制，政府引导农村建立健全村两委工作人员行为监督制度，增强村干部在处理日常村务工作中的透明度，并不断增强其与农户间的对话，帮助提升彼此间互信。村干

部组织广大农户参与农村人居环境整治宣传大会，传播农村人居环境整治的益处与示范村经验，建立农村人居环境整治"星级示范户"评定办法，强化农户对优秀家庭及个人的学习，提高农户之间的信任，以社会网络的信息传递功能、社会信任的合作互惠功能等促使更多的农户参与农村人居环境整治。

3. 发挥村两委等基层社区组织在农村人居环境整治中的参与优势

由于制度信任在农户参与中发挥的正向激励作用，且村两委参与治理相较于政府治理具有更强的紧密性，与农村人居环境更加贴近，更易察觉或接收到环境问题。因此，要发挥村两委在农村人居环境整治中的参与引导优势，如建立环保小组、农户自发形成的非正式组织。同时，要发挥农户自治组织在农村人居环境整治中的"在场"优势。因为，农户自治组织具有较强的主体参与性，其在环境治理中也包含一定的自治权，这两方面就使得其能够在发挥主观能动性的基础上，以环境规范要求自己及引导农户，维护所在村庄的人居环境并积极参与到人居环境治理之中。最后，建立农村人居环境整治参与示范户和示范点，强化参与性较强的农户对同村农户的带动作用，在村中设立村级人居环境治理委员会，努力使农村人居环境整治理念与行动触及每一位农户。

4. 培养农户树立乡村主人的意识

基层政府调整职权范围，对农户在农村社会中的主体作用加以认可和支持。不断完善基层政府在农村中的服务职能，鼓励农户参与村集体事务商讨与决策，尊重农户意愿，听取农户合理建议，吸引农户积极投身到农村人居环境整治队伍之中，发挥其主体参与作用。转变以往农户对村集体事务被动参与的传统思想，从意愿和行为两方面激发农户参与集体行动的动力与活力，政府为农户破除参与集体行动道路上的阻碍，主动积极地与农户协商解决问题，在尽可能满足各方利益的情况下，消除各方过去可能存在的冲突与矛盾，不断改善增加农户参与农村人居环境整治的效果。基层政府在处理日常的农村公共事务中，应将农户放在主体地位上，并积极明确自己的职责，做好引导农户参与、服务农户、规范农户与合作农户等多项职责，构建以"政府主导、村两委协作、农户参与"的纵向多元合作治理机制，提高农户在参与村庄公共事务中的自主权，将部分能够以自治形式开展的权力交给农户自己掌握，自觉接受农户的监督，建立政府与农户之间的良性互动。

5. 着重建设农村基础教育

培养具有适应现代化发展的知识型或技能型农村人才，以人才振兴带动生态环境振兴。从儿童基础教育与成人知识技能教育两方面共同入手，培养新型农村精英，提升农户的认知与学识水平。当地政府及村委会应紧跟农村发展治理的相关政策与方法，引领农户牢固树立生态环境保护理念，实现科学有效地参与。以新乡贤群体作为农户与集体行动间的纽带，利用其在村庄中的带动效应，在原有农村新乡贤群体的影响下，不断创造更加紧跟时代的新型农户。以党支部书记为带头的党支部委员会及以知识、经济、文化等因素组成的农户自治组织，在集体内部及外部均具有一定的影响力。因此，应充分发挥党员干部在集体行动中的带头作用，积极引导其他新乡贤群体所形成自治组织的集体参与，以新乡贤的集体参与调动农户参与生态环境治理的积极性。

[参考文献]

[1]Lin D, Simmons D. Structured inter — network collaboration: Public participation in tourism planning in Southern China[J]. Tourism Man age, 2017, 63:315-328.

[2] 徐勇. 挣脱土地束缚之后的农村困境及应对——农村人口流动与农村整治的一项相关性分析[J]. 华中师范大学学报(人文社会科学版)，2000，(02):5-11.

[3] 周颖. 社区营造理念下的农村建设机制初探[D]. 重庆：重庆大学，2016.

[4] 董运生，张立瑶. 内生性与外生性：农村社会秩序的疏离与重构[J]. 学海，2018(04):101-107.

[5] 蔡起华，朱玉春. 社会信任收入水平与农村公共产品农户参与供给[J]. 南京农业大学学报(社会科学版)，2015, 15(1):41-50, 124.

[6] 王春荣，韩喜平，张俊哲. 农村环境治理中的社会资本探析[J]. 东北师大学报(哲学社会科学版)，2013，(3):217-219.

[7]GranovetterM. Getting a Job: A Study of Contacts and careers[M].2nd ed. Chicago: University of Chicago Press, 1995.

[8] 陈型颖，王衡. 政治信任、社会网络与抗争倾向：基于53个国家和地区的实证比较[J]. 社会，2018，38(01):186-214.

[9] 吴贤荣，李晓玲，左巧丽. 社会网络对农户农机节能减排技术采纳意愿的影响——基于价值认知的中介效应[J]. 世界农业，2020(11):54-64.

[10]Ostrome E. Governing the commons: the evolution of institutions for collective action[M].Cambridge: Cambridge University Press, 1990.

[11]Zorzi O.Granovetter(1983):The Strength of Weak Ties: A Network Theory Revisited[J].2019.

[12]Eric M. Uslaner. Civic Engagement and Particularized Trust[J].American Politics Research. 2003, 31(4):331-360.

[13]蔡起华,朱玉春.社会信任、关系网络与农户参与农村公共产品供给[J].中国农村经济,2015,(7):57-69.

[14]Rohollah Rezaei, Leila Safa, Christos A. Damalas, Mohammad Mahdi Ganjkhanloo. Drivers of farmers 'intention to use integrated pest management: Integrating theory of planned behavior and norm activation model[J].Journal of Environmental Management, 2019, (236):328-339.

[15]沈费伟.农村环境参与式治理的实现路径考察——基于浙北荻港村的个案研究[J].农业经济问题,2019,(8):30-39.

[16]赵秋倩,夏显力.社会规范何以影响农户农药减量化施用——基于道德责任感中介效应与社会经济地位差异的调节效应分析[J].农业技术经济,2020,(10):61-73.

[17]郭清卉,李世平,南灵.社会学习、社会网络与农药减量化——来自农户微观数据的实证[J].干旱区资源与环境,2020,34(9):39-45.

基于需求侧响应的关中农村多能互补系统规划设计研究 [1]

○罗西 [2]

内容提要： 针对单纯依靠化石能源无法高效、环保、经济地满足关中农村分散用能需求的现实情况，本项目探索构建基于需求侧响应的农村分布式多能互补系统。由于此类能源系统的供需两侧因需求侧参与调节而双向耦合，按需定供的常规城镇能源系统分析方法难以适用。以关中城郊融合类农村地区为例，本项目将分布式多能互补系统进行供给—需求两侧模型解耦：需求侧，现场调研并提出关中城郊融合类农村柔性负荷响应潜力评估模型；供给侧，建立多能互补系统优化模型并计算求解。研究结果将为关中城郊融合类农村的分布式多能互补系统规划设计提供参考依据。

一、绪论

（一）研究背景

2020年11月3日公布的五中全会公报《中共中央关于制定国民经济和社会发展第十四个五年规划和二〇三五年远景目标的建议》首次将乡村建设提到重要位置，肯定了乡村建设对于全力推进我国现代化建设的重要意义。《乡村振兴发展规划（2018—2022年）》提道，"城乡融合类乡村指的是特大城市的近郊村庄，具备成为城市后花园的优势，较其他农村经济基础较好，在产业发展、文化建设、社区公共服务等方面具有向城市转型条件的乡村"。根据文件给出的定义可知，随着中国的城镇化进程不断推进，城乡融

---

[1] 本研究报告为西安建筑科技大学2021年度新型城镇化专项研究基金项目研究成果。
[2] 罗西，西安建筑科技大学建筑设备科学与工程学院副教授。

合类乡村的不断扩大将有助于实现新型工业化、信息化、城镇化和农业农村现代化同步发展。

由于靠近城市，城郊融合类农村居民的用能行为与城市居民用能行为有一定相似性，但当地居民仍会保留一些传统农村居民的用能行为特征，如在日常生活中勤俭节约的用能习惯以及进城务工人员节假日流动引起的用能波动等。相比传统农村居民，城郊融合类农村居民的用能行为越来越贴近城市居民，但是当地原有的能源基础设施以服务传统农村居民用能为目的而建设，难以满足居民日益增长的用能需求。在这样的内外环境影响下，城郊融合类农村居民的用能行为兼具城市居民与农村居民的用能特点，且将长期处于非稳态的演化变革阶段。关中地区三面环山，由于能源使用造成的污染物排放问题较为严重。深入分析当地村民用能行为，是掌握关中城郊融合类农村居民用能现状与变化规律的前提条件，对于保障关中城郊融合类农村节能减排工作顺利开展具有重要意义。

（二）研究目的及意义

《世界能源统计评论》指出，2019年碳排放增速相较上年大幅放缓，其中一次能源消费增长放缓至1.3%，不到2018年增长速度（2.8%）的一半，原因主要是能源消耗下降，可再生能源和天然气替代能源替代了煤炭。按国家划分，迄今为止，中国的能源消耗占全球净增长的四分之三以上，居全球首位。印度和印度尼西亚是增长的第二大贡献者，而美国和德国的降幅最大[1]。居民能耗占到中国总能耗的14%，是仅次于工业的第二大能耗部门，在节能减排的大环境下，居民节能行为在减少中国高能耗中表现出相当大的潜力[2]。

随着中国快速的城镇化进程，近些年农村人口开始下降，然而农村家庭能源消耗急剧增长，农村人均生活用能量从2010年的227千克标准煤增到2017年的417千克标准煤[3]。电力已成为农村家庭的必要能源，大部分现存的农村家庭能源消耗研究是宏观的，缺乏第一手调查的数据以及相关信息，导致数据的可靠性、综合性和准确性不强[4]。中国地域辽阔，不同地区之间尤其是城乡之间存在显著的异质性，因此简单地制定全国农村统一的节能政策是不现实的[5]。如何正确引领农户在日常生活中节约能源，仍将是我国进行节能减排、降低能耗研究的重点和难点问题。

二、有关农村居民用能情况的研究

能源和气候问题已经引起公众和学术界的广泛关注。Tianzhen Hong 等认为，建筑节能不仅仅取决于新技术，更是取决于人类行为的全面改善[6]。Yan Zhang 等通过研究得出，近年来关注居住者行为的文献呈指数增长，居住行为是建筑节能的关键，是建筑节能技术的重要补充[7]。Ping Jiang 等强调了居住者行为在建筑节能中的重要性，认为个人行为的改变可以为节约能源使用和减少碳排放做出重大贡献[8]。但目前的行为能耗研究大多针对城镇居民而展开，有关农村村民的相关研究较少，农村村民与城镇居民在生活方式、消费习惯等方面都存在较大差异。图 1 显示了不同年份全国地区农村居民平均每百户年末主要耐用品拥有量。可以看出，随着时间的增长，农民拥有的耐用品消费品数量增多，表明农民的物质生活条件在逐渐改善，这些耐用品的增加，无疑增加了能源的消耗。

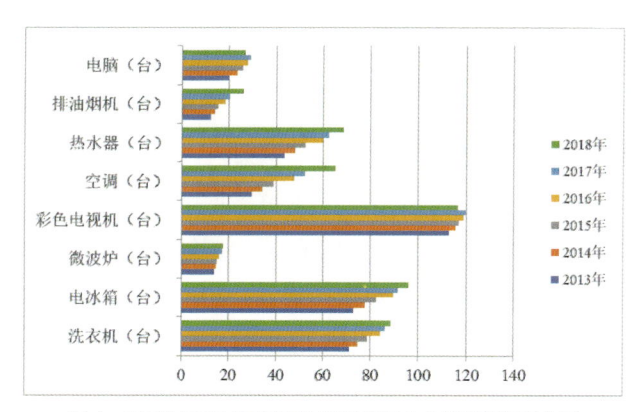

图 1 全国地区农村居民平均每百户年末主要耐用品拥有量

关中地区的主要生活能源为电，占总能耗的 61.1%，用电比例远高于全省平均水平，同时 2018 年陕西省乡村地区生活消费的原煤使用量达 212.57 万吨，大大高于城镇地区的原煤使用量，由于农村地区地理分布较为分散，铺设天然气管道的成本过高，所以大多数农村地区无法使用天然气能源。2018 年陕西省农村主要生活能源构成和能源情况如图 2 所示。

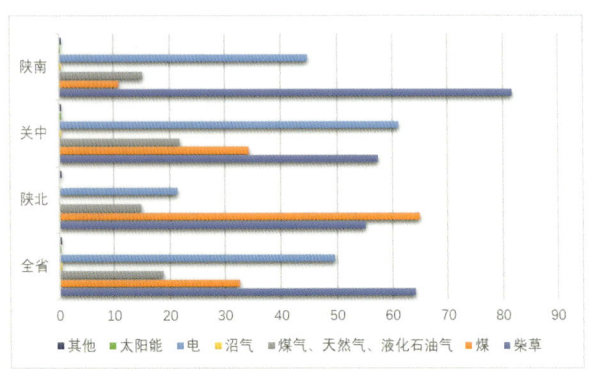

图2　2018年陕西省农村主要生活能源构成

建筑物中居民的用能行为包括多个方面，对家庭各项用能行为进行整体性分析的综合用能行为研究十分必要。由于中国地域辽阔，城市与农村家庭的各项用能行为存在较大的异质性，已有研究大多关注城市家庭和农村家庭的综合用能行为。在有关农村家庭的综合用能行为研究方面，Ren Wang等对中国25个省的农村进行大规模调研，根据调研数据对家庭烹饪和取暖使用的能源类型进行统计。但是该研究并没有涉及烹饪和取暖的时间和习惯[9]。Xu Juan等对中国北方地区的农村进行调研，描述了家庭各项用能行为所使用的能源类型及所占的比例，对各项用能习惯并未进行分析，而了解居民的用能习惯对政府指定节能减排的政策至关重要[10]。Baoling Zou等利用对中国农村进行大规模调研的问卷数据，对家庭各项用能行为分析比较深入，分析不同能效等级的洗衣机、冰箱和电视的能耗，但是未涉及居民用能行为影响因素的分析[11]。因此，驱动农村居民根据能源供给的波动特性合理地调整用能行为，能够有效提高可再生能源利用率，是解决农村可再生能源应用推广受限问题的重要途径。

三、调研设计与实施

（一）调研问卷设计

本文所使用的调查问卷内容构成如图3所示。

第一阶段问卷由三部分内容组成，第一部分的问卷内容，即农户的基本家

图3 问卷内容

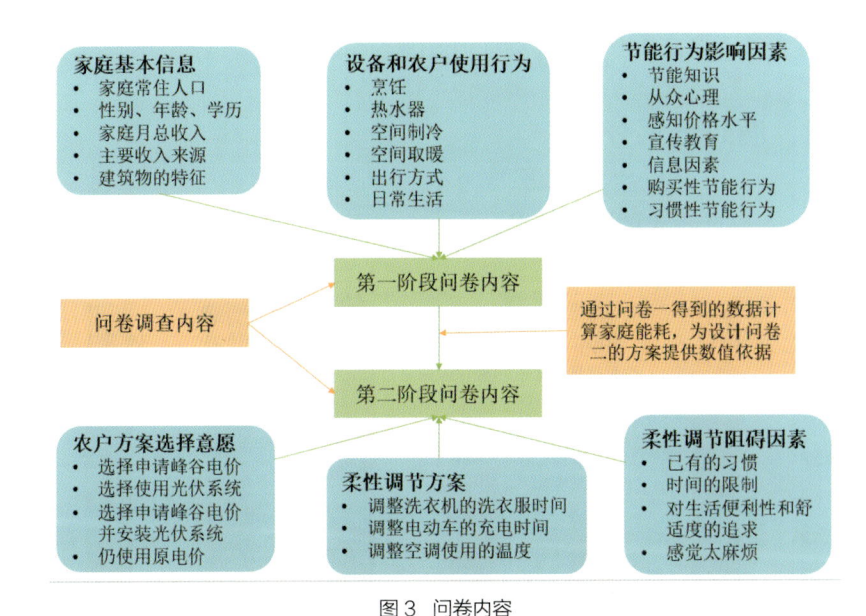

庭信息;第二部分的问卷内容,即农户家庭的用能现状;第三部分的问卷,即节能行为影响因素,采用李克特5点计分量表,被调查者根据自己在日常生活中的实际情况进行选择。

第二阶段问卷由三部分组成,第一部分列出四种方案选择意愿,被调查者可以对需要投入的成本和产出的收益进行对比,从而选出他们所倾向的方案;第二部分是农户在每种选择方案下的行为改变。第三部分是农户进行柔性调节的阻碍因素。

(二)样本和数据收集

本研究选择中国关中地区农村作为调研地点。中国关中地区人口密集,城镇地区采用集中供暖,农村地区则普遍采用低成本的薪柴、散煤燃烧取暖。由于关中地区三面环山,薪柴、散煤等燃烧过程释放的污染物难以快速消散,当地环境保护受到严峻挑战。调研小组于2019年11月初在陕西省西安市鄠邑区草堂营村展开预调研,根据调研反馈的结果,对问卷进行修改,并于2019年12月和2020年9月—11月在陕西省西安市鄠邑区和长安区展开正式调研。发放第一阶段问卷350份,有效问卷322份,有效率为92%;发放第二阶段问卷

310 份，有效问卷 284 份，有效率为 91.61%。

四、调研结果分析

（一）被调查者的基本情况

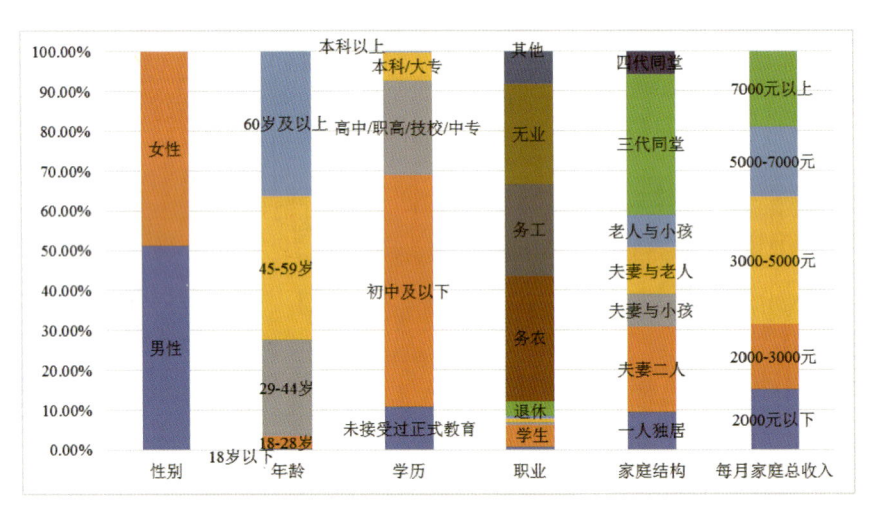

图 4 家庭基本特征情况

被调查者中，45-59 岁和 60 岁及以上的农户分别占到被调查者的 36.16%，这两个年龄段的被调查者占到被调查者的大多数，这与我国农村大部分青年人外出务工，劳动力较弱的中老年留守的国情相符合。在被调查者中，有将近 60% 的人的学历是初中及以下水平，村民普遍的受教育程度不高。根据问卷回收结果，可以用一人独居、夫妻二人、夫妻与小孩、夫妻与老人、老人与小孩、三代同堂和四代同堂对家庭居住结构的分布情况进行分类。由图可知，三代同堂类型的家庭占比最高，占被调查家庭的 35.53%。其次是夫妻二人居住的家庭，占比 21.38%。

根据我们的实地调研，将近 90% 的农户家庭住房都是钢筋混凝土结构，还有 10% 的农户家庭住房是砖混结构。大部分农户家居住的是二层独院的房子，房屋分布呈现出如图 5 所示的结构。

本文研究的城乡融合类农村建筑类型如图 5 左边所示，基于清华大学开发的建筑能耗模拟软件 dest-h 软件对该村庄的典型建筑进行了能耗模拟及参数设计，建筑模型如图 5 右边所示。

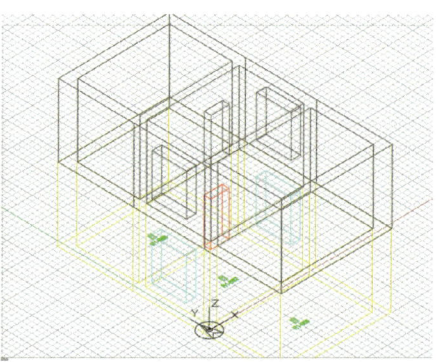

图 5 典型的城郊融合类农村居民建筑与 DEST 中的房屋模型

（二）气候条件

农户的行为会受到气候条件的影响，有学者专门研究室外气象环境对居民用能行为的影响，还有学者利用 EnergyPlus 等模拟软件模拟建筑物的能耗，我们在实地调研中发现，在农户被问及洗衣服的时间、洗澡的时间、开空调的时间和温度时，很多人会提到要根据天气情况而定。因此本文查找了西安的室外气候参数（表 1），西安位于北纬 34.18 度，东经 108.56 度，海拔高度为 397.5 米，室外计算干球温度是 35.1 摄氏度。区分夏季和冬季，这些参数包括大气压力，室外相对湿度和室外平均风速。

表 1 西安室外气候参数

纬度（度分）	34.18	大气压力（Pa）	夏季	957.1
经度（度分）	108.56		冬季	981
海拔高度（m）	397.5	室外相对湿度（%）	夏季通风	54
室外计算干球温度（℃）	35.1		冬季空调	66
室外计算湿球温度（℃）	25.8	室外平均风速（m/s）	夏季	1.6
			冬季	0.9

图 6 展示了西安一年 12 个月的降水量、日照时数和平均温度，这些外界环境因素均会对农户的用能行为产生至关重要的影响。图 7 展示了中国局部地区

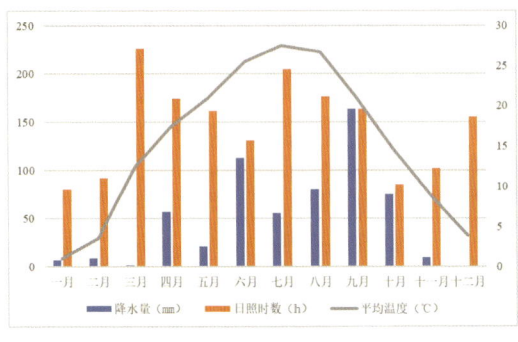

图6 西安每月气候条件

图7 中国局部地区的气候区划分

的气候区划分,从图中可以看出关中地区位于寒冷区,因此该地区农户的用能行为,尤其是采暖和制冷行为与其他气候区的农户截然不同。

(三)农户的用能行为

农户的用能行为会表现出季节性的差异。本文将分为过渡季、夏季和冬季来分析不同季节的能耗情况。

1. 农户在过渡季节的逐时能耗图

图8 农户过渡季的逐时能耗图

过渡季是指春季和秋季。从图8中可以看出农户给电动车充电的时间主要集中在18点之后,这是因为白天农户外出需要骑行电动车,只有利用晚上的时间才会给电动车充电。农户做饭的时间从凌晨5点持续到晚上8点,在过渡季,农户做饭行为占家庭总能耗的比例最大。从能耗图中可以看出,电冰箱在每个时间段的能耗水平保持一致，农户更倾向于早上和中午洗衣服。

2. 农户在夏季的逐时能耗图

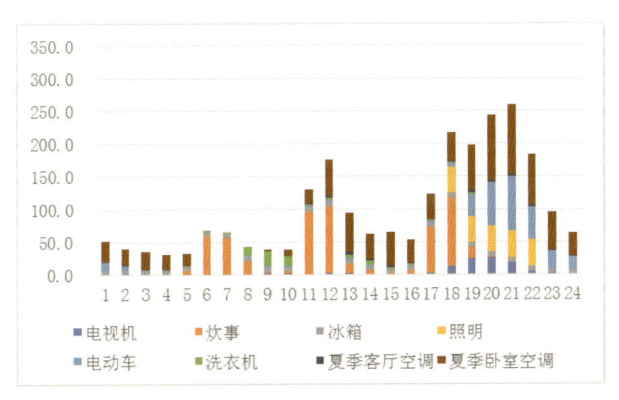

图 9　农户夏季的逐时能耗图

相比过渡季，农户夏季增加了客厅和卧室空调，以及电风扇的能耗。农户夏季客厅使用空调的时间集中在早上 9 点至中午 12 点。从图 9 中可以明显看出农户对卧室空调使用的需求明显高于对客厅空调的使用。卧室空调的使用时间集中在中午 11 点到凌晨 2 点左右。出现这种情况的原因，一是跟农户的节能意识有较强的关系，他们一般只开有人在的房间的空调，有时候为了节能，会将所有人集中在同一个房间，从而减少降温设备的使用；二是跟农户家居住的建筑物的类型有关系，大部分农户居住的二层独院，而客厅一般都位于一楼的敞开的院子里，面积较大，通风情况较好，因而降低了农户对降温的需求。其他常规的用能行为与过渡季类似。综上所述，农户在夏季的用电情况会出现两个高峰期，第一个高峰期是中午 11 点到 12 点，第二个高峰期是 18 点到 22 点。

3. 农户在冬季的逐时能耗图

农户冬季在客厅使用空调和卧室使用空调与夏季使用空调的情况截然不同。根据实地调研得知，农户在冬季整体使用空调来取暖的情况明显低于夏季使用空调降温的情况，开空调的时间较短甚至不开空调取暖。冬季农户在客厅使用空调的时间集中在早上 9 点到 11 点。农户在卧室使用空调的时间集中在两个时间段，一是 19 点到 24 点，农户在这个时间段均在家，加之晚上气温下降，增加了对取暖的需求；另一个时间段是早上 5 点到 7 点，这段时间农户刚起床，

图 10 农户冬季的逐时能耗图

室内还很冷，因此对取暖的需求也增加了。农户在冬季除了使用空调来取暖，还会使用电暖扇，使用时间也是集中在晚上。综上所述，冬季农户在晚上有较高的取暖需求，加之给电动车充电和照明设备以及电视机的使用，导致晚上用电明显高于其他时间段。

（四）农户柔性调节行为分析

1. 柔性负荷调度方案选择

农户对四种柔性负荷调度方案选择的情况如图11所示，其中选择方案一、二、三、四分别占比45%，11%，11%，33%，当地居民参与需求响应的意愿较高。

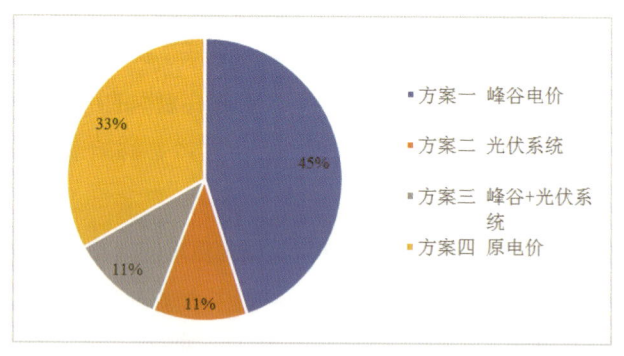

图 11 柔性负荷调度方案选择

2. 农户在不同调度方案下的行为调节

（1）农户使用洗衣机时间的转移

在选择不同的需求响应方案后，对应柔性负荷设备的用能行为改变能带来不同的收益，用户根据不同收益选择设备如何使用，具体选择情况如图 12 所示。

图 12 三种调度方案下的洗衣机使用时间与原使用时间对比

在方案一峰谷电价下约有 46% 的居民选择将洗衣机使用时间转移到 20:00—次日 8:00 来节省电费；在方案二光伏系统中，被调查者中约有 22% 的用户选择在 8:00—10:00 使用洗衣机，这反映了居民选择光伏系统后本就能节省相当多的电费，用户再改变洗衣机使用时间的意愿减小，此时部分洗衣机设备的耗电量由光伏系统供给，电网负荷减小；在方案三峰谷电价与光伏系统并用中，约有 31% 居民选择在 12:00—14:00 之间使用洗衣机，这是因为在该方案下能够节省的电费最多，该时段光伏产电量能完全满足洗衣机使用；约 45% 的用户选择仍在 8:00-10:00 之间洗衣服，考虑到在光伏系统下本就能节省相当多的一部分电费，导致该部分用户改变洗衣时间的意愿减小。

（2）农户给电动车充电时间的转移

在可平移设备中，电动车的充电时间也是第二阶段问卷调研的对象，根据在不同响应方案下的充电时间的调整能带来不同的收益情况，图 13 反映了当地居民选择的充电时间。

方案一峰谷电

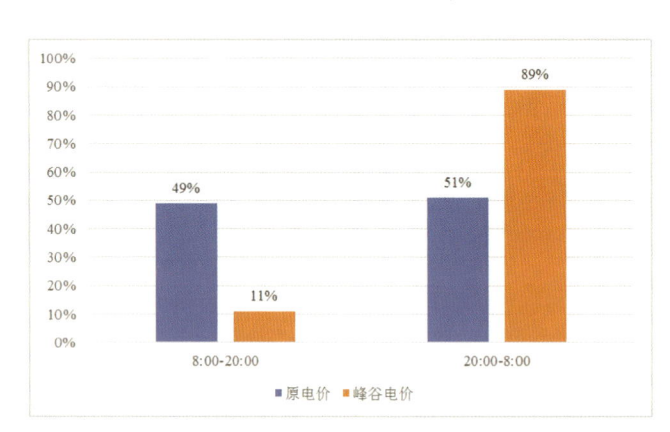

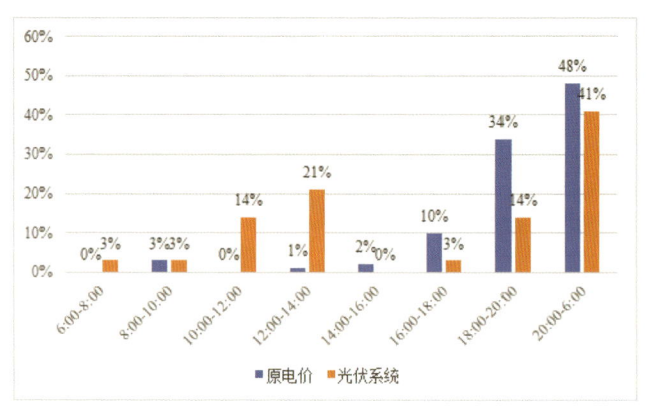

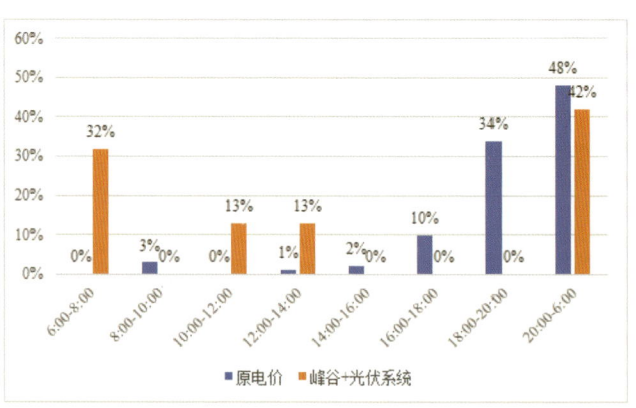

图 13 三种方案下电动车充电开始时间与原充电时间对比

价下的电动车充电时间有 89% 选择了在 20:00—次日 8:00，相比于原充电时间的比例提高了很多，其原因为晚上充电本就符合大多数当地居民的生活习惯，在申请峰谷电价之后，用户在谷电价时段给电动车充电电费能得到进一步节省，故用户响应意愿较大；在方案二光伏系统下的电动车充电时间有 41% 选择了在 20:00—次日 6:00，相比于原充电时间 48% 有所下降，在使用光伏系统之后，虽然用户在夜晚给电动车充电电费不能得到节省，但晚上充电符合大多数当地居民的生活习惯，另一原因是样本数量少，调查结果更倾向于不改变负荷时间，反映当地居民对电动车的响应意愿较小；在方案三峰谷电价与光伏系统并用下的电动车充电时间有 32% 选择了在 6:00—8:00，相比于原充电时间段的选择百分比分布情况改变了很多，在使用光伏系统 + 峰谷电价之后，有 26% 的用户会选择在光伏产电量大的时候（10:00—14:00）给电动车充电，以达到进一步节省电动车充电电费的目的，反映出当地居民在该方案下对电动车的响应意愿较大。

（3）农户使用空调温度的调整

根据前面的研究可知，农户在夏季和冬季使用空调的行为不同，因此本节分别研究农户在夏季和冬季调整空调温度的行为。

①夏季

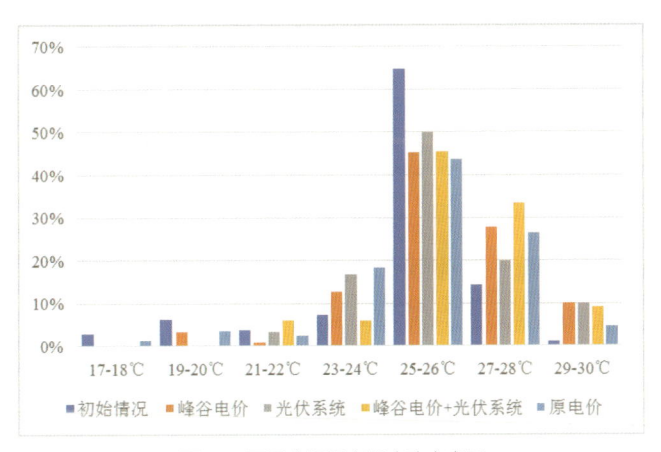

图 14　夏季空调设定温度改变意愿

与农户原有夏季空调设定温度相比，在四种调度方案下，农户设定的温度有所升高，这是因为夏季空调设定温度的提高可以给用户带来一定的电费节省；

此外，对于选择了峰谷电价、光伏系统、光伏系统＋峰谷电价三种方案的居民，其选择降低冬季空调设定温度的意愿更大，表明了其具有很高的需求响应潜力。

②冬季

图 15　冬季空调设定温度改变意愿

从统计数据中可以看出，相比较于当地居民原始冬季空调设定温度，在三种响应方案与四种响应方案下，用户的设定温度有明显的降低，选择温度设定为 19-20℃区间的用户增加的较多，此外，对于选择了峰谷电价、光伏系统、光伏系统＋峰谷电价三种方案的居民，其选择升高夏季空调设定温度的意愿更大，这表明了经济收益会促使用户进行一定程度的用能行为的改变，这类居民具有很高的需求响应潜力。

五、关中农村多能互补系统规划设计

（一）设计流程

由于用能个体数量有限且布局分散，农村建筑能耗因缺少相互叠加而波动较大，可再生能源的高比例集成导致建筑能源系统的供给侧波动亦十分强烈。在供需多波动条件下，农村建筑能源系统既要实现多类型能源互补互济，又要保证多品位能源按需供应，运行策略上与分产分供的城市能源系统存在较大差别。虽然多能互补微电网系统与冷热电三联供系统均已有成熟运行策略，但农村建筑能源系统在输入输出两端同时具有"能源多样、波动随机"的突出特征，内部能量转换机理更为复杂，具有针对性与适用性的系统化运行策略尚未形成。

在以规划设计为目的的能源系统优化中，系统运行既可以采用专家策略进行全周期的时序仿真，也可以采用与设计相结合方式进行联合优化。由于既定的专家策略难以适用于多类异质能流交互影响的农村分布式多能互补系统，联合优化方法更适用于该类能源系统的规划设计。联合优化的结果更为准确，但其计算难度却也因变量个数的大幅增加而显著提高。除此之外，农村分布式多能互补系统在能源转化效率与能量传递约束等方面还具有明显的非线性特征。

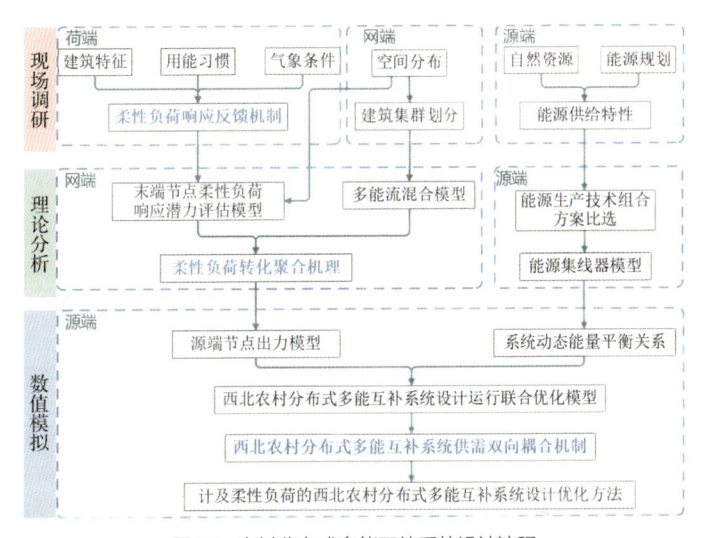

图 16　农村分布式多能互补系统设计流程

本研究以一个虚拟农村为对象进行研究，假设村中共有四个建筑集群，区域分布式多能互补系统网络根据需要连接四个建筑群。分布式多能互补系统由太阳能和化石燃料作为主要能量来源，每个建筑群的不足或剩余能量可以通过能量网络传输到其他建筑群或从其他建筑群传输来以保证能量平衡。建筑分布如图 17 所示，建筑用能负荷如图 18 所示。

由于可再生能源具有随机性、波动性特征，如何提高能源利用效率，最大限度地利用当地可再生能源资源，成为解决农村能源供应问题的关键。一个可行的方法是将可再生能源与传统能源相结合建设分布式多能互补系统。农村拥有丰富的太阳能资源，可以利用太阳能作为主要能源，为农村供能。一般来说，太阳能可以通过太阳能吸收式制冷系统或太阳能光伏蒸汽压缩系统为制冷系统提供动力，本研究同时采用两种技术。图 19 显示了每个建筑群的分布式多能互

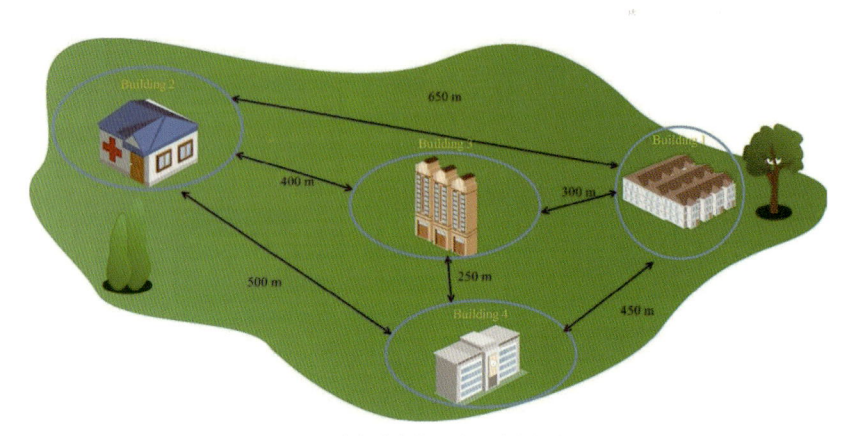

图 17　分布式多能互补系统空间布局

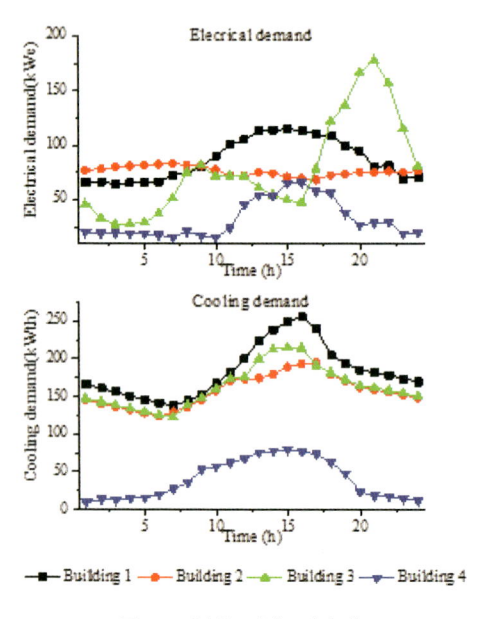

图 18　农村逐时冷、电负荷

补系统工作原理。该系统主要由光热/光电一体化面板、柴油发电机、吸收式制冷机、电制冷机、储能电池、水箱和能量网络组成，这些网络在不同建筑群之间传输能量。作为关键的硬件部件，光热/光电一体化面板与柴油发电机耦合供电。光热/光电一体化面板还提供热能，以满足吸收式制冷机的供热需求，并以电制冷机作为补充。多余的电力和热能分别储存在储能电池和水箱中，供电和供冷网络通过不同建筑群之间的能量传递，帮助平衡整体能源系统。相关设备的价格信息见表2，其他参数见表3。

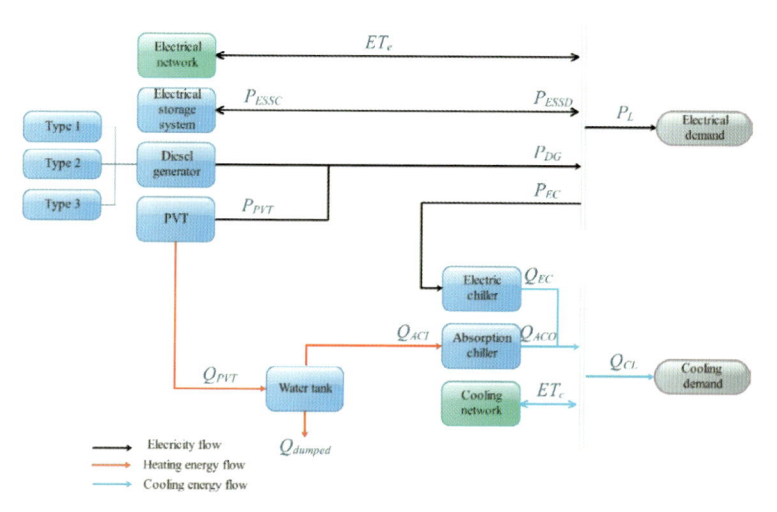

图 19 分布式多能互补系统基本结构

表 2 关键设备价格

设备	规格	价格
光热/光电一体化面板	1.49 m²	¥2789
柴油发电机(类型 1)	30 kWe	¥28000
柴油发电机(类型 2)	50 kWe	¥33000
柴油发电机(类型 3)	75 kWe	¥46000
吸收式制冷机	/	¥1200/kW
电制冷机	/	¥1000/kW
储能电池	50kWh	¥26000
水箱	/	¥500/m³
输电线路	/	¥150/m
供冷管道	/	¥220/m

表 3 系统参数设置

参数	数值
COP_{AC}	0.7
COP_{EC}	4

续表

参数	数值
η_{ESSC}	75%
η_{ESSD}	75%
δ_{ESS}	0.2 %
ρ_D	0.85kg/L
ρ_D	¥5.43/L
$\tau\alpha_{PVT}$	0.75
U_{loss}	0.007
T_{ref}	25 ℃
η_{ref}	0.15
β_{ref}	0.43% /℃
η_{DG_j}	0.22kg/kWh

（二）建模求解

本研究在优化过程中建立了混合整数线性规划（MILP）模型，得到了各设备容量配置、能量网络拓扑结构、系统运行策略等优化结果。最后，基于合作博弈理论，在利益相关者之间公平分配系统成本。完整计算过程的流程如图20所示。

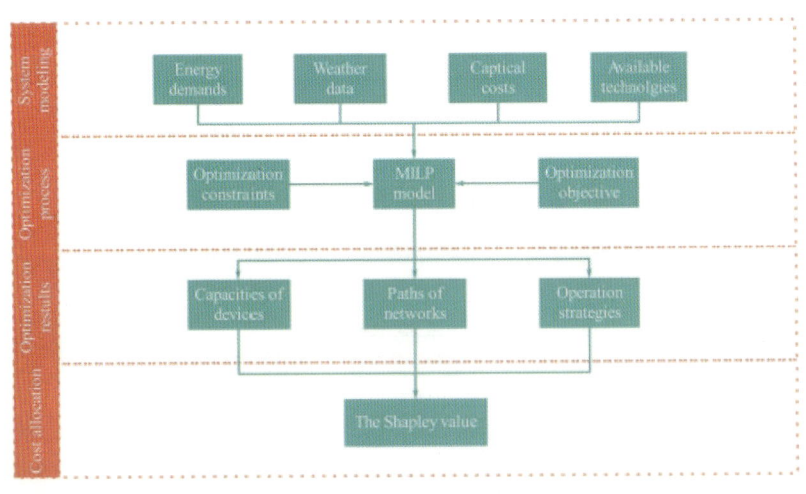

图20 系统优化及成本分摊流程

1. 系统优化模型

本研究中单个光热/光电一体化面板的面积取值为 1.49 平方米，因此光热/光电一体化面板的发电效率和光热/光电一体化阵列的发电功率可通过以下公式计算：

$$\eta_E^t = \eta_{ref}\left(1-\beta_{ref}\left(T_{cell}^t - T_{ref}\right)\right) \qquad (5-1)$$

$$P_{PVT,k}^t = A_{PVT,k} G^t \eta_E^t = 1.49 n_{PVT,k} G^t \eta_E^t \qquad (5-2)$$

其中，η_{ref} 表示面板的参考电效率，β_{ref} 表示面板的功率温度系数，β_{ref} 表示参考温度，$A_{PVT,k}$ 表示建筑物 k 处光热/光电一体化面板的总面积，G 表示面板单位面积上的太阳辐射，t 表示时间步长，$N_{PVT,k}$ 表示建筑物现场光热/光电一体化面板的数量。T_{cell}^t 是电池温度，取决于环境条件，可估算为：

$$T_{cell}^t = 30 + 0.0175\left(G^t - 300\right) + 1.14\left(T_a^t - 25\right) \qquad (5-3)$$

光热/光电一体化面板的制热效率和光热/光电一体化阵列在时间步长 Dt 产生的热能可以表示为：

$$\eta_{th}^t = \tau\alpha_{PVT}\left(1-\eta_E^t\right) - \frac{U_{loss}\left(T_{cell}^t - T_a^t\right)}{G^t} \qquad (5-4)$$

$$Q_{PVT,k}^t = A_{PVT,k} G^t \eta_{th}^t = 1.49 n_{PVT,k} G^t \eta_{th}^t \qquad (5-5)$$

式中，$\tau\alpha_{PVT}$ 为光热/光电一体化面板的透光系数和吸收系数，U_{loss} 为热损失系数，T_a 为环境温度。

由于可再生能源具有间歇性的特点，在整合可再生能源的分布式多能互补系统中，为保证能源供应的连续性，柴油发电机是必要的。本研究中共有三种不同规格、价格和尺寸的柴油发电机可供选择。对于 k 号建筑群的 j 型柴油发电机，单位时间步长内其功率输出通过下式计算：

$$P_{DG,j,k}^t = n_{DG,j,k} \frac{V_{D,j,k}^t \rho_D}{\eta_{DG,j}} \qquad (5-6)$$

式中，$n_{DG,j,k}$ 为 k 号建筑群 j 型柴油发电机的数量，$V_{D,j,k}$ 为 k 号建筑群 j 型柴油发电机的柴油消耗量，ρ_D 为柴油的密度，$\eta_{DG,j}$ 为 j 型柴油发电机的发电效率，单位为 kg/kWh。假设同一类型的设备在每一时刻的输出相等。

储能系统是需求侧负荷管理的重要组成部分之一。在本研究中，两种类型的储能器（储能电池和水箱）用于调峰和填谷，它们为改善系统性能提供了额外的潜力。荷电状态（SOC）以百分比形式测量储能电池的当前状态（0%=空；100%=满）。k 号建筑群储能电池的 SOC 变化可表示为：

$$SOC_{ESS,k}^{t} = SOC_{ESS,k}^{t-1}(1-\delta_{ESS}) + \frac{P_{ESSC,k}^{t}\Delta t \eta_{ESSC}}{n_{ESS,k}E_{ESS}} - \frac{P_{ESSD,k}^{t}\Delta t}{\eta_{ESSD}n_{ESS,k}E_{ESS}} \quad (5-7)$$

式中，E_{ESS} 为每个储能电池单元的容量，Δt 为时间步长，η_{ESSC} 为充电效率，η_{ESSD} 为 ESS 的放电效率，δ_{ESS} 是储能电池的自放电率。

本研究将水箱视为一个混合节点，不可利用的热能允许使用热交换器进行冷却。k 号建筑群水箱的能量平衡方程可由下式计算：

$$C_{p}\rho_{W}V_{WT,k}\frac{dT_{WT,k}^{t}}{dt} = \left(Q_{PVT,k}^{t} - Q_{ACI,k}^{t} - Q_{dumped,k}^{t}\right)\Delta t \quad (5-8)$$

式中，C_p 是水箱中加压水的比热容，ρ_w 是水的密度，$T_{WT,k}^{t}$ 是 k 号建筑群现场水箱的温度，$Q_{ACI,k}^{t}\Delta t$ 是在 k 号建筑群的时间间隔 Dt 期间输送给吸收式制冷机的热能，以及 $Q_{dumped,k}^{t}\Delta t$ 是在时间间隔 Dt 不能被利用的热能。$V_{WT,k}$ 是 k 号建筑群的水箱容积。

k 号建筑群的吸收式制冷机和电制冷机的输出可根据以下公式计算：

$$Q_{ACO,k}^{t} = Q_{ACI,k}^{t}COP_{AC} \quad (5-9)$$

$$Q_{EC,k}^{t} = P_{EC,k}^{t}COP_{EC} \quad (5-10)$$

其中，COP_{AC} 和 COP_{EC} 分别是吸收式制冷机和电制冷机的性能系数。

（1）优化目标

本研究中模型的优化目标为经济性成本（系统年化成本），其由以下四部分组成：设备资本成本、能源网络资本成本、燃料成本以及维护成本。优化目标的数学函数描述如下：

$$\text{minimize: } F_{ASC} = C_{CapE} + C_{CapN} + C_{Fuel} + C_{O\&M} \quad (5-11)$$

$$C_{CapE} = \sum_{i}\sum_{k}p_{i}n_{i,k}\cdot\frac{r(1+r)^{i_{i}}}{(1+r)^{i_{i}}-1} \quad (5-12)$$

$$C_{CapN} = p_{pe}\rho_{pe,(k,k)}D_{(k,k)}\cdot\frac{r(1+r)^{ipe}}{(1+r)^{ipe}-1} + p_{cw}\rho_{cw,(k,k)}D_{(k,k)}\cdot\frac{r(1+r)^{icw}}{(1+r)^{icw}-1} \quad (5-13)$$

$$C_{Fuel} = 365 \cdot \left[\sum_k \sum_t \sum_j \left(n_{DG,j} V_{D,j,k}^t\right) \Delta t\right] p_D \quad (5-14)$$

$$C_{O\&M} = \left(C_{CapE} + C_{CapN}\right) \eta_{O\&M} \quad (5-15)$$

其中 p、n 和 l 分别是设备的单价、数量和寿命。l_{pe} 和 l_{cw} 是电缆和冷却管道的寿命，p_{pe} 和 p_{cw} 是电缆和冷却管道的单价。r 为基准折现率，D 为两个建筑集群之间的距离，$\eta_{O\&M}$ 为运行维护成本与能源系统资本成本之比。

（2）约束条件

根据能源类型，能源需求约束可分为两类，其中供电平衡可以表示为：

$$EG_{e,k}^t + \sum ET_{e,(k',k)}^t \left(1 - \Delta P_{loss,e}\right) = P_{L,k}^t + P_{EC,k}^t + \sum ET_{e,(k,k')}^t \quad (5-16)$$

$$EG_{e,k}^t = \sum_j P_{DG,j,k}^t + P_{PVT,k}^t + P_{ESSD,k}^t - P_{ESSC,k}^t \quad (5-17)$$

式中 $\sum ET_{e,(k',k)}^t$ 表示从建筑群 k' 转移到建筑群 k 的电能，由于模型中任意两个站点之间的距离小于1千米，因此能量损失被视为与通过网络传输的能量成比例关系，能量损失系数为 $\Delta P_{loss,e}$。数学表达式见（5-18和5-19）。

$$EG_{c,k}^t + \sum ET_{c,(k',k)}^t \left(1 - \Delta P_{loss,c}\right) = Q_{CL,k}^t + \sum ET_{c,(k,k')}^t \quad (5-18)$$

$$EG_{c,k}^t = Q_{ACO,k}^t + Q_{EC,k}^t \quad (5-19)$$

可再生能源在分布式多能互补系统中的所占比例用渗透率来表示，渗透率可以理解为可再生能源发电量占总电力供应量的比率。考虑到能源供应的安全性，本研究要求分布式多能互补系统的可再生能源渗透率至少达到70%。

$$f_{RE} = \frac{\sum_k \sum_t P_{PVT}^t}{\sum_k \sum_t \sum_j P_{DG,j}^t + \sum_k \sum_t P_{PVT}^t} \quad (5-20)$$

在每个时间间隔内，储能电池和水箱必须满足以下约束条件：

$$SOC_{ESS,min} \leqslant SOC_{ESS,k}^t \leqslant SOC_{ESS,max} \quad (5-21)$$

$$T_{WT,min} \leqslant T_{WT,k}^t \leqslant T_{WT,max} \quad (5-22)$$

等式（5-23和5-35）说明着能源的产生、消耗和运输必须在允许的范围内。此外，每台设备占用的面积不应超过建筑物的最大可用面积。

$$0 \leqslant Q_{dumped,k}^t \leqslant Q_{PVT,k}^t \qquad (5-23)$$

$$0 \leqslant V_{WT,k} \leqslant V_{WT,\max,k} \qquad (5-24)$$

$$\sum_j n_{DG,j,k} A_{DG,j} \leqslant A_{DG,\max,k} \qquad (5-25)$$

$$x_{DG,1,k}^t n_{DG,1,k} P_{DG,1,\min} \leqslant P_{DG,1,k}^t \leqslant x_{DG,1,k}^t n_{DG,1,k} P_{DG,1,\max} \qquad (5-26)$$

$$x_{DG,2,k}^t n_{DG,2,k} P_{DG,2,\min} \leqslant P_{DG,2,k}^t \leqslant x_{DG,2,k}^t n_{DG,2,k} P_{DG,2,\max} \qquad (5-27)$$

$$x_{DG,3,k}^t n_{DG,3,k} P_{DG,3,\min} \leqslant P_{DG,3,k}^t \leqslant x_{DG,3,k}^t n_{DG,3,k} P_{DG,3,\max} \qquad (5-28)$$

$$x_{EC,k}^t n_{EC,k} Q_{EC,\min} \leqslant Q_{EC,k}^t \leqslant x_{EC,k}^t n_{EC,k} Q_{EC,\max} \qquad (5-29)$$

$$x_{AC,k}^t n_{AC,k} Q_{ACO,\min} \leqslant Q_{ACO,k}^t \leqslant x_{AC,k}^t n_{AC,k} Q_{ACO,\max} \qquad (5-30)$$

$$x_{ESSC,k}^t n_{ESS,k} P_{ESSC,\min} \leqslant P_{ESSC,k}^t \leqslant x_{ESSC,k}^t n_{ESS,k} P_{ESSC,\max} \qquad (5-31)$$

$$x_{ESSD,k}^t n_{ESS,k} P_{ESSD,\min} \leqslant P_{ESSD,k}^t \leqslant x_{ESSD,k}^t n_{ESS,k} P_{ESSD,\max} \qquad (5-32)$$

$$n_{ESS,k} A_{ESS} \leq A_{ESS,\max,k} \qquad (5-33)$$

其中，二进制变量 $x_{ESSC,k}$ 和 $x_{ESSD,k}$ 被定储能电池的工作状态参数，二者之和小于 1，以确保储能电池不能同时充放电，数学表达式如式（5-34）所示。

$$x_{ESSC,k}^t + x_{ESSD,k}^t \leqslant 1 \qquad (5-34)$$

对于每个有可能出现的电缆或供冷管道，都有一个二进制变量 $\rho_{u,(k,k')}$ 代表了网络相应路径的存在性。在这项研究中，两个建筑集群之间只允许有一个方向的能量流动。因此，以下等式成立：

$$ET_{u,(k,k')}^t \leqslant \rho_{u,(k,k')} ET_{u,\max} \qquad (5-35)$$

$$\rho_{u,(k,k')} + \rho_{u,(k',k)} \leqslant 1 \qquad (5-36)$$

值得注意的是，由于等式中变量的乘法项，上述优化模型是一个混合整数非线性规划（MINLP）问题。考虑到计算的复杂性，通过以下条件去除 $x_{i,k}^t n_{i,k}$ 的乘法项。

$$0 \leqslant \xi_{i,k}^t \leqslant n_{i,k,\max} x_{i,k}^t \quad (5-37)$$

$$n_{i,k} + n_{i,k,\max}\left(x_{i,k}^t - 1\right) \leqslant \xi_{i,k}^t \leqslant n_{i,k} \quad (5-38)$$

因此，该模型被转化为一个MILP问题，可以由大多数优化求解器来求解。在本研究中，该模型是在MATLAB中建立的，并使用CPLEX进行求解。表4列出了分布式多能互补系统中不同设备的技术参数。表5列出了四个建筑集群中对应于不同设备的最大允许占用面积。

表4 不同设备技术参数

参数	数值
$S_{DG,1}$	115 m²
$S_{DG,2}$	130 m²
$S_{DG,3}$	185 m²
S_{ESS}	210 m²
$SOC_{ESS,min}$	0.2
$SOC_{ESS,max}$	1
T_{min}	80 ℃
T_{max}	100 ℃
$P_{DG,1,max}$	33kWe
$P_{DG,2,min}$	55kWe
$P_{DG,3,min}$	90kWe
$P_{ESSD,max}$	50kWe
$P_{ESSD,min}$	1kWe
$P_{ESSC,max}$	50kWe
$P_{ESSC,min}$	1kWe
$ET_{e,amx}$	390 kWe
$ET_{c,max}$	740 kWth
l_{ESS}	5years
l_{PVT}	25years
l_{AC}	25years

续表

参数	数值
l_{EC}	25years
l_{WT}	25years
$l_{DG,j}$	25years
l_{pe}	25 years
l_{cw}	25 years
r	0.08
$\eta_{O\&M}$	2%
$\Delta P_{loss,a}$	5.6%
$\Delta P_{loss,c}$	4.4%

表5 四个建筑集群中对应于不同设备的最大允许占用面积

设备	建筑群1	建筑群2	建筑群3	建筑群4
柴油发电机	800 m²	800 m²	800 m²	800 m²
储能电池	2100 m²	3150 m²	3150 m²	2100 m²
水箱	200 m³	200 m³	200 m³	200 m³
吸收式制冷机	300 kW	300 kW	300 kW	300 kW
电制冷机	300 kW	300 kW	300 kW	300 kW

2. 系统成本分摊

在本研究中，每个分布式多能互补系统的持有方都扮演着一个能源产销者的角色，可以将其视为一个单独的实体来管理分布式多能互补系统，并通过能源网络与其他能源产销者进行交互。由于相互协作是该能源系统运行的基石，其成本分摊问题可以用合作博弈理论予以解决。合作博弈有许多求解方法，其中常用的方法之一：Shapley值法将在本研究中被加以讨论和应用。

Shapley值通过分配每个合作博弈中所有参与者联盟产生的总盈余的唯一分布，确保每个参与者的收益等于联盟中参与者的平均边际贡献，计算方法如下：

$$Sh_i = \sum_{S \subseteq N \setminus i} \frac{s!(n-s-1)!}{n!} [v(S \cup \{i\}) - v(S)] \quad (5-39)$$

其中 N 是游戏中所有玩家的集合。任何一个子集 S 是集合中的参与者根据各自的利益形成的联盟。对于每一个联盟，v(S) 是相应的特征函数，它是各联盟成员合作的成本。

为了实现区域分布式多能互补系统成本的合理分配，首先要确定各联盟的特征函数。在本研究中，参与博弈的主体包括四个不同的建筑群，因此，总共有 2^4=16 个可能的联盟。每个联盟的特征函数表示联盟从能量互惠中获得的收益，具体表达式如下：

当 $S0=\{\emptyset\}$,

$$v(S_0) = 0 \quad (5-40)$$

在没有能源网络的情况下，每个建筑群的分布式多能互补系统设计都是根据其本身的能源需求来设计的，每个建筑群承担各自相应的成本。因此，每个博弈参与者的特征函数值为零。

$$\begin{cases} v(S_1) = 0 \\ v(S_2) = 0 \\ v(S_3) = 0 \\ v(S_4) = 0 \end{cases} \quad (5-41)$$

当两个建筑群可以通过能源网络实现互联时，建筑群之间的能量互通可以降低系统成本。由于降低的成本可以被视为联盟所带来的收益，这一类场景中博弈参与者的特征函数可以表示为：

$$\begin{cases} v(S_{12}) = F_{ASC,1} + F_{ASC,2} - F_{ASC,12} \\ v(S_{13}) = F_{ASC,1} + F_{ASC,3} - F_{ASC,13} \\ v(S_{14}) = F_{ASC,1} + F_{ASC,4} - F_{ASC,14} \\ v(S_{23}) = F_{ASC,2} + F_{ASC,3} - F_{ASC,23} \\ v(S_{24}) = F_{ASC,2} + F_{ASC,4} - F_{ASC,24} \\ v(S_{34}) = F_{ASC,3} + F_{ASC,4} - F_{ASC,34} \end{cases} \quad (5-42)$$

同样，在三个建筑群可以实现能量互通的情况下，其特征函数是

$$\begin{cases} v(S_{123}) = F_{ASC,1} + F_{ASC,2} + F_{ASC,3} - F_{ASC,123} \\ v(S_{124}) = F_{ASC,1} + F_{ASC,2} + F_{ASC,4} - F_{ASC,124} \\ v(S_{134}) = F_{ASC,1} + F_{ASC,3} + F_{ASC,4} - F_{ASC,134} \\ v(S_{234}) = F_{ASC,2} + F_{ASC,3} + F_{ASC,4} - F_{ASC,234} \end{cases} \quad (5-43)$$

当所有建筑都可以通过能量网络连接时，

$$v(S_{1234}) = F_{ASC,1} + F_{ASC,2} + F_{ASC,3} + F_{ASC,4} - F_{ASC,1234} \qquad (5-44)$$

将式（5-39）应用于特征函数，可以得到夏普利值 Sh_k，即建筑群 k 的期望收益。因此，分配给建筑群 k 的成本可以用以下公式计算：

$$C_k = F_{ASC,k} - Sh_k \qquad (5-45)$$

（三）结果分析

区域分布式多能互补系统的优化结果如表 6 和图 21 所示。根据图 5.6，村中应设置一条电缆和两条供冷管道：从 4 号建筑群到 3 号建筑群的电缆，以及从 4 号建筑群到 3 号建筑群和从 3 号建筑群到 1 号建筑群的供冷管道。

表 6　区域分布式多能互补系统优化结果

设备	建筑群 1	建筑群 2	建筑群 3	建筑群 4
柴油发电机 (类型 1)	0 (unit)	0 (unit)	0 (unit)	1 (unit)
柴油发电机 (类型 2)	1 (unit)	1 (unit)	0 (unit)	0 (unit)
柴油发电机 (类型 3)	0 (unit)	0 (unit)	1 (unit)	0 (unit)
光热 / 光电一体化面板	3207 (unit)	3153 (unit)	2979 (unit)	1778 (unit)
储能电池	10 (unit)	15 (unit)	15 (unit)	8 (unit)
水箱	117.19 (m^3)	126.21 (m^3)	77.71 (m^3)	94.91 (m^3)
吸收式制冷机	240 (kW)	200 (kW)	210 (kW)	100 (kW)
电制冷机	0 (kW)	0 (kW)	0 (kW)	0 (kW)

为了深入了解能源网络对系统容量配置的影响，表 7 对互连情景和孤立情景下的最佳系统设计进行了比较。在孤立场景中，不同建筑群之间不允许存在能量互联，而在互连场景中，建筑群可以通过能量网络连接。从图 18 可以看出，4 号建筑群的用冷需求远低于其他建筑群，而光热 / 光电一体化面板、水箱和吸收式制冷机的可用空间对于所有建筑都是相同的。因此，4 号建筑群可以被认为是连接场景中四个建筑群中的最佳冷能提供者，允许不同建筑群之间的能量

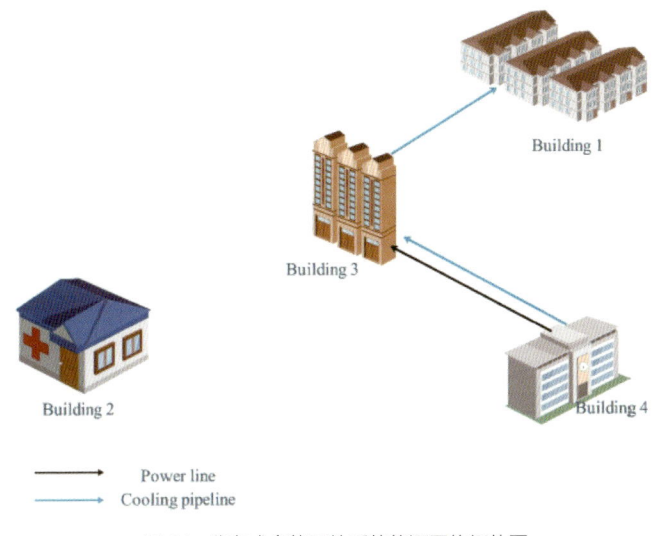

图21 分布式多能互补系统能源网络拓扑图

交互和设备共享。从表7可以看出，4号建筑群现场的光热/光电一体化面板数量从孤立场景中的1231个增加到互连情景中的1778个，水箱的体积从孤立情景中的16.52立方米增加到互连情景中的94.91立方米。同时，吸收式制冷机从80千瓦增加到100千瓦，说明4号建筑群在联网的情况下，不仅能产生供自用的冷能，而且还能为其他建筑提供冷能。

根据图18，四个建筑群中每个建筑群的负负荷特性不同。4号建筑群负荷曲线与太阳能波动规律吻合度最好，3号建筑群吻合度最差，说明4号建筑群最适合利用太阳能，而3号建筑群的光热/光电一体化面板数量需要保持在相对较低的水平，以避免产生弃光。在本研究中，我们设定了70%的可再生能源渗透率最低要求。这一要求显著增加了孤立情景下3号建筑群光热/光电一体化面板的最小数量，因此多余的太阳能只能储存在储能电池中，同时存在相当大的能量转换损失。在互连情景中，渗透率是针对整个系统的。因此，当一个建筑群的光热/光电一体化面板数量随着其他建筑群的光热/光电一体化面板数量的增加而减少，而整个系统的可再生能源渗透率仍保持不变甚至下降的可能性就存在。从表7中可以看出，3号建筑群的光热/光电一体化面板数量从孤立情景中的3627个减少到连接场景中的2979个，从而显著降低了系统成本。值得注意的是，2号建筑群的负荷曲线基本上是平坦的，因此发电量和需求量的不一致也增加了 2 号建筑群与其他建筑群之间的能量相互作用的要求；但是，距离越远，将 2 号建筑群与其他建筑群连接起来就不经济，因此，在最佳网络布局中，2 号建筑群是孤立的。

表7　不同情景下系统最优设计

场地	设备	最优设计 互连情景	最优设计 孤立情景
建筑群1	柴油发电机（类型1）	0 (unit)	0 (unit)
建筑群1	柴油发电机（类型2）	1 (unit)	1 (unit)
建筑群1	柴油发电机（类型3）	0 (unit)	0 (unit)
建筑群1	光热/光电一体化面板	3207 (unit)	3623 (unit)
建筑群1	储能电池	10 (unit)	10 (unit)
建筑群1	水箱	117.19 (m³)	141.31 (m³)
建筑群1	吸收式制冷机	240 (kW)	210 (kW)
建筑群1	电制冷机	0 (kW)	50 (kW)
建筑群2	柴油发电机（类型1）	0 (unit)	0 (unit)
建筑群2	柴油发电机（类型2）	1 (unit)	1 (unit)
建筑群2	柴油发电机（类型3）	0 (unit)	0 (unit)
建筑群2	光热/光电一体化面板	3153 (unit)	3175 (unit)
建筑群2	储能电池	15 (unit)	15 (unit)
建筑群2	水箱	126.21 (m³)	126.17 (m³)
建筑群2	吸收式制冷机	200 (kW)	190 (kW)
建筑群2	电制冷机	0 (kW)	10 (kW)
建筑群3	柴油发电机（类型1）	0 (unit)	0 (unit)
建筑群3	柴油发电机（类型2）	0 (unit)	0 (unit)
建筑群3	柴油发电机（类型3）	1 (unit)	1 (unit)
建筑群3	光热/光电一体化面板	2979 (unit)	3627 (unit)
建筑群3	储能电池	15 (unit)	15 (unit)
建筑群3	水箱	77.71 (m³)	126.47 (m³)
建筑群3	吸收式制冷机	210 (kW)	190 (kW)
建筑群3	电制冷机	0 (kW)	30 (kW)

续表

场地	设备	最优设计	
		互连情景	孤立情景
建筑群 4	柴油发电机(类型1)	1 (unit)	1 (unit)
	柴油发电机(类型2)	0 (unit)	0 (unit)
	柴油发电机(类型3)	0 (unit)	0 (unit)
	光热/光电一体化面板	1778 (unit)	1231 (unit)
	储能电池	8 (unit)	4 (unit)
	水箱	94.91 (m³)	16.52 (m³)
	吸收式制冷机	100 (kW)	80 (kW)
	电制冷机	0 (kW)	0 (kW)

图 22 描绘了 3 号建筑群和 4 号建筑群在互连和孤立情景下的每小时发电量曲线。从图 22 可以确定，当能源网络得到应用时，光热/光电一体化面板的输出功率在 4 号建筑群增加，在 3 号建筑群降低。另外，从图 22 中可以发现，两个建筑群之间的能量转移发生在上午 9 点。当能量需求出现在一个地点时，不同建筑群之间存在能量相互作用。因此，能量转移最有可能发生在这些时期。

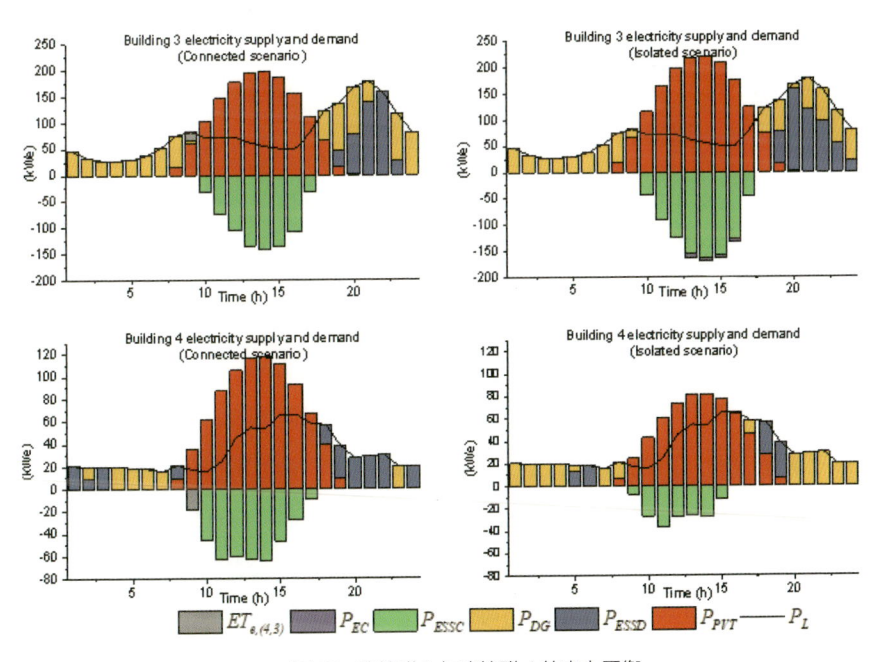

图 22 建筑群 3 与建筑群 4 的电力平衡

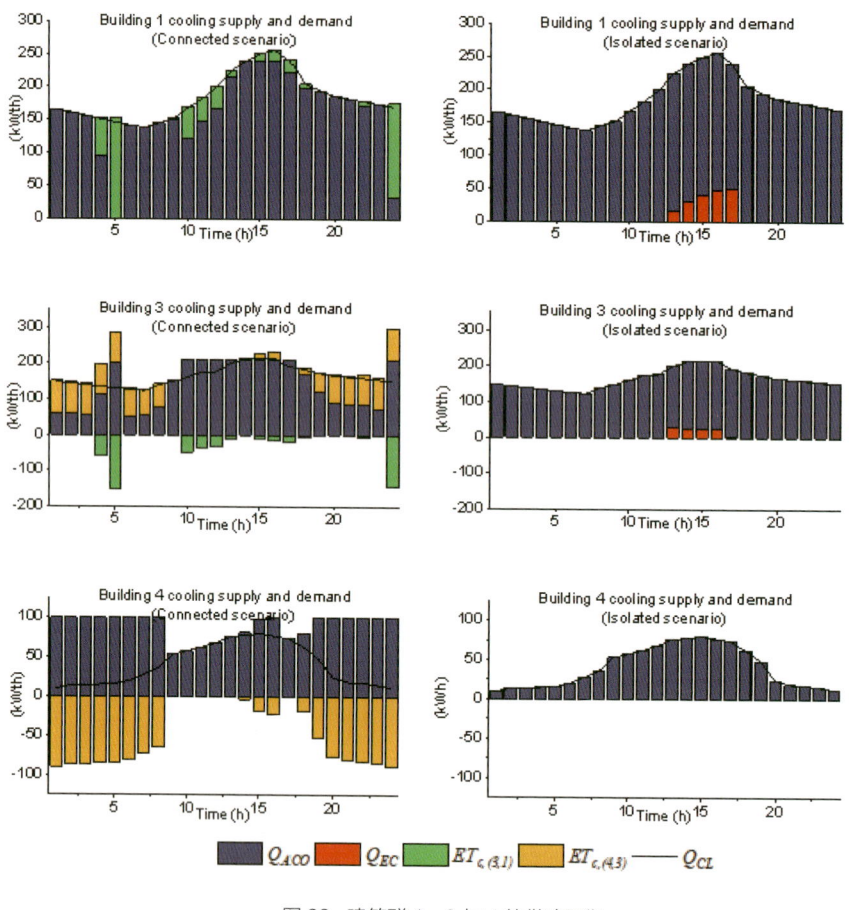

图 23 建筑群 1、3 与 4 的供冷平衡

图 23 显示了 1 号建筑群、3 号建筑群和 4 号建筑群的供冷平衡。如图 23 所示，在孤立情景中，需要在 1 号建筑群和 3 号建筑群现场安装电制冷机。但从表 7 可以看出，孤立情景中 1 号建筑群和 3 号建筑群的光热 / 光电一体化面板数量比互连情景中的要多，并且互连情景中 1 号建筑群和 3 号建筑群的水箱都比孤立情景中的大。光热 / 光电一体化面板数量和水箱容积与该地点能接收和利用的太阳能相关。在孤立情景下，1 号建筑群和 3 号建筑群产生更多的太阳热能，但电制冷机仍然需要运行以满足冷却需求。这一结果表明，在孤立情景下，太阳能的利用率是有限的，能源网络可以有效地提高太阳能利用率。

根据上述结果和分析，可以确定以下因素在很大程度上影响能源网络的拓扑结构：（i）各建筑群的能源供需匹配度；（ii）不同建筑群之间的距离。在本研究中，预先设定的可再生能源渗透率对能源网络的优化布局有着较大影响。事实上，可再生能源在许多地区的大规模应用仍然经济不可行。因此，政府提出的最低可再生能源渗透率从一定的角度可以促进可再生能源的利用和发展。然而，对于负荷曲线与太阳辐射变化曲线不一致度较高的用户，过高的可再生能源渗透率会导致系统成本过高。在目前的技术水平上，对于这个问题的最好解决方案是需求响应管理。

分布式多能互补系统的成本分摊结果见表8，表中列出了孤立情景下分配给不同建筑群的年化能源系统成本。如表所示，互连情景下分配给所有建筑群的年化能源系统成本低于孤立情景下的年化能源系统成本。区域能源网络的增加使得1号建筑群、2号建筑群、3号建筑群和4号建筑群的年化能源系统成本分别下降了2.00%、0.08%、3.22%和16.11%。如前文所述，4号建筑群可以向其他建筑群提供额外的电能和冷能，因此在很大程度上提高了整个区域分布式能源系统的能源利用效率。由于Shapley值法是根据每个利益相关者的边际贡献来分配成本的，因此在互连情景中，4号建筑群的分配系统成本降低得最多。相反，在互连场景中，2号建筑群没有连接到任何其他建筑群；因此，2号建筑群的Shapley值和成本节约率最低。总体来看，区域能源网络的应用使系统成本从4749247元降低到4591222元，整个系统的成本节约率为3.33%。

表8 不同建筑群的分配年化能源系统成本分摊

建筑群	夏普利值	孤立情景	互连情景	成本节约率
建筑群1	¥29,046	¥1,453,796	¥1,424,750	2.00%
建筑群2	¥1,018	¥1,313,343	¥1,312,325	0.08%
建筑群3	¥47,811	¥1,484,710	¥1,436,899	3.22%
建筑群4	¥80,149	¥497,398	¥417,249	16.11%
合计	¥158,025	¥4,749,247	¥4,591,222	21.41%

为制定具有针对性与适用性的关中农村分布式能源系统化运行策略，首先要加强补贴政策建设，应在资源优势突出的地区积极宣传分布式多能互补系统，向广大民众科普投资建设分布式多能互补系统所能带来的种种益处；在资源优

势一般的地区应对分布式多能互补系统投资建设中的资金、贷款、商业模式等给予大力支持；现阶段在资源优势较差的地区不适宜发展分布式多能互补系统，但随着设备价格的逐渐下降，未来分布式多能互补系统的条件也会逐渐具备，因此需要提前布局，做好科研、金融、宣传等准备工作。

其次要规范合同能源管理商业模式，构建创新分布式多能互补系统融资模式。第一，应针对分布式多能互补系统开发的关键操作环节组建统一的协调平台或专业公司，使项目资源统一，操作专业集中，以此降低项目开发管理成本，解决分布式多能互补系统合同能源管理项目中资源分散、业主多、统筹难的问题。第二，鼓励银行对分布式多能互补系统提供长期、低息贷款；吸引多种类型的社会主体参与分布式多能互补系统投资建设，积极引导分布式多能互补系统由传统的工程总承包开发模式转向开发、融资和运营一体化，将实体分布式光伏产业推向资本市场；进一步完善分布式光伏的保险机制和担保模式，降低分布式多能互补系统运营风险，从吸引项目投资和建立推出机制两个方面帮助产业健康发展，以此解决分布式多能互补系统项目融资困难的问题。

最后，政策的制定还应考虑社会公众的需求。随着环保理念和节能意识的不断提高，未来关中农村居民在面对廉价但污染严重的煤电时，将更倾向于高价但绿色环保的清洁能源，这样分布式多能互补系统的发展问题也将迎刃而解。

「参考文献」

[1]https://www.bp.com/en/global/corporate/energy-economics/statistical-review-of-world-energy.html

[2]Jin Hong, Yi She. Impact of psychological factors on energy-saving behavior: Moderating role of government subsidy policy[J]. Journal of Clearer Production,2019,232:154-162.

[3] http://www.stats.gov.cn/tjsj/ndsj/2019/indexch.htm

[4]Wang Xiaohua, Li kunquan.Research on China's rural household energy consumption – Household investigation of typical counties in 8 economic zones[J]. Renewable and Sustainable Energy Reviews,2017,68:28-32.

[5] Ren Wang, Zhujun Jiang. Energy consumption in China's rural areas: A study based on the village energy survey[J]. Journal of Clearer Production,2017,143:452-461.

[6]Tianzhen Hong,Simona D'Oca,William J.N. Turner,Sarah C. Taylor-Lange. An ontology to represent energy-related occupant behavior in buildings. Part I: Introduction to the DNAs framework[J].

Building and Environment,2015,92.

[7]Yan Zhang,Xuemei Bai,Franklin P. Mills,John C.V. Pezzey. Rethinking the role of occupant behavior in building energy performance: A review[J]. Energy & Buildings,2018,172.

[8]Ping Jiang,Yihui Chen,Bin Xu,Wenbo Dong,Erin Kennedy. Building low carbon communities in China: The role of individual's behaviour change and engagement[J]. Energy Policy,2013,60.

[9] R. Wang and Z. Jiang, "Energy consumption in China's rural areas: A study based on the village energy survey," Journal of Cleaner Production, vol. 143, pp. 452−461, 2017.

[10] X. Juan, G. Weijun, and Huoxiaoping, "Analysis on energy consumption of rural building based on survey in northern China," Energy for Sustainable Development, vol. 47, pp. 34−38, 2018.

[11] B. L. Zou and A. K. Mishra, "Appliance usage and choice of energy-efficient appliances: Evidence from rural Chinese households," (in English), Energy Policy, vol. 146, Nov 2020.

[12] 关中地区清洁供暖经济环境效益研究报告 .2019,(3):1−2. 陕西省地质调查院 .

06

改革创新探索

Reform and Innovation Exploration

06
改革创新探索
Reform and Innovation
Exploration

篇首语

习近平总书记指出："推进国家治理体系和治理能力现代化，必须抓好城市治理体系和治理能力现代化。"随着我国城镇化进程不断加快，城市治理议题日趋复杂多元。新形势下推进城市治理现代化，亟须立足城市发展实际和人民需求，着眼党建引领、重心下移、科技赋能，不断提升城市治理科学化、精细化、智能化水平，让人民群众拥有更多获得感、幸福感、安全感。

本篇分别从住房公积金管理信息化建设、城市规划建设管理、社区治理改革等三个角度，对陕西推进城市治理现代化的工作探索进行了调查研究。其中，《陕西加快住房公积金信息化建设 全面推行"互联网＋公积金"服务模式》介绍了陕西省住房公积金管理信息化建设的做法与成效、存在问题与原因以及相应对策措施；《关于渭南市城市规划建设管理工作的调研》梳理了近年来渭南市在城市基础设施、城市修补生态修复、城市公共服务和管理水平等方面取得的工作成效，总结了渭南城市规划建设管理工作的做法经验，查找了工作中存在的困难和问题，为渭南打造发展理念先进、城市功能完备、空间布局合理、生态环境良好的现代化城市提出了对策建议；《"区直管社区"建设改革中的发展探索》以渭南市高新区金城社区为研究对象，对渭南"区直管社区"试点改革进行了案例剖析，总结其成效，分析改革面临的困难和问题，并对下一阶段改革工作提出探索性建议。

陕西加快住房公积金信息化建设全面推行"互联网+公积金"服务模式

——陕西省住房公积金信息化建设研究报告[1]

内容提要：住房公积金制度作为一种社会性、普惠性、政策性的住房社会保障制度，在减轻职工购房负担、改善城镇居民住房条件、拉动地方经济发展方面发挥了重要作用。加强住房公积金信息化建设，对全面提升住房公积金服务水平和管理质量，充分发挥住房公积金制度作用具有重要意义。近年来，陕西省持续推进住房公积金信息化建设，在提升公积金管理工作效率的同时，极大提升了群众的满意度和获得感。本文系统梳理了近年来陕西省住房公积金信息化建设在夯实基础设施、提升服务质量、筑牢信息安全等方面的工作成效和典型经验，分析了专业人才匮乏、兼容性能较差、宣传渠道单一等问题及产生原因，并提出打造高层次信息化人才方阵、创造优良数据共享生态环境、营造品牌服务形象宣传阵地、构筑高水平智慧化服务平台、建设更加便捷高效服务体系和安全稳定系统防护堡垒等切实可行的政策建议。

陕西省住建厅全面贯彻党的十九大，十九届二中、三中、四中、五中、六中全会精神，落实习近平总书记3次来陕考察重要讲话重要指示精神，解放思想、改革创新、再接再厉，助力谱写陕西高质量发展新篇章。结合党史学习教育"我为群众办实事"实践活动，陕西省住建厅紧紧扭住事关群众切身利益的"急难愁盼"问题，坚持可感知、可量化、可评估的原则，出实招、做实功、求实效，进一步摸清全省住房公积金信息化基础建设、信息系统平台建设、数据应用管理等情况，加快推进住房公积金信息化建设步伐，不断提高离柜率，切实满足广大缴

---

[1] 作者：陕西省住房和城乡建设厅住房公积金信息化建设调研组。

存职工办理业务便捷和高效的现实需求，促进住房公积金服务质量提档晋级。

一、基本情况及取得成效

近年来，陕西住房公积金信息化建设已取得显著成效：在全国率先完成"双贯标"工作，实现与全国住房公积金数据信息平台连通；全省14个管理中心综合服务平台全部通过住建部验收，实现省级监管平台与各管理中心有效衔接；加快共享平台建设，实现各管理中心横向之间数据信息互联互通，打造"一站式""最多跑一次"服务品牌。住房公积金服务管理工作实行"月统计、季通报、半年交流、年度考核"的工作推进机制，推行"互联网＋公积金"服务模式。经验做法多次被住建部肯定推广，多次获得省委省政府领导的肯定批示，并得到基层和群众的普遍认可。

（一）基础强、运行稳、措施实，打造便捷高效服务综合平台

一是硬件基础建设规范标准。根据住建部《关于加强和改进住房公积金服务工作的通知》和《关于贯彻落实住房公积金基础数据标准的通知》精神，各住房公积金管理中心在充分考虑到信息化系统安全性、高可用性及可扩展性的基础上，构建硬件设施平台，配置高性能服务器、路由器、交换机、存储器、机房动力环境监控、精密空调、UPS等硬件设施设备；完善网络安全体系，配备边界访问控制、物理隔离、入侵防御、病毒防护、入侵检测、安全审计、终端安全防护、安全管理等多种安全防护设备。同时，机房通风、消防设施完备，远离强噪声源，确保服务器及网络设备运转平稳可靠。截至2021年10月，全系统8个管理中心应用系统部署在本地机房，6个管理中心部署在本地云端。全省住房公积金系统硬件设施配备更加齐全、安全管理更加规范，综合服务效能显著提升，缴存单位和职工办理业务更加便捷。

二是综合服务平台赋能运行。"互联网＋公积金"服务模式深入展开；在全国率先完成"双贯标"工作，14个管理中心综合服务平台通过住建部验收，网上业务大厅、支付宝、手机App、短信、微信、12329热线等八大服务渠道开通运行；省级公积金监管信息平台与各管理中心有效对接；全省数据共享平台接入运行正常；全国住房公积金监管服务平台与各管理中心全面联通；全国

住房公积金小程序异地转移业务开通上线。截至 2021 年 9 月底，全省线上办理量达 83.96%，其中：门户网站访问 2980 万次；网上业务大厅注册人数 365 万人，访问 2746 万次，共归集 229 万笔，办理贷款 6256 笔，提取 5.68 万笔；手机客户端共注册 87 万人，访问 8845 万次，业务办理 50.7 万笔，信息推送量达 2179 万条；官方微信共注册 151 万人，访问 7568 万次，业务办理 39 万笔，信息推送量达 1713 万条；12329 服务热线共接听电话 29.39 万次，回访 6.69 万次；12329 短信平台发送 3157 万条；自助终端信息查询 20 万次，业务办理 0.74 万笔；官方微博访问量 184 万次。通过全国住房公积金小程序累计办理异地转入业务 2661 笔 3983 万元，转出业务 1834 笔 2498 万元。

三是系统维护管理多措保畅。在密码管理上，按照住建部要求升级系统密码强度，密码每月强制更换一次；在服务连续性上，西安、咸阳管理中心因年度结息，服务各暂停 1 次，时长 1 天。其他管理中心全年服务连续性良好；在系统稳定性上，榆林管理中心因结算网络故障而出现银行重复扣款 1 次，其他管理中心系统运行稳定。在数据质量管理方面，各管理中心先后对本中心历年数据进行详细梳理，数据完整性较好，对少数质量不高的数据，按照变更数据的流程进行处理；在建立制度上，13 个管理中心均及时建立数据质量整改制度。各管理中心业务系统均采用开发公司派员驻场的方式运行维护，主要包括：日常巡检、系统培训、操作指导、故障排查、文档整理、特情处置等内容。各管理中心正在加速推进落实业务系统三级等保测评、人行征信系统接入、电子签章系统运用、公积金电子档案建设、密码国密改造、全省视频会议及监控建设、商业银行住房贷款信息利用等 7 项重点网络基础建设项目。

（二）网上办、马上办、一次办，提升便捷高效服务窗口形象

一是便民服务质量整体提高。充分利用信息化基础平台优势，将住房公积金归集、提取、贷款三项业务迁入线上，实现 24 小时服务；将政策咨询、资金查询、资料审查和业务办理进行整合，实时受理、实时办结；全面实现政务服务从"被动"到"主动""手动"到"自动""线下"到"线上""单途"到"多途""限时"到"随时"的升级转变；将公安、民政、手机 App、市便民服务平台、不动产、人行征信等部门信息互联互通，提高数据共享利用率；有效解决了部分管理中

心办公场地小、业务网点少、职工跑路多、办事需预约、工作常加班等实际困难，提高了服务效率；全面整合单位网厅、个人网厅、12329热线和短信、手机App、微信、微博和自助终端、支付宝以及"全国住房公积金小程序"等九大服务渠道，让缴存职工随时多渠道了解住房公积金动态，掌握最新公积金资讯，体验住房公积金综合服务平台"云上办公""掌上办事"的便捷性，真正做到由"指尖办"代替"脚尖办"，"让数据多跑路、群众少跑腿"，极大提升了群众满意度和获得感。

二是"跨省通办"业务便捷高效。全省住房公积金系统全部实现"跨省通办"业务办理，共开设126个"跨省通办"线下服务窗口，28个线上专区。8项要求全程网办的"跨省通办"事项，所有管理中心均已实现"全程网办"，要求以"代收代办"形式办理的"出具贷款职工住房公积金缴存使用证明"事项已有6个管理中心实现"全程网办"，其他中心均实现"代收代办"；要求通过"代收代办"方式"开具住房公积金个人住房贷款全部还清证明"事项已有7个管理中心实现"全程网办"，其他中心均实现"代收代办"。截至2021年10月，全省个人住房公积金缴存贷款等信息查询量达45102万笔；出具贷款职工住房公积金缴存使用证明1312笔，其中代收代办1123笔；正常退休提取公积金7795笔84499万元；住房公积金单位登记开户114笔；住房公积金单位及个人缴存信息变更13.53万笔；提前还清住房公积金贷款1.28万笔；通过"两地联办"方式办理异地购房提取住房公积金129笔814万元；通过"代收代办"方式开具住房公积金个人住房贷款全部还清证明2925笔，其中代收代办17笔、全程网办2908笔。

三是升级优质服务特色鲜明。全系统已初步建成了覆盖全面、动态跟踪、信息共享、功能齐全的住房公积金管理和服务体系。实现了业务办理流程化、业务管理全面化、风险及内审现代化、服务多样化的目标；实现了缴存业务自主归集，贷款业务从审核、发放到回收，由过去主要依靠银行办理转变为管理中心自主完成；实现了核心业务自主办理；实现了财务自动核算功能，极大地提高了财务核算效率。西安管理中心开发上线了"云3版"网厅，深度优化网站信息查询功能，改造升级政务一体化功能，形成了"云平台"核心业务系统、"i西安"、中心门户网站、网上服务大厅、自助终端、手机App、支付宝"市民中心"、微信公众号、官方微博、短信平台、12329服务热线等11个渠道的服务体系，为缴存单位、职工办理业务提供了更加便利的服务。铜川管理中心采用"平台化+"思维，围绕服务、管理、监督三个维度，打造了住房公积金"数字云平台，即搭建一个综合服务平台，构建包括综合服务管理系统在内的六大核心系统，以及拓展九大办理渠道。以优化信息系统、深化服务维度、强化安全监管为着力点，达成服务管理效能、业务办理效率、公共服务效力的巨大提升。截至2021年10月，全省住房公积金业务离柜率达83.96%。

（三）设备齐、监测严、制度全，筑牢便捷高效服务安防屏障

一是物理防护设备配置齐全。各管理中心在机房配置数据级灾备系统，采用本地每日灾备、异地实时灾备的方式，每日增量备份、每月全量备份，备份介质分为磁盘备份和磁带备份，数据库记录缴存职工所有公积金信息，磁盘及磁带介质中心长期保存。管理中心对磁盘及磁带的保存情况进行定期检查，每月或每季度定期进行数据恢复演练。

二是网络监测防护周密完备。异地存储核心业务数据，运用动环监测报警系统和视频监控系统，实现设备实时监测管理；加强数据防护，使用国产加密设备对核心数据进行加密；定期进行数据维护、服务器软件更新以及安全漏洞检测修复，实时确保数据安全、系统稳定。截至2021年10月，10个管理中心完成业务系统三级等保测评工作，4个管理中心在年底前完成测评。各管理中心能够按期组织攻防演练，信息系统始终安全可靠，未被攻破。

三是安防灾备制度完善高效。各管理中心均采用人防与技防相结合的方针，制定了多项安防灾备规章制度。各项技术措施均要求接触中心数据的运维人员和内部工作人员，必须是授权进入且仅允许接触办理业务所需数据，确保数据安全。各管理中心正在进行新一轮的系统安防升级工作，实现数据实时同步，确保当主机房发生意外事故导致服务器或重要设备无法正常运转时，管理中心可第一时间将服务切换至灾备机房，核心业务系统能够迅速恢复正常运行。

二、存在问题及原因分析

陕西省住房公积金信息化建设取得了一定的成效，但在资金投入、专业人员配备、数据共享能力、系统管理使用等方面还存在不少困难和问题，主要表

现在以下 3 个方面：

（一）专业人才匮乏，系统管理水平急需进一步提升

信息系统管理水平不高，管理手段单一，各系统整体兼容协同不到位，发挥效能有限，后台运行系统不能及时升级维护、难以满足快速增长的业务需求。主要原因是住房公积金信息化建设水平与中心专业人才队伍的综合素质和技术能力密切相关，管理中心受体制、编制限制，信息化系统管理人员较少，尤其更缺少信息系统建设涉及的软件、硬件、系统集成、安全管理等各方面都精通的专门人才。

（二）兼容性能较差，数据共享能力急需进一步拓展

各管理中心跨部门间数据共享利用率低，部分管理中心房屋信息尚未实现全国不动产登记联网查询，购房信息无法进行跨区域查询，职工办理贷款和提取业务时，对异地购房行为甄别困难；管理中心与民政婚姻信息进行数据共享，但法院的判决信息无法获取，部分职工办理贷款业务时，需开具婚姻证明，给业务办理带来不便。部分业务流程需多部门协同，难以实现"最多跑一次"和限时办结。主要原因是各部门应用系统自成体系，各行业部门无法统一协调，数据应用标准不一致，硬件设备、数据库系统、程序开发环境不相兼容，加剧了公积金数据与其他部门的互联共享难度。

（三）宣传渠道单一，服务品牌形象急需进一步推广

住房公积金线上宣传主要以文字信息居多，内容比较单一，缺少生动有趣、有吸引力的宣传内容。提供的信息资讯十分有限，还存在着不少过时信息、干扰信息。信息阅读传播量不够，无法形成信息传播热点，距离让更多群众共享信息化建设成果还有不少差距。主要原因是思想观念保守，重业务，轻管理，在住房公积金政策宣传领域重视程度不够，缺乏在线宣传相关知识技能和专门人才，最主要是缺乏专项经费支持。

三、工作打算及对策措施

住房公积金信息化建设只有起点，没有终点，只有进行时，没有完成时。

全省住房公积金系统要继续加大"互联网公积金 +"信息化建设力度，以基础应用网络、区块链、云存储、云安全、云计算等基础设施为技术支撑，加强综合服务平台建设、培养信息领域专业人才、营造数据共享良好生态、深化行业品牌服务宣传、升级更新便捷高效的服务、铸牢系统安全防护屏障，助力住房公积金事业高质量发展。重点做好以下6个方面的工作。

（一）引进人才、强化培训，打造高层次信息化人才方阵

招聘信息化核心岗位相关专业人才时，重点审核信息化领域相关工作经验和相应的证书证件；对承担重要岗位临时性的聘用的工作人员，也要将信息化操作技能作为重点考察内容。对涉及信息化系统业务操作、使用管理、运行维护的现有在岗人员定期组织信息化专业技术培训，并组织达标考核，尽快补齐短板，逐步构建起信息化服务专业人才方阵。

（二）多方协同、整体推进，创造优良数据共享生态环境

制定统一信息化建设制度及标准，加快数据共享建设步伐，拓展信息服务渠道，加强数据监管治理，完善数据共享接口开发标准与基础数据标准化建设。同时，充分依托省、市一体化政务服务平台数字资源整合优势，大力推动实现与房产、市场监管、社保、公安等部门合作，打破数据壁垒，构筑优良的住房公积金数据联动生态环境，加大数据共享使用效率，实现住房公积金业务跨部门融合办理。

（三）丰富内容、拓宽渠道，营造品牌服务形象宣传阵地

在充分利用《陕西日报》《中国建设报》《住房公积金研究》等报纸和杂志传统媒体宣传报道基础上，加大网络新型媒体的宣传力度，以在陕西住建厅官网设立的"住房公积金"专栏，"秦住建"和陕西住房公积金系统公众微信号等新型媒体为政策宣传、行业信息报道、意见建议征集、成就展示的主要窗口和平台，加强住房公积金管理人员党风廉政宣传教育，防范队伍廉政风险；指导各地优化岗位设置，制定关键岗位上岗标准条件，大力宣传岗位标兵，营造"内强素质、外树形象""马上就办、办就办好""数据多跑路，群众少跑

腿"的良好氛围；大力推广和普及住房公积金业务办理的八大渠道及操作方法，提高群众对线上业务办理的知晓率和满意度；铸牢从业人员人人精通，缴存职工人人掌握，广大群众人人知晓的住房公积金品牌服务形象宣传新阵地。

（四）完善功能、优化服务，构筑高水平智慧化服务平台

深入推进全系统信息化基础建设，立足数字化云平台建设实际，深化云计算、大数据、人工智能、区块链等数字技术应用，不断推进核心业务系统基础应用建设，完善系统各项业务模块功能，提升平台智能化水平，构筑高效智慧服务平台。通过业务在线化、档案电子化、审批自动化、数据实时化，让更多业务实现"一网通办"，让缴存群众享受到更高水平的便捷服务。

（五）小众受益、大众受惠，构筑更加便捷高效服务体系

持续提升"互联网+公积金"服务能力，深度优化完善平台服务功能，加速畅通跨部门间数据共享渠道，全力提高数据共享使用效率；进一步简化办事要件、简化业务流程、简化审批环节，早日实现"业务全部上线""办理全凭指尖""跑路全靠数据""办结全在瞬间"的更高水平的便捷高效服务。加大线上办公力度，力争使离柜率达到85%，切实为缴存单位和职工提供更加便捷高效的服务，让"小众受益"变为"大众受惠"，加速构建更加便捷高效的惠企便民服务体系。

（六）实时监控、全程防控，构筑安全稳定系统防护堡垒

通过建设安全运维平台对系统软件和硬件设备进行安全加固和实时监控，提高风险防控能力；推动业务系统适配国产化软件，持续推进软硬件国产化替换与国密改造工程；引入人民银行二代征信系统，打造多维度、公平公正的信用评价系统；运用大数据分析、风控分析模型等实现管理中心及缴存职工画像，辅助风险评估与决策管理，建设成涵盖事前风险预警、事中风险控制、事后风险处理的全过程安全防护体系。

聚焦人民美好生活 致力城市规建管系统施治 [1]
——关于渭南市城市规划建设管理的调研

内容提要：2020 年 8 月以来，渭南市针对规划编制、中心城市承载能力和生活品质提升、城市精细化管理等重点工作，深入实施城市规划建设管理"三覆盖、四清零、五提升"行动。课题组对该行动的进展情况展开深入调研，从创新城市发展模式、开启绿色惠民路径、全面提升城市品质、强化柔性精细管理、加速智慧城市转型等 5 个方面梳理总结出渭南市的 16 条典型做法和经验。与此同时，也在土地使用效率、旧城改造进展、城市文脉保护、统筹协调机制等 4 个方面查找出一些问题，并据此提出针对性对策建议。

城市是人类居住生活的重要场所，城市建设关乎百姓生活方方面面。习近平总书记强调，城市是人民的，城市建设要坚持以人民为中心的发展理念，让群众过得更幸福。自 2020 年 8 月以来，渭南市坚持以人民为中心，聚焦人民群众需求，全面启动了城市规划建设管理"三覆盖、四清零、五提升"工作，大力改进城市基础设施，深入推进城市修补生态修复，持续改进城市公共服务和管理水平，不断提升人民群众的幸福感、获得感和安全感，取得了显著工作成效和良好社会反响。为系统总结城市规建管工作的经验成效，发现工作中存在的困难和问题，为渭南市下一步打造发展理念先进、城市功能完备、空间布局合理、生态环境良好的现代化城市提供科学方案，渭南市委政研室联合西安建筑科技大学中国城乡建设与文化传承研究院、陕西省新型城镇化和人居环境研究院组成调研组，先后赴渭南市主城区及华州区、富平县、大荔县、蒲城县、

---

[1] 渭南市委政研室、中国城乡建设与文化传承研究院、陕西省新型城镇化和人居环境研究院联合调研组。

韩城市等县（市、区）实地调研、座谈交流，经反复修改论证，形成此调研报告。

一、聚焦人民需求，城市规建管工作扎实有序推进

城市规划建设管理"三覆盖、四清零、五提升"[(1)]工作，是渭南市委、市政府结合实际，经过充分调研作出的重大战略决策，2020年8月全面启动，计划用3年左右时间，进一步完善基础设施，切实补齐城市短板，促进民生持续改善，包括城市规划设计、基础设施建设、保障安居工程建设、城市乱象治理、城市精细化管理等12个方面的内容。"三四五"行动开展以来，在市委、市政府的坚强领导下，渭南市以市自然资源规划局、市住房城乡建设局、市城管执法局等3个牵头部门为主体、联合12家市级有关部门（单位）及临渭区、华州区、渭南高新区、渭南经开区成立市"三四五"指挥部，积极发挥"统筹、协调、指挥、督办、落实"职能，各级、各部门聚焦城市基础设施建设、公共服务水平改善、生态园林绿化提升、城市治理现代化等重点工作，细化措施，明确任务，综合施策，统筹推进，取得初步工作成效，为下一步城市规划建设管理提质增效打下良好基础。其他各县（市）参照"三覆盖、四清零、五提升"方案要求，积极探索适合本县（市）城市规划建设管理的新路子，城市品质得到普遍提升。

1. 着眼规划"三覆盖"，编制工作压茬推进

按照"三四五"指挥部统一工作部署，渭南市自然资源规划局以"3年内实现国土空间规划全覆盖、城区详细规划全覆盖、建成区城市设计全覆盖"为目标，按照同步开展、压茬推进的原则有序推进各项工作。由于全国规划编制体系和管理机构职能经历重大调整，省级国土空间规划成果尚未公布，全市规划"三覆盖"工作仍然集中在国土空间规划。截至2021年9月渭南市及所辖两市七县的国土空间规划编制工作都在有序进行当中，市级规划26项重大专题研究、"一张底图"绘制工作已全面完成，生态保护红线已完成评估调整，国土空间总体规划已形成初步成果，并在全省范围内率先完成过渡期城镇开发边界划定工作。

---

(1)"三覆盖"指新一轮空间规划全覆盖、城市详细规划全覆盖、建成区城市设计全覆盖，"四清零"指中心城市城区断头路清零、城市内涝点清零、房地产（物业服务）乱象清零、违法建设清零，"五提升"指中心城市保障性安居工程改造提升、市容市貌改造提升、公共设施改造提升、垃圾分类处置提升、生态园林城市建设提升。

8个市级专项规划中,《渭南市综合交通专项规划》《渭南市水资源综合利用规划》《渭南市教育设施布局规划》已编制完成,其余 5 个正在稳步推进,基本形成了规划方案的初步成果。其他各县市均已完成专题研究工作,并形成了规划方案初步成果。目前省级尚未下达新增建设用地规模、基本农田及耕地保有量等约束指标,渭南市结合建设实际,先期开展中心城区详细规划编制单元划分研究工作,为后续详细规划和城市设计打好技术基础。将总体城市设计理念贯穿国土空间规划编制始终,完成了《渭南市总体城市设计研究》《历史文化保护传承与国土空间风貌塑造研究》两个专题研究,并初步起草了《渭南市中心城区城市设计导则》。富平、蒲城等县市已形成国土空间规划过渡期方案。

2. 补齐基础设施短板,中心城市承载能力不断增强

针对中心城市近年来在市政设施、公共服务、公共卫生等方面暴露出的短板弱项,渭南市按照先急后缓、先主后次的原则明确"城区断头路清零、城市内涝点清零、房地产(物业)乱象清零、违法建设清零"四项重点工作,着力提升中心城市综合承载能力和治理能力。全市共实施断头路打通项目 59 个,在各相关部门和施工单位的通力合作下,目前全市共打通断头路 32 条,中心城市解放路南延、中联南街、胜利大街西段等 11 条断头路建成通车,进一步提升了城市道路通行能力。内涝点清零扎实推进,全市共梳理内涝点 79 处,完成治理 21 处。其中,中心城市 32 处,完成 15 处。主城区 180 公里雨污排水管网完成清淤疏通,14 处易涝点预警监测设备已投入使用,仓程路雨水泵站双回路电源完成建设,实际增加抽排能力约 1.8 万方 / 小时,排水效率明显提升。主城区集中供热取得历史性突破,新建供热管网约 35 公里,有效提升城市居民供热保障。"优质饮水"工程进展顺利,华州区桥涧峪水库引水入城工程、高新区公共供水提质改造项目投入运行,渭南市抽黄供水北湾调蓄池工程、中心城区供水管网平差及扩建工程、澄城县城南水厂水质提升项目正有序推进。

3. 改善人居环境,城市生活品质有效提升

渭南市坚持以人民为中心的发展思想,全面推进中心城市保障性安居工程建设,大力改造提升城镇老旧小区,实施公租房分配清零行动,稳步推进棚户区改造,改善居民居住条件,加快实现住有所居目标,让人民群众生活更方便、更舒心为改善市民居住生活品质。目前全市 40 个棚改项目正在进行,5 个回迁

安置房项目已经竣工，新开工3个棚户区改造项目。中心城市尚上居二期、滨河新城等4个公租房项目完成分配。全市2000年以前建成的915个老旧小区，445个改造项目已获中省批复，目前，已开工建设355个，完工116个。持续开展生态园林城市建设工作，坚持见缝插绿、见空增绿，积极推进空地绿化、道路绿化、南塬绿化，打造城市绿色生态屏障，推进人居环境改善。目前，全市实施23个口袋公园建设任务，其中，9个口袋公园投入使用，14处正在建设，中心城市生态绿廊林带（一期）项目、渭清路西侧绿化林带等已完成建设任务，少华广场、新华广场已完成提升改造；合阳县防护绿地项目、卤阳湖湿地综合治理项目等进展顺利。自2020年以来，中心城市共栽植乔灌木竹类42213株、花卉5011盆、各类绿植花草68753平方米、治理裸土裸露面积约22万平方米，城市绿化覆盖率、绿地率、人均公园绿地面积指标显著提升。全面推进城市环境治理，重点实施城市垃圾分类、回收及无害化处理，富平县、大荔县垃圾焚烧发电项目已投入运营，蒲城县正在积极推进，预计年内完成建设任务，经开区6座生活垃圾中转站项目已有5座主体封顶，大荔县村级生活垃圾收集压缩站点已建成40座，韩城市22座农村生活垃圾处理站投入运营。同时，中心城市深入开展市容市貌综合整治，规范整治城市家具，设置分类果皮箱和垃圾桶6000余套，统一设置各类控制箱492个，更换垃圾分类亭90个，拆除各类违法户外广告牌1100多个。中心城市整理弱电光缆4.28公里，取缔占道经营6539处（次），规范店外经营5477处（次），清理乱摆乱放2080处，清理沿街乱堆乱放564处，取缔占道市场345个，市容面貌明显好转。

4. 整治违法建设，城市精细化管理稳步推进

全市按照"分类处理、有序推进"的思路，对违法建设进行全面排查整治，持续推进违法建设清零。全市共办理行政执法案件512起，处罚1200余万元。中心城区共拆除各类违法建设576处，拆除面积约27.6万平方米，有效遏制了违法建设蔓延态势。同时，全面启动城市精细化管理三年行动，出台《渭南市城市精细化管理标准（试行）》和《渭南市城市精细化管理考核办法》，从根本上提出了中心城市"谁说了算、谁来干、怎么干"的系统方案。全市智慧城市管理平台建设取得新突破，各县（市、区）城管综合服务平台已基本建成，临渭区、大荔县、渭南高新区、渭南经开区实现和市级、省级平台联网运行，

事项整体办结率高达97%以上。截至目前，以整治房地产烂尾楼、房产证办理难、服务标准不公示等为重点，整治房地产（物业服务）乱象治理44个；深化"废弃待拆、圈而不拆、圈而不建、天罗地网、乱搭乱建、尾留工程"等六类问题综合治理，86个问题已完成整改37个。

二、城市规建管工作亮点纷呈

全市上下以城市规划建设管理"三覆盖、四清零、五提升"工作为主线，聚力城市更新，以生态修复为依托，以文明创建为抓手，以项目推进为突破，高起点谋划、高质量推进、高效能管理，形成一系列值得推广复制的亮点经验，富有渭南特色的城市形象得到全面提升。

1. 思维升级，创新城市发展模式

一是构建中心城市"组团式"空间新格局。为规避中心城区无序扩张，解决交通拥堵、公共设施不足、资源紧缺等制约城市可持续发展的深层问题，渭南市结合中心城市空间现状，充分考虑地理地形、自然生态、环境容量等因素，严格限定城市各区域边界，实施组团式发展战略，积极构建新型城市空间格局。从空间结构上看，"临渭区+高新区"、华州区、经开区、卤阳湖片区等4大板块相对独立，板块之间以农田或生态绿楔隔离，形成了多个组团中心。这种与传统城市形态截然不同、"点状布局、组团发展"的布局形态，既有利于解决远离自然、城乡割裂、优质资源过度集聚等问题，又为中心城市后续发展预留广阔空间。

二是探索"全域融合、共同富裕"新路径。渭南市地处八百里秦川最开阔地带，是西北地区优越的农业生态区之一，素有"关中粮仓"之美誉。近年渭南市深入发挥农业综合开发优势，积极探索全域产城融合、城乡一体化发展的新路径。其中，大荔县打破常规思维，坚持"农旅结合、全域发展"的新思路，以农业为突破口、以1800平方公里全域范围为整体，以打造"中国首个全域性国家农业公园"为目标，推动全域城市生活、农业生产、农产品消费和休闲旅游场所一体化建设。通过优质农业和特色旅游的深度融合，将农业公园发展思路全面覆盖于公园城市、产业园区、特色小镇、美丽乡村、A级景区等五大区域，带动城乡建设全面提档升级，"全景大荔、全域旅游、共同富裕"的美丽愿景正

在稳步绘就。

三是培育"就地转型"的城镇化发展新动能。按照国家和陕西省关于现阶段新型城镇化发展重点任务要求,渭南市加快推进以县城为重要载体的新型城镇化建设,培育多种"就地转型"的城镇化发展新动能。其中,临渭区阳郭镇田茂村依托渭南植物园、渭南花卉苗木现代农业示范基地等资源优势,融合银发康养生活研究、亲子研学服务和高品质亲子农旅等业态,走出"以项目为引擎、以农旅促转型"的城镇化道路,改造旧村的同时形成新型农旅康养社区综合服务核心,实现村庄社区化、村民居民化和以人为本的就地城镇化。富平县庄里镇紧抓大西安产业外溢契机,统筹城乡发展与园区建设,积极实施新型产城一体化改革,以新型工业化助推城镇化,以装备制造、新型建材以及精细化工等为主导,以"开发区＋飞地"合作模式,融入渭北先进制造产业带,打造西安都市圈最大的飞地经济承载区。

四是共建城市"聚才引智"新平台。为提升城市规划建设管理水平,渭南市大力开展聚才引智工作,为地方建设把脉探路,共谋城市高质量发展。其中富平县采用校地合作的方式,与中国科学院、中国农科院、西北农林科技大学等大院名校共建创新载体,多方争取中省创新实验室、国家工程技术研究中心等在富平设立分支机构、研发基地和转化平台,以科研成果转换赋能地方发展。韩城市联合西安建筑科技大学建设历史文化名城和传统村落保护研究中心、成立西安建筑科技大学韩城工作站,共建校地创新合作平台,汇聚专家力量,为城市献言献策。

2. 生态优先,开启绿色惠民路径

一是稳步推进特色生态示范区治理工作。渭南市既有关中地区常见的浅山台塬地貌,也有罕见的荒漠景观,山、水、林、田、湖、草等各类生态资源丰富。近年来渭南积极构建城市绿色生态屏障的同时,依托特色生态区,积极培育绿色发展新动能,不断探索多种绿色惠民路径。大荔沙苑生态旅游区依托自然风光、人文历史、民俗风情等优势资源,坚持"政府牵头、生态为先、整体规划、分步实施"的思路,厚植民生底蕴,补齐生态短板,认真做好生态保育和防风固沙工作,扎实推进"五年大栽树"行动。截至目前,累计栽植绿化树木30万余株,栽设生态保护围栏50公里。同时,按照生态区"三区一廊"(特色运动

项目区、产业项目区、休闲旅游项目区、滨河全民健身运动长廊）的空间布局，启动实施了道路、标识系统等基础设施项目和滑沙、滑草、汽摩等大众旅游项目，实现年接待游客 30 万人次，带动周边 120 余户贫困群众参与经营、脱贫致富，逐渐成为陕西东部旅游观光、休闲体验新热点。作为渭南市中心城区南塬北坡生态治理修复项目的一期工程，渭南市郊野公园通过削陡坡、建旱溪、种植被等多种生态修复措施，每年减少土壤流失 1600 立方米，蓄水量达到 3 万立方米，有效保障了城区生态安全。在保护好生态前提下，鼓励群众积极发展多种经营，形成 1100 亩经济林，年产优质乔灌木 4 万余株、绿篱苗 100 余万株、核桃 30 余吨、柿子 80 余吨，同时建成慢行步道 3.2 万平方米、栈道 620 米，真正实现了生态效益、经济效益、社会效益"三丰收"。

二是全面提升中心城市绿化品质。渭南市对标国家生态园林城市标准，以创建省级生态园林城市为目标，将城市园林绿化作为改善生态环境、提高人居环境质量、实施节能减排、建设生态渭南的重要举措。中心城区持续推进西海公园、渭清公园、南湖公园、朝阳公园、金水公园等城市生态公园建设，在改善城市生态环境的同时，为市民提供健身休闲和应急避难场所。大力推进"南塬—沋河"城市生态绿廊建设，将南塬生态元素自然楔入城市，串联渭南郊野公园、六姑泉、秦灰堆遗址、沋河湿地公园、人和公园等人文生态节点，进一步筑牢城市绿色生态屏障。同步推进河道治理与城市品质提升，在推进渭河河道治理与景观塑造工作的过程中，融入居民休闲运动、城市风情体验、人文民俗展示及生态农业展示等功能，形成富有活力的城市"绿心"，成为渭南市的门户景观与特色生态展示长廊。

三是一体化推进生态城市建设。富平县以渭河流域综合治理和国家级湿地公园建设试点为契机，以系统开展城市河道治理和湿地公园建设为抓手，一体化推进富平生态城市建设。重点实施石川河、温泉河综合治理工程，通过城市中水的循环利用，将处理后的城市污水作为客水补充至石川河、温泉河，采用河湖生态空间管控、水源涵养与水土保持、恢复河湖滨岸带治理、生物栖息地保育等多种生态修复措施，增强河道景观可塑性，重启河道生态自循环。在生态修复的基础上，将河道与城市各功能区块有机融合，形成石川河生态公园、温泉河湿地公园，并结合爱国主义教育示范基地、温泉河生态广场、陶艺文化产业园等功能性项目，形成集文化旅游、娱乐健身为一体的城市开放区。两大生态公园一南一北共同形成富平县两大城市生态休闲区，极大提升了城市活力，拓展了城市承载力，改善了人居生态环境。

3. 科技赋能，全面提升城市品质

一是联合优质企业实现垃圾无害化利用。渭南市各级政府积极对接光大国际有限公司，借助其在垃圾焚烧发电领域拥有的核心领先技术，试点开展垃圾焚烧发电项目，将生活垃圾变身绿色电能。作为先行试点建设城市，富平县、大荔县通过垃圾"村收集—镇转运—县处理"途径，消纳城市和农村垃圾，项目烟气处理系统采用"SNCR脱硝+半干法脱酸+干法脱酸+活性炭吸附+布袋除尘器"技术，烟气排放指标优于国家标准；渗滤液采用"预处理+厌氧UASB+好氧AO+超滤+TOF+反渗透处理+DTRO"技术，达到《城市污水再生利用工业用水水质》（GB19923-2005）标准，实现全回用、零排放；炉渣、飞灰在厂内经螯合固化达标后安全填埋，回归土地，最终形成城乡垃圾"收集-处理-再利用-清洁排放"的循环利用闭环。

二是科学预案、高端设备、智慧平台助力城市防洪抗灾能力提升。为提升城市防洪抗灾能力，渭南市针对季节性降雨强度大、内涝严重等情况，系统梳理气象特征规律，检测管网承载力衰减程度，科学修订完善防内涝应急预案。在城市内涝严重区域，配置管道机器人、移动泵车、抢险车等先进排涝设备，缓解了城市内涝压力。高新区利用数字城管平台，对城市内易涝点进行动态监测、实时预警、及时排涝、跟踪治理，将城市防灾与城市管理平台相结合，有效提高了城市防灾治理效果。

三是开展市容市貌微整形。通过建设口袋公园、设置便民设施、提升改造城市雕塑等多种手段，使渭南城市面貌更加和谐有序。临渭区结合公共场所的提升改造，融入特色文化展示、直饮水等便民智能服务设施改善居民生活品质；高新区结合道路绿化，开展智能公厕试点建设，运用科技手段实现建成环境可视化、智慧服务便民化。针对交通拥堵、循环不畅的问题，渭南市开展城市微循环畅通工程，将疏通中心城市断头路纳入"三四五"行动重点推进，按照先急后缓、先主后次的原则，不断优化城市路网结构，有序治理交通堵点，城市道路通行能力进一步提升。

四是开展文化遗产大保护。渭南拥有丰富的历史文化资源和非物质文化遗产,其中国家级历史文化名城1处(韩城),省级历史文化名城2处(蒲城、华阴)。近年来蒲城不断加强文脉传承和文化保护工作,编制完成《历史文化名城保护规划》,全面启动创建国家历史文化名城申报工作,以文化保护为基础发掘旅游潜力,重塑城市功能,激发城市活力。其中杨虎城将军纪念馆、王鼎"将相故里"已成为红色文化教育基地、青少年爱国主义教育基地、科普教育基地及历史建筑研究基地。蒲城县政府联合华山旅游集团,以东府文化为主题,以关中民居院落为特色,在保存原有的街巷肌理、历史风貌、建筑风格等基础上进行街区基础设施改造和传统风貌的复兴与整治,打造"槐院里"历史文化街区,成为秦东地区唯一一座"院落情景体验式"历史文化街区,使得全县文物古建得到充分保护和利用,非物质文化遗产保护管理持续健康发展。

4. 以人为本,强化柔性精细管理

一是创新推行"城管委员会"制度。蒲城县创新城市建设管理体制,在"城市规划委员会"的基础上,形成"城管委员会"制度,整合城市建设监察、市容、市政、文化广场管理、园林绿化等职能,组建运行县城市管理执法局,由县长担任主任,制定并全面实施机关事业单位绿化管理、重点区域私搭乱建治理等八项精细化管理办法,深入推进执法体制改革,初步构建"大城管"格局。针对蒲城县城市建设的问题,更加注重旧城区改造的力度,实行旧城新城分类管理、分区管控制度,有效推进城市建设管理体制在不同城市片区的施行。

二是整体搭建单元化服务体系。"三四五"行动推广"小切口、大改革、微创新、大集成"理念,推行街办之下"片区、社区、小区"三类城市管理单元服务体系改革。以韩城为例,将中心城区划分为10个片区,搭建"街办—片区—社区—小区"的新型治理架构,形成"片区集成政务服务、社区强化基层自治、小区优化物业服务"新型运行体系,充分发挥各级单元集成创新优势,努力蹚出一条符合中小城市特点的城市管理服务新路径。为解决城市基层管理效率,强调社区一级的管理职能,在城市小南区试点建设"城市服务岛",集社区、消防、综合执法、派出所、市政、健康医疗等于一体,将涉及人民群众基本生活性机构集合配置,为社区居民提供一个安全、舒适、便利的现代化、智慧化生活环境。

三是有效推进网格化精细管理。渭南市坚持"横向到边、纵向到底、界定清晰、便于管理"的原则，致力于打造网格化基础平台，创新城市管理新模式，实现城市管理由"粗放型"转向"精细型"。大荔县运用网格化管理手段，借助数字信息技术，从市容市貌、环境卫生、园林绿化、户外广告、亮化美化、渣土管理、车辆停放、城管人形象行为等八个方面进行全面监督管理。网格划分以同州广场十字为中心点将城区分为东南、东北、西南、西北四个区域，形成4个由城管局分管领导负责的一级网格；第一层级再划分四个网格，形成16个由局机关干部负责的二级网格；第二层级以路为界、切块为格，形成64个由市容协管员及各单位相关负责人负责的三级网格。这种区域分布、立体布局、结点成网、互联互通的"4—16—64"的网格体系，构筑了大荔美丽城市管理新格局。

5. 数字治理，加速智慧城市转型

一是深入应用数字化城管模式。城市管理的数字化转型已是大势所趋，渭南高新区联合陕西达刚智慧运维科技有限公司共建数字城管平台，助力城市智慧化管理转型。渭南市级数字城管综合服务平台基本建成，主城区临渭、高新、经开三区数字城管平台已实现和市级互联互通，初步形成"一级监督、两级指挥、三级管理"具有渭南特色数字化城管模式，群众投诉、上级督办等问题可通过平台实现闭合办理。目前，高新区数字城管应急指挥中心已投入运营，针对城市内交通设施、市政设施及防洪排涝点建设、动态监测、实时预警，未来还将与城市交通管理等相结合。

二是开展静态交通智慧管理平台建设。渭南市多个市县针对城市"停车难"的通病，借助信息化工具，积极探索治理方案。韩城市将城市停车与数字管理平台结合，推行"易停车"App智能化管理，对新城区98处4942个道路泊车位实行编码管理、道路停车位覆盖率达到98%以上，计时纠纷迅速下降90%以上，工作效率进一步提升、人均管理车位增加23.3个，在渭南市首家实现了停车管理智能化。

此外，中心城区通过编制《中心城区智慧停车平台建设方案（草案）》完成了5000万元建设投资预算分析报告，以期形成一套集收费、监管、取证等功能于一体的智慧停车管理系统。大荔县通过《城区公共停车收费服务管理工作实施意见》，新增道牙以上停车泊位1604个，利用城市智慧城管平台，有效解

决乱停乱放现象。

三、城市规建管系统问题深度自查

全面实施规建管"三覆盖、四清零、五提升"行动以来，渭南市高起点编制规划、高质量实施建设、高水平治理城市，取得了阶段性成效，但还存在一些问题。

1. 土地使用效率有待提高

由于既往总体规划目标预设偏大，使得规划对城市的土地房产开发、市政公用设施配置、城市开发资金调动等出现偏差。同时，在目前人口流失严重的社会背景下，各区县仍然持续强化城市新区、开发区、产业园建设，城市开发边界的不断扩大，造成建设用地资源浪费。

表1 主要县（市、区）历年建成区人均建设用地面积统计

	2010	2011	2012	2013	2014	2015	2016	2017	2018	2019
中心城区	100.00	100.50	101.19	103.41	105.56	116.11	119.92	121.51	123.64	123.46
潼关县	114.04	106.12	107.88	110.42	99.29	103.32	102.94	101.67	95.31	108.54
大荔县	120.00	133.33	150.00	150.00	146.34	171.43	164.99	172.74	169.65	163.04
合阳县	130.82	127.20	142.86	146.98	146.60	138.28	139.53	142.93	143.45	144.11
澄城县	103.05	100.00	100.00	99.34	99.34	126.05	122.25	123.15	122.75	122.75
蒲城县	94.38	152.11	129.60	126.56	125.58	139.66	201.61	135.81	122.45	122.27
白水县	120.90	96.97	98.55	142.86	143.68	173.91	172.41	170.94	160.00	159.49
富平县	130.61	114.86	110.39	106.25	96.26	125.47	126.15	123.49	125.38	125.38
韩城市	108.98	108.14	107.37	107.37	107.37	107.05	106.87	105.94	105.08	104.72
华阴市	171.76	163.64	163.64	160.71	160.71	158.59	155.84	154.24	155.84	155.17
备注	单位：m²/人；中心城区包含临渭区、高新区、经开区及华州区（2015年华县撤县设区）。									

根据统计，渭南市主要县（市、区）建成区人均建设用地面积在2010—2019年期间整体快速增加，并在2015年前后达到阶段性高点。目前来看，仅潼关县和韩城市人均建设用地面积符合国家115m²/人的上线标准，其余市县都

存在人均用地过大的问题，大荔县、白水县、华阴县甚至超过150平方米/人，土地集约利用不足，土地城镇化远快于人口城镇化，土地使用效率亟待提升。

2. 旧城改造进展急需提速

旧城区由于建成时间久，居住人口密集，功能混杂，造成一系列问题，包括道路拥堵、停车设施匮乏等交通性问题；管网设施老化、城市供热覆盖不全等基础设施保障问题；学校医院配置不均、社区服务设置滞后、便民设施不足等公共服务不足问题；居民公共活动空间不足、公共绿地缺失等开敞空间设置不足问题；老旧小区年久失修、沿街建筑乱搭乱建等建筑建设更新问题；这些问题分管部门相互交织、涉及利益主体颇多，改造难度较大、进展较为滞后。

同时，由于国家层面的财政统筹，城市建设专项资金的拨付出现缩减和拨付滞后、城市建设资金筹集不足、财政投入比重降低，导致建设过程缓慢。尤其是旧城改造项目，大多涉及征地拆迁，但由于拆迁资金主要由公共财政予以保障，可供资金与建设需求仍然存在巨大差距，而有限的资金被优先投入相对好操作的城市新区，旧城改造项目资金投入占比较少，导致征地拆迁工作不能满足项目计划要求，项目建设进度有所放缓，影响部分项目的按时开工和形象进度。

3. 城市文脉保护有待加强

目前，渭南市各级历史文化名城（韩城、华阴、蒲城）已经完成了"历史文化名城保护规划"的编制工作，但其他区县对于现存历史文化遗迹保护重视不足、意识薄弱，开展城市文化遗迹、遗产的摸底梳理规划工作进展较为缓慢。直接导致城市文化性遗产家底不清、部分历史建筑及文化资源保护力度不够。部分县市保护观念较为落后，只重视单体建筑和重要历史遗存的保护，忽略总体格局、街巷肌理等系统性保护，使文物古迹成为"盆景"。部分县市疏于对古城城址环境、整体风貌和山水格局的保护，在古城的城址周边出现不协调建设，破坏整体山水格局。

同时，各区县建设城市新区时传承地域文化与历史文脉的意识不足，新城与旧城城市风貌难以协调，城市特色缺失。以大荔为例，集成了悠久的历史文化、多样的地形地貌和优美的生态环境，但在城市建设中没有充分运用这些城市特色元素，旧城建设中承载地域文脉记忆的文化展示空间不足，新城建设中缺少地域文化元素的融入，现代感强烈，新旧城风貌不够和谐，"大荔特色"不够突出。

4. 统筹协调机制有待优化

渭南市城市规划建设管理工作涵盖行政区划范围内的2区9县（含2个县级市），推进过程中市域统筹机制有待优化，协调力度有待加强，各区县出现建设项目同质化、资源利用效率不高、协作途径不畅等问题有待解决。例如，光大国际垃圾焚烧发电项目在空间布局上缺少市域范围的统筹，导致部分项目产能过剩、间歇性运营。同时，由于各级主管部门职责分工和职权范围不明确，在具体项目落实上出现职能交叉、重复建设、衔接不畅的情况，尤其对工作中的重点难点问题和薄弱环节推进落实不力。主城区的城市基础设施建设由市住建局、城投集团、临渭区多头建设，衔接不畅问题频现，特别是在管网建设中，由于缺乏统一领导，存在逆向循环、临时衔接、管径不配套等现象。

四、提高城市规建管水平的对策建议

习总书记强调："一流城市要有一流治理，要注重在科学化、精细化、智能化上下功夫，既要善于运用现代科技手段实现智能化，又要通过绣花般的细心、耐心、巧心提高精细化水平，绣出城市的品质品牌。"渭南城市规建管"三四五"行动已取得初步成效，要实现渭南城市更高质量、更高品质发展，必须全面贯彻习近平总书记关于城市建设的重要思想，聚焦城市功能定位、民生保障、品质提升、人文风貌等环节和要素，牢固树立"一盘棋"思想，推动区域协调协同发展，突破瓶颈、补齐短板，助力渭南追赶超越高质量发展，不断满足人民群众对美好生活的向往。

1. 凝心聚力，持之以恒提升城市规建管水平

城市的规划、建设和管理是一项极其重要而复杂的系统工程，体现了一个地区发展的综合水平和实力，也检验着一方政府的执政能力和水平。渭南市城市建设发展在短时期内实现的大跃升表明，搞好城市规划建设管理、提升城市发展水平必须是一把手工程，加强党的领导是提升城市规划建设管理水平的不二法宝。要将渭南市城市建设提向更高水平，必须进一步提高政治站位，发挥好党委统揽全局、协调各方的职能，全面落实指挥部联席会议、专题会议等制

度，有效落实"一把手亲自抓，分管领导具体抓"工作机制，真正形成上下联动、部门协作、齐抓共管的工作格局，促进各级各部门密切协作配合，认真履职尽责，确保各项工作衔接到位、协调配合到位。要系统总结前一阶段各部门、各县（区）工作中的亮点成效，凝练提升成为可复制、可推广的方法模式推动到全市，形成渭南城市规划建设管理的长效机制。要牢固树立人民为中心的发展思想，扎实践行创新、协调、绿色、开放、共享的发展理念，将"三四五"行动作为城市规划建设管理工作的新起点，持之以恒聚焦城市痛点、堵点、难点，紧盯矛盾问题，集中精力抓重点、补短板、强弱项、挖潜力、增后劲，补齐城市发展短板，进一步提高城市发展品质。

2. 深化城市发展战略咨询，明确区域发展职能

渭南市应充分利用国家政策红利，主动融入"一带一路"倡议、"黄河流域高质量发展"、"新时代西部大开发"等国家战略，实现新时期高质量发展。进一步思考渭南市与大西安的竞合关系，找准渭南特色，明晰城市职能，展开更为合理的区域合作路径与开发方式。适时开展全域尺度下的区域设计工作。将"三四五"行动中城市设计的覆盖范围从现有的建成区扩展至全域，以宏观视角、区域尺度绘制城乡特色图景，在城市中形成有序而个性的城市风格，在乡村、湖畔、湿地、林区、农田等非建设空间形成能够彰显渭南特色的生态人文景观。

3. 强体瘦身，应对城市精明收缩新常态

在国土空间规划新形势下，应充分尊重渭南市客观发展规律，审视地方发展实情，注重存量土地的"再开发"与空间结构的"再布局"，适应中小城市精明收缩新常态。制定适应渭南市人口发展规律的用地规划方案，科学划定城镇开发边界，严格管控"三区三线"，使之成为渭南市政策制定、资源调度和战略拟定的前置依据。兼顾客观性与目标性，梳理并整合低效用地，制定持续、动态的存量土地与低效用地开发方案，明确阶段性时序安排，有规划、有节奏地实现土地集约利用。同时，以项目为抓手，统筹投融资安排，强调城市动态开发的"灵活性"，实现"滚动开发"，夯实开发基础，控制投资风险。

4. 推陈致新，加快城市内涵式发展

深入推进旧城更新工作，加快城市开发建设从"拆增扩"向"微改造""微

更新"转型。针对旧城区设施老化（尤其管网建设方面）的问题，拿出切实可行的置换方案，优化公共服务设施配置，加快区级、社区级公共服务中心项目的规划选址工作，合力提升城市综合服务承载能力。加强资金、政策、人力等资源向旧城区的投放力度，并匹配动态、持续的改造方案，从小处着眼，激发城市活力。切实做好在城乡建设中保护、利用、传承历史文化遗产的基础工作，开展城市文化遗迹、遗产地毯式调研，在摸清家底的基础上，系统梳理全城文脉，形成具有文化展示功能的空间体系。结合现有文化保护单位的职能和既有保护奖惩机制，重塑地域文化新场景，活化传承新模式，拓展文化新业态。

5. 全面问诊，定期开展城市体检

将城市体检从国家战略落实到城市高质量发展的具体实践，全面问诊城市问题。探索建立"一年一体检、五年一评估"的城市体检工作制度，采用"自上而下"和"自下而上"多维度推进、"评估—反馈—治理"闭环式体检、"遥感—大数据—官方统计—社会调研"多元数据校核等手段，覆盖生态宜居、健康舒适、安全韧性、交通便捷、风貌特色、整洁有序、多元包容、创新活力等多个方面，帮助城市检查治理成效，找准发展中的弱项、短板，针对存在的"城市病"提出"诊疗"方案，对容易产生的"城市病"提出预防措施，为政府科学决策提供政策建议。

6. 智慧管理，提升城市治理水平

系统搭建数字化管理平台，整合数据资源，运用云计算、大数据、物联网、区块链、人工智能等前沿技术，创新推动城市治理手段、治理模式、治理理念的革新，以"网格化""雪亮""政务服务"等项目建设为契机，加快智慧城管建设，统筹规划、整体设计，推动信息资源、系统整合，重点加大医疗、教育、公安、旅游、城建、文化等部门信息资源的整合、共享和利用力度。统筹建设网络、平台、数据、场景等，实现感知、分析、服务、指挥、监察"五位一体"，做好全市数字化建设项目的储备、方案技术论证和评估推广等工作，重点推动基于智慧化精细化管理建设的项目，发挥城市治理最大效应。

"区直管社区"的基层治理改革探索[1]
——以渭南高新区金城社区为例

内容提要：社区是城市管理和社会治理的基本单元，社区管理与服务的质量直接关系到广大社区居民的切身利益。在加强和创新社会管理的大背景下，如何创新城市社区管理体制，解决传统街道办事处职能错位、缺位、管理乏力等管理体制的弊端，切实提升社区管理服务效能，成为现实发展的迫切需求。2016 年，渭南市高新区金城社区作为陕西省第一个"区直管社区"综合体制改革开始启动试点工作。客观分析金城社区 5 年来的试点改革成效，对于进一步深化陕西街区综合体制改革具有重要意义。本文通过梳理总结金城社区"区直管社区"试点改革的历程、成效及存在问题，为探索符合陕西实际的"区直管社区"有效路径提供参考。

随着经济社会的高速发展和城镇化的快速推进，我国城市社区管理体制也经历了单位制社区到街道居委会制的转变。街居制在单位制社区逐步退出后成为城市社区管理体制的主流形态，对于城市基层社区的安全、稳定和有序治理格局的塑造起到了重要推动作用。但是，这种"两级政府、三级管理"的城市街道社区管理体制在运行中弊端日益显现，推进城市基层社区管理体制改革和社区治理机制创新已经成为城市社会管理的重点工作。2000 年以来，全国各地陆续开始探索撤销街道办事处的社区管理体制改革，其中"区直管社区"成为不少城市基层社区管理体制改革的重要探索形式。2015 年，渭南市高新区被渭南市委确定为"区直管社区"体制改革试点，2016 年陕西省第一个区直管社区——

---

[1] 西安建筑科技大学陕西省新型城镇化和人居环境研究院、公共管理学院联合调研组。

渭南高新区金城社区实现了直管。渭南高新区"区直管社区"运行 5 年多来，实际成效如何、与传统的街居制有何不同、尚存在哪些问题，未来的改革方向在哪里？西安建筑科技大学陕西省新型城镇化和人居环境研究院、公共管理学院组成联合调研组，赴渭南市高新区进行了深入探索研究。

一、"区直管社区"改革的背景与探索实践

（一）改革的必要性

新时期，我国基层社会正在发生着深刻变化，计划经济体制下的社区管理方式已难以适应现实的发展需求。创新城市社区管理体制，满足城市经济发展、社会管理和居民服务的现实需求成为一项刻不容缓的改革任务。

1. 社区工作对象正在发生深刻变化

随着社会转型、企业转制和政府职能转变，"单位制"社会管理体制日趋式微，越来越多的"单位人"变成"社会人"，回归到社区后变成"社区人"，原来由单位提供的服务现在转由社区来提供。同时在城镇化的驱动下，大量农村人口涌入城市，"七普"人口数据显示，居住在城镇的人口已超过9亿，占总人口的63.89%，其中包括数以千万计的低保人口、下岗失业人员、残疾人、老年人、未成年人等特殊群体都需要纳入社区管理与服务的范围。面对如此庞大的工作对象，如何提供有效的社区管理与服务，适应居民群众的多样化需求，特别是适应特殊群体的利益诉求和服务需求，日益成为社区居委会的工作重点。

2. 社区工作内容正在发生深刻变化

随着社会主义市场经济的发展，原由政府和单位承担的大量社会管理和公共服务职能转移到社区，社区已成为党和政府联系和服务广大人民群众的桥梁纽带。居民委员会除承担社会治安、疫情防控、文体教育、劳动就业、低保救济等传统社区公共服务外，还要承担社区禁毒、社区矫正、流动人口管理、社区消防、商业维权、预防青少年违法犯罪、家政服务等多样化服务需求。这就要求居民委员会具有较强的处理公共事务和开展公益事业的能力，切实提升协助政府开展城市管理的水平。

3. 城市社区管理体制正在发生深刻变化

我国现行的城市社区管理体制主要采用的是街道居委会制，即政府管理和社区自治相结合的体制，政府管理采用的是两级政府、三级管理的模式，即地级市政府—市辖区政府—街道办事处的三级管理体制。街道办事处作为市或区政府的派出机构，是连接区政府和社区的纽带，社区居委会则是社会基层管理的群众自治性组织。但随着改革的不断推进和社会管理重心的不断下沉，街道办事处为了完成上级政府交办的各项事务，把很大一部分行政工作转移给居委会，街道办事处由过去的"主攻手"，变成了现在的"二传手"。"上面千条线，下面一根针"，社区居委会陷入大量繁杂的具体事务中，自治服务能力日趋下降，行政化倾向日趋严重。因此，创新社区管理体制，完善社区管理与服务机制，成为居民群众、居委会干部和基层政府的共同心声。

（二）先行地区的探索实践

为理顺政府行政管理与社区居民自治的关系，各地已开展了不同形式的社区管理体制改革探索。早在2002年，南京市白下区就对街道管理体制进行了首创性改革试点，撤销了淮海路街道办事处，建立淮海路社区行政事务受理中心，强化党工委工作和社区自治功能，探索和完善社区管理体制改革。此后，北京、深圳、长春等地陆续在小范围内撤销街道办事处，实行"区直管社区"改革探索。但由于种种原因，"区直管社区"改革并没有在更大范围推广。2010年7月以来，这项改革迎来了新的转机，安徽省铜陵市铜官山区在全区范围内撤销街道办事处，实行"区直管社区"综合体制改革，被称之为"铜陵模式"和"芜湖经验"。渭南市高新区在推进"区直管社区"改革中一定程度上学习借鉴了安徽的做法和经验。

1."铜陵模式"

2010年7月，铜陵市铜官山区试点社区体制改革，铜官山区根据城市交通、居住环境、地域面积、人口数量、社区现状和未来发展等情况，将原6个街道办事处和49个社区工作站整合为18个社区公共服务中心，撤销街道办事处，实行区直管社区，城市社区管理体制由之前的市、区、街道、社区四级简化为市、区、社区三级。经过此轮改革后，整合后的新社区建构了以社区党工委为主，社区公共服务中心、社区居委会、社会组织为辅的整体新架构，形成了党领导新社区管理工作，居民参与和自治的社区服务与管理新格局。经过本轮改革后，铜陵市成为我国第一个将街道办事处全部撤销的地级市，"铜陵模式"由此诞生。

2. "芜湖经验"

2012年9月，芜湖市镜湖区率先在全市推行社区管理体制改革试点。根据试点改革方案的要求，镜湖区将原有辖区内的11个街道办事处撤销，按照3000户左右居民设立一个社区的标准，对原有的社区进行了整合，推进"大社区"的建设工作。同时按照每个公共服务中心服务5万到8万居民的标准，在全区设立了10个公共服务中心。改革后，街道办事处管理层级被撤销，原街道、社区承担的行政事务和市、区政府职能部门在街道层面的部分行政服务事务，由新成立的公共服务中心办理，实行"一站式"办结。此外，镜湖区以10个公共服务中心为层面，整合成立了由城管、公安、文化、卫生等多种执法力量参与的综合执法机制，推行社区网格化和信息化管理机制，增强社会管理和公共服务职能。

撤销街道办事处，实现区直管社区模式，是对街居制城市社区管理体制的突破和创新，"铜陵模式"和"芜湖经验"被认为具有以下几个方面的优势：一是减少了社区管理层级，提高了政府机构的行政效率；二是推动了政府职能转变，理顺了政府与居委会间的职责关系；三是整合了社区的公共服务资源，提高了社区为民服务的能力；四是扩大了群众参与的范围，推动了社区基层民主的发展。

二、金城社区试点改革的历程、举措和成效

（一）改革历程

2014年4月，陕西省镇村综合改革工作启动。根据渭南市委全面深化改革工作的安排部署，2015年初，渭南市高新区党工委、管委会决定启动"区直管社区"体制改革试点工作。2015年7月，高新区会同渭南市编办、市民政局赴安徽滁州琅琊区、铜陵市铜官山区就"区直管社区"体制改革进行调研，汲取

区直管社区试点经验。考虑到在整个街道全面开展改革条件还不成熟，2016年4月，渭南市政府明确要求高新区缩小试点面，将过去在一个街办试点变为在一个社区试点，待试点成功后再全区推广。

2016年8月，高新区就金城社区实行直管和相关重点改革项目进行明确，试行"区－社区"管理模式，机构设置为"一委（社区党工委）、一居（社区居委会）、一中心（社区服务中心）"，并根据高新区城改、社区现状和未来发展等情况，对社区管辖范围进行了重新划分，将社区范围内的城改村进行撤村改居并入社区，构建大社区格局。撤并时坚持让利于民的原则，原村民享受的农村优惠政策、享有的权益不变，农村集体经济资产产权权属不变，落实居民各项社保政策待遇，让农民群众切实体会到直管社区及城改给生活带来的实惠，充分享受高新区经济发展成果，为区直管社区改革创造了有利条件。

2016年10月，高新区就金城社区机构设置、人员编制、工作职能、管辖区域等4个方面进一步规范，将事权、人权、财权移交社区党工委和居委会管理，党的建设、社会治理、服务群众等方面工作由社区党工委、居民委员会和社区服务中心直接对接区内各相关部门。2020年2月，根据中省市机构改革精神，高新区对金城社区党工委、社区服务中心主要职责和人员编制进行再次明确。至此渭南高新区区直管社区改革试点完成第一阶段工作任务。

（二）改革举措

1. 整合条块力量，重构社区管理体制

整合后的新社区建构了以社区党工委为主，社区服务中心、社区居委会、居民监督委员会为辅的整体新架构，形成党领导下的居民参与和自治的社区服务与管理新格局。其中，社区党工委为高新区党工委派出机构，正科级建制，领导社区全面工作，设书记1名、副书记2名，行政编制5名；内设党政办、社会综治办、城市综合管理办和社会事务办4个科室，先后成立并加挂社区新时代文明实践所、社会工作服务站、文化活动站、社区综治中心、司法所、社区矫正中心、社区戒毒（康复）工作站、禁毒工作办公室等8块机构牌子；同时，加大党的基层组织建设，成立机关党支部1个，小区党支部12个、接管和成立非公及两新组织党支部11个。社区服务中心为社区党工委下设的二级事业单位，

负责社区公共管理和服务的实体机构，副科级建制，设主任1名（由书记兼任），事业编制8名，直接承接区级各相关部门的公共管理和便民服务业务；下设民政事务、社会保障、党群服务、就业创业、人口计生5个服务窗口，加挂党群服务中心、退伍军人服务站2块机构牌子。社区居委会设主任1名（由社区党工委书记兼任），副主任1名（由副书记兼任），委员7名，通过依法选举产生，行使法律赋予的居民自治职能，对居民事务实行民主管理。居民监督委员会设主任1名（由社区干部兼任），委员4名，通过依法选举产生，行使法律赋予的居务监督职能。

2. 强化党的领导，巩固党在基层的执政基础

一是推进党的组织和党的工作全覆盖。以社区网格化管理为依托，加强党的基层组织建设，将党支部建立在网格，将党小组建立在楼栋。辖区14个网格小区全部成立了小区党支部，设立小区党群服务点5个，创建小区党建工作示范点5个。先后选派7名社区党员到小区担任党建指导员，持续开展小区党建提升活动，促进小区党支部规范运转。二是充分发挥党支部在小区治理中的领导核心作用。建立小区党支部工作考评考核机制，明确党支部在参与小区集体经济管理、物业管理、精神文明建设、综合治理、矛盾纠纷化解、政策法规宣传、困难群众帮扶、抗震救灾、疫情防控、便民服务等治理和服务中的领导职责和职能。牵头组织开展小区居民议事制度，引领居民自治、民主向纵深发展；开展小区党建物业联建，积极参与小区事务管理，促进业主与物业之间的良性互动，将群众矛盾、邻里纠纷化解于最基层。三是充分发挥党员的先锋模范作用。学习借鉴"街道吹哨、部门报到"作法，组织发动716名企事业单位党员到社区开展"双报到双服务"，组建党员志愿者服务团队18支，建立服务"三项清单"，认领服务岗位，经常性深入小区开展政策宣传、法律援助、防疫救灾、困难帮扶、创文创建等，实现了党组织、党员和群众的"零距离接触"。

3. 健全自治体系，提升社区自治能力

一是建立健全社区自治组织。组建社区居民委员会和居民监督委员会，将党性强、公道正派、服务意识强、综合素质高的社区党工委班子成员、社区专职工作人员、小区党支部成员、物业公司经理和居民代表充实进两委，配强配齐配优两委班子9人；推进小区业主委员会的组建，在条件成熟、矛盾不突出、

居民参与度高的 4 个小区成立业主委员会；建立完善了居民代表制，推选出社区居民代表 43 人。二是不断完善社区自治制度。先后制定出台了金城社区居民协商议事制度、居务公开制度、重大事项民主集中制度、居民自治公约、居民文明公约等，调动社区居民积极参与社区事务管理、综合治理和便民服务。三是积极搭建居民参政议政平台。探索开展了"小区居民议事制度"和小区"微自治"试点，设立了金城社区居民议事大厅，线上开通居民"说事"微信群，规范议事范畴和议事程序，动员居民参与社区、小区共同治理。截至目前，累计召开议事会议 48 次，解决居民车棚修建、夕阳驿站建设、道路减速带安装、房屋修缮、环境卫生等居民关心的实际问题 56 个。

4. 加强队伍建设，全面提升社区服务质量

一是不断充实优化干部队伍。从全区行政事业单位选调干部 11 名，招录持证社区专职工作人员 5 名，选拔大专以上公益性岗位 2 人；设立大学生见习基地，吸纳实习大学生 7 人；通过换届选举，充实优秀居民代表、物业经理进入社区居委会委员 7 名，社区工作人员大专以上文化程度占比达到 95%，平均年龄达到 35 岁，干部队伍年龄和知识结构得到一定优化。二是加强理论学习和业务培训。建立"每日一学、每周一测、每月一考"学习制度，系统全面学习党的理论知识和业务知识；聘请专业老师，定期开办业务知识培训班；采取外出考察、业务部门挂职、轮岗交流等形式，补全干部知识短板。三是建立健全管理制度。先后修订出台了追赶超越绩效考核办法、请销假制度、末位淘汰制度、创先争优奖励办法等一系列管理制度，社区管理不断规范化、制度化。

5. 创新工作机制，推动工作力量下沉

推行扁平化管理和服务，创新实施了"三三制＋双渠道服务机制"，推进工作力量的下沉。所谓"三三制服务机制"，即实施"ABC 岗"工作方式，社区每名工作人员担任三项职责：一是综合治理职能，对接管委会相应职能部门，承担街道办事处下沉的各项治理职能；二是入户走访职能，承担网格管理工作，完成自己包联小区内的入户走访、意见征集、政策宣传、民意调查等相应网格工作；三是面对面服务职能，在服务大厅面对面完成居民在大厅的服务接待、困难求助、政策咨询、业务办理等服务。根据三项职责把工作时间分为三等分，并根据三项职责制定统一的考核标准，达到人事责标的有机统一。"双渠道服

务机制"即线上线下双渠道服务：一渠道，服务大厅面对面服务＋网格入户走访服务；二渠道，智慧金城平台＋网上办事服务，实现服务时间上的无缝对接，不断满足居民对公共服务的更高需求。

6. 建立"八大服务体系"，全面提升社区服务水平

一是网格化管理服务体系。按照方便管理、地域相邻、邻里相熟等原则，以每个网格辖居民 300 户左右的标准，设置辖区网格 27 个，明确网格管理服务职责 6 类 33 项，将社区党建、群众性自治组织建设、社区民主协商议事等事项纳入网格化管理服务。社区党工委书记、居委会主任担任一级网格长，社区党工委副书记、居委会副主任二级网格长，小区党支部书记、社区专职、科室负责人、居委会委员任三级网格长，形成了自下而上、层层对接、多元联动、归属明确的网格化管理服务新格局。二是志愿者服务体系。高标准建设金城社区新时代文明实践所，发动区书协、作协、老年大学、中心医院等社会力量，以及居民自发组建的舞蹈队、模特队、秦腔队，组建医疗、文体、科普等志愿服务团队 10 支 108 人，根据居民需求开展各类志愿服务活动，形成了全社会共同参与社区治理和服务的良好氛围。三是信息网络服务体系。建设了"智慧金城综合服务管理系统"，将智慧党建系统、居民信息系统、网格化管理系统、办事服务系统和社区商圈系统"五网合一"，实现了辖区居民"人、事、物"的全面掌握、网上办事全流程对接、网上图书馆定期推送、社区网格智能化服务管理、居民诉求网上通达。四是物业管理服务体系。推动物业公司成立物业党支部，将物业负责人纳入社区监委会、妇联、小区居民议事会、小区党支部成员，带动物业参与社区治理和服务的各项事务。五是司法服务体系。成立金城社区司法所、社区矫正中心、综治中心、社区戒毒（康复）工作站、禁毒工作办公室，成功创建了区级六好司法所。六是医疗卫生服务体系。联合卫食药监局，高标准建设了金城社区幸福城卫生服务站，经常性开展疫情防控、卫生健康讲座和服务等，针对性开展义诊活动、青少年心理健康辅导等。七是文化娱乐服务体系。建设了金城社区文化活动站、图书阅览室，组建群众艺术团队，发动组织各种文艺团队和志愿者团队，开展文体活动、演出和比赛，极大丰富了辖区居民的文化娱乐生活。八是宣传教育服务体系。会同辖区共驻共建单位，开展禁毒戒毒、交通安全、环境保护、法律法规等宣传教育活动。

（三）改革成效

区直管后的金城社区实行"区—社区"两级管理模式，减少了街道办事处的"二传手"环节，在社会治理、服务群众等方面由社区直接对接区级各相关部门，省去了中间环节，节约了行政成本，形成了"区直接管理社区、社区直接服务居民"的新体制，进一步提升了居民群众的幸福感和满意度。

1. 服务功能得到强化

通过减少管理层级，简化审批程序，实现工作重心下移，将辖区内各项社会治理、服务事项等 10 余项职能下放，减少了街道办原有拆迁、经济发展、招商等职能，强化了社区基层治理和服务群众职能。

2. 服务效率明显提高

社区居民实现在家门口直接办理民政、救助、社会保障、养老、医疗、计划生育、综合治理等事务，办结时间由原来 3 天压缩到 1 天，社会治理和公共服务更加贴近群众，拉近了与居民群众的感情和距离。

3. 服务资源得到加强

实现了服务资源、财力、物力下沉，用于服务居民投入不断加大，建成了 300 平方米以上的图书室和文体活动室，设立了功能完善的市民学校，为群众提供便利、温情的社区生活，进一步提升了居民群众幸福感和满意度。

4. 党的执政基础得到巩固

社区是城市建设和城市管理的基础环节，更是党领导人民的根基所在，因此社区党建工作完善与否直接关系到千万基层党员的组织生活，关乎亿万人民对党持有的态度。金城社区直管改革的重要一步就是撤销原街道办党工委、原社区居委会党总支，成立了社区党工委，直接隶属于区党委，社区党工委成员由辖区党组织负责人和社区居委会主任（党员）等组成。在实行横纵条块化管理的每一个条块内设置网格党支部，将党组织建设和地域网格化管理相匹配，切实强化了党的核心领导地位。

试点过程中，金城社区实施"1234 工作法"荣获 2019 年全市组织工作改革创新三等奖，在郑家小区推行的党建引领"居民议事"制度荣获 2020 年全市组织工作改革创新一等奖，指导润泽臻品小区实施的业委会自管物业模式得到业主和社会各界一致认可，社区创新自治管理模式经验做法在陕西日报、渭南日报等媒体刊登宣传。

三、试点改革中存在的问题

渭南市高新区金城社区实行的"区直管社区"改革，一定程度上减少了行政层级，提高了办事效率，提高了社区居民的自治能力，实现了政府与社会多元合作治理和融合发展，但也存在着一些不容忽视的矛盾和问题。

（一）试点改革与区域环境尚未全面衔接

实行"区直管"后，撤销了街道办层级，原街道办不少行政事务下沉到金城社区，上级相关职能部门也把金城社区视为一级基层政府下达行政任务并进行精细化考核。但由于金城社区目前是全省唯一的区直管社区，其模式尚未在全区推广，法律地位尚未得到全面认可，在现行体制大环境下，其与各级政府、部门之间对接不畅，甚至脱节。在群众办理部分业务过程中，省、市、区个别业务部门无法开放相关业务端口和下放申报审批权限，依然要求群众按原街道层级办事，对社区印章效力不认可，增加了群众办事难度。

（二）居民参与社区自治的积极性还未充分调动

由于业主委员会组建涉及居民、物业、开发商的根本利益，矛盾错综复杂，同时业主委员会组建需职能部门与社区的共同推进，但职能部门积极性不高，导致推进缓慢。业主委员会组建率不高，使得居民在社区归属感不强，参与社区自治的积极性不高。此外，社区工作人员长期深度参与本应由居民自治组织履行的各项管理和服务，也使得居民熟悉并默认这一管理体制，自治意愿有所弱化，不少居民把社区仅当成居住的场所，认为社区自治仅仅是社区居委会的事，与自己没有关系。

（三）配套支持保障政策还不够

区直管后，金城社区除了要组织好居民自治的具体事务，还要承担原街道办下沉的行政管理职能，此外还需要主动开展区直管社区改革试点的探索实践，工作任务愈加繁重，工作力量和工作经费却并未得到相应的提升保障。目前金城社区服务居民已近 7000 户，按照高新区每 300 户左右居民配置 1 名社区专职的标准，应配置 23 名社区专职，但实有社区专职仅 3 名，加之自今年以来，辖区内富力城、恒大、东原、保利等大型小区逐渐完工并交付业主，社区工作人员短缺情况更是雪上加霜。在工作经费方面，服务群众经费预算反而由原来的 10 万减少到 5 万，其他专项工作如防疫抗灾、环境保护、创文创建、综治维稳、安全生产等，在安排工作任务时视为街道办，但在经费安排时却视为传统社区，保障少，甚至不给，社区工作面临"事多人少钱紧缺"的窘境。

（四）社区工作机制转型不够

区直管社区改革后，社区工作人员大多是从原街道办事处"下沉"或其他行政事业单位下调分配过来的，工作环境、工作要求虽已改变，但仍难以去除原体制的行政化思维，部分干部角色转化还不到位，心理落差较大，服务意识不强，未能与群众打成一片。与此同时，由于身份差异，同工不同酬情况严重，现行考核激励机制很难调动社区两委、公益性岗位和临聘人员等编制外人员的工作积极性，消极怠工的现象不同程度存在。如何适应从"管理"向"服务"的职能转变，进一步优化社区工作的考核与激励机制，切实提升新型社区的治理服务能力与水平，还需要深层次的研究探索。

四、区直管社区改革的优化路径和思考启发

金城社区的改革简化了城市社区管理层级，实现了政府行政管理与社区居民自治的有效衔接与良性互动，增强了基层政府和社区居委会的管理和服务能力，符合当下社会的发展潮流和城市社区管理体制改革的总体方向，对陕西乃至全国范围内的城市基层社会治理体系创新都具有一定的参考价值。当然，其存在的局限性同样也值得深入思考。如何优化改革路径，进一步深入推进区直管社区改革，调研组结合金城社区的探索实践，提出几点思考与建议。

（一）强化党建引领城市社区治理的体制和机制

坚持党的领导，是社区治理的核心和关键。渭南高新区金城社区党工委以

党建引领社区治理，促进社区管理规范化和制度化的做法有许多值得借鉴推广之处。在组织框架上，社区党工委作为区党委的派出机构，以社区网格化管理为依托，将党支部建立在社区网格，将党小组建立在楼栋，指导基层社区的工作，形成了区级党委—社区党工委—小区或居民小组党支部的党建工作格局，发挥了基层小区党支部和区级党委之间的桥梁和纽带作用，确保了党委总揽全局、协调各方作用的发挥。在社区治理中，建立了小区党支部工作考评考核机制，明确党支部在参与小区集体经济管理、物业管理、矛盾纠纷化解等治理和服务中的领导职责和职能，发挥了党支部在小区建设中的核心领导作用。在日常工作中，通过党员活动日、组建党员志愿服务团队等方式，密切联系群众，充分发挥了党员的先锋模范作用。在未来的区直管社区改革建设中，要始终坚持党的领导，创新领导方式，改进领导方法，让社区切实地感受到党的领导为居民所带来的便捷有效服务，进而赢得居民群众对党的拥护和支持。

（二）完善相关法律法规体系，进一步理顺行政管理体制

"区直管社区"模式管理社区，无论在内涵还是外延上，都突破了现有法律法规的界限。由于没有法律依据，"区直管社区"模式的实施和推广在理论指导和实践方面都受到了相当的约束和羁绊。因此，明确社区在法律上的主体地位、多元主体间的合作边界、不同管理主体对社区实施管理的边界，培育发展社区社会组织，完善社区管理的法律法规，才能保障"区直管社区"模式名正言顺地实施和推广。特别是在权责划分方面，社区的框架虽然构建完毕，但其承担的行政事务依然较多，难以承担其有效治理社区的重任。对此，可以将原有街道办事处承担的市容、征地拆迁、社会保障、民政等事务统一由区级政府职能部门按一定合理区域设置派出机构来完成，不再和社区发生任何职能交叉和工作交叉。凡是涉及行政执法的，设置区级政府部门直属的执法中队来执行，凡是涉及社会服务的，一律进入区级政务服务大厅办公，以最大限度地减轻大社区承担的行政事务，加快其去行政化的进程。

（三）加快配套改革，促使资源配置向社区聚集

随着街道办行政事务向社区的下沉，以及社区自身公共服务事务的日益繁重，

如不进行相应配套改革，社区"无钱办事""无人办事"的局面将更加严重。安徽铜陵官山区按照"权随责走、费随事转"的原则，实施"区直管社区"模式后，原街道办的人、财、物等资源归拢到社区，加之政府对社区财政投入的加大，每个社区的工作经费由改革前的 3 万元左右提高到改革后的 30 万—50 万元。由于社区财力得到了大幅提升，社区居民文化活动的条件得到了有效改善。建议在区直管社区改革中借鉴推广这一办法，对于原街道办的公用办公房等基础设施以及相应工作经费，全部移交至社区；同时，按照"政府引导、社会参与、市场运作"的方式，积极开展与社会单位合作共建社区的活动，增加社区经费的来源，保障社区活动开展的经费需求，为推进社区基础设施的建设和提高公共服务管理能力奠定雄厚的财政基础。在工作力量配置上，随着街道办行政事务的下沉，人员编制、领导职数等也应相应下沉，不能按普通未直管社区同等对待。

（四）深化考核晋升机制和薪酬体系改革，调动社区工作者积极性

社区工作者常年在社区工作，积累了丰富的基层社会管理经验，但因相关体制机制限制，目前社区工作者的晋升渠道几近于无。建议建立社区工作者的晋升机制，使社区优秀工作者可以进入事业或公务员编制序列，或者引入职称竞争机制，以此调动社区工作者的积极性，促进社区各项工作的有效开展。同时，针对当前社区聘用人员工资过低的情况，建议设计科学的薪酬体系，建立社区工作人员薪酬的提升机制，根据业务范围和服务成效，及时调整社区工作人员的薪酬级别，以此调动社区工作人员工作积极性。

（五）培养社区民间组织，提升社区自治能力

社区民间组织是一种群众自发形成的组织，能有效提高居民的社区认同感，同时还能整合社区内大量分散的民间资源，培养社区的自组织能力。建议在今后改革中，大力破除各种阻挠障碍，组建辖区内业主委员会，其成员由物业管理区域内成员中产生，并代表所有成员的共同利益，主要负责物业管理公司的监督工作和物业管理服务职能。加大力度培养医疗卫生公共服务机构，开展形式多样的便民利民志愿者公益活动，充分发挥各类社会优质资源的作用，共同构建现代化新型大社区，切实提升社区的自治能力和水平。